国家自然科学基金青年项目"市民化进程中新生代农民工的职业选择与收入差距研究：基于样本自选择的校正"（批准号：71403023）资助

北京市哲学社会科学"十二五"规划项目
"北京市外来务工农村劳动力职业技能培训政策评估"（No.12JYC019）资助

中央高校基本科研业务费专项资金资助

中国农民工的职业选择、职业流动与工资决定机制研究

Occupational Choices, Occupational Mobility and Wage Determination of Chinese Rural Migrants

汪雯 李强 / 著

·北京·

图书在版编目（CIP）数据

中国农民工的职业选择、职业流动与工资决定机制研究/汪雯，李强著. -- 北京：中国经济出版社，2019.12

ISBN 978-7-5136-5999-4

Ⅰ.①中… Ⅱ.①汪…②李… Ⅲ.①民工-职业选择-研究-中国 ②民工-工资-研究-中国 Ⅳ.①D669.2②F249.24

中国版本图书馆CIP数据核字（2019）第295503号

责任编辑	贺　静
责任印制	巢新强
封面设计	任燕飞设计

出版发行	中国经济出版社
印 刷 者	北京九州迅驰传媒文化有限公司
经 销 者	各地新华书店
开　　本	710mm×1000mm　1/16
印　　张	25.25
字　　数	362千字
版　　次	2019年12月第1版
印　　次	2019年12月第1次
定　　价	78.00元

广告经营许可证　京西工商广字第8179号

中国经济出版社 网址 www.economyph.com 社址 北京市东城区安定门外大街58号 邮编 100011
本版图书如存在印装质量问题，请与本社销售中心联系调换（联系电话：010-57512564）

版权所有　盗版必究（举报电话：010-57512600）
国家版权局反盗版举报中心（举报电话：12390）　　服务热线：010-57512564

序

回顾中国改革开放40年以来的历程，其中最令人瞩目的经济社会现象莫过于规模空前的从农村向城市的劳动力流动。这个庞大的群体虽然户籍尚在农村，却常年外出从事非农工作，为中国多年以来的经济增长奇迹贡献了充沛的劳动力资源。因其身份和就业形式的独特性，他们被冠以"农民工"的称谓。

中国改革开放所带来的劳动力市场转型，为农民工开创了职业选择和职业流动的更大空间。虽然当前农民工主体仍集中在低技术含量、低收入、缺乏福利保障、缺乏劳动安全的低端职业，但农民工群体内部也开始呈现出职业分化和工资分化趋势，一方面，部分农民工所从事的职业开始呈现出"去体力化"特征；另一方面，农民工内部基于不同职业、不同就业形式等的工资差距日趋凸显。那么，什么因素在影响着农民工进入不同类型的职业？是人力资本、社会资本，还是其他非市场性因素阻碍了农民工向高层次职业流动？农民工是否可以通过职业流动实现职业地位的上升，以及工资的增长？进一步地，从事不同职业或不同就业形态下的农民工的工资差距有多大？其形成机制是什么？当前，中国经济发展进入新常态阶段，产业升级加速，农民工在城市劳动力市场面临更大的转型挑战。在此背景下，围绕农民工内部的异质性趋势，明确回答上述问题，深入探讨影响农民工职业选择、职业流动，以及实现职业和工资收入上升的机制，对于构建适合农民工职业发展和收入提升的劳动力市场环境，促进农村外出劳动力资源在不同就业区域的合理有效配置，并推进农民工市民化的进程，有着重要的理论和政策价值。

伴随着中国市场经济体制改革的深化和社会结构的分化，农民工已经不再是一个高度同质化的群体，其内部在代际、就业形式、就业区域、职业和收入方面出现了明显的分化。而在我国关于农民工的职业和工资研究及相关政策构建中，更多地把农民工视为一个同质性的群体，农民工内部结构的分化和异质性尚未得到足够的重视。尤其是在农民工工资差距的研究领域，现有研究多停留在均值的比较，缺乏在工资分布的整个区间对农民工工资差距的变化进行考察。这不利于我们对农民工群体的全面认识，也使我们无法有针对性地提出改善农民工劳动力市场绩效的对策，甚至还可能导致结论和建议的偏差。

基于分别在农民工输入地和输出地开展的一手微观调查数据，本书应用职业决策模型、职业上升影响机制模型、工作搜寻模型、工资函数和基于无条件分位数回归的工资差别分解模型等，考察了人力资本、社会资本和不可观测的能力等因素对样本地区农民工进入不同非农职业，进而实现职业地位上升的影响，并基于农民工内部异质性的视角，比较了新生代和老一代农民工、本地农民工和外出农民工、受雇型和自雇型农民工在职业选择、职业流动和上升机制方面的差异。进一步地，在控制了样本自选择问题的基础上，运用无条件分位数回归对农民工的工资决定机制进行了无偏估计，在此基础上，采用工资差别分解法，考察了农民工在不同职业之间、不同就业形式之间，以及不同劳动关系状态之间的工资差距背后的形成机制，深入探究了个体特征差异、特征回报率差异和不可观测能力差异对上述工资差距的贡献。

本书的研究成果是对异质性视角下农民工职业选择、职业流动和工资决定研究领域的重要补充，得出的结论不仅可以为农民工个体的职业发展和社会经济福利的改善提供针对性的指导，也可以为市民化进程中我国劳动力市场的制度转型提供政策依据。通过对农民工输出地与输入地调查数据的综合分析,本书同时考察了不同区域农民工在职业上升和收入增长中所面临的特有约束,所得结论对于改善农民工输出地和输入地的劳动力市场效率、促进地方劳动力资源配置效率,形成了重要的政策建议。

作为一部严谨规范的实证研究著作,本书在理论和实践领域的价值表现在以下几个方面。

第一,基于系统性视角,本书对农民工从职业选择,到职业流动和职业上升,再到工资决定和工资差距形成的机制,进行了有机的联系。职业决定着人们在劳动力市场上获得的工资水平和发展机会,进而决定了人们相对的社会经济地位。在从农村向城市、从农业向非农产业的转移过程中,农民工首先会经历初次的职业选择,然后会经历多次职业流动,部分农民工会实现职业地位的上升。在这个过程中,其工资水平、融入城市的能力也会发生相应的变动。因此,对职业和工资的研究需要放在一个系统化的体系下。以往研究多集中于农民工的非农职业决策研究,或者对非农收入的研究,较少将职业和收入有机地联系起来进行探究。本书通过建立综合分析农民工职业选择、职业流动和工资决定的模型,评估了人力资本、社会资本以及非市场性因素,如政治资本等对农民工非农职业选择和职业流动的影响,重点考察了提高农民工进入高层次职业概率的因素。进一步地,在控制了农民工进入不同职业的样本自选择偏差的基础上,对农民工的工资收入进行回归分析,考察了人力资本、社会资本和不可观测能力的工资回报。

第二,基于异质性视角,本书在农民工的职业选择和工资决定机制研究中充分考虑了农民工内部的分化趋势。在分化视角的选择上,我们结合当前农民工流动的整体趋势,重点关注了不同代际、不同职业类型、不同就业类型、不同就业区域、不同劳动关系状态下的农民工(工会化和非工会化)之间的非农就业决策和工资收入的差异。

从近年来农民工流动所呈现出的新趋势和新特点来看,首先,新生代与老一代农民工在人力资本和社会资本存量、职业选择、职业流动轨迹、工资水平、劳动权益保护意识等方面的差异日趋加深。作为当今农民工的主体，新生代农民工对于工作条件、工资水平和城市融入有着更高的诉求，他们中的大多数已经失去了返乡从事农业生产的技能。虽然他们的教育和技能水平比父辈有所提高，但与城镇劳动力相比仍然偏低。随着产业升级的推进和用工标准的不断提高，新生代农民工在职业层次和工资水平的提升上面临比父辈更严峻的挑战。在此背景下，比较代与代之间在职业选择和流动机制，进而在职业上升和工资增长机制上的差异，有助于针对性地提出改善不同代际的农民工在劳动力市场上整体绩效的举措。其次，在区域分化方面，近年来，在本地从事非农工作的农民工大幅增加，其增幅甚至超过了外出农民工。然而，相比外出者，本地农民工的人力资本禀赋处于劣势，其平均受教育水平和接受职业技能培训的比例均低于外出者（国家统计局，2018），由此引发了学界对农村本地人力资源流失的担忧。如果地方劳动力市场吸引的主要是在生产率特征上处于劣势的农村劳动力，那么，地方经济发展势必受到制约。本地劳动力市场和外出地的非农劳动力市场哪一个吸引了更有能力的农村劳动力？如果外出农民工选择不外出，他们的职业选择与那些留在当地的农民工会有何不同？在当前乡村振兴的背景下，对农民工在本地和外出地非农职业选择的比较分析，有助于我们掌握本地和外出地非农劳动力市场运行状况的差异，并有针对性地提出改善地方劳动力市场效率，增强其对农村人力资源吸引力的举措。此外，在就业形式和劳动关系状态上，农民工内部也呈现出日趋显著的分化趋势。本书重点比较了受雇与自雇农民工，以及工会化农民工和非工会化农民工在工资决定机制上的差异，进而总结了工资差距的成因，并得出了更多有趣的结论，为提升农民工劳动权益、促进其市场配置效率的对策提供了有益的探讨。

第三，本书采用针对性的方法对样本自选择等内生性问题进行了校正，提升了农民工实证研究的科学性。在研究农民工的职业选择和工资决定时，样本自选择问题不容忽视。因为进入不同职业、不同就业形式的农民工样本并不是随机分布的，例如，人们有可能因为具备某些不可观测的能力如风险承担能力、创业天赋等，进入了某种特定的职业。如果不考虑样本自选择问题，对工资决定所进行的估计就是有偏的，对教育、工作经验等变量的回报率将会被高估（Dolton et al., 1989；Polachek, 1981），从而造成对改善农民工职业和收入境况的政策建议的误导。对于不同的研究主题，本书采用了针对性的实证方法，对样本自选择等内生性问题进行了关注和校对，确保了实证估计的一致性，加强了所提出的相关政策建议的科学性。

例如，在探讨职业技能培训对农民工工资水平的影响时，我们采用了由 Lee（1982）发展的 Heckman（1979）两步法来克服农民工培训决策中的样本选择偏差问题，从而保证对工资影响的一致估计。结果发现，在校正样本选择偏差后，技能培训对农民工工资收入的提升作用有所下降，采用简单 OLS 估计会导致对培训的工资效应的高估。培训后农民工获得的较高收入不一定全部为培训的效应，部分是由于培训参加者原有的能力优势。换言之，培训参加者即便不参加培训也可以获得收入提升，因为他们本身是农民工中的能力突出者。因此，在对农民工进行技能培训时需要关注目标定位问题，错误的目标定位会造成培训高能力的劳动者，从而导致资源浪费。

在探讨本地农民工和外出农民工的职业选择机制差异时，我们采用了反事实估计，预测了外出农民工如果不选择外出，而留在当地的非农职业选择。结果显示，外出农民工如果选择留在本地就业，更有可能从事对人力资本要求较高的职业，而不太可能从事个体经营活动，其原因可能是他们在地方政治资本禀赋上存在劣势。这表明外出农民工所面临的劳动力市场主要由市场力量驱动，人力资本对于外出农民工从事具有较高社会经济地位的职业至关重要。而地方劳动力市场则处于欠发达水平，非市场因素如政治身份、家庭社会资本等对农村劳动力从事特定的非农职业发挥着关键作用，不利于拥有人力资本优势的农民工的职业发展，尤其是创业。在当前实施乡村振兴的国家战略背景下，这一结论为提升我国县域及乡镇层面的非农劳动力市场效率的政策转型提供了重要的参考价值。

在考察工会参与对农民工工资差距的影响时，我们采用了无条件分位数回归，全面考察了在整个工资分布上工会对农民工工资的异质性影响，换言之，到底哪些农民工在工会化过程中获益更大。我们发现，工会会员效应在整个工资分布区间都十分显著，而工会的覆盖效应主要集中在工资分布的低端区域。进一步采用基于无条件分位数回归的工资差别分解结果显示，工会会员与无工会企业的员工之间的工资差别大部分源于工资结构效应，即工会企业与无工会企业采取了不同的工资激励机制。在工会企业内部，工会会员与非工会会员之间的分解结果则揭示出，两者的工资差异主要源于工会会员相对于非工会会员在可观测能力上的优势。这表明工会会员在企业中存在正向选择，即可观测能力特征较强的农民工更有可能加入工会。因此，我们建议除了继续加强在农民工集中的行业和企业中的工会建设，还需要重点推动企业内部相对更弱势的农民工亚群体的入会工作。

第四，本书在抽样策略上综合了输出地抽样和输入地抽样的优势，拓展了农民工研究的主题领域。以往文献所采用的数据或来自农民工的输入地调查，或来自农民工的输出地调查。这两种方法在操作的可行性、所收集数据的全面准确性、样本的代表性等方面各有利弊，其所适用的研究主题也各不相同。考虑到我们的研究目标和农民工向中西部流动持续增长的趋势，同时为了充分利用两种抽样策略的优势、扬长补短，我们采取了流入地抽样和流出地抽样相结合的调查策略，分别抽取了代表农民工典型流出地的陕西和甘肃，以及代表农民工典型输入地的北京和苏州。

其中，陕西省和甘肃省是西部欠发达地区的农民工输出大省，近年来呈现出明显的农民工省内就近就业的趋势。我们采用了严格的分层随机抽样，所得数据有利于我们掌握农民工群体内部在职业、收入、流动区域等方面的分化，尤其是避免了大量流向县城、乡镇和农村的农民工在流入地抽样中被遗漏的问题。北京和苏州分别是位于全国经济水平前列的京津冀区域和长三角区域的典型农民工输入地代表，其产业的集聚特征有利于我们全面收集农民工职业和工资收入的详细信息，并且能实现雇主和雇员信息的匹配。我们采用了反映当地产业结构的配额抽样，所得数据有利于我们对农民工的工作搜寻、职业流动、工资差距、劳动关系，以及农民工的社会融入和市民化等问题展开研究。

本书关注的话题属于劳动经济学和发展经济学的交叉领域，也是我与合著者李强各自研究方向的交汇点。在开展本项研究之前，我的研究方向聚焦于转型劳动力市场中的工资决定机制和工资差距问题，尤其是中国不同所有制企业之间同质劳动力的工资差距问题，而李强则关注中国农业政策转型背景下的农户决策问题。受到共同研究兴趣的驱使，2009年我们和其他几位同事共同组建了北京林业大学农村劳动力非农就业研究项目团队，并分别于2010年、2011年、2012年在中央高校基本科研业务经费的支持下，开展了对陕西、甘肃、河南的农户调查，重点关注农村劳动力非农就业的决策机制。在这个过程中，我们越来越觉察到农民工已经不再是一个高度同质性的群体，其内部在代际、职业、就业区域等层面的分化日渐凸显。2013年和2014年，我分别获得了北京市哲学社会科学规划项目和国家自然科学基金青年项目的资助，将研究主题确定为"市民化进程中新生代农民工的职业选择与收入差距研究——基于样本自选择的视角"，由此，我们的团队开始了异质性视角的研究侧重。2013年和2015年，我们进一步开展了在农民工输入地的代表地区北京和苏州的抽样调查，这两个地区的产业集聚特征使我们有更多的机会研究农民工与企业、行业、社区的互动，因此，我们借势开展了对不同劳动关系状态下的农民工的职业选择和工资决定机制的差异研究，以及农民工的市民化研究，并获得了更多有趣和重要的实证发现。

本书是对我和团队在农民工非农职业和工资收入领域的研究积累的集中体现，是集体智慧的结晶。当然，受到样本区域特征的影响，我们的很多结论只能揭示部分输入地和输出地的劳动力市场上农民工的职业选择、职业流动和工资决定机制，为了得到更一般性的结论，还需要补充以国家层面数据为基础的研究，同时，也需要在面板数据的基础上开展更多关于农民工职业结构变化和工资差距变动机制的动态研究。

希望本书的出版能为异质性视角下中国农民工的职业选择和工资决定机制研究带来有益的启发与思考，同时，也为政府推进劳动力市场改革，构建提升农民工职业地位和工资水平的综合市场环境，以及推进城市融入和市民化的相关政策提供借鉴与参考。由于笔者水平有限，书中疏漏之处在所难免，敬请广大读者批评指正。

汪 雯

2019 年 11 月 28 日

目　录

第一章　绪　论 ……………………………………………………… 1
  第一节　研究背景和意义 ………………………………………… 2
    一、研究背景 …………………………………………………… 2
    二、研究意义 …………………………………………………… 4
  第二节　研究目标与内容 ………………………………………… 7
    一、研究目标 …………………………………………………… 7
    二、主要研究内容 ……………………………………………… 8
    三、研究的特色和创新之处 …………………………………… 9
  第三节　研究方法与数据来源 …………………………………… 10
    一、研究方法 …………………………………………………… 10
    二、数据来源 …………………………………………………… 13
  第四节　抽样调查方案 …………………………………………… 15
    一、抽样策略 …………………………………………………… 15
    二、问卷设计和主要内容 ……………………………………… 18
    三、调查的实施过程 …………………………………………… 20

第二章　理论基础与文献综述 …………………………………… 24
  第一节　理论基础 ………………………………………………… 24
    一、核心概念的界定 …………………………………………… 25
    二、理论基础 …………………………………………………… 28

第二节 实证研究回顾 ·· 44
一、农民工职业选择的实证研究回顾 ························· 44
二、农民工职业流动的实证研究回顾 ························· 46
三、农民工工作搜寻行为的实证研究回顾 ····················· 47
四、农民工工资决定的实证研究回顾 ························· 50
五、农民工工资差距的实证研究回顾 ························· 56

第三章 农民工职业与工资分布的特点与趋势 ···················· 61
第一节 全国农民工的职业与工资分布 ························ 62
一、农民工规模及区域分布 ································ 62
二、农民工的行业与职业分布 ······························ 68
三、农民工人力资本与社会资本状况 ························ 71
四、农民工的工资性收入状况 ······························ 75
五、外出农民工的社会保障 ································ 78
第二节 样本地区农民工的职业与工资分布 ···················· 82
一、陕西省农民工样本的职业与工资分布 ···················· 83
二、甘肃省农民工样本的职业与工资分布 ···················· 90
三、北京市农民工样本的职业与工资分布 ···················· 95
四、苏州市农民工样本的职业与工资分布 ··················· 100

第四章 农民工的职业选择机制研究 ··························· 105
第一节 农民工的职业选择机制与代际比较 ··················· 106
一、模型的构建与应用 ··································· 106
二、数据及描述性统计 ··································· 109
三、实证分析 ·· 118
四、主要结论与讨论 ····································· 129
第二节 本地与外出农民工职业选择的比较研究 ··············· 131
一、模型的构建与应用 ··································· 133

二、数据及描述性统计 ·· 136
　　三、实证分析 ··· 140
　　四、主要结论与讨论 ·· 144

第五章　农民工的职业流动机制研究 ································ 149
第一节　农民工的工作搜寻行为研究 ································ 149
　　一、模型的构建 ··· 151
　　二、数据及描述性统计 ·· 154
　　三、实证分析 ··· 161
　　四、主要结论与讨论 ·· 166
第二节　农民工的职业流动与职业上升机制研究 ··············· 168
　　一、模型的构建 ··· 170
　　二、数据及描述性统计 ·· 173
　　三、实证分析 ··· 180
　　四、主要结论与讨论 ·· 185

第六章　农民工的工资决定机制研究 ································ 187
第一节　人力资本与农民工的工资决定 ···························· 188
　　一、技能培训与农民工工资增长 ··································· 188
　　二、普通话、计算机水平与农民工工资 ························· 222
第二节　市民化背景下社会资本对农民工工资水平的影响研究 ··· 239
　　一、模型的构建 ··· 240
　　二、数据及描述性统计 ·· 243
　　三、实证分析 ··· 248
　　四、主要结论与讨论 ·· 258

第七章　农民工的工资差距研究 ………………………………… 260
第一节　农民工的职业工资差距 ………………………………… 260
一、数据来源 ………………………………………………… 261
二、模型设定 ………………………………………………… 262
三、描述性统计 ……………………………………………… 264
四、实证分析 ………………………………………………… 267
五、职业工资差异分解 ……………………………………… 271
六、主要结论与讨论 ………………………………………… 274
第二节　就业形式与农民工的工资差距 ………………………… 275
一、模型的构建 ……………………………………………… 276
二、变量设置与描述性统计 ………………………………… 277
三、实证分析 ………………………………………………… 281
四、主要结论与讨论 ………………………………………… 288
第三节　工会与农民工的工资差距 ……………………………… 289
一、模型的设定 ……………………………………………… 291
二、数据及描述性统计 ……………………………………… 293
三、实证分析 ………………………………………………… 299
四、主要结论与讨论 ………………………………………… 313

第八章　主要结论与政策建议 ……………………………………… 318
第一节　主要研究结论 …………………………………………… 318
一、农民工职业选择的研究结论 …………………………… 318
二、农民工工作搜寻与职业流动机制的研究结论 ………… 322
三、农民工工资决定机制的研究结论 ……………………… 326
四、农民工工资差距的研究结论 …………………………… 330
第二节　相关政策建议 …………………………………………… 334
一、持续强化农村劳动力的人力资本投资 ………………… 335
二、拓宽农民工社会关系网络，构建新型社会资本 ……… 338

三、推进地方劳动力市场化改革，促进农民工就近和返乡
　　就业…………………………………………………………… 339
四、加强工会对农民工的组织工作，提升其集体博弈
　　能力…………………………………………………………… 340
第三节　未来研究展望………………………………………………… 340
一、对农民工内部样本自选择偏差和异质性的控制………… 341
二、基于不同研究目标对农民工抽样策略的选择…………… 342
三、继续推进农民工内部工资差别的变动机制等问题的
　　研究…………………………………………………………… 343

参考文献………………………………………………………………… 345
索　引…………………………………………………………………… 375
后　记…………………………………………………………………… 379

图目录

图 3-1	全国农民工数量及增速变化	63
图 3-2	农民工来源地分布及增速变化	64
图 3-3	2009—2018年外出农民工和本地农民工的规模变化	64
图 3-4	不同地区本地农民工数量及增速变化	65
图 3-5	外出农民工区域选择及增速变化	66
图 3-6	不同地区外出农民工跨省流动数量及增速变化	66
图 3-7	不同地区外出农民工省内流动数量及增速变化	67
图 3-8	外出农民工的就业地域分布及增速变化	67
图 3-9	农民工性别比例及变化	71
图 3-10	不同年龄段农民工比例及变化	72
图 3-11	不同地区农民工月平均工资收入及增速变化	76
图 3-12	外出和本地农民工收入情况及增速变化	76
图 3-13	不同雇佣类型农民工的年收入	78
图 3-14	外出农民工平均每月及每天工作时间	79
图 3-15	外出农民工每周及每天工作超时情况	79
图 3-16	外出农民工签订劳动合同情况	80
图 3-17	外出农民工的住宿来源	80
图 3-18	外出农民工参加社会保障情况及比例变化	82
图 3-19	2000年、2005年、2009年陕西省样本就业地点分布	86
图 3-20	2009年陕西省样本各类职业的就业地点分布情况	89

图 6-1 不同培训内容的参加人次比例 …………………………… 202
图 6-2 不同培训类型下培训时长的分布 ………………………… 204
图 6-3 样本农村劳动力的普通话和计算机水平与小时工资的交互分布
　　　　………………………………………………………………… 231
图 7-1 自雇与受雇劳动者收入对数核密度分布 ………………… 280
图 7-2 自雇与受雇劳动者工作经验核密度分布 ………………… 282
图 7-3 三种群体的核密度估计 …………………………………… 299
图 7-4 工会会员与非工会企业非会员的工资差距分解（1） ……… 310
图 7-4 工会企业非会员与非工会企业非会员的工资差距分解（2）
　　　　………………………………………………………………… 310
图 7-4 工会会员与工会企业非会员的工资差距分解（3） ………… 311

表目录

表 3-1　农民工行业分布及其变化趋势（2009—2018）……………… 68
表 3-2　农民工的职业分布 ………………………………………………… 69
表 3-3　农民工的雇佣类型分布 …………………………………………… 70
表 3-4　外出和本地农民工雇佣类型的比例 ……………………………… 70
表 3-5　不同性别农民工的雇佣类型分布 ………………………………… 71
表 3-6　农民工的受教育程度（2011—2018 年）………………………… 73
表 3-7　外出农民工和本地农民工的受教育程度比较 …………………… 73
表 3-8　农民工接受培训的程度及比例变化 ……………………………… 74
表 3-9　不同行业农民工的月平均工资收入 ……………………………… 77
表 3-10　外出农民工的住所类型 ………………………………………… 81
表 3-11　陕西省农民工样本的描述性统计分析 ………………………… 84
表 3-12　陕西省样本中本地农民工和外出农民工的职业分布比较…… 87
表 3-13　陕西省样本中本地农民工和外出农民工月均工资比较……… 87
表 3-14　2000 年、2005 年、2009 年陕西省样本就业途径分布 ……… 88
表 3-15　2009 年陕西省样本中不同职业的就业途径分布情况………… 89
表 3-16　2009 年陕西省样本就业途径对就业地点的频率分布 ………… 90
表 3-17　2012 年甘肃省农户抽样调查样本分布 ………………………… 92
表 3-18　甘肃省农民工样本的基本特征 ………………………………… 93
表 3-19　甘肃省农民工样本的职业分布及代际比较 …………………… 94
表 3-20　甘肃省农民工样本的外出务工地点及代际比较 ……………… 95

表3-21	北京市农民工样本的基本特征	96
表3-22	职业编码表	98
表3-23	北京市农民工样本的职业分布	98
表3-24	2012年北京市农民工样本从事不同职业的月工资水平	99
表3-25	2012年北京市农民工样本从事不同职业的小时工资水平	100
表3-26	苏州市农民工样本的基本特征	101
表3-27	苏州市农民工样本的职业分布	103
表3-28	苏州市农民工样本所在的企业性质与规模分布	103
表3-29	2014年苏州市农民工不同职业的月收入水平	104
表3-30	2014年苏州市农民工不同职业的小时收入水平	104
表4-1	职业分类与示例	108
表4-2	主要变量界定	109
表4-3	北京市外来农民工就业地区分布	110
表4-4	新生代农民工在不同职业类别下的求职途径的选择	111
表4-5	老一代农民工在不同职业类别下的求职途径的选择	112
表4-6	样本的基本特征	113
表4-7	非农职业选择分布	114
表4-8	职业选择与职业稳定性的交叉表	115
表4-9	职业选择与月工资收入	116
表4-10	职业选择与超时工作比重	117
表4-11	新生代非农职业选择与社保福利条件	117
表4-12	老一代非农职业选择与社保福利条件	118
表4-13	农民工职业选择的Multinomial Logit模型的估计结果	126
表4-14	2016年外出农民工与本地农民工的基本特征比较	131
表4-15	职业分类与示例	135
表4-16	职业选择模型的解释变量	136
表4-17	描述性统计分析	138
表4-18	本地农民工和外出农民工的职业分布比较	139

表 4-19　本地农民工和外出农民工的月均工资比较 …………… 139
表 4-20　职业选择的预测概率与反事实概率之间的差异 ……… 143
表 4-21　外出农民工和当地农民工的职业选择估计结果 ……… 146
表 5-1　模型一的变量定义及赋值 ………………………………… 153
表 5-2　模型二的变量定义及赋值 ………………………………… 154
表 5-3　样本的描述性统计 ………………………………………… 155
表 5-4　工作搜寻渠道的分布情况 ………………………………… 156
表 5-5　不同工作搜寻渠道下的样本特征分布 …………………… 158
表 5-6　不同群体的工作搜寻时间 ………………………………… 159
表 5-7　工作搜寻渠道与搜寻时间的交叉表（总体样本） ……… 160
表 5-8　工作搜寻渠道与搜寻时间的交叉表（分性别） ………… 160
表 5-9　农民工工作搜寻渠道影响因素的模型估计结果 ………… 162
表 5-10　农民工工作搜寻时间的模型估计结果 ………………… 165
表 5-11　主要变量界定 …………………………………………… 171
表 5-12　样本的描述性统计 ……………………………………… 175
表 5-13　从初职到目前职业的流动情况 ………………………… 178
表 5-14　近三年职业流动频次与流动方向的交叉表 …………… 178
表 5-15　职业流动原因 …………………………………………… 179
表 5-16　农民工职业上升模型的估计结果 ……………………… 183
表 6-1　职业编码表 ………………………………………………… 195
表 6-2　职业选择模型和明瑟收入方程中各变量的解释 ………… 195
表 6-3　样本的基本特征 …………………………………………… 197
表 6-4　2012 年不同职业的月收入水平 ………………………… 199
表 6-5　各类型培训参加者人数和百分比 ………………………… 201
表 6-6　培训内容分类 ……………………………………………… 202
表 6-7　不同培训类型下个人支付的平均培训费用 ……………… 203
表 6-8　培训对农民工职业选择的影响：克服选择性偏差的模型估计结果
　　　　………………………………………………………………… 207

表6-9	培训类型对职业选择的影响	210
表6-10	培训内容对职业选择的影响	211
表6-11	培训的收入效应：样本自选择校正前后的估计比较	214
表6-12	不同培训形式对收入的影响比较	218
表6-13	主要变量界定	224
表6-14	职业编码表	226
表6-15	普通话水平编码表	227
表6-16	计算机水平编码表	227
表6-17	样本的基本特征	228
表6-18	样本的普通话水平与小时工资分布	229
表6-19	样本的计算机水平与小时工资分布	230
表6-20	样本职业控制下的普通话水平与小时工资分布	232
表6-21	样本职业控制下的计算机水平与小时工资分布	232
表6-22	样本就业地点控制下的普通话水平与小时工资分布	234
表6-23	样本就业地点控制下的计算机水平与小时工资分布	235
表6-24	普通话与计算机水平对小时工资的回归结果	237
表6-25	农民工收入、留城意愿与居住方式回归模型变量解释	241
表6-26	样本的基本特征	244
表6-27	样本的职业类型分布	245
表6-28	样本的企业规模分布	246
表6-29	收入、留城意愿与居住方式的描述性统计	246
表6-30	社会资本的描述性统计	247
表6-31	社会资本对小时工资的回归结果	250
表6-32	社会资本对留城意愿的回归结果	253
表6-33	社会资本对居住方式的回归结果	256
表7-1	农民工样本的基本特征	261
表7-2	职业分类	264
表7-3	农民工样本的就业状况及趋势	264

表 7-4 不同职业分布的样本特征比较 ·················· 266
表 7-5 职业选择模型的估计结果（MLogit 模型） ·········· 267
表 7-6 职业工资方程估计结果（明瑟方程） ············· 269
表 7-7 职业工资差异的 Blinder-Oaxaca 分解 ············ 271
表 7-8 高低技能职业工资差异的 Blinder-Oaxaca 分解 ······· 272
表 7-9 数据的描述统计 ························ 279
表 7-10 OLS 回归结果 ························ 283
表 7-11 无条件分位数回归结果 ···················· 286
表 7-12 Oaxaca-Blinder 分解结果 ·················· 288
表 7-13 变量的定义和测量 ······················ 293
表 7-14 描述性统计 ·························· 295
表 7-15 全样本小时工资的固定效应模型与无条件分位数回归 ···· 302
表 7-16 不同工会身份的农民工无条件分位数回归的比较 ······ 305
表 7-17 基于无条件分位数回归的工资差异分解 ··········· 308
表 7-18 个体劳动合同、工会和工资 ················· 313
附　表 样本选择偏差检验 ······················ 315

第一章　绪　论

始于改革开放初期的城乡移民，是中国经济转型过程中举世瞩目的社会经济现象。这些从农村和农业当中逐渐转移出来的劳动力从早期进入当地的非农产业，到后期大规模流向经济发达区域的非农产业，为造就中国经济增长的奇迹提供了充沛的劳动力资源。这个特殊的迁移群体在中国研究界被冠以"农民工"的称谓。时至今日，农民工已经成长为中国产业工人的主体，2018年，我国农民工总量达到了2.88亿人，在7.76亿全国就业人员中的占比约为37%，其中，在全国第二产业和第三产业就业人员中的比重分别为65.9%和40.5%（国家统计局，2019）。

长期以来，农民工从事的非农职业主要集中在一些低技术含量、低收入、缺乏福利保障、缺乏劳动安全的低端职业，而这种职业分布特点进而决定了农民工在城市劳动力市场上长期处于不利地位。然而，历经40多年的发展和变化，农民工群体内部也开始呈现出职业和工资分化趋势，一方面，部分农民工所从事的职业开始呈现出"去体力化"特征（王超恩、符平，2013）；另一方面，农民工内部基于不同职业、不同就业形式等的工资差距日趋凸显。究竟什么因素制约着农民工进入高层次职业？农民工是否可以通过职业流动实现职业地位的上升，以及工资的增长？在农民工内部的工资差距背后，人力资本、社会资本，以及不可观测的生产率特征发挥了哪些影响？在中国经济发展进入新常态的背景下，围绕农民工内部的异质性变化趋势，明确回答这些问题，深入探讨影响农民工职业选择、职业流动，以及实现职业和工资收入上升的机制，对于构建适合农民工职业发展和收入提升的劳动力市场环境、推进其市民化进程有着重要的理论和政策价值。

第一节 研究背景和意义

一、研究背景

职业在很大程度上决定了人们在劳动力市场上获得的工资收入和发展机会,进而决定了人们相对的社会经济地位。历经40多年的发展和变化,农民工群体内部开始呈现出职业和收入分化趋势,农民工所从事的职业已经涵盖了从非技术型工人、技术型工人到普通白领,再到专业技术人员、职业经理和私营业主的各种类型。有研究表明,约30%的农民工所从事的职业呈现出"去体力化"的特征(如低端白领、技术和管理精英或私营企业主)(王超恩、符平,2013)。那么,究竟哪些因素影响着农民工进入高层次的职业?是市场性因素如人力资本,还是非市场性因素如政治资本的影响更为显著?目前的研究尚存在争议。更进一步地,作为劳动力市场上流动非常频繁的群体,农民工在从农业、农村转移到非农产业和城市的过程中,一般会经历初次职业选择,以及其后多次的职业流动。2011年,"城市流动人口服务管理问题研究"课题组对26个省份的研究数据表明,2009—2011年约有51.67%的农民工更换过工作,即有过职业流动经历(王超恩、符平,2013)。而且,农民工职业流动呈现出越来越频繁的趋势(李强,1999;周运清等,2002;李长安,2010)。农民工是否可以通过职业流动实现职业地位的上升,以及工资的增长?人力资本和社会资本对农民工职业地位上升和工资的增长会产生哪些影响?近年来,中国经济发展进入新常态阶段,随之而来的经济增速放缓、产业结构升级和供给侧结构性改革持续推进,给农民工的职业发展带来了新的挑战。深入探讨影响农民工职业选择、职业流动,以及实现职业上升和工资水平上升的机制,对于构建适合农民工职业发展和收入提升的劳动力市场环境,推进市民化进程有着重要的政策价值。

除职业和工资分化之外,农民工内部在代际和区域上也呈现出显著的异质性趋势，这些趋势也进一步强化了农民工在职业和工资领域的分化。首先，1980年以后出生的新生代农民工已经成长为当前中国农民工的主力军。2018年，新生代农民工占全国农民工总量达到51.5%，占比已经超过了老一代农民工。与老一代农民工不同，新生代农民工对于工作条件、工资水平和城市融入有着更高的诉求。他们中大多数已经失去了返乡从事农业生产的技能。虽然他们的教育和技能水平相比父辈有所提高，但与城镇劳动力相比仍然偏低。随着我国产业升级的推进和用工标准的不断提高，新生代农民工在职业层次和工资水平的提升上面临比父辈更严峻的挑战。在此背景下，比较两代农民工之间在职业选择和流动机制，进而在职业上升和工资增长机制上的差异，有助于我们掌握阻碍不同代际农民工进入高层次职业的因素，有助于针对性地提出改善不同代际的农民工在劳动力市场上整体绩效的举措，从宏观来看，也有助于实现就业的结构性均衡。

在区域分化方面，近年来在本地从事非农职业的农民工大幅增加，增幅甚至超过了外出农民工。2006年以来，中央和地方政府在战略上都转向地方经济发展，尤其是振兴乡村经济，并把鼓励农民工在本地就业和创业作为推动乡村与县域经济发展的重点。根据全国农村固定观察点调查，2007—2009年，县内非农就业比例增加了5.2%，达到30.0%，而省际流动比例首次下降了5.4%，达到了40%（Wu和Zhang，2010）。近年来，本地农民工的增速开始超过外出农民工，新增农民工中本地农民工为主体。国家统计局农民工监测报告显示，2016年本地农民工比上年增长3.4%，而外出农民工仅比上年增长0.3%。本地农民工增量占新增农民工的88.2%。2011—2016年，外出农民工增速呈逐年回落趋势，增速由3.4%降至0.3%。外出农民工占农民工总量的比重也由2011年的62.8%逐渐下降到2016年的60.1%。然而，相比外出者，本地农民工的人力资本禀赋处于劣势，其平均受教育水平和接受职业技能培训的比例均低于外出者（国家统计局，2018），由此引发了学界对农村本地人力资源流失的担忧。如果地方劳动力市场吸引的主要是那些在生产率方面处于劣势的农村劳动力，那么，地方经济发展势必受到制约。本地劳动力市场和外出地的非农劳动力市场哪一个吸引了更有能力的农村劳动力？如果外出农民工选择不外出，他们的职业选择与那些留在当地的农民工会有何不同？在当前乡村振兴的背景下，对农民工在本地和外出地非农职业选择的比较分析，有助于我们掌握本地和外出地非农劳动力市场运行状况的差异，并有针对性地提出改善地方劳动力市场效率，增强其对农村人力资源吸引力的举措。

二、研究意义

由于微观层面数据的缺乏，针对中国农村劳动力非农职业选择的研究相对较少，现有的研究主要是从非农就业选择的视角开展，如 Zhao（1997）将农村劳动力的就业选择分为从事农业生产、当地非农就业和外出就业。De Brauw 等（2002）、Xia 和 Simmons（2007）则从个体经营、当地非农和外出就业三个角度进行划分。黄乾（2009）比较了稳定就业和非稳定就业两种就业类型的农民工工资差距。宁光杰（2012）将农村外出劳动力的就业状态分成了自我雇佣者、短期工资获得者、长期工资获得者三类。虽然已有文献对农村非农就业选择进行了深刻的分析，但尚缺乏对农民工逐渐多元化的职业分布背后的选择机制进行的探究。

就已有研究而言，首先，针对人力资本、社会资本及政治资本在农民工进入相对较高层次的职业上究竟发挥什么样的影响，现有研究仍存在争议。相当一部分研究认为，伴随着中国劳动力市场改革的推进，人力资本（如受教育程度、技能培训和工作经验）对农民工获得较高的经济社会地位正在发挥越来越重要的作用，而且是他们成为管理与专业技术人员和公司职员的基本条件（赵延东、王奋宇，2002；姚先国、俞玲，2006），通过人力资本的提升，农民工可以突破制度障碍，获得具有更高经济和社会地位的职业。而政治资本对农民工的职业获得几乎没有影响，只有低端的职业才会更依赖其传统的社会资本来获得（符平等，2012）。与之相反的观点则认为，中国城市劳动力市场仍存在二元分割现象，在不同劳动力市场部门中，劳动者的职业流动模式和经济地位获得方式存在很大差别。在农民工所面对的次级劳动力市场中，人力资本因素对职业地位的获得和工资提升的影响非常有限（吴愈晓，2011），而政治资本等非市场性因素仍旧发挥重要影响（Zhang 和 Li，2003；Zhang，2010）。Zhang 和 Li（2003）的研究表明，政治资本对非农就业选择的影响比市场力量更重要。家庭成员中有村干部比多接受一年教育更有助于农村劳动力获得一份收入较高的非农工作。

其次，在农民工职业流动的研究领域，有关农民工职业流动的频次对于职业地位的改变，以及不同类型的社会资本对职业上升的影响等问题，研究尚存在明显的争议。有些研究认为，多次的职业流动有利于农民工职业的向上流动（姚缘、张广胜，2013），同时，职业流动能够提升农民工的工资水平（李萌，2004；刘林平等，2006；马瑞等，2012）。而另一些学者认为，流动越频繁，农民工越容易经历向下的职业流动（柳延恒，2014）。还有学者认为，职业流动频次对职业地位上升的影响呈现倒"U"形关系（纪韶等，2015；符平，唐有财，2009；刘士杰，2011；李黎明，2014）。在社会资本对农民工的职业地位上升的影响方面，一些学者认为社会关系是农民工寻找工作时的主要依靠（边燕杰、张文宏，2001；刘士杰，2011），农民工通过社会网络的初级关系得到的就业信息，占其全部信息渠道的七成以上（钟甫宁等，2001）；不同的观点则认为，社会资本仅仅可以帮助农民工获得低端的职业，对于高端职位的获取没有明显的帮助（纪韶等，2015）。还有学者认为，无论是社会资本中的强关系还是弱关系，都显著地制约了农民工在内部劳动力市场的向上流动（田北海等，2013）。

再次，在工资决定和工资差距研究领域，以往文献多聚焦于农民工与城市劳动力之间的工资差异的解释和测量（Meng 和 Zhang，2001；王美艳，2005；谢嗣胜、姚先国，2006），较少关注农民工群体内部的工资分布与差异。近年来，伴随着农民工就业状况的多元化，学者们开始关注农民工在不同就业类型之间的工资差距，并进行了差距的分解。例如，稳定就业和非稳定就业农民工之间的工资差距（黄乾，2009），自我雇佣者和工资收入者之间的工资差距（Wang，2010），自我雇佣者、短期工、长期工之间的工资差距（宁光杰，2012），但尚缺乏对基于不同职业选择的农民工工资差距的考察，以及对劳动力市场其他制度性安排所导致的工资差距，如农民工中工会会员和非会员的工资差距的研究。

此外，上述研究普遍缺乏在代际维度和区域维度上对农民工的职业选择、职业流动和工资决定机制的比较，如本地农民工和外出农民工之间在职业选择机制上的差异。近年来，农民工内部在新生代与老一代、不同区域就业人员之间、正规就业与非正规就业之间等层面的异质性逐步增强，这使得针对农民工职业选择、职业流动和工资决定机制领域的研究需要基于异质性分析的视角。否则，我们就很难在农民工职业发展和收入提升领域，以及区域劳动力市场效率改进领域得出更有针对性的结论和建议。

最后，样本自选择是农民工职业选择和工资决定机制领域无法回避的问题。从国际来看，自20世纪70年代Heckman（1976，1979）开发了矫正样本自选择偏差的两阶段法之后，越来越多的研究开始关注职业选择和工资决定中的样本自选择问题。由于研究者只能观测到样本所从事的职业和相应的工资水平，而观测不到样本未选择进入的职业和其相应的工资水平，进入特定职业的人有可能具备某些特殊的、不可观测的能力。因此，如果不考虑样本选择问题，就会造成对人力资本等可观测因素的工资回报的有偏估计，进而产生对改善劳动力职业和收入状况的政策误导。从国内文献来看，已有的农民工职业选择和工资决定领域的文献在研究过程中普遍缺乏对样本自选择问题的考虑。

综上所述，基于异质性和样本自选择视角开展对农民工的非农职业选择、职业流动和上升机制，以及工资决定和差距形成机制的研究，在理论和实践方面都具有重要价值。农民工的非农职业选择受到哪些因素影响？进入不同类型职业的农民工之间是否存在样本自选择问题？或言之，除了人力资本、社会资本等可观测的特征，不可观测的能力对农民工的非农职业选择有何影响？同时，在新生代和老一代农民工、本地农民工和外出农民工、正规就业和非正规就业的农民工之间，在职业选择、职业流动和工资决定机制上存在哪些差异？除人力资本、社会资本等可观测的特征之外，是否也存在不可观测能力造成的差异？进一步地，在纠正了样本的自选择偏差后，人力资本、社会资本等可观测特征获得的工资回报会发生怎样的变化？回答这些问题将有助于找到改善中国农民工在劳动力市场上整体绩效的举措，从长期来看，在中国经济发展进入新常态阶段、产业持续升级的背景下，上述研究更有助于得到促进农民工就业的结构性均衡以及推进农民工市民化的政策性建议。

第二节 研究目标与内容

一、研究目标

本书基于分别在农民工输入地和输出地开展的一手微观调查数据，应用职业决策的多元逻辑回归模型、职业上升影响机制模型、工作搜寻模型、工资函数和基于分位数回归的工资差别分解模型，考察人力资本、社会资本和不可观测的能力等因素对样本地区农民工进入不同非农职业，进而实现职业地位上升的影响，并比较新生代和老一代农民工、本地农民工和外出农民工、正规就业和非正规就业的农民工在职业选择、职业流动和上升机制上的差异。进一步地，在对样本自选择问题进行校正的基础上，运用工资函数对农民工的工资决定机制进行无偏估计，在此基础上，采用工资差别分解法，考察农民工在不同职业之间、不同就业形式之间工资差距背后的形成机制。

本书是对异质性视角下农民工职业选择、职业流动和工资决定研究领域的重要补充，所得出的结论不仅可以为农民工个体的职业发展和社会经济福利的提升提供有针对性的指导，也可以为市民化进程中我国农民工面临的劳动力市场的制度转型提供政策依据。通过对农民工输出地与输入地调查数据的综合分析，本书对不同区域农民工在职业上升和收入增长过程中所面临的特有约束进行考察，所得结论对于改善农民工输出地和输入地的劳动力市场效率，促进地方劳动力资源配置效率，也形成了重要的政策建议。

二、主要研究内容

为了实现上述研究目标，本书的主要研究内容将围绕以下领域开展：

第一，结合采用输入地和输出地抽样策略，分别在典型的农村劳动力输出区域进行分层随机抽样，在输入区域按照行业、企业类型等进行配额抽样，形成农民工就业和收入的一手调查数据库。结合全国层面和样本地区层面的调查数据，综合分析农民工在规模、流动区域、行业与职业、人力资本与社会资本，以及工资和社会保障等领域的分布特点和趋势。

第二，建立基于样本选择性偏差纠正的农民工职业选择模型和工资决定模型，评估人力资本、社会资本和政治资本等因素对农民工非农职业选择和非农收入的影响。重点比较新生代和老一代农民工，以及本地农民工和外出农民工之间在职业选择机制上存在的差异。重点考察正规教育、职业培训、语言技能等人力资本，以及原始和新型社会资本对农民工的工资效应。

第三，应用搜寻持续时间模型和职业流动模型，分别考察农民工在劳动力市场的工作搜寻和职业流动行为的规律和成因。重点考察农民工的不同工作搜寻渠道对工作搜寻时间的影响，以及不同渠道的搜寻效率在农民工群体中的异质性。以社会经济地位变化来衡量职业流动的方向，采用二元逻辑回归模型考察农民工职业上升的主要影响因素，重点检验职业流动频次对职业地位上升的影响。

第四，运用基于无条件分位数回归的工资差距分解法（Melly，2005；Firpo et al.，2009），分别针对农民工在技术型和非技术型两类职业之间、受雇型和自雇型职业之间，以及工会化和非工会化职业之间的工资差距进行分解，分析包括特征效应、回报率效应和残差效应在内的工资差距成因。深入探讨在不同的工资分布区间农民工工资差距的变化特征，以及工资差距背后的成因中基于个人可观测特征差异、不可观测特征差异和工资回报率的差异各自的比重和变化。

第五，综合上述研究结论，提出促进农民工非农职业发展和工资提升，以及改善其在劳动力市场上整体绩效的举措，并为市民化进程中我国农民工面临的劳动力市场的制度转型提供理论和政策依据。

三、研究的特色和创新之处

首先，以往研究仅限于对农村劳动力的非农就业进行粗略划分，缺乏对职业的细分研究。本书在非农职业分类方面，将充分考虑农村劳动力外出务工的职业分布特点，并综合借鉴国家统计局的职业分类体系和国际劳工组织颁布的国际职业编码体系（International System of Occupational Code）。在此基础上，应用多元逻辑回归法，评估农民工进入不同层次职业的影响因素，这是对现有研究的重要补充。

其次，以往研究多验证了教育和培训等人力资本与社会资本对农民从事非农工作的促进作用。基于这些结论，研究多数得出了加大对农村劳动力的人力资本投资、提供更为畅通的就业信息渠道以改善社会资本的分布不均等政策建议。然而，在人力资本、社会资本等可观测的因素之外，不可观测的能力因素是否对农村劳动力进入不同非农职业产生了影响？或言之，进入不同非农职业的农村劳动力是否存在自选择偏差？进一步地，在矫正了样本自选择问题的基础上，运用工资函数对农民工非农收入的决定机制进行无偏估计，考察可观测的人力资本和社会资本等特征在工资回报方面发生的变化。本书对这些问题的回答，将对以往政策建议产生重要的修正作用。

再次，伴随着农民工在职业分布、就业形式分布等方面的多元化，农民工内部的工资差距问题日趋凸显。以往研究多关注农民工和城市劳动力之间的工资差距。基于校正了样本选择偏差后的工资方程，本书将运用基于无条件分位数回归的工资差别分解法（Melly，2005），进行基于职业类型、基于不同就业形式、基于劳动力市场不同制度安排的农民工工资差距的分解，进而检验农民工群体内部是否存在不同形式的劳动力市场分割。这也是对农村外出劳动力工资差距研究领域和中国劳动力市场转型领域的重要补充。

最后，以往文献所采用的数据或来自农民工的输入地调查，或来自农民工的输出地调查，这两种方法在操作的可行性、所收集数据的全面准确性、样本的代表性等方面各有利弊，其所适用的研究主题也各不相同。针对我们的研究目标和农民工向中西部流动持续增长的趋势，同时为了充分利用两种抽样策略的优势，扬长补短，我们采取了流入地抽样和流出地抽样相结合的调查策略，分别抽取了代表农民工典型流出地的陕西和甘肃，以及代表农民工典型输入地的北京和苏州，以期达到提升农民工实证研究的科学性的目标。

第三节　研究方法与数据来源

一、研究方法

本书所采用的研究方法包括文献研究法、抽样调查法和实证研究法。其中，在实证研究法中我们构造了基于样本自选择偏差校正的农民工职业选择和工资决定模型，以及农民工的职业上升机制模型、工作搜寻模型和工资差距分解模型。

（一）文献研究法

就中文文献而言，我们从中国知网、维普网、万方、优秀博士论文库等多种学术期刊数据库收集了 300 余篇关于农民工职业选择、职业流动和职业上升、工资决定和工资差距的实证研究文献，对其进行分类整理和综述。就外文文献而言，我们基于 EBSCO、Elsevier、JSTOR、Emerald 等国际权威的外文文献数据库，对移民经济学、职业选择理论、职业流动理论、工作搜寻理论、工资差距理论等基础理论进行了集中整理,并对国外关于移民职业选择和流动,以及移民的工资决定等领域的实证研究进行了总结和评述。这些理论和实证研究层面的回顾,为本书的实证模型构建、抽样策略、结论解释和讨论奠定了重要的理论和文献基础。

(二) 抽样调查法

由于农民工在空间和时间上分布的复杂性,现实中农民工的抽样调查面临先天性的困难。作为常见的抽样策略,流入地抽样和流出地抽样在操作的可行性、所收集数据的全面准确性、样本的代表性等方面各有利弊,适用的研究主题也不尽相同。为了综合利用两种抽样策略的优势,提升农民工实证研究的科学性,本书分别开展了在典型的农民工流出地和流入地的抽样调查。其中,在流出地,我们选取了代表农民工典型流出地的陕西省和甘肃省,并采用了严格的分层随机抽样方法。在具体的样本省份内,采用经济发展水平、地理位置、市场机会、农民人均纯收入等指标分层抽取相应的县、乡、村。在具体的样本村内部,则采用随机等距抽样抽取具体的农户样本。在流入地,我们选择了代表农民工典型输入地的北京和苏州,在区域内采取配额抽样法,根据样本区域在农民工的空间分布、行业分布以及研究目标进行配额抽样。详细的抽样策略和调查方案见本章第四节。

(三) 实证研究法

本书重点采用的计量经济模型是基于样本自选择校正的职业选择和收入决定模型。此外,我们还针对具体研究目标,开发了农民工职业上升机制模型、工作搜寻模型和工资差距分解模型。

职业选择模型的基础是理性职业选择理论,即个体在进行职业选择时,会比较从他一生周期来看各种可能的职业选择所带来的效用的折现值,并最终选择那种能使他一生效用最大化的职业 (Barkley, 1990; Boskin, 1974)。在具体的实证分析中,我们采用了 Greene (2007) 所提到的职业选择的多元逻辑回归模型 (Multinominal Logit Model),考察了农民工在管理和技术人员、办事人员、技术型工人等七类细分职业之间的决策机制。工资决定方程是贯穿本研究的另一个主要实证模型。在经典的明瑟收入方程（Mincer，1974）的基础上，结合中国劳动力市场转型和农民工迁移的特殊性，我们对明瑟收入方程进行了扩展，除教育、培训、语言等人力资本之外，同时还考察了社会资本、政治资本、家庭特征和地域特征对农民工收入的影响。在应用上述模型比较本地农民工与外地农民工之间的职业选择机制，以及分析参加技能培训的收入效应时，我们采用了Heckman 两阶段法（Heckman，1979）对样本自选择偏差问题进行了校正，以控制农民工群体内部不可观测力的差异对职业选择机制和工资决定机制的干扰。农民工在劳动力市场上通常会面临较频繁的职业流动，但是，究竟是否可以通过职业流动实现职业社会经济地位的上升，研究界存在较大争议。在职业选择模型的基础上，本研究以农民工当前职业类型与上一份职业类型经济地位的变化来衡量其职业流动方向，进而采用职业流动方向的二元选择模型来考察农民工职业上升的主要影响因素，重点检验过去三年的职业流动频次对职业上升的影响。

针对农民工在劳动力市场上的工作搜寻行为，本书重点讨论了农民工工作搜寻渠道对工作搜寻时间影响。由于样本数据包含正处于工作搜寻阶段的农民工，我们采用了持续时间模型（也称"Cox 比例风险模型"），以最大限度地降低样本选择性偏差。其中，工作搜寻时间是求职者从开始寻找工作直到成功获得工作所花费的时间，它可以作为农民工工作搜寻效率的代理变量。一般来说，农民工的工作搜寻时间越短，表明该农民工工作搜寻效率越高。

为了解释农民工内部日益凸显的工资差距现象和背后的成因，我们分别采用了基于工资均值的 Blinder – Oaxaca 分解法，以及基于无条件分位数回归的 Melly 分解法（Melly，2005）和 FFL 分解法（Firpo et al.，2009）。工资的均值分解法通常将工资的均值差异分解成两部分：特征差异和系数差异。特征差异是指由个体特征的不同而导致的工资差异，也称为工资差异中的可解释部分。系数差异是指由于个体特征回报率的不同而引起的工资差异，也被称为工资差异中的不可解释部分。但工资均值分解无法观测到在工资分布的不同区间上工资差距和形成机制的变化。由于农民工群体内部异质性的增强，工资差异的大小和成因在工资分布的不同区间可能是不同的。因此，我们在分析自雇与受雇农民工的工资差异，以及工会与非工会会员之间的工资差异时，分别采用了 Melly 分解和 FFL 分解。前者在充分考虑异方差问题的基础上，将不同分位数上的工资差别分解为：特征差异、中位系数差异和残差差异。后者则将工资差异分解为特征差异、系数差异和前两项的交互效应，并估计出各解释变量对特征效应和系数效应的贡献。

二、数据来源

（一）全国层面的监测和抽样调查数据

在全国观层面，数据主要来源于国家统计局（2009—2019 年）《农民工监测调查报告》、《中国统计年鉴》、人力资源和社会保障部《人力资源和社会保障事业发展统计公报》，以及中国家庭收入调查数据（CHIP）、中国健康与营养调查数据（CHNS）和中国劳动力动态调查数据（CLDS）。

1. 全国农民工监测调查数据

为准确反映全国农民工规模、流向、分布、就业、收支、生活和社会保障等情况，国家统计局自 2008 年建立了农民工监测调查制度，在农民工输出地开展监测调查。调查范围是全国 31 个省（自治区、直辖市）的农村地域，在 1527 个调查县（区）抽选了 8930 个村和 23.5 万名农村劳动力作为调查样本。调查采用入户访问调查的形式，按季度进行调查。本书使用了国家统计局公布的 2009 年、2011 年、2012 年、2013 年、2014 年、2015 年、2016 年、2017 年和 2018 年的农民工监测调查报告数据。

2. 中国家庭收入调查数据

为了追踪中国收入分配的动态情况，中国家庭收入调查（Chinese Household Income Project Survey，CHIP）收集了 1988 年、1995 年、1999 年、2002 年、2007 年、2018 年和 2013 年的收支信息，以及其他家庭和个人信息。每年的调查包含三个子样本：农村住户样本、农村—城镇流动人口样本、城镇住户样本，其中流动人口样本由调查课题组完成，样本来自课题组自行设计的抽样框，涉及了出现在城镇和农村调查中的9个省份15个城市。需要注意的是，在CHIP的调查问卷中，外出农民工和本地农民工的划分标准是"本市（县城）农民工户口"和"外地农业户口"，这与国家统计局的划分方式有所不同。

3. 中国健康与营养调查数据

中国健康与营养调查（China Health and Nutrition Survey，CHNS）是由北卡罗来纳大学人口研究中心、美国国家营养与食物安全研究所和中国疾病与预防控制中心合作开展的调查项目。该项目旨在调查政府实施的健康、营养和计划生育政策和方案的效果，以及研究中国社会和经济转型对人口健康和营养状况的影响。目前已收集了1989年、1991年、1993年、1997年、2000年、2004年、2006年、2009年、2011年和2015年的追踪调查数据。本书筛选出户籍为农村且从事非农业、非个体商工作的样本，通过分析个人特征、就业区域、就业部门、职业类型和收入状况数据，得出农民工的职业获得状况、职业工资差异状况及差异的决定因素。

4. 中国劳动力动态调查数据

中国劳动力动态调查（China Labor-force Dynamics Survey，CLDS）由中山大学社会科学调查中心负责进行，聚焦中国劳动力的现状与变迁，涵盖教育、工作、迁移、健康、社会参与、经济活动、基层组织等研究问题。本书根据户口性质、从事行业、就业状况辨别出符合条件的农民工样本，对农民工自雇群体和受雇群体的人口特征、就业状况及工资收入进行了描述统计，并重点对自雇群体和受雇群体之间的工资差异及其影响因素进行了实证分析。

（二）重点区域的抽样调查数据

2010—2015年，我们的项目团队分别采用输出地抽样和输入地抽样策略，收集了陕西、甘肃、北京和苏州四地的微观农民工调查数据。具体包括：2010年陕西省农户入户调查数据（有效样本为365户）、2012年甘肃省入户调查数据（有效样本为358户）、2013年北京市农民工就业和收入调查数据（有效样本为614人）、2015年苏州市农民工就业和社会融入调查数据（有效样本为1371人）。这些数据包括农民工个人基本情况、职业和收入的现状和历史变动、技能与培训状况。作为输出地的数据，还收集了样本家庭成员的就业和收入、家庭经济状况、所在村的经济社会发展状况等数据；作为输入地的数据，我们还重点收集了样本所在企业规模、行业、所有制性质、工资福利制度、工会建设等方面的数据，为顺利开展本书的主要研究内容、实现研究目标，提供了充分、可靠的数据支持。

第四节 抽样调查方案

一、抽样策略

由于农民工的高流动性，以及在空间和时间上分布的复杂性，现实中农民工的抽样调查面临先天性的困难。常见的抽样策略有两种，分别是流入地抽样和流出地抽样。这两种方法在操作的可行性、所收集数据的全面准确性、样本的代表性等方面各有利弊，适用的研究主题也不尽相同。考虑到两种抽样策略的利弊，需要针对不同策略采取不同的抽样方法。针对我们的研究目标和近期农民工流动的趋势，我们采用了流入地抽样和流出地抽样相结合的调查策略。

（一）农民工流入地抽样

流入地抽样最大的优势在于调查信息收集的准确性和完整性。流入地的农民工在时间和空间上相对集中，便于寻找调查对象，而且调查对象通常是外出农民工本人，便于全面收集外出就业和收入等领域的详细信息。因此，流入地抽样更适用于农民工与城市的互动研究，如农民工的就业与工资收入，农民工的社会融入和市民化等。而在流出地的抽样调查则面临外出农民工不在家、留守家人对外出就业情况掌握不足的问题。

但是，农民工流入地在产业结构、产业空间分布、地理位置等方面的差异性，使得以流入地为调查范围的抽样无法明确该地农民工的"总体"，无法制定明确的抽样框（朱磊，2014）。另外，在流入地农民工是一个"来自四面八方"的群体，来源异质性较强。例如，2012年，长三角和珠三角地区吸引了全国42.4%的农民工，直辖市和省会城市吸引了30.1%的农民工（国家统计局，2013）。在流入地的抽样便于找到调查对象，但较强的样本异质性增加了抽样误差。

鉴于此，适合流入地的抽样方法是配额抽样法。我们选取了北京市和苏州市作为农民工输入地的典型样本地区。在北京市的抽样中，我们参考了北京市人力资源和社会保障局与北京市流动人口和出租房屋管理委员会办公室定期抽样调查形成的"外地来京人员就业状况数据库"，在掌握农民工的空间分布、行业分布的基础上，采用区域分层抽样和行业配额抽样依次抽取区县、街道（乡镇）、社区和样本农民工。我们抽取了农民工相对集中的朝阳区、海淀区、西城区、石景山区、大兴区和昌平区作为样本区县。按照外来人口的相对比例，配额确定样本区县的样本量。在每个样本区县，根据外来人口的集中程度，依次抽取3个外来人口相对集中的街道（乡镇），在每个样本街道抽取3个社区。根据"来京人员就业状况数据库"提供的外来务工人员的行业分布数据（北京市人保局和流管办，2012），在社区层面我们进行了配额抽样，共抽取了分布于批发零售业、居民服务和其他服务业、住宿餐饮业和制造业等主要行业的16~65岁间的农民工样本700份。

在苏州市，根据外来务工人员的分布情况，我们抽取了外来务工人员集中的工业园区、吴中区、高新区、昆山市。在各区内部，考虑到苏州市产业分布的特点，我们结合了社区层面的配额抽样和企业层面的配额抽样。社区配额抽样主要依据农民工居住的集中程度，在每个区抽出三个街道/镇，在每个街道/镇抽出2个社区，在每个社区抽取20名农民工样本。企业抽样则依据各区域行业分布、企业所有制分布、规模分布，在每个区各抽取20家企业。在各企业内部，则综合依据职业类型、职务层级、务工年限、性别、年龄进行配额抽样。最终获得年龄在16～60岁的有效农民工样本1371份。

（二）农民工流出地抽样

相较而言，流出地抽样更能保证抽样的概率原则。在流出地，农民工是一个非常确定但是"走向四面八方"的群体。尽管农民工的流向和就业地域分布广泛，但他们在流出地都有固定的房屋、土地以及割舍不掉的社会网络。从流出地进行观测，农民工是一个确定的"总体"，实施严格的随机抽样是可能的。虽然流出地抽样面临农民工"人不在家"的困难，但可以通过在其返乡时调查、电话调查等方式解决。此外，流出地抽样还可以避免大量流向县城、乡镇和农村的农民工被遗漏的问题。流入地抽样的样本结构具有明显的"区域特征"，在一定程度上反映了抽样地区的产业结构、工资水平等特征，对流入该地的农民工具有一定的代表性，但流入地调查通常以发达地区城市为调查区域，因此会导致流向地方和农村当地的农民工被遗漏，导致样本对农民工总体缺乏代表性。总体而言，流出地抽样更适用于农民工整体分布的研究，如性别分布、年龄分布、受教育水平分布、职业分布和收入分布、流动趋势等，有助于把握农民工的结构特征和群体内部的分化。

从近年来农民工流出和流入分布的趋势来看，中西部地区无论是从输出的农民工总量还是从输入的农民工总量而言，其规模都呈持续增长趋势，增幅超过了东部地区。鉴于此，我们选取了陕西省和甘肃省作为样本省份。在省内部，采取了分层抽样和随机等距抽样相结合的策略。首先，根据经济发展水平、地理位置、市场机会、农民人均纯收入等指标分层抽取相应的县、乡、村。在具体的样本村，可以采用随机等距抽样抽取具体的农户样本。步骤是：①请村会计提供全村农户花名册，对所有农户依次按1，2，3，…编号；②用村总户数（N）除以10，得到等距抽样的间隔数或组距M（$M=N/10$）；③在1～10中任意选取一个随机数字R作为抽样起点；④等距确定调查农户，从农户花名册上依次选取编号为R，$R+$

M,$R+2M$,$R+3M$,…,$R+9M$ 的农户。当调查无法在个别农户开展时，则选取在花名册上位于该农户前或后一位的农户代替。按照上述抽样策略，我们在陕西省共入户调查了 366 个农户，收集到有效个体样本 1750 个。在甘肃省共入户调查了 361 户，收集到有效个体样本 1289 个。

二、问卷设计和主要内容

（一）输入地农民工访谈问卷

在输入地调查中，我们分别设计了农民工个体问卷和企业问卷。其中，农民工个体的访谈问卷主要包括以下内容：

1. 个人基本情况

主要调查农民工个体的性别、年龄、受教育年限、婚姻状况、健康状况、党员身份、父母受教育程度、14 岁时父母的职业、14 岁时家庭的经济状况。

2. 职业技能和培训经历

主要调查样本拥有职业资格证书的数量、证书的名称和类型、最高职业资格等级、普通话水平、计算机水平、在校时成绩、学校后培训经历等人力资本信息。

3. 目前工作和工作变动情况

分别调查了样本目前从事的非农工作的职业名称、工龄、司龄、技术等级、管理层级、劳动合同签订、工作时长、税后月工资收入、税后年工资收入、参加社会保险状况，以及样本在外出以来非农工作的变动情况，包括第一次外出务工时间、初次外出的职业名称、初次外出的税后月收入、过去 3 年换工作的频率、工作搜寻的渠道、工作搜寻的时长、工作变动的原因。

4. 家庭情况和社会关系情况

在家庭层面，调查了样本的家庭人口规模、家庭劳动力规模、人均耕地面积、家庭地理位置特征、所在村外出务工比例、配偶的受教育程度、外出是否携带配偶和子女。在社会关系层面，重点考察了样本在外出地的社会关系网络规模和层次，如在外出地的老乡、亲戚数量；用于社会交往的经济支出；是否认识当地的企业管理人员、党政机关人员；与当地人的熟悉程度等。

除个体问卷，我们还设计了企业问卷，重点调查了样本农民工所在企业的行业、规模、所有制类型、企业资产总额、员工年龄和学历结构、月平均工资水平、外来农民工状况、人力资源管理制度、劳动关系状况等信息，以考察企业层面的特征对农民工职业选择、职业流动和工资水平决定的影响。

（二）输出地农户入户访谈问卷

输出地农户入户调查问卷收集的主要内容包括：家庭中主要调查者和其家庭成员的人力资本信息、职业信息、收入信息和接受学校后技能培训的信息，以及过去10年的职业流动和收入变动信息。除农户问卷外，我们还设计了行政村问卷，由村干部回答本村的经济社会发展和开展职业培训的状况，如所在村的外出务工比例、所在村的乡镇企业数量、附近是否有工业园区等信息。

1. 家庭基本情况

主要调查每个家庭成员①的性别、与户主关系、年龄、受教育年限、婚姻状况、健康状况、党员身份、村干部身份、是否有外出务工经历、非农就业类型、职业技能和未来打算等内容。

2. 家庭成员的职业技能培训情况

我们重点关注了农民工常见的五种培训类型：学徒式培训、户籍所在当地政府举办的职业技能培训、外出务工地政府举办的职业技能培训、外出务工企业举办的培训和农民工自己投资的培训。在每个培训项目中，我

---

① 此处对家庭成员的界定为：户主和其配偶以及调查年份前一年所有在家居住12个月以上的家庭成员；户主所有未分家的，且调查年份在外居住超过9个月的子女，如上学、服役和在外工作的户主子女。

们调查了培训的收费情况、培训的地点、主要培训内容、培训时长、培训后的技能鉴定、培训满意度及培训需求。

3. 家庭成员的就业基本情况

此部分主要调查了所有年满16周岁的家庭成员在调查年份前一年的非农就业①的基本情况，具体包括：第一位重要和第二位重要的非农工作的职业名称、工作时间、月工资水平、年收入水平、返回家庭现金或实物价值。

4. 家庭劳动力成员过去10年的工作经历

重点调查在调查期内正在外出务工，或曾经外出从事非农工作的家庭成员在过去10年的工作经历，具体包括：每份工作职业名称、就业类型、工作地点、单位所有制性质、在单位的职务层级、求职途径、当年的工作时间、年收入和月收入水平、是否更换工作及原因等。

此外，农户问卷还调查了家庭农业生产状况、家庭开支和资产情况，以判断家庭特征对农民工从事非农职业的影响。

三、调查的实施过程

（一）前期准备

本书抽样方案的设计和调查的开展受到中华全国总工会农民工工作部、陕西省妇联、甘肃省林业厅、北京市人力资源和社会保障局、苏州市总工会和苏州工业园区人力资源管理服务中心的大力协助。在正式调查开展之前，项目组专门赴样本地区与相关的部门负责人进行了研讨，掌握了当地外来务工农村劳动力在区域、行业、职业等方面的分布特点及其就业和收入水平，以及在农民工就业质量和市民化等领域存在的问题，在此基础上，共同确定抽样方案和问卷内容，并开展了小范围的试调查。

---

① 此处的非农就业是指除了给自家务农外的其他有收入工作，包括外出打工、自营工商业和受雇为他人从事农业的种植、收割、加工等活动。

（二）调查人员培训

本书所涉及的所有正式调查均由受过专业培训的学生调查员完成。在抽样方案和问卷内容确定之后，正式调查之前，我们开展了多次学生调查员的专业培训。培训内容包括：调查的背景和意义介绍；调查人员的分工和管理；抽样方案；调查问卷填写的基本要求；主要编码的解释；分表填写的详细步骤和说明；调研的行程安排，尤其对主要编码和问题跳转方式等易错处都进行了重点强调。

为了帮助调查员快速熟练地应用问卷，提高调查的效率和准确性，每次培训中我们都设计了示范调查环节，由调查员两两配合进行模拟访谈，并填写问卷，由调研负责老师或调查经验丰富的博士生和研究生在现场进行指导与答疑，检查模拟问卷并纠正错误。

（三）调查的实施

在正式调查过程中，为最大限度地保证问卷填写的质量和信息的完备性，我们严格控制了以下环节：

1. 调查对象的资格

对于每个被调查户，要求访谈对象为16~65周岁、思维意识清醒的农户家庭成员，最好是户主或其配偶，因为他们通常是家庭整体情况和成员信息最全面的掌握者。每个被调查户的电话号码必须填写，如果该户没有电话，要求填写其邻居的电话，以方便在调研后期或问卷数据出清阶段对个别问题进行追问或核实。

2. 调查方式

在输出地的调查必须要进入农户家庭，与被调查者单独交谈；在输入地的调查通常会在企业内部或社区周边开展，尽量选择安静封闭的访谈环境，以避免旁人插话对被调查者造成干扰。调查问卷必须由调查员采取提问、访谈方式完成，不得找人代替或让农户或者农民工自己填写问卷。对于初次参与调查的调查员，我们会安排具有经验的调查员与之配搭，在保证新调查员可以充分把控现场访谈过程之后，才会让其独立进行调查。

3. 问卷填写的要求

调查员被要求严格按照调查手册和培训中对各指标的解释规定填写问卷有关内容，填写时必须书写工整、字迹清楚。问卷答案填写主要分为三类，分别是代码、数值和文字说明。除特殊说明（如"可多选"）外，每一问题只能填写或选择一个答案。除在逻辑上不需回答外，所有问题都必须填写答案。被调查者不知道某问题答案的地方用"-1"表示。为避免遗漏，对于一些需填写数值型答案的问题，若其栏目不存在，也要填写答案为0。

4. 问卷的检查和数据录入

我们要求调查员在完成一户访谈后，立刻检查表中有无漏答、误填和前后不一致的答案，及时补充或修正。在每天完成问卷返回驻地后，调查员必须互相检查所填调查表有无遗漏和错误，并及时补充纠正。问卷录入后，要及时检查录入内容与问卷答案是否一致，若有录入错误或遗漏，需及时修改或补充。

（四）数据的校对清理

在问卷调查和数据初步录入之后，我们分别采用有效范围清理、逻辑一致性清理和数据质量抽查法，对数据进行了严格的校对清理。

1. 有效范围清理

问卷中任何一个变量，其有效编码值往往都有某种范围，而当填报的数值超出此范围时，即可判定存在录入错误。例如，在"性别"这一变量栏中，如果出现了数字3，我们马上可以判断这是错误的编码值。因为根据编码手册的规定，"性别"这一变量赋值是"1=男，2=女，0=无回答"。凡是超出这三者范围的编码值，肯定都是错误的。

2. 逻辑一致性清理

逻辑一致性清理比有效范围清理更为复杂，它主要针对的是相依性问题。问卷中的问题相互之间存在一定的逻辑联系，通过逻辑关系的核对，我们可以判断问卷不同位置数据之间的合理性。例如，前面问到样本的

"性别"时回答是"男性",而后面出现了"怀孕时间"的答案数字,等等。通过逻辑一致性核对,我们还可以补充部分变量的缺失值。

3. 数据质量抽查

在上述两种类型的清理之后,仍可能存在错误,通常由调查员的录入错误导致。例如,农民工月工资水平实为3000元,但在录入时多了一个"0",造成了严重的数据偏差。此外,录入时错行、错列等也会造成严重的数据偏差。但这些错误答案通常在正常有效的编码值范围内,也不一定都通过逻辑一致性进行清理,此时就需要进行数据质量的抽查。

第二章 理论基础与文献综述

究竟是什么决定了人们在劳动力市场上进入不同的职业？不同职业或者个体的工资水平又是被怎样确定的？哪些因素影响着人们在不同职业之间的流动和职业地位的上升？如何在劳动力市场上进行新的工作搜寻？为什么劳动力市场上存在不同形式的工资差距？长期以来，这些问题是劳动经济学和社会学理论界关注的焦点。自20世纪60年代以来，相继诞生并逐步走向成熟的人力资本理论、工作搜寻理论、社会资本理论、效率工资理论等为上述问题的解释奠定了经典的理论基础。进入90年代以来，随着中国劳动力市场化改革的推进，上述理论开始被广泛地应用到中国的劳动问题研究中。作为中国经济转型过程中的特殊群体，农民工在劳动力市场所处的地位和作用决定了研究者对其劳动力市场绩效的重点关注。在本章，我们将通过系统地回顾相关的经典理论和实证研究，为解答本书所提出的农民工的职业选择和工资决定问题建立清晰的概念、理论基础和实证研究范式。

第一节 理论基础

在农民工非农就业特点逐步变迁的过程中，研究界对农民工的界定也经历了一个演变过程。与此同时，农民工群体内部在代际、就业区域、就业形式等领域明显的分化趋势也对相关领域的研究提出了新需求。鉴于本书关注的主要研究线索之一是农民工内部的分化特征，我们首先需要对农民工这个范畴，以及农民工群体在分化过程中内部出现的不同子群体进行界定。

一、核心概念的界定

（一）农民工

从最初的农闲务工到全年务工，从乡镇企业中"离土不离乡"式的就业到城市工厂里"离土又离乡"的工作，从候鸟式的季节性迁徙到举家外出，在农民工的流动趋势、就业特点逐渐变迁的过程中，对农民工的称谓也经历了从"农村劳动力就业务工""民工""农民进城务工"，到"农民工"的演变。据考证，"农民工"一词为中国社会科学院社会学研究所研究员张雨林于1983年首次提出。次年，中国社会科学院所办杂志《社会学通讯》中首次出现"农民工"一词，随后，这一称谓逐渐被广泛使用（姚德薇，2014）。目前，"农民工"已成为学术界研究这一特殊群体的通用术语，学术界对农民工的定义也逐渐统一。

本书主要参照国家统计局的定义，将农民工定义为：户籍身份上是农民，在家乡本地从事非农产业或者外出到城市务工6个月及以上的劳动人口。

由上述定义可见，界定农民工至少涉及对两个维度的考量。第一，户籍身份。农民工的户籍身份在调查期必须是农民，他们在行为决策上面临与具有非农户籍身份的人完全不同的约束。有相当一部分农民工在进城务工之后通过不同渠道获得了城市户口，就不再符合农民工的界定。第二，就业类型。农民工要以非农就业为主要就业形式，他们至少从事过6个月以上的非农就业。除了这两个维度，有部分学者强调农民工还必须是"以工资性收入为主要收入来源的农村劳动力"。在本书中，为了捕捉农民工在职业分布、就业形式分布上的分化，我们在劳动关系或者就业形式维度上采用了较为宽泛的界定，即无论农村劳动力是从事非农的受雇工作，还是非农的自雇或创业工作（个体工商户或私营企业主），都将其包含在农民工的范畴之内。

(二) 新生代农民工与老一代农民工

当前,新生代农民工已经成长为农民工的主体,他们不同于老一代农民工的群体特征日益鲜明,因此,农民工研究不可避免地需要纳入代际分化的视角。王春光(2001)首次提出了"新生代农村流动人口"的概念,从出生年代、受教育情况、务农经历和外出动机的变化4个方面归纳了这一群体的特征。"新生代农村流动人口"一般是指出生于20世纪80年代以后,拥有农村户籍而在城市务工经商的人员,他们在城市出生或成长,已经基本上脱离了农村的生产和生活,相当一部分人根本没有务农经历。他们比第一代农民工有更多的机会和条件接受正规教育,因此,他们的受教育水平相对更高,外出的动机以及对职业发展和城市融入的诉求也与第一代农民工有所不同。在后续研究中,不同学者以农民工的出生年代、初次外出年代、动机与行为逻辑等作为代际依据,将农民工划分为两代或三代(刘传江、徐建玲,2007;韩长赋,2010;杨菊华,2015)。国务院发布的2010年中央一号文件《关于加大统筹城乡发展力度 进一步夯实农业农村发展基础的若干意见》中,首次使用了"新生代农民工"的提法。

在本书中,以农民工的出生年份作为划分依据,我们将农民工划分为老一代农民工和新一代农民工。1980年以前出生的为"老一代农民工",1980年及以后出生的为"新生代农民工"。

(三) 外出农民工与本地农民工

近年来,伴随着区域经济发展和产业结构转型,农村劳动力转移的趋势表现出明显的本地化特征,在本地从事非农就业的人数大幅增加,增幅甚至超过了外出农民工。根据2016年《农民工监测调查报告》,2011—2016年,外出农民工增速逐年回落,从3.4%降至0.3%。外出农民工占农民工总量的比重也由2011年的62.8%逐渐下降到2016年的60.1%。然而,相比外出者,本地农民工的人力资本禀赋处于劣势,其平均受教育水平和接受职业技能培训的比例均低于外出者(国家统计局,2018)。同时,本地农民工和外出农民工在不可观测的劳动力特征方面也可能存在差异。

这也引发了学界对农村本地人力资源流失的担忧。如果地方劳动力市场吸引的主要是那些在生产率特征上处于劣势的农村劳动力，那么，地方经济发展势必受到制约。

本书特别关注了农民工在区域上的异质性，以及其对职业选择、工资差距的影响。我们沿用了国家统计局对两类农民工的界定："本地农民工"是指在户籍所在乡镇地域以内从业的农民工；"外出农民工"是指在户籍所在乡镇地域以外从业的农民工。

（四）受雇农民工与自雇农民工

国际劳工组织（ILO，1993）对就业形态进行了分类，分为雇员（Employees）、雇主（Employers）、自营劳动者（Own-account Workers）、生产合作社成员（Members of Producers' Cooperatives）、家庭帮工（Contributing Family Workers）和其他不便分类的劳动者（Workers not Classifiable by Status）。其中，雇员的工作类型属于"受雇就业"；雇主、自营劳动者、生产合作社成员和家庭帮工的工作类型属于"自雇就业"。Yamada（1996）将自雇就业者定义成为自己工作，并凭借其劳动（包括人力资本）、物质资本和企业家技能获得报酬的人；将受雇就业者（工资获得者）定义为仅凭其劳动和人力资本获得报酬的人。吴晓刚（2006）认为，"自雇活动"是一个定义宽泛的概念，从字面上理解，与拿工资受雇于人相对，包括在非农产业部门为自己工作的所有工作。一个自雇者既可以雇用工人，也可以不雇。在中国，自雇业者通常包括"个体工商户"和"私营企业主"。

在本书中，为了更细致地捕捉农民工就业形式的异质性，我们将农民工的就业形式分为三类，分别为自雇型农民工、雇主型农民工和受雇型农民工。自雇型农民工主要指农民工群体中雇用员工在8人及以下的自营者，雇主型农民工则指农民工中拥有8人以上员工的自营者，受雇型农民工主要是指受雇于不同类型单位的农民工。

二、理论基础

在本书所聚焦的职业选择、职业流动,以及工资决定和工资差距领域,理论界从经济学、社会学等不同学科的视角给予了充分的关注。以下我们将对其中的经典理论加以回顾,从而为后续的研究思路和模型设定充分的理论基础。

(一) 职业选择理论

在个体的职业选择领域,经济学家分别基于比较优势理论和人力资本理论建立了重要的分析框架。前者强调技能的外生性、自我选择和个体技能的比较优势在职业决策中的关键作用;后者则从个体对技能的动态投资角度出发,强调不同职业的预期收益和成本比较对职业决策的影响。

1. 基于比较优势的职业选择理论

Roy(1951)基于比较优势的分析框架所建立的职业选择模型是经济学中最重要的模型之一。它将国际贸易中的比较优势分析扩展到了劳动力市场,分析了具有不同技能水平的个体的职业选择,以及个体技能水平分布对职业收入分布的影响。

在该模型中,人们可以选择的职业被简化为两类:狩猎兔子和捕鳟鱼。每个人可以自由地进行职业选择,但不能同时选择两类职业。个体A的选择不会通过价格效应或外部效应影响个体B的选择。模型假设每个个体均具有两种不同的技能:狩猎和捕鱼,这些技能被视为外生的天赋。而且,每一项技能仅在一种职业中是有效的。因此,在选择职业时,个体会根据自身技能的比较优势,自我选择进入能最大化其收入的职业。例如,与选择狩猎的人相比,选择从事捕鱼的个体通常会在捕鱼技能上更具优势。除了技能的比较优势,个体最终的职业选择还会受到两类职业的产出(或收入)分布的离散程度,以及两类职业的个体产出(或收入)之间相关性的影响。

在Roy模型的设定下,渔民的产量分布比猎人的产量分布更加离散。

原因在于，捕获鳟鱼的技术难度要远高于狩猎兔子。基于此设定，如果个体的捕鱼技能和狩猎技能之间是负相关关系，那么，大多数潜在的最优秀的渔民都会选择捕鱼，而大多数潜在的好猎手都会选择狩猎，且最好的猎人通常会是最差的渔民；反之亦然。如果个体的捕鱼技能和狩猎技能之间是显著的正相关，则不可能同时存在大量优秀的猎人和大量优秀的渔民。选择进入捕鱼业的将会是那些既是潜在的好渔民，又是潜在的好猎手的人，而选择从事狩猎的人将包括大量的差猎手和极少数的好猎手。因此，狩猎成为一种"低级"职业。

进一步地，Roy 模型探讨了当两类职业的单位产出价格发生变化时，人们职业选择的调整，及其所引起的职业收入分布的变化。假如鳟鱼的价格相对于兔子的价格上涨，对某些人来说，放弃打猎而从事捕鱼是有利的。如果个体的捕鱼技能和狩猎技能之间呈负相关，那么，在价格变化后，放弃狩猎转而捕鱼的将是那些狩猎技能相对较差的猎手，他们的离开会导致猎手的人均生产率或收入提高，同时，这些转而捕鱼的人的平均鱼产量也低于原有的渔民，从而导致渔民的人均产出或收入下降。如果两种职业技能之间呈正相关，那么，放弃狩猎转而捕鱼的将是那些狩猎技能高于平均水平的猎手。因此，猎手的人均产出将下降，同时，渔民的人均产出也将下降，因为从狩猎转而捕鱼的人的生产率仍低于原有的渔民。

2. 基于人力资本框架的职业选择理论

以 Becker（1964、1967）为代表的人力资本理论从个体对技能的投资角度出发，考察了人们的职业决策。职业是技能培训和收入之间的重要纽带。个体接受技能训练，目的是从事特定的职业，进而获得收入。因此，职业选择体现了个体不同程度的人力资本投资，该决策也影响着个体从这些投资中所获得的回报。人力资本理论认为，当面对众多的职业选择时，人们通常会比较进入不同职业的预期收益和成本。预期收益主要是从事特定职业潜在的货币性收入和非货币性回报，投入成本则包括参加技能培训的成本、先前一份工作的收入等。最终，个人会选择能最大化其整个生命周期的预期效用的职业。

在人力资本理论框架下,Boskin(1974)提出了个体职业选择的条件 Logit 模型(Conditional Logit Model of Occupational Choice)。该模型设定,个体进入特定职业的概率,是潜在终身收益的现值、培训成本与个人财富净值的比率,以及由于失业而损失的预期收益的现值的函数。Logit 模型的优势在于,它可以使个体同时在任何数量的潜在职业之间进行决策。该研究所得结论验证了人力资本理论的基本假设,首先,个体倾向于选择那些能使终身潜在收入的折现值最大化的职业;其次,个体倾向于选择培训成本与净资产比值最低的职业;最后,个体倾向于选择那些由于失业而损失的预期收入的折现值最低的职业。此外,该研究还考察了种族和性别在职业选择机制上的差异,并发现无论是在群体内还是在群体间,个体间职业选择的机会和结果都存在显著差异。其原因在于,白人和黑人之间以及男性与女性之间,在培训和教育费用的融资渠道以及风险规避方面均存在显著差异。Schmidt 和 Strauss(1975)采用职业选择的多元 logit 模型(Multinomial Logit Model of Occupational Choice),基于受教育年限、工作经验、种族和性别对个体的职业选择进行了预测。研究结果也表明,在同等教育水平和同等工作经验的条件下,种族和性别变量会显著地影响到个体的职业选择。这表明除了人力资本的影响以外,职业选择中存在显著的种族和性别歧视。

(二)职业流动理论

从经济学和社会学的角度,理论界分别对劳动力市场上的职业流动现象进行了解释。其中,较为常见的是信息经济学视角下的职业匹配理论和社会学视角下的社会分层理论与社会流动理论。

1. 职业匹配理论

该理论认为,由于劳动力市场上的信息不完全,在雇佣初期,雇主无法完全了解雇员的劳动生产率情况,而雇员也不清楚雇主或者工作单位特征的全部信息,因此,会出现雇员的收入与其所拥有的人力资本不对等或者生产效率低下等匹配质量不佳的问题。但是,随着工作时间的延长,雇员的生产率信息会得以披露，工资水平便会跟着有所调整，职业流动可以视为这种工资调整的结果（Johnson，1978；Jovanovic，1979）。在此基本假定下，职业匹配理论将职业流动分为两种类型：自愿流动和非自愿流动。这两种流动对劳动者收入的影响可能是截然相反的。自愿流动一般发生在当劳动者发现匹配质量低于最初的预期，而使其工资水平低于外部市场上可能的工资水平时。劳动者主动寻找其他就业机会，以期改善匹配质量，提高生产率，进而提高工资水平。按此逻辑，自愿职业流动必然会对收入产生积极的正向效应。同时，基于雇主和雇员双方信息的匹配规律，该理论预测，职业流动的收入提升效应会随着工作经验的提高而下降，而且职业流动的概率随着任期的增加也会下降，这些预测在实证中也得到了一定的验证（Farber，2003）。

非自愿流动则会出现相反的效应，Gibbons 和 Katz（1991）认为，雇主在初次招聘劳动者的时候，由于对其能力的信息掌握不够，可能会支付较高的起始工资，但随着任期的增加，雇主会对劳动者的生产能力有了更好的掌握，除了会据此调整劳动者的工资，雇主还会辞退被证明匹配质量不佳或者工作能力较差的雇员。在这种情况下，职业流动对收入的影响与自愿流动的结果截然相反。由于信息不对称，被辞退的劳动者会给其潜在的新雇主传递低生产率水平的信号。因此，被解雇的经历对劳动者后续收入的影响将是负面而且持续的。后续的实证研究也证实了这一理论，Von 和 Bender（2006）发现，如果劳动者在早期职业生涯中有被辞退的经历，将会导致其遭受持续的收入损失。Farber（2003，2005）也发现，如果劳动者在职业流动过程中经历过失业，劳动者再就业时就会遭受收入的下降。

2. 社会分层理论与社会流动理论

社会学基于社会分层理论和社会流动理论，也对职业流动现象进行了诠释。所谓社会分层，是指社会成员被区分成高低有序的不同等级和层次的过程与现象。在西方社会学中，最早提出社会分层理论的是德国社会学家韦伯。韦伯主张从经济、声誉、权力三个角度综合考察一个社会的经济、文化和政治三大领域中的不平等。

国内学者对社会阶层分化的机制和划分社会分层的标准进行了研究。陆学艺（2004）认为，当代中国社会阶层分化的最主要机制是劳动分工、权威等级、生产关系和制度分割，这四种分化机制决定了人们的基本社会经济地位状况，即是否拥有或拥有多少组织资源、经济资源和文化资源。据此划分出中国十大社会阶层：①国家与社会管理者阶层（拥有组织资源）；②经理人员阶层（拥有文化资源和组织资源）；③私营企业主阶层（拥有经济资源）；④专业技术人员阶层（拥有文化资源）；⑤办事人员阶层（拥有少量文化资源或组织资源）；⑥个体工商户阶层（拥有少量经济资源）；⑦商业服务业员工阶层（拥有很少量三种资源）；⑧产业工人阶层（拥有很少量三种资源）；⑨农业劳动者阶层（拥有很少量三种资源）；⑩城乡无业、失业、半失业者阶层（基本没有三种资源）。

李强（2004）认为，社会分层是社会成员、社会群体因占有的社会资源不同而产生的层化或差异现象。他据此提出了划分社会分层的十个标准：一是根据生产资料的占有或剥削与被剥削划分社会阶层；二是按照收入划分社会分层群体；三是按照市场地位划分阶层；四是根据职业划分社会阶层；五是根据政治权利划分阶层；六是按照文化资源区分阶层；七是根据社会资源（社会关系资源）划分阶层；八是因社会声望资源不同而形成不同的分层群体；九是根据民权资源的分配划分阶层；十是根据人力资源或人力资本的分配划分阶层。

与社会分层密切相关的一个概念是社会流动。社会流动是指社会成员在社会关系的空间中由某个社会位置向其他社会位置的移动，它既表现为个人社会地位的变更，又表现为个人社会角色的转换，同时也表现为个人社会关系的改变（刘祖云，1991）。影响社会流动的因素大致有宏观、中观和微观三个层面。宏观层面受制于社会结构和国家的制度安排，中观层面依赖于工作单位和家庭等社会生产单位和社会化组织供给的社会资源，微观层面取决于个人后天努力。其中，宏观和中观层面的因素属于先赋性因素，微观层面的因素属于自致性因素。就当代中国社会流动的影响因素而言，个人的后致性因素始终是支撑人们社会地位提升的基础性动因，制度性安排与代际传承作为先赋性因素交织地影响着人们的地位获得（李炜，2004）。

（三）工作搜寻理论

求职者在工作搜寻过程中面临很多决策，如选择什么样的搜寻渠道、每一种渠道投入多大努力、在什么情况下停止搜寻等。工作搜寻理论为回答这些问题提供了基本的理论框架。工作搜寻理论是搜寻理论在劳动经济学领域的应用。它的形成与发展始于20世纪60年代的信息革命，以及经济学对摩擦性失业现象的认识与研究。劳动力市场信息分布的不对称，以及工资的离散性，决定了劳动力市场必然存在工作搜寻行为。工作搜寻行为不仅关系到求职者个体的搜寻效率和人职匹配程度，也关系到劳动力市场的配置和运行效率。

最早的搜寻理论由斯蒂格勒（Stigler，1961）提出，不同于新古典经济学的假设，他认为信息不完全是经济的常态现象。搜寻理论的核心，是如何确定一个最优的停止搜寻规则，使搜寻者停止搜寻且获得最大的期望效用。应用在劳动力市场的工作搜寻过程中，求职者往往不会因为找到了一份工作而停止搜寻。求职者会权衡求职的边际成本和边际收益，作出是否继续搜寻的决策。已有研究证实，工作搜寻的边际收益呈递减趋势，最优的工作搜寻决策是当搜寻的边际收益低于边际成本时，停止搜寻活动，达到均衡状态；否则，求职者可以继续搜寻工作。国外学者多是在信息不完全的假设基础上对求职者搜寻决策进行研究，认为求职信息的获取、传递都要花费一定的成本。具有代表性的工作搜寻理论包括以下几个方面。

1. McCall 的序列寻访模型

McCall（1965）最早将搜寻理论运用在解释求职者进入劳动力市场的工作搜寻行为中，并提出了序列寻访模型。他假设：①求职者在进行工作搜寻活动之前就已知工资率的分布概率；②求职者每一次的工作搜寻成本是固定的；③只有接受某一工作岗位后，搜寻活动才会结束，否则会继续搜寻。在此假设前提下，他认为在连续搜寻过程中，搜寻者可以导出一个简单的最佳终止寻找工作法则，即在考虑搜寻成本和获得工作的概率后，设立某一职位的最低价格，也就是"保留工资"（李玉梅、程聪，2007）。只要求职者找到任何一个工资不低于保留工资的工作，就会立即接受工作，停止搜寻活动，否则会继续寻找下一个工作机会。

2. Phelps 的职业搜寻理论

McCall 的序列寻访模型的基本假设与 Stigler 的信息不完全假设相反，他认为求职者完全了解劳动力市场的工资率分布概率。现实中，求职者是无法完全掌握劳动力市场上的工资分布的。基于此，Phelps（1969）提出了"职业搜寻理论"。他认为，企业给出的工资报价是不同的。在劳动力市场信息不充分的条件下，求职者不可能一开始就知道哪家企业劳动报酬最高，只有通过多次的工作搜寻才能逐渐了解工资分布的概率。在这种搜寻过程中，求职者会遇到各种就业机会，他们通过比较每次工作搜寻的边际成本和可能获得的边际收益来决定是否停止搜寻活动，只要边际收益大于边际成本，搜寻活动就会继续进行，直到二者相等，求职者会选择接受工作、停止搜寻。

3. Hoffman 的工作搜寻理论

Hoffman 主要关注外部劳动力市场，他认为求职者的搜寻行为与搜寻成本密切相关。当搜寻成本非常低时，求职者接受工资效用高于闲暇效用的工作，并且会一边工作一边搜寻新工作，直至找到理想的工作岗位；当搜寻成本很高时，求职者首先为自己设定一个"保留工资"，然后搜寻工作机会，只要遇到工资水平高于保留工资的工作，就会停止搜寻（罗冰，2016a）。与 Hoffman 持有相同观点的还有 Cahuc 和 Zylberberg，他们认为，对于求职者而言，只要搜寻活动有利可图，就会激发搜寻的动机。工作搜寻的最佳次数取决于求职者的保留工资，保留工资又取决于搜寻成本等因素。因此，失业就是求职者以搜寻成本为代价，从而换取工资报酬的活动（皮埃尔·卡赫克、安德烈·吉尔贝尔伯格，2007）。

4. 均衡搜寻理论与匹配模型

失业者与空缺岗位的搜寻匹配也是工作搜寻理论的一大重要分支。Peter Diamond、Dale Mortensen 和 Christopher Pissarides 构建的均衡搜寻理论与匹配模型进一步将工作搜寻分为搜寻、匹配和工资定价三个过程,有力地解释了失业者与空缺岗位如何匹配的问题,为搜寻匹配理论的发展奠定了基础。

Diamond 认为,由于信息不完全和搜寻成本的存在,造成了工资率分布的离散(罗冰,2016a)。他在 1982 年发表的论文中使用搜寻技术与讨价还价理论,同时将工资水平视为内生变量,讨论了其决定机制与劳动力市场的效率问题。在匹配模型方面,Diamond 基于搜寻预期的外部性,讨论了不同预期下劳动力市场效率高低不等的均衡失业率,并进一步分析了经济冲击对均衡失业率的影响(Diamond, 1982a; Diamond, 1982b)。

Mortensen(1970)认为,在存在摩擦的情况下,失业是劳动者寻求最优工作的自愿行为。他强调劳动者的异质性、可替代性,以及工作搜寻时间的长短,从工作搜寻视角重新解析了失业原理,并改变了对劳动力流动与再配置的研究。Mortensen(1986)进一步拓展了工作搜寻模型,在其中加入搜寻努力程度(搜寻时间、搜寻单位数等)。

Pissarides(1979)进一步将工作搜寻者和职位空缺联系起来构建了匹配函数,他利用匹配函数分析了当存在两种搜寻渠道时的搜寻和匹配结果,并得出不变规模报酬的匹配函数。1994 年,Mortensen 与 Pissarides 合作的论文中将工作搜寻与宏观经济结构变化及经济增长联系起来,并构建了 Mortensen—Pissarides 模型,成为工作搜寻理论的重要里程碑。二人合作的综述性论文《劳动力市场搜寻模型的新进展》成为研究工作搜寻理论与匹配理论的经典文献。

(四)工资决定理论

分别创立于 20 世纪 60 年代和 80 年代的人力资本理论和社会资本理论,基于投资视角为个体层面的工资决定机制提供了经典的解释框架。前者在否定传统经济学关于劳动力同质假定的基础上,强调通过正规教育和在职培训等投资形式所带来的个体人力资本水平的差异,进而劳动生产率的差异以及相应的工资差异。后者则将焦点放在社会网络中不同成员通过互动和交换所形成的资本,以及其对个体劳动力市场绩效的影响上。

1. 人力资本理论

作为人力资本理论的奠基者,舒尔茨(1961)认为,人力资本是体现在劳动者身上的一种资本类型,它以劳动者的数量和质量,即劳动者的知识程度、技能水平、健康状况等来表示,是这些方面价值的总和。人力资本的投资形式包括正规教育、在职培训、保健设施和服务,以及工作迁移等。其中,教育和培训被认为是最重要的投资形式(Becker, 1962)。人力资本理论强调,与其他类型的投资一样,个体在进行人力资本投资决策时会比较当期的投资成本和未来预期收益的现值,以追求个体效用最大化。

人力资本理论认为,个体工资水平会随着教育、培训、工作经验等人力资本水平的提升而增加,其根本原因在于,个体的劳动生产率会随着这几个变量的变化而变化(Becker, 1975; Mincer, 1974)。Mincer(1974)认为,完成某一阶段的正规教育并不意味着人力资本投资过程的结束,接受培训可以作为对正规教育的补充或替代,从而继续人力资本的投资和积累。而工作经验之所以会对个体的工资水平产生重要影响,正是因为在进入职业生涯后个体通常会通过在职培训等方式继续进行人力资本投资,从而提高了其劳动生产率。

在人力资本理论的基础上,Mincer(1974)开发出了对数工资函数,重点考虑了以学校教育和工作经验衡量的人力资本投资对个体工资水平的影响。该函数假定,个体的生产率进而工资水平会随着正规教育的提高而提高。而工作经验与工资水平的关系则呈抛物线形状,即个体工资会随着工作经验的增加先以较快的速度增长,在某一时点达到峰值后缓慢下降,这一特点部分地揭示出人们在职业生涯的不同阶段人力资本投资水平的变化。Mincer工资函数在实证研究中得到了广泛的应用和验证。

2. 社会资本理论

继人力资本在20世纪60年代被视为一个国家经济增长的决定性因素之后，自20世纪80年代开始，研究界又提出了社会资本的概念，并探究了其对经济增长、收入差异的巨大影响。首次明确提出社会资本这一概念的是经济学家格林．洛瑞（Glenn Loury）。他认为新古典经济学理论在解释种族间收入不平等问题时过于强调人力资本存量的差异，但忽略了人力资本投资过程的差异，而存在于家庭关系与社会组织之中的社会资本会对个体能否顺利地进行人力资本投资产生关键影响（Loury, 1976）。

1986年，法国社会学家布尔迪厄（Pierre Bourdieu）对社会资本进行了系统的界定，他认为"社会资本是通过个体所拥有的制度化的关系网络所形成的实际或潜在资源的总和。关系网络中的每个成员都可以基于互信互惠的原则共享这些集体资源"。个体所拥有的社会资本量取决于其能有效动员的关系网络的规模，以及这些关系网络所拥有的资本数量（Bourdieu, 1986）。1988年，美国社会学家詹姆斯·科尔曼（James S. Coleman）基于资本功能的视角提出，社会资本是个体为实现自身的利益，通过相互交换而形成的某种长久的社会关系。科尔曼强调，嵌入在社会结构中的资源能否被视为社会资本，取决于其能否协助个体开展特定的活动。科尔曼考察了人力资本与社会资本的关系，并得出了和洛瑞相似的结论，即通过家庭关系和社区关系形成的社会资本对子女的教育人力资本投资状况发挥着重要作用（Coleman, 1988）。

1993年，美国政治学家罗伯特·D. 帕特南（Robert D. Putnam）基于前人研究进一步发展了社会资本的概念，他认为社会资本的核心内涵是"社会网络"（Social Networks）、"信任"（Trust）和"规范"（Norms），它们可以通过促进集体行动而提高社会效率（Putnam, 1993）。帕特南将社会网络区分为"跨越型社会资本（bridging social capital）"和"整合型社会资本（bonding social capital）"。前者特指与不同于自己的人所建立的关系网络及所形成的社会资本，后者则特指与相似于自己的人所建立的关系网络及所形成的社会资本。这一分类视角与马克·格兰诺维特于1973年提出的"弱关系优势理论"(The Strength of Weak Ties) 很接近 (Granovetter, 1973)。"跨越型社会资本"和"整合型社会资本"可以分别对应格兰诺维特的弱关系和强关系。

社会资本理论认为,信息渠道是社会资本影响个体劳动力市场绩效的主要途径。信息渠道促进了社会网络中有关经济机会信息的传递,从而协助人们实现经济目标。拥有多样化的渠道从而获取与工作相关的信息,或者拥有更多或更高层次的信息,都可能为个体带来就业优势,而无法获得某些信息渠道的劳动者可能会错过特定的工作机会(Coleman, 1990)。

社会资本理论被广泛地应用于教育投资、工作搜寻、就业与收入、移民经济等领域的研究。研究发现,社会资本对个体在劳动力市场上的工资水平、劳动参与率、工作时间具有重要影响。移民的社会资本状况对移民过程、移民的劳动力市场绩效和公民身份的获得也具有关键作用(Coleman, 1988; Portes, 1995; Massey 等, 1997;; Fernandez 等, 2000; Aguilera, 2002; Burt, 2005; Lin, 2007)。此外,不同类型的社会资本对个体劳动力市场绩效的影响存在差异。研究多发现,跨越型社会资本对个体收入具有显著的正向影响,而整合型社会资本几乎对收入没有影响(Beugelsdijk 和 Smulders, 2003; Briggs, 1998; Lombe 和 Ssewamala, 2007; Sabatini, 2008)。其原因在于,较之建立于亲友等相似个体之间的整合型社会资本,建立于不同社会经济背景的个体之间的跨越型社会资本可以提供更广泛的高质量的市场信息,从而有利于个体劳动力市场绩效的改善。

(五) 工资差别理论

1. 人力资本理论对异质劳动力之间工资差别的解释

谈到工资差别问题,我们首先要提及创立于 20 世纪 60 年代的人力资本理论。在否定传统经济学关于劳动力同质假定的基础上,人力资本理论为我们揭示出经济增长中人力资本超出物质资本的巨大贡献,开辟了人类关于人的生产能力分析的新思路。顺着这一思路,人力资本理论对工资差别的成因也有一番经典的解释。该解释建立在三个基本假设之上:①市场是完全竞争的,"边际产品＝工资";②人力资本投资最主要的两个途径是教育和"干中学",员工的人力资本存量会随着教育水平和工作经验的提高而提高;③人力资本投资能带来员工生产率的提高（Becker,1975;Mincer,1970、1974）。

基于这三个假设,人力资本理论认为,工人的工资随着年龄、经验和教育水平变动的根本原因在于他的人力资本存量,进而他的边际生产率会随着这几个变量的变化而变化。进一步地,工人之间的工资差距主要是由他们在年龄、经验、教育水平等人力资本禀赋上的差异所致。由此我们得到的推论是,具有相同人力资本特征的工人应该获得同样的报酬。

人力资本理论在解释基于个人特征的工资差别方面做出了巨大的贡献,而且它的许多推论都得到了实证的验证,如教育人力资本投资与员工的终身工资水平的正相关关系、教育水平的差异对工资差别的影响等。

然而,人力资本理论对工资差别的解释最终还是没有脱离新古典经济学的基本框架。新古典经济学告诉我们,在充分竞争的市场条件下,工资是厂商对工人边际产品的回报。均衡的实际工资水平等于劳动力的边际产品,此时劳动市场处于出清状态,作为理性经济人的雇主和雇员都分别实现了利润最大化和效用最大化。这意味着充分竞争的市场可以确保同质劳动力[①]获取同样的工资。"同工同酬"反映了人们对于公平和工资之间联系的朴素认识。但是,在现实生活中,大量的经验证据显示存在普遍的同工不同酬现象。尽管新古典经济学家一再强调,这可能是某些没有度量出来或者根本无法度量的人力资本因素导致的,也就是说,看似同工不同酬,可能恰恰反映了劳动本身存在的某些差异。但大量实证研究发现,即使控制住人力资本特征和职业特征等变量,仍然无法解释工资差别的全部。

对此,经济学家给出了不同的解释。第一种代表性观点认为,这些差异只是对一些未能观察到的工人工作能力或者工作环境差异的补偿,并不

---

① 本书对同质劳动力的界定是指那些在教育水平、经验水平、年龄、性别、职业分布等方面与员工劳动生产率相关的特征上相同的劳动力,反之则为异质劳动力。

能拒绝新古典工资理论。第二种代表性观点认为，这是厂商实施效率工资的结果，部分厂商愿意支付高于市场均衡工资的实际工资水平，以换取雇员更大努力的礼物交换。第三种代表性观点认为，这是市场摩擦带来的。信息不对称、交易成本、垄断、管制、歧视等因素都可能导致劳动市场的不完全，从而无法满足新古典工资理论的假定条件，导致产生同质劳动力的工资差别。以下我们将回顾每种观点的代表理论。

2. 补偿性工资差别理论对同质劳动力工资差别的解释

补偿性工资差别理论（Compensating Differentials）认为，高工资是为了抵消或补偿同一公司内部或不同公司间工作条件的差别。由于雇主所提供的工作条件在安全性、工作强度、稳定性、工作氛围等方面存在各种差异，必须按照员工所从事的工作特征予以补偿。简而言之，补偿性工资差别可以解释为：相同素质的劳动者，即知识和技能并无差别的劳动者因从事工作条件不同的劳动而形成的工资差别。

关于补偿性工资差别的研究最早可以追溯到经济学之父亚当·斯密。在其具有开创性的著作《国民财富的性质和原因的研究》中，亚当·斯密用了相当的篇幅来论述这个问题。他指出："一方面对某些职业的微薄货币报酬给予补偿，另一方面又对一些职业的优厚报酬加以抵销。"归纳起来，亚当·斯密提出的形成工资差别的五个因素是：工资因职业有难易、有污洁、有尊卑而不相同；工资因学习业务有难易、学费多少而不同；工资因职业的稳定程度各异而不同；工资因赋予一个职业的责任大小而不同；工资随胜任职业的可能性大小而不同。

亚当·斯密所讲的补偿性工资差别产生的根本原因，用现代规范的经济学语言来表达，就是员工的主观偏好不同。有一些员工宁愿从事低工资但更愉快的工作，于是会出现补偿性工资差别。

当然，员工追求效用而不是收入最大化，并不是补偿性工资差别产生的充分条件。如果员工不了解对他们十分重要的工作特征信息，如粉尘、噪声、辐射、高温、高速和危险性等，或者工作特征模糊，补偿性工资的差别就很难产生。此外，员工的流动性也是补偿性工资差别产生的必要前提之一，即员工有一系列可供选择的工作机会。如果员工只能从事危险性质的工作，工伤危险的补偿性工资差别就不会出现。

补偿性工资差别产生的三个基本前提都是竞争性市场的特征。然而，在实际经济生活中我们会发现，劳动力市场上存在的职业工资差别似乎多数并不具有补偿性的特点。那些从事劳动条件差而最不具有吸引力工作的人们，往往无法随意地进入好的工作市场，其工资往往不是较高而是较低的。

3. *效率工资理论对同质劳动力工资差别的解释*

效率工资理论（Efficiency Wage）关注的重点也在于，具有同样生产率特征的劳动者为什么在市场上会获得不同的工资水平。但是，它的分析角度和补偿性工资差别理论不同，它认为雇主给员工支付高出市场水平的工资是为了减少怠工、降低离职率、提高士气，最终赢得员工更高的工作绩效。效率工资理论的代表是由 Stiglitz 等开发的怠工模型、离职成本模型和社会学模型。

（1）怠工模型（The Monitoring and Shirking Model）

怠工模型的基本观点基于这样一种假设：工人对他们的工作努力程度持有谨慎的态度，企业对员工的监督存在持续的成本（Shapiro 和 Stiglitz，1984；Bulow 和 Summers，1986）。因此，为了在减少监督成本的同时提高员工的绩效，雇主会支付高于员工机会成本的工资，而员工的机会成本主要取决于市场工资水平或失业保险水平。雇主支付的工资水平和市场工资之间的差别越大，或者失业率越高，员工就越害怕被企业解雇。在上述情形下，工作就会变得越来越具有吸引力，从而督促员工更加努力地工作。

（2）离职成本模型（The Turnover Costs Model）

离职成本模型的一般假设是：员工离职对于企业来说是有成本的。因此，企业会制定相应的工资政策以避免离职、培训和雇用新员工带来的成本（Salop，1979；Stiglitz，1986；Weiss，1980）。离职成本理论认为，在特定公司的每个职位都需要特定的训练，以确保一个普通员工能提高其生产率。这是因为公司和职位拥有自己的特性,需要资本和劳动之间的匹配。用于聘用和培训的固定成本越高,企业希望员工留任的期限也就越长。因此,为了减少离职,企业会提供一份高出市场工资水平的奖金。离职模型主要被用来解释资历和工资差别之间的正相关。

(3) 社会学模型(Sociological Model)

Akerlof (1982) 首先提出了基于效率工资假定的社会学模型。他认为,雇主与雇员的关系远不只是纯粹的劳动和货币的交换,工人的努力程度取决于工人所在部门的工作规范。社会规范和工作群体的道德原则对雇员态度具有强大的影响力。如果员工能在同事间和公司中获得认同,他就会委身于公司的目标,从而更加努力地工作。与此同时,员工也期望从公司获得回报,他们希望所有这些都通过公平的薪酬包来实现。这个薪酬包不仅包括高出其他公司以及他们过去工资水平的报酬、较低的失业率,还包括非货币薪酬,诸如较小的监督压力、公司对工作的认可、工作中的培训机会、就业的保障等。社会学模型对工资差别研究最重要的贡献在于,它解释了实证研究中普遍显示的职位之间的工资相关性,它认为这种相关性是由工人的群体观念所导致的。

上述理论模型基本上都建立在竞争性劳动力市场条件下,它们对于解释发达国家基于个人特征的工资差别,以及基于企业、行业的工资差别方面的确做出了很大的贡献。其中,效率工资模型在解释发达国家的工资差别问题时占据主导地位(Dickens 和 Katz, 1987; Krueger 和 Summers, 1988; Katz 和 Summers, 1989)。但是,对于劳动力市场尚不健全的发展中国家而言,两者的解释力难免会受到限制。于是,很多学者放弃了居于主流地位的竞争式分析法,转而强调劳动力市场的分割属性;强调制度和社会性因素对劳动报酬与就业的重要影响,这种理论被冠之以劳动力市场分割(Labor Market Segmentation, LMS)学派。

4. 劳动力市场分割理论对同质劳动力工资差别的解释

LMS 理论(Dunlop, 1957; Kerr, 1954)在放弃了新古典的研究假设的同时,也放弃了人力资本理论的两个关键假设,即劳动力市场是充分竞争的；工资差别仅仅源于劳动力质的差异。LMS 理论认为，在现实的经济生活中，劳动者工资的差异不仅来源于其所提供的劳动质量的差别，从劳动力需求一方来看，在工资决定过程中，行业、部门、职业、职位的结构性特征同样是导致工资率不同的决定性因素。生产率特征相同的劳动者，由于所在的行业、企业或职位不同，工资率相差悬殊。这是因为现实的劳动力市场是不统一的，其中始终存在一些妨碍劳动者充分流动的重要障碍。例如，性别和种族歧视、主要劳动力市场和次要劳动力市场之间的分割、地区间或行业间的劳动力市场的分割、不充分的劳动力市场信息等，都使劳动力不能充分地流动，最终造成同质劳动力获得不同的投资回报。

LMS 理论最重要的分支之一就是二元劳动力市场理论（Doeringer 和 Piore，1971）。它由两个最基本的命题构成。首先，现实经济生活中存在两个彼此分离的劳动力市场：主要市场和次要市场。两个市场的划分依据是工作的特征和劳动者的特征。主要市场的特征是就业稳定、工作条件较好，以熟练技术型劳动力为主，工资水平较高，存在较多的提升和受训机会。与此相反，次要市场则工资福利水平普遍较低，工作条件较差，职位极不稳定，劳动力流动程度较大，提升受训的机会也不多。其次，在每个劳动力市场内部，劳动力是流动的。但在两个市场之间，由于受到各种非市场因素的制约，劳动力无法流动或只能有限地流动。

二元劳动力市场之间的差别，不仅产生于经济因素、社会因素及制度因素，而且还会由于两种劳动者行为模式和习惯悬殊太大而被强化或固化。总之，二元劳动力市场强调的一个重要思想是，劳动者个人的工资率并不主要取决于受教育程度，而是取决于就业发生在劳动力市场的哪一部分。劳动力市场分割理论，特别是二元劳动力市场理论在解释发展中国家的工资差别问题时受到了学者们的青睐，他们关注的领域多集中于劳动力市场在城乡之间的分割、正规部门和非正规部门之间的分割、公共和私营部门之间的分割等方面。

第二节 实证研究回顾

一、农民工职业选择的实证研究回顾

农民工在城市劳动力市场上的非农职业选择在很大程度上决定了他们的工资收入、发展机会和社会经济地位。已有的文献对农民工的非农就业选择进行了深刻的分析,但仅有少量研究基于细分的职业类别考察了农民工的职业选择机制(姚先国、俞玲,2006;杨晓军、陈浩,2008;高文书,2009;符平等,2012)。由于数据的缺乏,学者们多从非农就业选择的视角开展研究,如 Zhao(1997)将农村劳动力的就业选择分为从事农业生产、当地非农就业和外出就业。De Brauw 等(2002),Xia 和 Simmons(2007)则从个体经营、当地非农和外出就业三个角度进行了划分。黄乾(2009)比较了稳定就业和非稳定就业两种就业类型的农民工工资差距。宁光杰(2012)将农村外出劳动力的就业状态分成了自我雇佣者、短期工资获得者、长期工资获得者三类。纪韶、刘德建(2015)则将农民工的就业形态划分为雇主、自营劳动者和受雇者三类。

伴随着农民工规模的扩大,其在非农职业分布上也呈现出多元化趋势。利用2012年的全国性调查,符平等(2012)发现近10%的农民工已经出现了"去农民工化"特征,成为技术精英(高级技术人员)、管理精英(中层及以上管理人员)或私营企业主。显然,他们通过职业转换实现了地位提升。有超过20%的农民工所从事的职业表现出了"去体力化"特征,这部分农民工的职业是办公室工作人员或服务行业人员,他们变成了低端白领,传统的农民工特征在其身上也已淡化。对于农村劳动力非农就业选择和职业选择的决定因素,研究持两种不同观点:第一种观点认为农村劳动力所面对的非农就业市场主要还是由非市场因素主导的(Zhang 和 Li,2003;Zhang 等,2012)。Zhang,Giles 和 Rozelle(2012)发现,村干部身份为村干部本人及其家庭成员提供了在乡镇企业等非农就业中赚取更

多收入的机会。相对于外出务工，村干部家庭更倾向于从事当地的非农工作。一个可能的解释是，村干部掌握了当地更多的就业信息和社会资源，因此能为家庭成员提供更多的非农就业机会。Zhang 和 Li（2003）的研究表明，政治资本对非农就业选择的影响可能比市场力量更重要。家庭成员中有村干部比多接受一年教育更有助于农村劳动力获得一份收入较高的非农工作。另一种观点则认为，农民工所面临的劳动力市场正在朝着健康的方向转型。改革的进程中，随着市场机制的作用强化，政治资本的影响在逐步弱化，人力资本的影响正在逐步强化（Nee，1989）。从历史上看，村干部通过对乡镇企业的控制，增加了自己和家庭成员的非农就业机会。然而，自20世纪90年代中期以来，乡镇企业的私有化转型严重削弱了政治资本在当地非农劳动力市场的影响力。当前，劳动力市场正在给予那些拥有更高人力资本水平的劳动力以更多的非农就业机会。例如，教育、城市工作经验、职业培训等人力资本的增加会显著地增加农村劳动力获得非农工作，尤其是中高端非农职业的机会（Zhang等，2002；姚先国、俞玲，2006；Xia 和 Simmons，2007；高文书，2009；符平等，2012；陈明，2013）；而政治资本等非市场因素，诸如党员身份、当地的干部身份，仅仅对农村劳动力从事当地的非农工作产生正向影响，而对他们在当地从事个体经营或外出从事非农工作反而产生了负向激励（Xia 和 Simmons，2007）。

已有研究也重点考察了社会资本在农民工职业选择中的特殊作用。社会资本尤其是"强关系"，是农民工职业搜寻的主要渠道（边燕杰、张文宏，2001；刘士杰，2011）。钟甫宁等（2001）基于对北京、上海、广州、济南等地农民工的调查发现，农民工通过社会网络的初级关系得到的就业信息占其全部信息渠道的七成以上。但社会资本仅仅可以帮助农民工获得低端的职业，对于中高端职位的获取帮助不大（符平等，2012；纪韶、王珊娜，2015）。

二、农民工职业流动的实证研究回顾

关于农民工职业流动的研究多集中在其职业流动的特点与趋势分析、职业流动的影响因素研究,以及职业流动对农民工职业地位和收入水平的影响等方面。

从职业稳定性角度来看,中国农民工是一个职业流动相当频繁的群体。Knight 等(2004)对中国劳动力的流动性进行了考察,并进行了国际比较,结果表明,农民工的流动性明显高于城市劳动者,也数倍于发达的市场经济体制国家。中国农民工的流动性还呈现出一些与其他国家不同的特点,如教育程度较高者有非常显著的自愿流动倾向,教育程度较低者则往往出于规避风险而倾向于不主动流动。白南生、李靖(2008)利用北京市 700 多名农民工就业史数据,对其进城后的就业流动状态、原因和结果进行了深入的分析。结果表明,农民工就业流动频繁,当前单位的平均工龄仅约为 3 年,流动状态随着进城务工年限的增长不断趋于稳定。

那么,农民工的职业流动是否有利于其在劳动力市场上职业地位的上升呢?对此问题,研究界并未得到一致结论。部分观点认为,多次的职业流动有利于农民工职业的向上流动(姚缘、张广胜,2013),同时,职业流动能够提升农民工的工资水平(李萌,2004;刘林平等,2006;马瑞等,2012)。因为农民工的薪资要求既不能通过集体谈判的方式,也很难通过个人谈判的方法解决。因此,就业流动是农民工提高工资的主要方式。而相反的观点则认为,流动越频繁,农民工越容易经历向下的职业流动(柳延恒,2014)。李强(1999)发现,农民工的初次职业流动实现了职业地位的较大上升,而农民工的再次职业流动却基本上是水平流动,没有实现职业地位的上升。纪韶等(2015)的研究表明,农民工流动三次以内会实现向上的职业流动,流动四次以上职业地位会下降。过于频繁的职业流动反而会导致收入的减少(符平等,2009;刘士杰,2011;李黎明,2014)。通过职业流动不能得到职业地位提升的主要原因在于,农民工缺乏地位积累、地位继承和社会资源(李强,1999;王美艳,2005)。

就农民工职业流动频次和流动方向的影响因素来看，首当其冲的是人力资本。有研究发现，受过职业教育的农民工的职业流动次数少于未受过职业教育的农民工流动次数（马瑞等，2012）。而正规教育水平越高，职业流动性越大（王超恩、符平，2013；范丹等，2013）。从流动方向角度看，职业培训所带来的人力资本的提升可以帮助农民工更好地实现职业地位上升（纪韶、王珊娜，2015），持有专业资格证书明显有助于农民工在内部劳动力市场向上流动。

就社会资本对农民工职业流动和职业上升的影响来看，现有研究大多认为，社会资本在农村劳动力流动中会起到反作用，农民工通过社会资本途径获取工作反而不利于其实现职业的向上流动（周运清、刘莫鲜，2004；符平等，2009；徐小玲，2010）。田北海等（2013）认为，无论是强关系还是弱关系，社会资本不仅没有促进农民工向外部劳动力市场流动，而且显著地制约了农民工在内部劳动力市场的向上流动。

三、农民工工作搜寻行为的实证研究回顾

在农民工群体从农村和农业向城市和非农产业转移的过程中，工作搜寻是首要和关键的经济行为。在此领域，现有研究多围绕农民工的工作搜寻渠道和搜寻时间两个角度开展。

（一）农民工工作搜寻渠道研究

考虑到中国经济转型的特征，国内较常见的工作搜寻渠道分类为："计划渠道""市场渠道"和"社会网络渠道"（边燕杰、张文宏，2001；张文宏、刘琳，2013）。其中，计划渠道主要包括国家分配、组织调动、顶替等形式；市场渠道包括个人直接申请、参加招聘会、使用互联网或职业介绍机构；社会网络渠道则是指求职者使用社会关系网络获取信息或实质性帮助（张文宏、刘琳，2013）。也有研究将农民工的搜寻渠道分为正规渠道和非正规渠道（纪琴，2014），正规渠道包括职业介绍所、劳务派遣机构、劳务市场、政府统一组织四种方式；非正规渠道包括社会关系网

络、马路市场、上门询问和看招工广告而来四种方式。

以亲友为主的社会网络渠道是农民工工作搜寻的主要形式（曹子玮，2003；李培林，2001；明娟、张建武，2011；钟甫宁等，2001）。这种选择源于其对工作搜寻成本和效率的考虑（梁辉，2016）。较之其他渠道，通过亲友等社会网络求职的搜寻成本更低，搜寻时间更短（林善浪、张丽华，2010；纪琴，2014）。进一步将社会网络分为"强关系"与"弱关系"之后，研究发现，农民工首次非农就业时，使用家人、同乡等"强关系"获得工作的比例更大，随着流动次数的增加，才更多地使用朋友、同学等弱关系（梁辉，2016）。

就工作搜寻渠道的影响因素而言，研究发现，受教育水平高、受过职业教育的农民工更倾向于自己寻找工作而非借助社会网络；而受教育水平低、未受职业教育的农民工则倾向于通过亲友等社会网络完成工作搜寻（贾伟、秦富，2016）。

（二）农民工工作搜寻时间研究

现有研究对工作搜寻时间的界定通常为从工作搜寻开始，到找到正在从事的工作为止花费的时间。工作搜寻时间是反映劳动力市场效率的一个重要指标。研究发现，农民工年龄和性别对工作搜寻时间的影响都存在异质性。年龄与工作搜寻时间呈倒"U"形关系，老一代农民工"再次流动"的工作搜寻时间整体长于新生代农民工（黄昊舒、何军，2018；梁海兵，2015；林善浪、张丽华，2010）。性别差异方面，老一代农民工中女性的工作搜寻时间高于男性，而在新生代农民工中结论相反（李琴、孙良媛，2012）。也有研究发现，两代农民工中女性的工作搜寻时间都要长于男性农民工（黄昊舒、何军，2018）。此外，也有研究认为性别对工作搜寻时间无显著影响（林善浪、张丽华，2010）。

关于受教育年限对农民工工作搜寻时间的影响，目前研究尚未得出一致结论。一种观点认为，由于农民工大多接受的是基础教育，受教育年限对工作搜寻时间的影响不显著（李琴、孙良媛，2012；林善浪、张丽华，

2010）；但也有研究发现受教育年限对工作搜寻时间具有显著负向影响（梁海兵，2015；王铭，2017）。

非农务工经历对农民工工作搜寻时间的影响研究也尚未形成一致结论。梁海兵（2015）发现，非农务工经历对工作搜寻时间的影响有明显的性别差异，缩短了男性工作搜寻时间，但增加了女性工作搜寻时间。但林善浪等（2010）认为，非农务工经历对农民工工作搜寻时间没有显著影响，这主要与农民工工作流动性大有关。

此外，其他观点还有：农民工的期望工资越高，工作搜寻时间越长；失业补贴也会通过提高农民工的保留工资水平，延长工作搜寻时间（董占奎等，2014）。农民工的未成年子女数量越少，工作搜寻时间越短（林善浪、张丽华，2010）；婚姻对工作搜寻时间具有正向影响；外地户口的农民工平均比本地农民工工作搜寻增加6.19天，这一点在女性农民工身上更明显（梁海兵，2015）。接受非农技术培训能够缩短其工作搜寻时间（林善浪、张丽华，2010）。

（三）农民工工作搜寻渠道对搜寻时间影响的研究

受教育和技术水平的限制，农民工信息搜寻能力较弱，大多数农民工仍旧依靠自己和以"血缘、地缘、人缘"为主的社会网络搜寻工作。研究发现，对于任何年龄段的农民工，依靠亲友找工作都能缩短他们的工作搜寻时间，尤其对于新生代农民工来说，这是唯一能缩短他们工作搜寻时间的搜寻渠道（李琴、孙良媛，2012；林善浪、张丽华，2010）。但对于老一代农民工来说，通过各种广告信息求职也能够缩短其工作搜寻时间（李琴、孙良媛，2012）。纪琴（2014）比较了不同渠道展开工作搜寻的时间，由长到短依次是：职业介绍所、劳务市场、自己直接上门询问、看到招工广告而来、马路市场、社会关系网络、劳务派遣机构、政府组织。进一步比较不同强度的社会网络，林善浪等（2010）的研究发现，依靠亲属的工作搜寻时间最短，其次是以前务工认识的朋友，再次是老乡。董占奎等（2013）采用实验的方法对社会网络影响工作搜寻者个体行为的作用机理进行了研究，发现在有社会网络资源可用的情景下，搜寻者个体的期望工资水平会有显著的提高，同时个体在劳动力市场上的停留时间会明显缩短。此外，新媒体的使用会通过社会网络和信息两种渠道改变农民工工作搜寻天数，并且明显缩短新生代女性农民工的工作搜寻时间（黄昊舒、何军，2018）。

四、农民工工资决定的实证研究回顾

（一）技能培训对农民工工资的影响

与国外相对丰富和成熟的劳动力技能培训项目的评估研究相比，严格意义上的中国技能培训评估非常匮乏。现有研究主要考察了培训整体上对农民工外出职业选择和收入的影响。研究发现，首先，技能培训有助于提高农民工的职业层级。农民工教育水平越高、参加过培训、在城市工作的年限越长，越有可能从事办事人员和生产操作人员、专业技术人员和单位负责人这类具有更高社会声望职业（高文书，2009）。另有研究将农民工从事的职业分为两大类：自雇佣者和被雇佣者，并发现职业培训可以使农村劳动力成为被雇佣者的概率增加13.2%（王德文等，2008）。其次，技能培训有助于农民工收入的提升。大量研究发现，职业培训相比于教育更有利于农民工收入的提升（侯风云，2004；杨金风、史江涛，2005；王慧，2007；王德文，2008）。

以上研究均把培训作为一个整体，直接放入职业选择的多元逻辑回归模型或者 Mincer 的工资函数得出结论，尚不足以作为培训项目效果评估的证据。近期，研究开始关注不同培训设计的影响差异，并开始应用国外相对成熟的评估方法考察中国农村的技能培训项目，得出的结论包括以下几个方面。

1. 不同主办方开展的培训的工资效应各异

我国农民工的职业培训类型依据主办方不同，可分为四类：一是政府培训，包括户口所在地政府和输入地政府开展的培训项目；二是企业培训，即员工在企业内参加的培训；三是学徒工，即跟随师傅学习手艺；四是社会机构培训，即自己报名参加职业技术学校或者社会培训机构的课程。

通过比较，现有研究多发现，由政府支付费用的培训效果低于由企业或个人支付的培训。如宁光杰等（2012）发现参加政府培训的劳动者比参加企业培训的劳动者的收入低14.1%；而个人自费培训者比参加企业培训者的收入增加了18.1%。另有研究发现，劳动者参加由国家全部补贴费用的培训项目，其收入低于国家补贴部分培训费用的劳动者（杨玉梅、曾湘泉，2011）。可能的解释是，劳动者参加由其个人支付全部或部分费用的培训，有更高的自主权选择适合自己的项目，同时费用的支出也使其更加有动力积极学习，并且寻找更高收入的工作。

另有研究专门考察了政府主办的农村劳动力职业培训及其效果。陈耀波（2009）使用工具变量回归法，考察了浙江省某县级市"阳光工程"的培训效果，发现在控制培训计划的自选择问题之后，培训对工资变化有正面的影响；除了培训作用外，研究认为择优效应也在同时影响收入变化，即高素质劳动者成为参与培训主体，从而降低了培训资源的利用效率。王海港等（2009）研究了珠江三角洲农村政府提供的职业培训，发现政府培训没有充分发挥作用，个人不可观察变量影响了培训决策和收入，使得参加培训的村民并非目标群体，因为能从培训中得到最多利益的普通村民参加的可能性低，对已经参加了的人却无多大帮助。

2. 培训内容和时长的设计对培训效果具有重要影响

杨玉梅、曾湘泉（2011）对河南农民工培训研究发现，培训时间为3~5个月的培训、个人和政府共同承担费用的培训、专业性较强的培训（如建筑装饰、汽车驾驶与维修、电子电器等）对劳动者的收入有显著提高作用。宁光杰等（2012）按照培训内容与工作的相关性，将培训分为一般性培训和相关性培训，认为非农培训、与工作相关的培训更有利于提高工资性收入。此外，培训时长和培训费用与收入有显著的正相关，但是随着时长和费用的增加，培训收益会递减。

(二) 职业资格证书对农民工工资的影响

职业资格证书从本质上来说为劳动者人力资本的测量提供了一个标准，对于劳动者个人来讲，职业资格证书作为其人力资本信号，明确了劳动者具有从事某一个行业工作的基本水平，增加了劳动者的就业机会与收入。苏中兴、曾湘泉（2011）通过对5家造纸型企业共21个车间的调查数据显示，职业资格证书存在显著的收入效应，持有职业资格证书的工人的收入要明显高于未获得职业资格证书的工人，职业资格证书的取得过程提高了劳动者的职业技能水平，从而带来其收入的增加。李雪（2012）通过全国城市居民社会调查2003年及2006年的问卷调查数据分析得出，职业资格证书与劳动者的收入呈正相关，并且伴随着职业资格证书等级的提高，劳动者的收入也随之提高。

目前，学界对农民工持有职业资格证书与其收入关系的相关研究还较少，并且尚无明确的定论。部分研究认为，持有职业资格证书能够显著提高农民工的收入（陈敏、李启明，2014），对本地户口工人的影响高于对外地户口工人的影响，且职业技能证书的等级对农民工的收入也有显著正向影响（苏中兴、曾湘泉，2011）。基于人力资本理论的分析表明，职业资格证书作为职业培训中的一个要素，能够比正规教育更直接有效地影响农民工的人力资本（王建，2017），在职业资格证书上进行投资可以改善劳动者的技术水平，进而提高他们的收入（刘艺、宋波，2018）。

另有少量研究认为，职业技能证书不一定能提高农民工收入。只有初级和中级的职业资格证书可以提高工资，这可能是因为部分高级职业技能证书的含金量低、农民工的努力程度存在差异，或者证书并不能代表农民工的实践能力（刘艺、宋波，2018）。2014年和2015年两项针对新生代农民工群体的研究都发现，持有职业资格证书和新生代农民工的收入并不显著相关，其中前者将这一结果解释为职业资格证书要和参加职业培训构成交互决定机制以影响收入水平（李俊，2014；吴伟东，2015）。

此外，有学者从农民工的性别视角切入进行研究，发现职业资格证书对男性农民工收入的影响高于女性农民工（苏中兴、曾湘泉，2011），另有学者认为已婚女性农民工的职业资格证书对其收入无显著影响（李旻、王秋兵，2017）。

（三）语言人力资本对农民工工资的影响

国外关于移民语言的研究发现，语言能力作为一项人力资本，能够协助移民在流入地的劳动力市场上实现更高效的工作搜寻，降低来自雇主的歧视，提高其工作效率，进而为之带来丰厚的经济回报（Chiswick 和 Miller，2003）。尤其是在以英语为主要官方语言的移民迁入国家，英语水平对移民的工资收入有着显著的积极影响，同时，其他单项语言技能（听、读、写等）对移民收入也有一定的影响（Tainer，1988；Chiswick，1991；Dustmann 和 Fabbri，2003）。在对德国、以色列、荷兰等非英语国家外来移民的语言能力及其收入关系的分析中，研究发现，熟练掌握移民国语言能够显著提高移民的经济收入（Chiswick，1998；Chiswick 和 Wang，2016）。有研究还发现，计算机的使用可以增加移民的国际转移能力。而且，英语和计算机应用这两种技能是互补性的。英语水平更高的移民也更可能使用电脑。在那些在家使用电脑的移民中，受教育程度和英语水平对收入的影响更大（Chiswick 和 Miller，2007）。

就中国农村劳动力使用普通话的经济回报而言，研究发现，普通话水平对外出农民工的非农收入有较大影响（Gao 和 Smyth，2011）。对进京农民工的研究发现，普通话熟练的农民工能够获得高于不熟练者21%~40%的月收入，即使控制了教育、工作经验等其他人力资本变量，语言能力的影响依然比较显著。普通话熟练者在工作培训、职业技能、自我价值意识、工作适应等方面有更好的表现，这可能是他们能够获得更高收入回报的中间路径（秦广强，2014）。也有研究对掌握地方方言对农民工的劳动力市场绩效的影响进行了研究，以上海话为例，研究发现地方方言流利程度对服务业收入有显著影响，尤其体现在对销售类工作的影响上。通过比较听和说的能力，研究发现口语比听力能力更能显著地提高外出农民工的收入。说方言是农民工融入当地社会的一种方式,也是降低劳动力市场交易成本的一种方法(Chen 和 Lu,2014)。但目前的研究尚缺乏综合考虑语言和计算机能力对农民工劳动力市场绩效的影响。

(四) 社会资本对农民工工资的影响

20 世纪 90 年代,社会资本和相关理论被引入中国劳动力市场领域,尤其是农民工就业问题的研究。由于农民工在城乡二元分割的劳动力市场上处于严重的劣势地位,社会资本对他们提高社会经济地位具有决定性意义(唐灿、冯小双,2000;赵延东、王奋宇,2002)。

国内学者多从社会网络的视角来测量农民工的社会资本,并开发出了不同的测量方式,大致可以分为三类:一是参考 Grannovetter(1973)的界定,根据个体之间社会经济背景的相似程度将农民工的社会资本分为强关系和弱关系。在具体测量时,通常以通过亲友找到工作视为强关系的代理变量;而以通过老乡、熟人等找到工作视为弱关系的代理变量(赵延东、王奋宇,2002;田北海等,2013)。二是基于农民工从农村流入城市劳动力市场的前后阶段,分为"原始"与"新型"社会资本;前者是指农民工在进入城市之前在"乡土社会"中形成的社会关系网络,其特点是以亲缘和狭小的地缘为基础;后者则是指进城工作后农民工建立起来的以业缘和更大范围的地缘为基础的关系网络(赵延东、王奋宇,2002)。原始社会资本通常的代理变量包括:"在外出地的亲友数量""是否通过亲友找到工作"。新型社会资本则通过"聚会花费占月收入比重""在外出务工地有无馈赠礼金"等变量进行测量(叶静怡、周晔馨,2010)。三是基于社会网络的开闭性特征将社会资本分为"整合型"和"跨越型"社会资本。前者是指基于农村传统的亲缘、地缘、人缘等关系网络形成的闭合性社会资本,可能兼具"原始"和"新型"社会资本双重属性;后者则是指农民工在社会流动中通过延展原有的社会网络而形成的跨越不同社会群体的开放性社会资本。在具体测量时,通常以"是否通过亲友求职""农民工来源地""是否加入同乡组织""家属是否随迁"等作为"整合型社会资本"

的代理变量,而将"与当地工人的关系""是否有本地居民朋友""是否参与工会"等作为跨越型社会资本的代理变量(王春超、周先波,2013;朱志胜,2015)。

基于不同的测量方式、数据来源和实证策略,目前研究针对社会资本对农民工收入影响的结论也存在差异。一种观点认为,社会资本或社会网络对农民工工资没有显著影响或有负向影响。例如,刘林平、张春泥(2007)对珠三角地区农民工的调查研究发现,请客送礼和参加工会等社会网络构建并未对农民工工资水平产生显著影响。章元等(2008)基于中国 10 个省份农户调查的研究发现,无论是利用政府或民间组织等社区网络,还是利用亲友等家庭网络外出就业,都不能直接增加农民工的工资收入。何国俊等(2008)通过对北京市外来务工人员的调查研究发现,以"婚姻状况""在京家庭人数""是否通过亲戚或老乡找工作"来衡量的农民工社会资本对样本总体的工资影响均不显著,但对于女性迁移劳动力和来自西部地区的男性迁移劳动力的工资有显著的正向影响。基于中国 22 个省份的农户调查数据,章元、陆铭(2009)以"馈赠礼金的亲友数量"和"馈赠礼金占家庭总支出的比重"作为社会网络的代理变量,发现社会网络对农民工工资水平的直接影响非常微弱,它只能通过影响农民工的工作类型而间接地影响其工资水平。明娟等(2011)基于广东企业用工调查数据的研究发现,农民工通过亲友关系搜寻获取岗位的工资水平要低于自己搜寻岗位的工资水平。

另有相当一部分研究关注了不同类型的社会资本对农民工收入的异质性影响。研究者通常发现,社会资本中的原始社会资本或社会网络中的"强关系"对收入没有显著影响,而在外出务工地构建的新型社会资本或者社会网络中的"弱关系"对收入具有显著影响。例如,赵延东和王奋宇(2002)通过对北京等三个城市流动人口的调查研究发现,求职时使用"弱关系"会显著提高农民工的收入,而使用"强关系"对收入的影响并不显著。李树茁等(2007)利用"深圳外来农村流动人口调查"数据的研究发现,弱关系网络对农民工收入有显著的正向影响,而社会网络趋同性的增强会降低农民工的收入。刘士杰（2011）基于北京等四个城市的外来人口调查数据的研究发现，强关系仍然是农民工最主要的职业搜寻渠道，但通过强关系找到的工作的工资水平相对于其他渠道找到工作的工资水平显著偏低。陈云松（2012）采用Heckman两阶段模型和工具变量法处理了样本选择与内生性问题之后，发现具有弱关系特征的"同村打工网络"的规模对农民工外出的收入具有显著的正向影响。叶静怡和周晔馨（2010）基于北京市农民工的调查研究发现，原始社会资本对农民工收入的影响不显著，而新型社会资本对收入的影响总体上是显著的[①]。叶静怡等（2012）利用身份定位模型探究了社会网络层次对北京市被调查农民工收入的影响，研究发现，以"是否认识在京的高级管理人员或者高级技术人员"来表示的高层次的社会网络对农民工工资有显著正向影响。但也有不同的结论认为，在农民工不同类型的社会关系网络中，只有利用亲友这类强关系找到的工作才能够得到更高的工资；而且，亲友关系只能显著提高女性和已婚农民工的工资水平（章元等，2012）。近期，从跨越型和整合型社会资本角度开展的研究发现，两类社会资本对农民工收入都具有显著的正向影响，且两者对农民工收入的提升效应相近[②]（王春超、周先波，2013）。

五、农民工工资差距的实证研究回顾

近年来，在城市农民工的规模不断扩大的过程中，农民工内部的工资差距也日趋明显，如农民工工资的性别差异、不同就业区域、不同就业形式，以及不同劳动关系形态下的农民工的工资差距等。在这个领域，研究多采用Oaxaca分解、Brown分解，以及基于分位数回归的分解法等方法，以判断工资差别中可解释和不可解释的部分所占的比重。

---

① 叶静怡和周晔馨（2010）分别采用"婚姻状况""在京同学数和亲戚数""是否通过亲朋好友找到工作"来测量原始社会资本；采用"亲友聚会花费占每月收入的比例""每年聚会次数""在京有无馈赠礼金"来测量新型社会资本。

② 王春超和周先波（2013）分别以"与当地工人的关系"和"加入工会"来测量"跨越型"社会资本，以地缘关系来测量"整合型"社会资本。

（一）农民工性别工资差距

研究发现，改革开放后，农民工性别工资差异逐渐加大（张丹丹，2004；李春玲、李实，2008）。大量文献对农民工内部的性别工资差异进行了分解，并发现了显著的性别工资歧视。采用工资均值分解的结论显示，农民工性别工资差距的主要来源是两者在可观测特征回报率上的差异，即歧视性因素，而人力资本等可观测特征差异对性别工资差距的贡献相对较小（李实、杨修娜，2010；黄志岭，2010；罗忠勇，2010；杨鹏等，2012；张琼，2013；罗俊峰，2017；李明艳等，2017）。在考虑行业分割的影响后，研究发现，农民工性别工资差异主要来自行业内的同工不同酬，行业隔离的作用较小（杨鹏等，2012；罗俊峰，2017；李明艳等，2017）。采用分位数分解的研究发现，农民工的性别工资差异表现为"天花板效应"，随着工资的上升，差异不断扩大（王震，2010；钱文荣等，2011）。对于农民工性别工资差距的来源，有研究认为，在整个工资分布上，性别歧视均是工资差异的主因（王震，2010）。另有研究则认为，在低分位数上，性别歧视是总差异的主要来源，而在高分位数上，个人资源禀赋造成的差异是总差异的主要来源（钱文荣等，2011）。

（二）农民工不同就业区域之间的工资差距

就业的地域差异也会影响农民工的工资水平，具体细分为输出地和输入地不同导致的工资差异。周文良等（2018）研究本地和外地农业转移人口的工资差异后发现，地域歧视对工资的影响存在异质性；对低收入和中等收入的外来农业转移人口来说，他们与本地农业转移人口之间的工资差距源于人力资本的差异，并不存在地域歧视；对处于收入的88%分位点以上的外来农业转移人口，工资水平会受到地域歧视的影响，且随着分位点的增加，受影响的程度也会增大。李超海（2015）的研究发现，珠三角地区企业农民工的基本工资低于长三角地区，并且珠三角地区农民工的不公平程度要低于长三角地区。

(三) 农民工不同就业形式之间的工资差距

近年来,农民工群体在就业形式上日趋分化,也由此引起了新形式的工资差距,如稳定就业与非稳定就业之间的工资差距(黄乾,2009)、长期农民工和短期农民工之间的工资差距(寇恩惠、刘柏惠,2013)等。而受到研究重点关注的是受雇和自我雇佣农民工之间的工资差距。该领域的研究结论也存在较大争议。争议的焦点在于,农民工选择自我雇佣是因为获得高薪的受雇工作受到市场障碍的被迫选择,还是出于能力和资本优势的积极选择。

有相当一部分研究认为,农民工从事自我雇佣是在遭到工资部门歧视后的被动选择,在自我雇佣与收入较高的受雇工作之间存在市场进入壁垒。宁光杰(2012)利用2008年城乡人口流动调查数据(RUMiC),将农民工分为自雇佣者、长期工和短期工,在控制了样本选择性偏差后,发现自我雇佣者的收入高于短期工,但低于长期工。工资均值分解的结果显示,在自我雇佣者和长期工、自我雇佣者和短期工之间的收入差异中都存在歧视因素。黄志岭(2014)利用2007年中国居民收入调查数据(CHIP)发现,尽管自雇者的收入高于受雇者,但从事自我雇佣的人力资本回报率却要低于受雇者。曹永福(2013)利用2010年全国流动人口动态监测调查数据,在控制了样本选择偏差后,发现农民工自我雇佣者确实能得到比受雇者更高的收入,但这是以牺牲劳动强度、延长劳动时间为代价的,因此,农民工的自我雇佣是在城市劳动力市场就业机会受限后的次优选择。

相反观点则认为,城市劳动力市场对农民工的就业歧视性环境已经得到改善,自我雇佣不再是农民工的被迫选择,而是他们基于人力资本和社会资本禀赋的积极选择。叶静怡和王琼(2013)使用"2010年在京进城务工人员经济和社会调查"的研究发现,相比工资性就业的农民工,自雇农民工收入显著较高。基于工资均值分解的结果表明,自雇农民工较之受雇农民工的工资优势主要由不可观测的能力或其他因素带来的选择偏差造成,说明农民工进入自我雇佣存在正自选择性,自雇佣农民工所具有的能力或资本条件使其在自雇佣部门能获得更高的收入,更适宜从事自雇佣工作。朱志胜(2018)将农民工就业进一步分为正规受雇、非正规受雇、机会型自雇、生存型自雇四种类型,利用 2014 年流动人口动态监测调查数据,在控制了样本选择性偏差后,研究发现农民工自我雇佣的收入效应显著为正,其中,机会型自雇农民工的收入优势更为明显,大约要高出受雇农民工 30%~35%左右。而且,农民工自我雇佣的收入效应随着收入分位数的上升逐步提高,这意味着农民工从事自我雇佣活动的收入回报存在着明显的"马太效应"。

(四)工会与农民工工资差距

工会对工人的工资水平和工资差距的影响一直是劳动经济学领域的重要议题。20 世纪 60 年代以来,来自发达国家的实证研究均表明,工会作为一支独立于政府和企业的力量,的确能够通过组织工人迫使雇主提高工资水平,改善福利待遇,并且降低工资分配的不平等程度(Freeman,1980;Metcalf,1982;Card,2001)。工会在集体谈判中采用的标准化工资率策略显著地提高了低工资者的收入,压缩了工资分布范围,从而缩小了工会化企业的工资不平等。反之,工会密度的下降则会带来工资差距的加大(Freeman,1993;Card,2001)。采用分位数回归的结果表明:工会身份对低技能工人的工资提升效应更大(Card,1996)。但是,对于工会和非工会工人之间的工资差距在多大程度上代表工会的影响,而不是工会会员非随机选择的结果,仍然存在很大的研究分歧。有研究认为,对低技能工人来说,较高的工会工资溢价可能是由于他们较高的不可观测能力,而不是由于工会所采取的工资政策。因此,如果不考虑工会会员的样本自选择问题,则会夸大工会的工资效应(Card,1996)。

随着经济改革和全球化的深入,中国的劳资关系发生了深刻变化,传统企业与职工间的关系被新的劳资模式所取代,劳资矛盾日益突出。在此期间,中国工会也在不断转变职能,并取得了巨大的发展,尤其体现在私营企业和外资企业工会的覆盖率,以及农民工入会率的显著提升上。然而,对于中国工会在维护农民工劳动权益方面所发挥的实际职能,研究界尚存在争议和质疑。争论的焦点在于:中国工会在多大程度上影响了农民工的权利?是只维护工作场所的底线权益(如最低工资、劳动合同签订、社会保险等),还是实质性地提高了农民工的工资水平?

通过案例研究,Lu 和 Zhang(2011)发现,农民工组成的工会由于在工作场所的弱势地位和缺乏集体行动方面的知识,很容易被管理层控制,形成所谓的"老板工会",无法有效代表农民工的利益。孙中伟和贺霞旭(2012)基于2010年珠三角和长三角外来工的调查数据分析得出,工会对外来工的最低工资符合率、劳动时间、社会保险等"底线型"权益具有显著的保障作用,但农民工加入工会的工资效应并不显著。还有研究认为,农民工通过加入工会获得了工作条件上的改善,但却是以月工资水平的牺牲为代价的(Cheng 等,2014)。但近期也有研究得出不同结论,基于苏州市农民工的调查数据,Wang 和 Lien(2018)应用基于无条件分位数回归的工资差别分解发现,农民工中的工会会员在整个工资分布上的工资都显著地高于无工会企业员工。在工资分布的低端,工会的工资效应也溢出到了工会企业的非会员群体。从工资差别的分解结果来看,工会会员与无工会企业的非会员员工之间的工资差别大部分源于系数效应,即工会企业与无工会企业所采取的不同的工资激励机制。与之相反,工会会员高出工会企业的非会员的工资差别主要由构成效应引起,换言之,在工会企业内部,会员比非会员在可观测的能力上更具优势。这充分表明工会会员在企业中存在正向选择,即可观测能力强的农民工更有可能加入工会。

第三章　农民工职业与工资分布的特点与趋势

改革开放40多年以来,举世瞩目的中国经济增长奇迹离不开大规模的农民工群体。截至2019年,我国农民工总量达到了2.74亿人,占全国人口的总量超过1/5。近年来,农民工在总量、结构、工资收入上呈现出新的变化趋势。首先,农民工总量的增速有所回落,由2009年的1.93%回落到2018年的0.64%。在城镇化大趋势下,农民工总量的小幅上升说明农村向城市的人口转移仍在继续。但从结构上来看,40岁以下农民工比例的下降,以及农民工的老龄化趋势,则凸显了"人口红利"加速削弱的趋势。其次,跨省流动农民工所占比重继续下降,省内流动的农民工持续增长,选择在中西部就业的农民工数量持续上升。在外出农民工中,跨省流动的农民工的占比从2010年的50.3%下降到2018年的44%,省内流动的农民工则由2010年的49.7%上升到2019年的56%。与此同时,农民工群体内部也呈现出分化的趋势,在新生代农民工与老一代农民工之间、外出农民工与本地农民工之间、受雇和自雇的农民工之间,呈现出了不同程度的职业分化与工资分化。

上述趋势既体现了宏观层面人口结构变化、经济增速放缓、产业转型升级等发展环境的变迁,同时也反映着经济转型过程中农民工内部在人力资本、社会资本等因素上的结构分化。本章我们将分别从全国层面和样本地区层面总结农民工在规模、流动区域、职业选择与工资水平等领域的分布特点与趋势。

第一节　全国农民工的职业与工资分布

本节我们采用全国层面的监测和调查数据,对农民工在区域、行业、职业、工资领域的分布,以及农民工人力资本、社会资本的特征、农民工社会保障的状况进行了描述性统计。我们主要引用了国家统计局 2009—2018 年的《农民工监测调查报告》,其数据基础是在全国 31 个省(自治区、直辖市)开展的农村劳动力入户调查①。此外,作为必要的补充,我们在部分分析中也采用了中国收入分配研究院的中国家庭收入调查数据(CHIP)中 2007 年、2008 年和 2013 年的"农村—城镇流动人口样本"数据②。

一、农民工规模及区域分布

我国的农民工总量呈现出持续增长趋势,自 2014 年起,农民工人数超过了全国总人口的 20%。外出农民工虽然绝对数量多于本地农民工,但后者的增速相对更快。选择省际流动的外出农民工持续减少,省内流动成为更多外出农民工的首选。从农民工的来源地和输入地看,来源于东部地区的农民工数量最多,但增速逐渐下降,而输入地中,中西部地区对农民工的吸引力不断上升。

---

① 在监测数据中,国家统计局对农民工的界定是指户籍仍在农村,在本地从事非农产业或外出从业 6 个月及以上的劳动者。其中,"本地农民工"是指在户籍所在乡镇地域以内从业的农民工;"外出农民工"是指在户籍所在乡镇地域外从业的农民工。在区域划分上,2015 年及之前年份将全国分为东部、中部、西部三个地区,2016 年及之后年份新增了东北地区,将原来分别从属于东部和中部的辽宁、吉林、黑龙江 3 个省份划入东北地区。

② 需要注意的是,在 CHIP 的调查问卷中,外出农民工和本地农民工的划分标准是"本市(县城)农业户口"和"外地农业户口",这与国家统计局的划分方式并不相同。

（一）农民工总量增加，但增幅回落明显，中西部输出的农民工增幅最快

从规模来看，我国农民工的总量逐年增加，但增速回落明显。2008—2018年，全国的农民工数量从22542万人增长到28836万人，其中在2010年时增速最快，比上年增加了5.24%，之后增速基本呈每年递减的状态，仅在2016年短暂回升（见图3-1）。

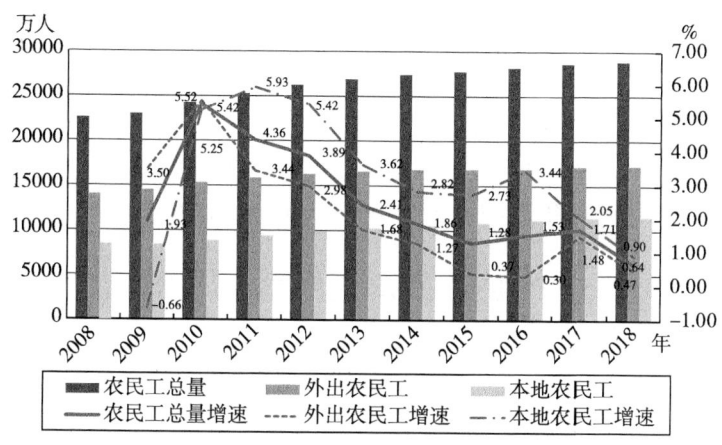

图3-1 全国农民工数量及增速变化

资料来源：根据国家统计局《农民工监测调查报告（2009—2018）》整理计算。

从农民工的来源地来看，东部地区输出的农民工总量最多，但是，增速落后于其他地区。中部、西部地区输出的农民工数量呈现出持续增长趋势，且增速较快。调查期间，中部、西部和东北地区的输出农民工增速普遍高于东部地区至少1个百分点，东部与中部、西部的输出量差距逐渐缩小（见图3-2）。

从农民工年龄结构变化来看，国家统计局报告显示，2018年农民工总量中50岁以上者所占比重为22.4%，比上年提高1.1个百分点。近5年50岁以上农民工的比例呈逐年提高趋势，而16~30岁的农民工比例持续下降。

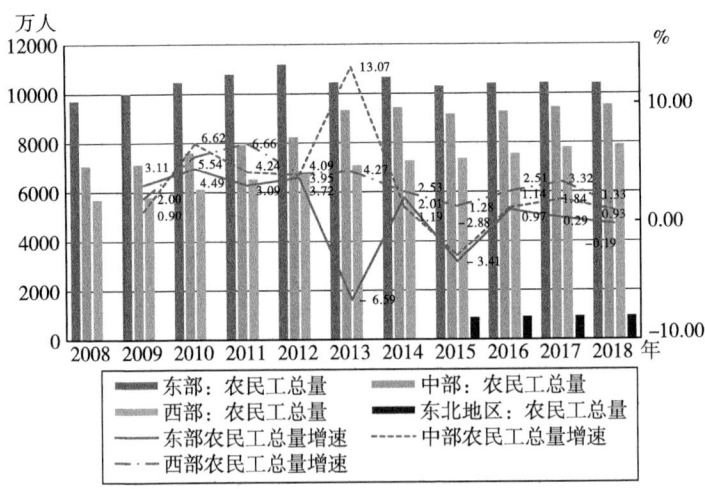

图3-2 农民工来源地分布及增速变化

资料来源：根据国家统计局《农民工监测调查报告（2009—2018）》整理计算。

（二）较之外出农民工，本地农民工虽然规模较小，但增速更快

外出农民工数量一直呈上升趋势，从2008年的14041万人增长到了2018年的17266万人。本地农民工数量也保持了上升趋势，从2008年的8501万人增长到2018年的11570万人。从增速来看，虽然两类农民工的增速都在放缓，但在各年份本地农民工的增速仍明显高于外出农民工（见图3-3）。

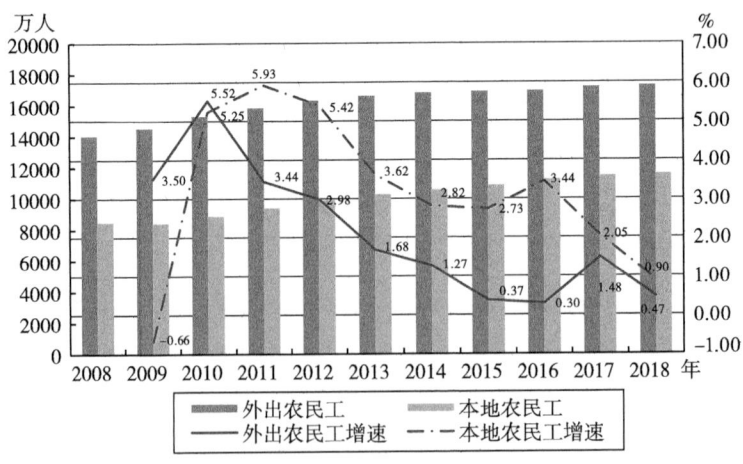

图3-3 2009—2018年外出农民工和本地农民工的规模变化

资料来源：根据国家统计局《农民工监测调查报告（2009—2018）》整理计算。

从本地农民工的地区分布来看，东部地区的本地农民工数量最多，但是，中西部地区的农民工选择在本地就业的增速高于东部地区。虽然中部和西部地区的本地农民工的数量少于外出农民工的数量，但是在调查期间的增速普遍高于其外出农民工的增速，这说明中西部地区有越来越多的农民工选择在本地工作（见图3-4）。

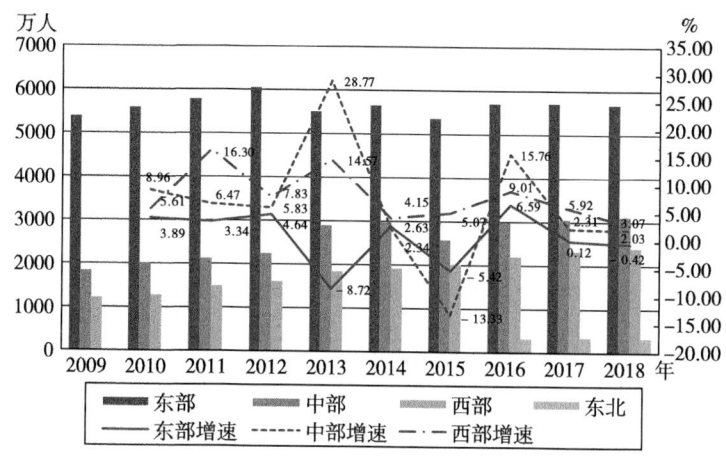

图3-4 不同地区本地农民工数量及增速变化

资料来源：根据国家统计局《农民工监测调查报告（2009—2018）》整理计算。

（三）外出农民工以省内流动为主，选择中西部就业的农民工逐年增加

首先，外出农民工中选择省内流动的数量不断上升，跨省流动的农民工数量持续减少。2011年以来，全国农民工选择在省内流动的人数就开始多于省际流动的农民工人数，而且，这一差距正在逐渐拉大，说明外出农民工中越来越多的人更倾向于在本省内从事非农工作（见图3-5）。从分地区的角度来看，除东北地区外，2015年以来各地区选择跨省流动的农民工均出现下降的情况。从省内流动情况来看，来自东部地区的农民工选择省内流动的规模最大。但来自中西部的农民工选择省内就业呈现逐年上升趋势，与东部地区的差距逐渐缩小（见图3-6和3-7）。

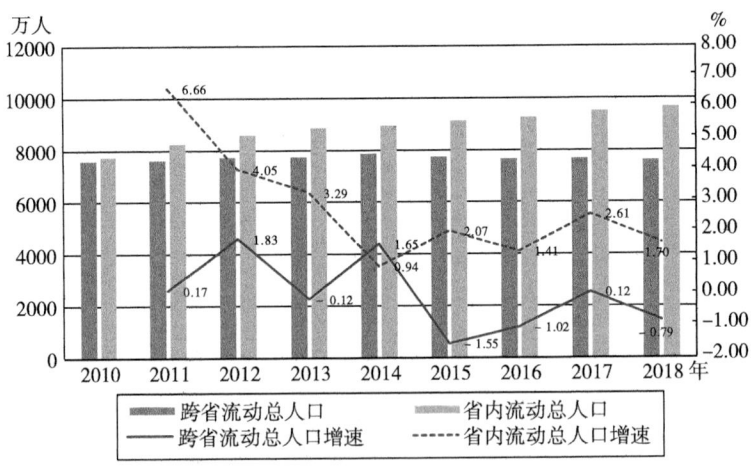

图 3-5　外出农民工区域选择及增速变化

资料来源：根据国家统计局《农民工监测调查报告（2011—2018）》整理计算。

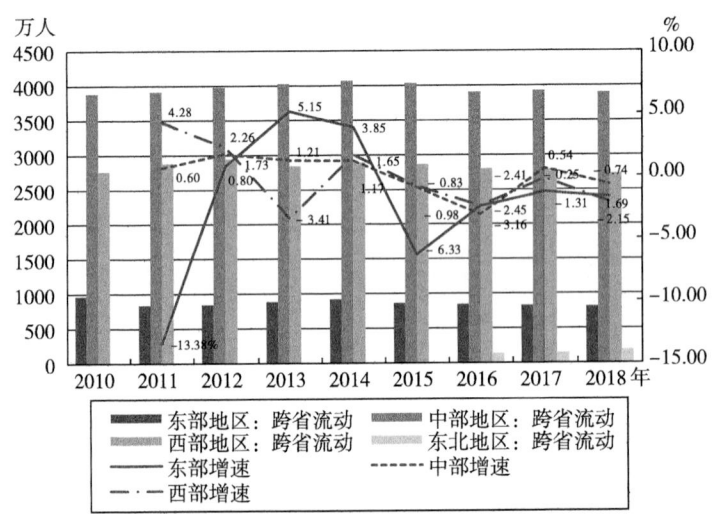

图 3-6　不同地区外出农民工跨省流动数量及增速变化

资料来源：根据国家统计局《农民工监测调查报告（2009—2018）》整理计算。

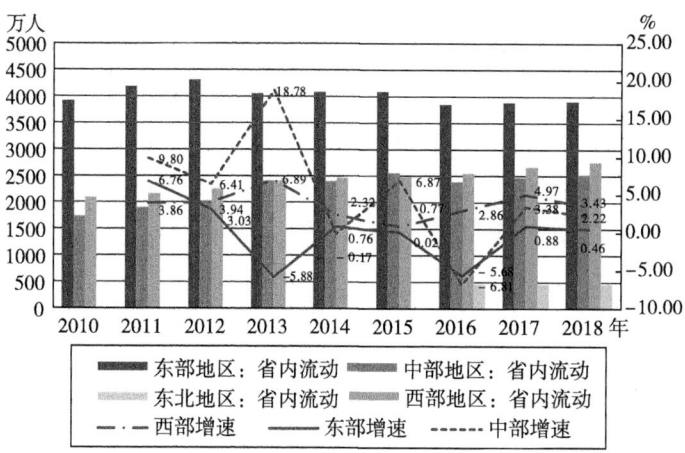

图3-7 不同地区外出农民工省内流动数量及增速变化

资料来源：根据国家统计局《农民工监测调查报告（2009—2018）》整理计算。

其次，从外出农民工的就业区域选择来看，在中西部就业的农民工逐年增加；虽然选择在东部地区就业的农民工数量仍领先于其他地区，但其增幅回落明显，2015年以来出现了负增长。而同期选择在中部和西部地区就业的农民工数量持续增加，虽然增幅放缓，但增速始终高于东部地区，其中，西部地区近年来农民工就业的增幅最为明显（见图3-8）。

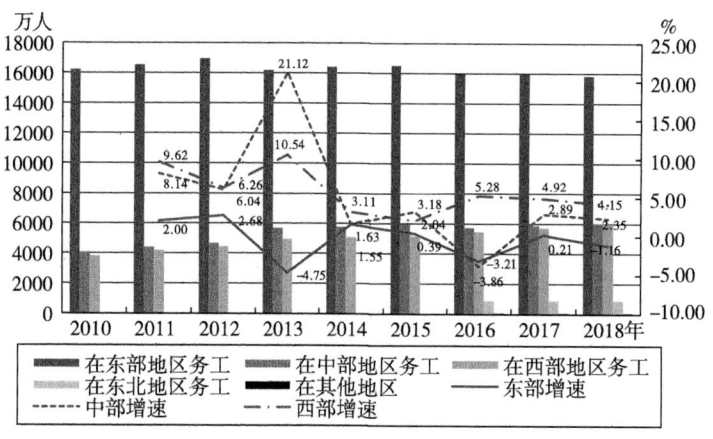

图3-8 外出农民工的就业地域分布及增速变化

资料来源：根据国家统计局《农民工监测调查报告（2009—2018）》整理计算。

农民工跨省和省内流动趋势在区域之间的差异反映出产业兴衰、产业梯度转移的变化趋势。东北地区跨省外出农民工数量的增长，反映出东北地区资本的外流。中西部地区则更多承接了东部沿海地区的产业梯度转移，聚集了更多流入和回流的农民工。

二、农民工的行业与职业分布

目前，农民工仍主要集中于第二产业，但从调查数据中可以看出第三产业的兴起对于农民工的从业选择所产生的影响，在第三产业中行业和相关职业中工作的农民工比例正在逐渐增长。在雇佣类型选择上，大部分农民工选择受雇工作。

（一）农民工逐渐向第三产业转移，但转移速度不快

从行业分布来看，农民工主要集中于第二产业中的行业。其中，在制造业和建筑业从业的农民工比例排在所有行业中的前两位，但是两个行业的占比在2013年后呈现出明显的下降趋势（制造业的下降幅度最大，总共减少了近10%的占比），增速也是所有行业中最低的。

相对地，在第三产业中的农民工比例逐步上升，但各行业每年的上升幅度有限。在第三产业中，批发零售业和居民服务等其他服务业[①]是农民工的优先选择，每年在这两个行业中工作的农民工比例和增幅都较第三产业中的其他行业更高（见表3－1）。

表3－1 农民工行业分布及其变化趋势（2009—2018）

(%)

年份	制造业	建筑业	交通运输、仓储和邮政业	批发零售业	住宿餐饮业	居民服务等其他服务业
2009	36.1	15.2	6.8	10.0	6.0	12.7
2010	36.7	16.1	6.9	10.0	6.0	12.7
2011	36.0	17.7	6.6	10.1	5.3	12.2
2012	35.7	18.4	6.6	9.8	5.2	12.2

---

① 此处，居民服务等其他服务业的数据是除已提及的几个服务业行业以外的所有服务业从业人员比例的总和，由于不同年份的问卷选项不同，在汇总时只能以其他服务业来概括。

续表

年份	制造业	建筑业	交通运输、仓储和邮政业	批发零售业	住宿餐饮业	居民服务等其他服务业
2013	31.4	22.2	6.3	11.3	5.9	10.6
2014	31.3	22.3	6.5	11.4	6.0	10.2
2015	31.1	21.1	6.4	11.9	5.8	10.6
2016	30.5	19.7	6.4	12.3	5.9	11.1
2017	29.9	18.9	6.6	12.3	6.2	11.3
2018	27.9	18.6	6.6	12.1	6.7	12.2

资料来源：根据国家统计局《农民工监测调查报告（2009—2018）》整理计算。

（二）农民工的职业分布呈现出多元化趋势

从农民工的职业类型分布看，2013年以前，超过50%的农民工选择了商业或服务业人员的工作，说明第三产业的兴起对农民工的职业选择产生了很大影响。到2013年，专业技术人员、职员和私营/自雇等职业的从业比例明显上升，与之相对的是商业服务业从业比例出现较大下滑，可以看出农民工的职业分布开始呈现出多元化特点（见表3-2）。

不同职业中，农民工的性别分布存在差异。调查期间，男性选择生产运输工作的比例明显高于女性，而选择商业服务工作、办事人员的比例则低于女性。

表3-2 农民工的职业分布

（%）

年份	农民工类别	国家机关、企事业单位负责人	专业技术人员	私营企业主	个体工商户	办事人员和有关人员	商业服务业人员	农林牧渔人员	生产运输人员	其他从业人员
2007	总体	1.37	0.74	3.29	10.92	3.10	51.21	0.06	24.93	3.16
	男性	1.54	0.46	3.52	10.97	3.20	49.44	0.05	29.64	1.17
	女性	1.14	1.14	2.97	10.83	5.93	53.76	0.07	18.21	5.97
2013	总体	3.70	7.14	6.80	22.79	4.58	28.81	1.50	21.41	3.43
	男性	3.77	7.39	8.30	23.83	3.47	23.98	1.66	23.83	3.77
	女性	3.66	6.90	4.96	20.69	6.03	31.03	1.29	15.73	9.70

资料来源：根据中国收入分配研究院CHIP数据（2007，2013）整理。

(三)大多数农民工选择受雇工作,外出农民工受雇比例高于本地农民工

从农民工的雇佣类型来看,国家统计局和CHIP的数据均显示大多数农民工选择受雇于雇主并领取工资性报酬,同时,CHIP数据显示,2007—2013年农民工自雇比例有所上升,受雇比例有所下降。同一时期外出农民工的受雇比例往往高于本地农民工近20个百分点。此外,从性别差异的角度来看,CHIP数据显示男性的自雇比例高于女性,而且这一差距从2007年的0.60%扩大到了2013年的4.53%(见表3-3、表3-4和表3-5)。

表3-3 农民工的雇佣类型分布

(%)

年份	受雇	自雇或其他经营方式
2007	72.07	27.93
2013	70.41	29.59
2014	83.00	17.00
2015	83.40	16.60

资料来源:根据中国收入分配研究院CHIP数据(2007,2013);国家统计局《农民工监测调查报告(2014—2015)》整理计算。

表3-4 外出和本地农民工雇佣类型的比例

(%)

年份	农民工类型	受雇	自雇
2011	外出农民工	94.8	5.2
	本地农民工	71.9	28.1
2012	外出农民工	95.3	4.7
	本地农民工	72.8	27.2
2015	外出农民工	94.1	5.9
	本地农民工	72.8	27.2

资料来源:根据国家统计局《农民工监测调查报告(2011—2015)》整理。

表3-5 不同性别农民工的雇佣类型分布

(%)

年份	性别	受雇	自雇或其他经营方式
2007	男性	76.00	24.00
	女性	76.69	23.40
2013	男性	67.63	32.37
	女性	72.16	27.84

资料来源：根据中国收入分配研究院CHIP数据（2007，2013）整理计算。

三、农民工人力资本与社会资本状况

农民工的人力资本和社会资本是其职业选择、职业流动和工资收入决定机制中的关键影响因素。本部分从性别比例、年龄分布、教育水平和技能培训四个方面介绍农民工的人力资本分布状况，并从社会交往、业余时间分配和参加工会情况三个方面介绍农民工的社会资本分布状况。

（一）男性比例为女性的一倍，女性本地农民工占比上升

从农民工的性别状况来看，女性农民工的数量比例仅为男性的一半左右。在调查期间，两个性别的比例并没有发生巨大的变化，外出农民工的性别分布与农民工总体类似，而本地农民工中女性数量比例有了明显增加（见图3-9）。

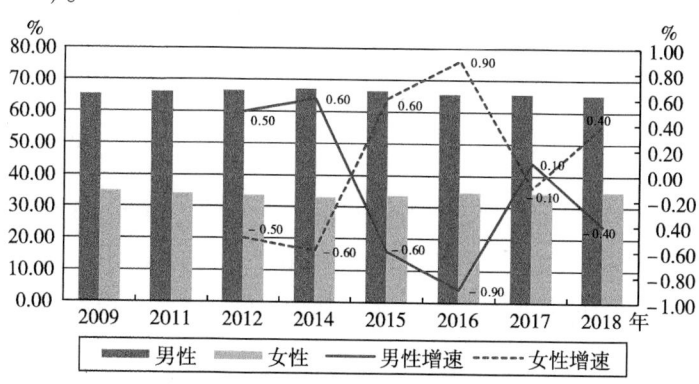

图3-9 农民工性别比例及变化

资料来源：根据国家统计局《农民工监测调查报告（2009—2018）》整理计算。

(二) 农民工平均年龄逐年上升，农民工高龄化趋势明显

从平均年龄来看，农民工的平均年龄呈现出逐年上升的趋势，从2010年的35.5岁上升到了2018年的40.2岁，初步反映出农民工中的高龄群体比例增大；2018年，外出农民工的平均年龄为35.2岁，本地农民工的平均年龄为44.9岁，本地农民工的平均年龄明显偏高，说明许多高龄且未退出劳动力市场的农民工更倾向于在家乡附近就业（见图3-10）。

从年龄分布状况来看，农民工中16~30岁的人数最多，其次是31~40岁以及41~50岁。在调查期间，农民工年龄结构的变化主要表现为16~30岁的农民工比例的持续下降，以及50岁以上的农民工比例的快速上涨，农民工群体出现老龄化的趋势。

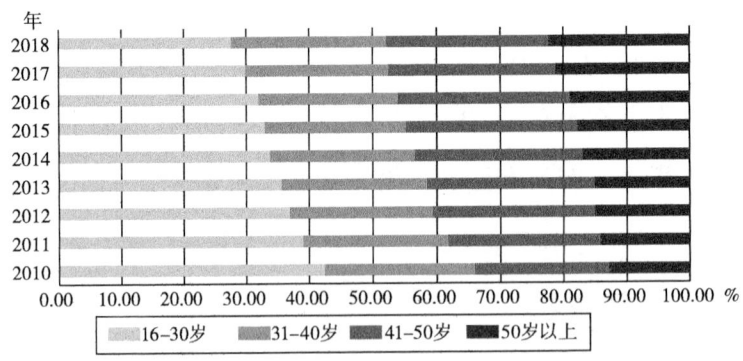

图3-10 不同年龄段农民工比例及变化

资料来源：根据国家统计局《农民工监测调查报告（2009—2018）》整理计算。

(三) 农民工大部分接受过初中教育，本地农民工教育水平略低于外出农民工

农民工的受教育程度以初中学历为主，教育水平偏低，近年来接受过大专及以上教育的农民工比例显著增加。2011年时农民工初中及以下学历占比为77%，2018年下降为72.5%。2011—2018年，大专及以上学历占比从5.3%上升到10.9%（见表3-6）。

表 3-6 农民工的受教育程度（2011—2018 年）

(%)

年份	未上过学	小学	初中	高中	大专及以上
2011	1.5	14.4	61.1	17.7	5.3
2012	1.5	14.3	60.5	18.0	5.7
2014	1.1	14.8	60.3	16.5	7.3
2015	1.1	14.0	59.7	16.9	8.3
2016	1.0	13.2	59.4	17.0	9.4
2017	1.0	13.0	58.6	17.1	10.3
2018	1.2	15.5	55.8	16.6	10.9

资料来源：根据国家统计局《农民工监测调查报告（2011—2018）》整理计算。

较之本地农民工，外出农民工的平均受教育水平更高。具体而言，2011—2018 年，外出农民工高中及以上学历的占比平均高于本地农民工 5.4% 左右，而初中及以下学历的比例平均低于本地农民工 5.4%（见表 3-7）。

表 3-7 外出农民工和本地农民工的受教育程度比较

(%)

年份	外出农民工受教育程度					本地农民工受教育程度				
	未上过学	小学	初中	高中	大专及以上	未上过学	小学	初中	高中	大专及以上
2014	0.9	11.5	61.6	16.7	9.3	1.6	18.1	58.9	16.2	5.2
2015	0.8	10.9	60.5	17.2	10.7	1.4	17.1	58.9	16.6	6.0
2016	0.7	10.0	60.2	17.2	11.9	1.3	16.2	58.6	16.8	7.1
2017	0.7	9.7	58.8	17.3	13.5	1.3	16.0	58.5	16.8	7.4

资料来源：根据国家统计局《农民工监测调查报告（2011—2018）》整理计算。

（四）30% 的农民工接受过技能培训，且培训内容以非农技能为主

从农民工接受培训水平来看，接受过技能培训的数量比例占到群体的 30% 左右，这一比例在调查年间略有提升。其中，接受过农业技术培训的人数比例远小于接受过非农职业技能培训的人数比例（见表 3-8）。

表3-8 农民工接受培训的程度及比例变化

(%)

年份	接受过农业技术培训	接受过非农职业技能培训	接受过技能培训
2014	10.7	25.6	30.8
2015	9.3	29.9	32.7
2016	9.5	32.0	34.8
2017	9.5	30.6	32.9

资料来源：根据国家统计局《农民工监测调查报告（2014—2017）》整理计算。

（五）进城农民工的社会资本仍有待增强

从2016年开始，国家统计局通过对进城农民工进行不同题项的调查，陆续获取了一些有关社会资本现状的信息，主要包括社会交往关系、业余时间分配、参加工会和社会活动的基本情况。

1. 进城农民工的社会交往关系和业余时间安排单一

从进城农民工的社会交往关系来看，2016年和2017年的数据显示，进城农民工在业余时间进行人际交往时，选择老乡作为交往对象的人数比例是最高的，占到近40%。其次是选择和当地朋友交往以及和同事进行交往。此外，有10%左右的进城农民工基本不和他人来往，还有极少数的农民工选择和其他外来务工人员进行交往。

从进城农民工的业余时间分配来看，2017年的调查发现，看电视、上网和休息是他们的主要休闲方式，分别占到总人数的45.8%、33.7%和29.1%。选择参加文娱体育活动、读书看报的人数比例分别为6.3%和3.7%，而选择学习培训的比例仅有1.3%。

2. 进城农民工参加工会比例较小，参与社会活动不频繁

从进城农民工对工会组织的知晓和参加情况来看，2016年调查时发现已就业农民工中有20.8%知道所在企业或单位有工会组织，并且其中有53.8%的农民工加入了工会。在加入了工会的农民工中，经常参加工会活动的人数比例为21.3%，偶尔参加工会活动的占61.1%，没参加过工会活动的占16.6%。

从进城农民工参加所在社区组织活动情况来看,2018年调查时有26.5%的进城农民工参加过所在社区组织的活动,其中,3.5%的农民工经常参加,23.0%的农民工偶尔参加。此外,有15.3%的进城农民工参加过人大代表选举。

四、农民工的工资性收入状况

近几年,农民工的月平均工资呈现出持续增长态势,由2008年的1156元增长为2018年的3721元[①],增幅为221.89%,年均增长率达到9.31%[②]。本部分以农民工的月平均工资为衡量指标,分别比较了全国不同地区、外出与本地、第二产业与第三产业以及自雇与受雇的农民工的月平均工资收入的情况。

(一)各地区农民工月平均收入持续增长,增速逐渐放缓

从地区来看,各地区的农民工月平均收入基本呈现出增长趋势。东部地区月平均收入最高,中部和西部地区的月平均收入相差不大,东北地区水平较低。各地区农民工月平均收入的增速逐渐趋于一致和稳定,而东北地区增速明显低于其他地区的增速(见图3-11)。

[①] 国家统计局农村社会经济调查司. 2008年中国农村住户调查年鉴[M]. 北京:中国统计出版社,2008.

[②] 李实,吴彬彬. 中国外出农民工经济状况研究,2020[EB/OL]. (2020-05-23)[2020-07-02]. https://m.sohu.com/a/397221039_696411/?_trans_=010005_pcwzywxewmsm

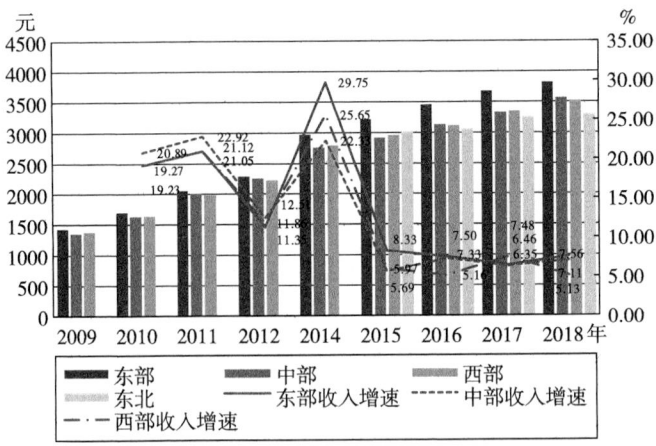

图 3-11　不同地区农民工月平均工资收入及增速变化

资料来源：根据国家统计局《农民工监测调查报告（2009、2011—2018）》整理计算。

（二）外出农民工的平均收入高于本地农民工

2008—2018年，外出农民工和本地农民工的月平均收入呈逐年增高的趋势。外出农民工的月平均收入数额和增速都基本高于本地农民工，且这一差距有不断扩大的趋势（见图3-12）。

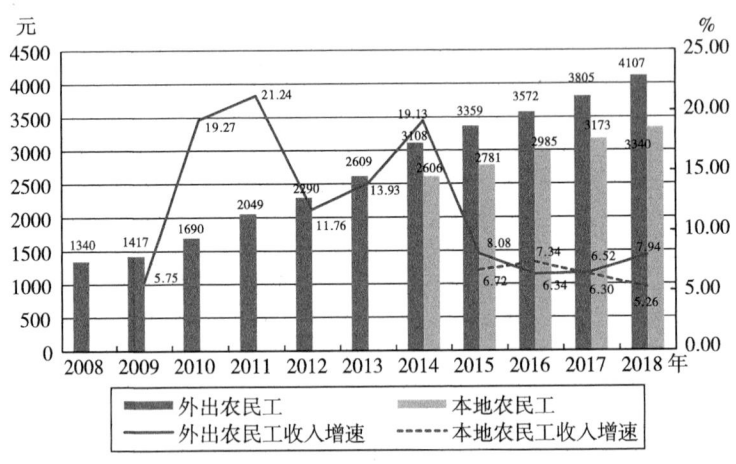

图 3-12　外出和本地农民工收入情况及增速变化

资料来源：根据国家统计局《农民工监测调查报告（2009、2011—2018）》整理计算。

(三) 第二产业的收入较高，且收入增速高于第三产业

从行业来看，各行业农民工月平均收入都呈逐年增高的趋势。其中，交通运输仓储业的平均月工资是最高的，与其他行业拉开了差距；其次是第二产业中的建筑业和制造业。第三产业中，批发零售业、住宿餐饮业和居民服务等其他服务业的月平均工资水平相差不大，且与第二产业存在明显的差距。从增长速度来看，第二产业的工资增速普遍高于第三产业的工资增速，第三产业中只有交通运输行业的工资增速能够与第二产业持平（见表3-9）。

表3-9 不同行业农民工的月平均工资收入

单位：元

年份	制造业	建筑业	批发和零售业	交通运输、仓储和邮政业	住宿和餐饮业
2014	2832	3292	2554	3301	2566
2015	2970	3508	2716	3553	2723
2016	3233	3687	2839	3775	2872
2017	3444	3918	3048	4048	3019
2018	3732	4209	3263	4345	3148

资料来源：根据国家统计局《农民工监测调查报告（2014—2018）》整理。

（四）外出农民工中自雇者平均月收入高于受雇者

目前，基于不同的数据，研究得出的结论基本相同，即外出农民工中自雇者的平均月收入高于受雇者（见图3-13）。从国家统计局公布的2010年、2011年数据中可以看到，外出农民工中自雇者月平均收入较高。CHIP数据把雇主或自营劳动者的农民工收入称为经营性收入，把雇员身份的农民工收入称为工资性收入，数据表明经营性收入明显高于工资性收入。这个结论与基于其他调查数据的研究结果相类似，例如，基于中国农村—城市移民调查（RUMIC）、全国流动人口动态监测调查数据、中国老年人健康长寿影响因素调查（CLHLS）、中国家庭追踪调查（CFPS）所开展的研究均发现自雇型农民工的平均收入高于受雇型农民工（宁光杰，

2012；李树茁等，2014；朱志胜，2014；汪君，2016）。

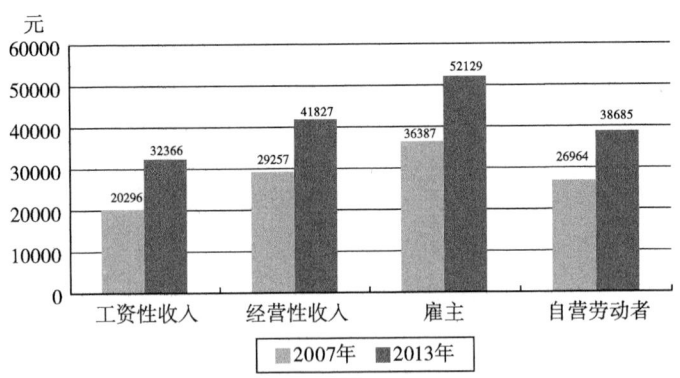

图3-13 不同雇佣类型农民工的年收入

资料来源：根据中国收入分配研究院CHIP数据（2007、2013）、国家统计局《农民工监测调查报告（2011）》整理计算。

五、外出农民工的社会保障

农民工的市民化过程会受到工资收入水平的影响，同时也受到工作条件、社会保障等方面的制约。本部分从外出农民工的平均工作时间、签订劳动合同的情况、住宿选择和参加社会保险情况四个方面，讨论外出农民工的工作条件和社会保障水平。

（一）外出农民工超时工作比例依旧居高不下

整体来看，外出农民工中每周超时工作者的比重超过80%，每日超时工作者的比重接近50%。虽然平均劳动时间有所下降，但外出农民工的工作负担依然较重。

外出农民工的平均劳动时间出现小幅下降。外出农民工的全年平均外出从业时长维持在10个月左右。工作时间的缩短体现在每月和每天的工作时长上：2010—2016年，外出农民工的平均每月工作时间减少了一天的时间，平均每天工作时长从9小时左右减少到8.7小时（见图3-14）。

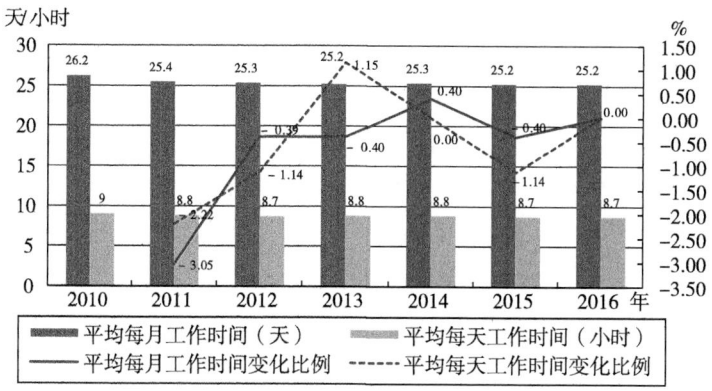

图 3-14 外出农民工平均每月及每天工作时间

数据来源：根据国家统计局《农民工监测调查报告（2010—2016）》整理计算。

从外出农民工的超时工作比例来看，每天工作时间超过 8 小时的农民工比例在 2010 年为 49.3%，这一比例在 2016 年已经下降到了 37.3%，而每周工作时间超过 44 小时的农民工比重也从 2010 年的 90.7% 下降到了 2016 年的 84.4%，说明外出农民工承受的工作压力在总体上得到了一定程度的减轻，但是大多数农民工仍然要面对十分繁重劳累的工作（见图 3-15）。

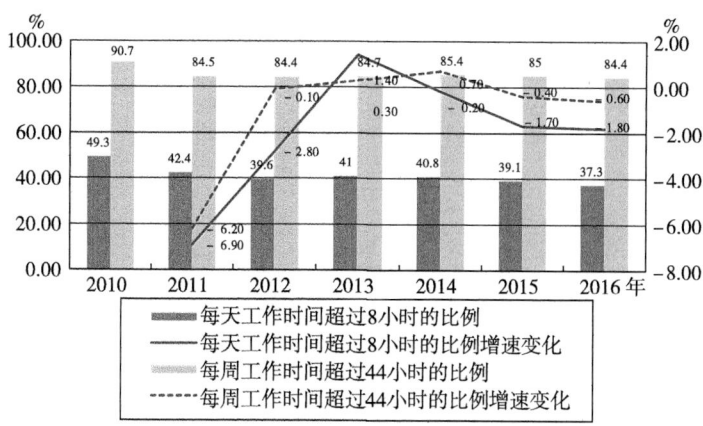

图 3-15 外出农民工每周及每天工作超时情况

资料来源：根据国家统计局《农民工监测调查报告（2010—2016）》整理计算。

（二）多数外出农民工并未签订劳动合同

2009—2015年未签订劳动合同的外出农民工比例始终高于签订了劳动合同者的比例。签订合同的比例仅维持在40%左右（从侧面说明了许多用人单位违背了劳动合同法的要求，缺乏依法签订劳动合同的意识）（见图3-16）。

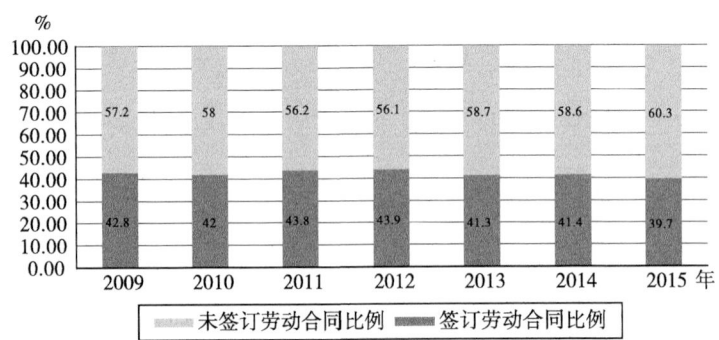

图3-16　外出农民工签订劳动合同情况

资料来源：根据国家统计局《农民工监测调查报告（2009—2015）》整理。

（三）单位宿舍或租房成为多数农民工的住房选择

从外出农民工的住房来源来看，有近一半的外出农民工的住房是由雇主或单位提供的。雇主或单位不提供住房且无补贴的农民工比例出现了增长，从2009年的42.1%提高到了2015年的46%。雇主或单位不提供住房但有补贴的农民工比例始终只占总体的10%左右（见图3-17）。

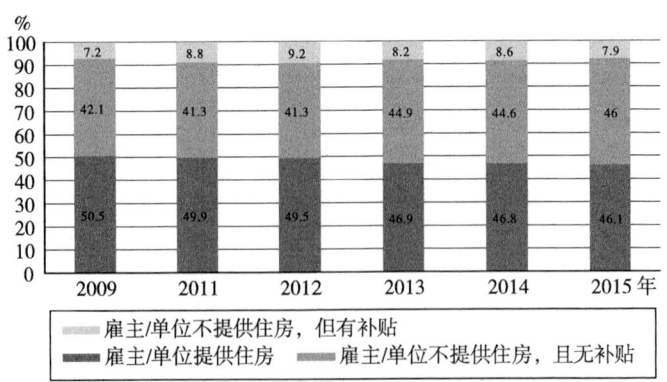

图3-17　外出农民工的住宿来源

资料来源：根据国家统计局《农民工监测调查报告（2009—2015）》整理。

从住所类型来看，外出农民工中选择的住所前三名为单位宿舍、与他人合租住房及独立租赁住房。选择住在单位宿舍的农民工比例呈逐年下降趋势，而与他人合租住房以及独立租赁住房两种类型的农民工比例呈现出此消彼长的状态。除此之外，回家居住的农民工比例逐年上升且上升幅度较大（见表3-10）。

表3-10 外出农民工的住所类型

（%）

年份	单位宿舍	工地工棚	生产经营场所	与他人合租住房	独立租赁住房	乡外从业回家居住	务工地自购房	其他
2008	35.1	10	6.8	16.7	18.8	8.5	0.9	3.2
2009	33.9	10.3	7.6	17.5	17.1	9.3	0.8	3.5
2010	33.8	10.7	7.5	18	16	9.6	0.9	3.5
2011	32.4	10.2	5.9	19.3	14.3	13.2	0.7	4
2012	32.3	10.4	6.1	19.7	13.5	13.8	0.6	3.6
2014	28.3	11.7	5.5	18.4	18.5	13.3	1	3.3
2015	28.7	11.1	4.8	18.1	18.9	14	1.3	3.1

资料来源：根据国家统计局《农民工监测调查报告（2009—2015）》整理。

（四）外出农民工参加社会保险比例上升，但总体占比依然较低

2008—2014年，外出农民工参加工伤保险的人数比例是最高的，并且显著高于其他四种保险；接下来是医疗保险和养老保险，而失业保险与生育保险的投保比例很低。除了工伤保险，其他四种保险的参加比例在调查年间都呈上升趋势，其中比例增长较快的是养老保险、失业保险和生育保险。到2014年，各类型保险的参保比例最高仅接近30%，最低不到10%，可以看出五险全都参加的农民工比例较少，说明大部分用人单位并没有为雇员缴足五险，大多数农民工的合法权益尚未得到充分保障（见图3-18）。

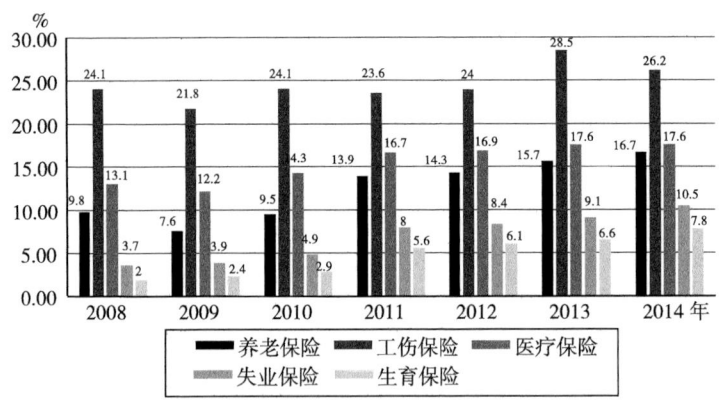

图 3-18　外出农民工参加社会保障情况及比例变化

资料来源：根据国家统计局《农民工监测调查报告》（2009、2011—2014）整理。

第二节　样本地区农民工的职业与工资分布

本书所采用的数据主要来源是依托国家自然基金青年项目"市民化进程中新生代农民工的职业选择与收入差距研究"（No. 71403023）、北京市哲学社会科学规划项目"北京市外来务工农村劳动力职业技能培训政策评估"（No. 12JYC019）和中央高校基本科研业务费资助所开展的一手抽样调查数据。由于农民工的高流动性，以及在空间和时间上分布的复杂性，现实中农民工的抽样调查面临先天性的困难。常见的抽样策略有两种：流入地抽样和流出地抽样。这两种方法在操作的可行性、所收集数据的全面准确性、样本的代表性等方面各有利弊，适用的研究主题也不尽相同。

针对项目研究目标和近期农民工流动的趋势，我们采用了流入地抽样和流出地抽样相结合的调查策略，分别抽取了代表农民工典型流出地的陕西省和甘肃省，以及代表农民工典型输入地的北京市和苏州市，以期达到综合利用两种策略的优势，扬长补短，进而提升农民工实证研究的科学性的目标。

一、陕西省农民工样本的职业与工资分布

我们于 2010 年 7—8 月在陕西省开展了以"农户生产与非农就业行为"为主题的农村入户调查。陕西省是我国农村劳动力外出务工的大省，也是经济发展水平相对落后的省份。2008 年，陕西省农民人均纯收入为 3136 元，在全国省份中位列倒数第五。相对于经济发达省份，贫困地区的农村劳动力的外出就业和非农职业选择具有其特殊性。在选取样本县时，我们充分考虑了陕西省各县在农业资源、经济发展水平、市场机会和地理位置上的多样性，最终确定的六个县为蓝田县、富平县、洛川县、洛南县、洋县和城固县。

以人均农业纯收入为标准，我们采用分层随机抽样法在每个县选取 3 个乡，每个乡选取 2 个村代表高收入组和低收入组。在每个样本村内部，采取随机等距抽样法选取 10 户农户。步骤是：①请村会计提供全村农户花名册，对所有农户依次按 1，2，3，…编号；②用村总户数（N）除以 10，得到等距抽样的间隔数或组距 M（$M = N/10$）；③在 1~10 中任意选取一个随机的数字 R 作为抽样起点；④等距确定调查农户，从农户花名册上依次选取编号为 R，$R+M$，$R+2M$，$R+3M$，…，$R+9M$ 的农户。当调查无法在个别农户开展时，则选取在花名册上位于该农户前或后一位的农户代替。对于每个被调查户中的受访人，基本要求为 16~65 周岁、思维意识清醒的农户家庭成员。作为家庭整体情况和家庭成员信息的全面掌握者，户主为最佳调查对象。本次调查共访谈 366 户，收集到有效个体样本 1750 个。根据研究需要，我们仅保留了年龄在 16~65 岁的样本，同时删去了仅从事农业劳动的劳动力、上学和在军队服役的样本，最后得到的样本总量为 701 个。

问卷的主要内容包括家庭成员的人力资本和政治资本信息、职业信息、收入信息和接受学校后技能培训的信息。本次调查除家庭问卷外，还设计了行政村问卷，由村干部回答本村的经济社会发展状况，如所在村的外出务工比例、所在村的乡镇企业数量等信息。农户和行政村的调查问卷

由调查员直接入户进行访谈并填报。

（一）样本的总体特征

从样本总体来看，被调查农民工的平均年龄为33.80岁，已婚比例为73%。平均受教育水平为9.67年，相当于初中水平。8%的样本具有党员身份，13%的样本中有至少一个家庭成员担任村干部。参加过职业培训的样本比例为26%。

基于陕西省入户调查数据的特点，我们重点比较了外出农民工与当地农民工的特征差异。样本中共有227名本地农民工和474名外出农民工。比较两个群体可以看出，外出农民工平均比当地农民工更年轻，在人力资本禀赋方面也优于当地农民工（见表3–11）。首先，外出农民工的受教育程度比当地农民工高0.75年。其次，在参与公司培训和做学徒的比例方面，外出农民工有明显的优势。例如，外出农民工参与公司培训的比例为13%，而当地农民工为8%。最后，外出农民工拥有职业证书的比例也略高于当地农民工。相反地，本地农民工在政治资本方面则比外出农民工更有优势。本地农民工中的党员比例是外出农民工的两倍。而两个群体在家庭成员为村干部的比例方面是相似的。在家庭的其他特征方面，两个群体之间存在许多差异。例如，与当地农民工相比，平均而言，外出务工者来自一个劳动年龄人口更多、儿童更少、老年人更少、人均土地更少的家庭。

表3–11 陕西省农民工样本的描述性统计分析

解释变量	全部样本		本地农民工		外地农民工	
	Mean	St. d.	Mean	St. d.	Mean	St. d.
个人特征						
性别	0.64	0.48	0.61	0.49	0.66	0.47
年龄	33.80	11.54	39.25	12.18	31.25	10.28
婚姻状况	0.73	0.45	0.85	0.36	0.67	0.47
受教育年限	9.67	2.83	9.14	2.99	9.89	2.69
是否党员	0.08	0.28	0.11	0.32	0.07	0.25

续表

解释变量	全部样本		本地农民工		外地农民工	
	Mean	St. d.	Mean	St. d.	Mean	St. d.
学校后人力资本						
职业资格证书	0.25	0.43	0.23	0.42	0.26	0.44
学徒	0.22	0.41	0.18	0.38	0.24	0.42
职业培训	0.26	0.44	0.27	0.44	0.26	0.44
政府出资的培训	0.08	0.27	0.12	0.32	0.06	0.23
企业资助的培训	0.12	0.32	0.08	0.28	0.13	0.34
自己出资的培训	0.07	0.26	0.07	0.26	0.08	0.26
家庭特征						
劳动力数量	3.90	1.30	3.68	1.39	3.99	1.25
儿童人数	0.67	0.69	0.73	0.72	0.64	0.67
老年人人数	0.26	0.55	0.29	0.59	0.24	0.52
是否户主	0.24	0.42	0.36	0.48	0.18	0.38
家里是否有村干部	0.13	0.34	0.14	0.35	0.13	0.33
人均土地面积（亩/人）	1.72	2.25	2.08	3.36	1.54	1.41
社区劳动力迁移状况						
2009年本村劳动力外出比例	0.24	0.22	0.23	0.21	0.25	0.22
样本数	701		227		474	

（二）样本非农就业的区域分布

根据流动人口的就业地点与户口所在地的距离，可以分为近邻就业、中程就业和远程就业。近邻就业是指人口在县内、市内各乡、镇、区就业；中程就业是指人口在省内跨县、市、区的就业；跨省就业是指人口在省外就业。农民工就业地点选择主要有两个影响因素：一是就业的工资收益,农民工在就业过程中总是流向预期工资收入较高的地区;二是就业成本,农民工在就业过程中优先考虑就业成本,在可支配成本允许的条件下选择就业地点。

由于陕西省土地和乡镇企业等经济资源贫乏,所承载的劳动力数量有限,越来越多的农村劳动力选择跨省就业,跨省就业人口比例由 2000 年的 22.31% 上升至 2009 年的 32.69%,成为第二大非农就业转移区域。从农村外出人员的流向来看,经济发展水平成为影响就业地区选择的主要因素,农村劳动力会选择去经济发展水平相对较高的东南部沿海地区,如广州、浙江、江苏、上海、福建等省份。中程就业比例长期保持在 30% 左右(见图 3-19)。

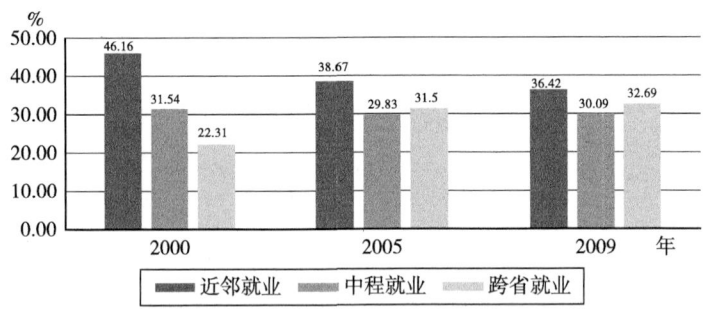

图 3-19　2000 年、2005 年、2009 年陕西省样本就业地点分布

(三) 样本的职业与收入分布

1. 陕西省外出农民工主要分布在低端职业,但职业出现多元分化

表 3-12 和表 3-13 显示了样本的职业分布和收入状况。技术型蓝领工人的占比最高(38.52%),其次是非技术工人(30.96%),在所有职业类型中,管理者和专业人员的占比最低(7.56%)。本地农民工和外地农民工在职业分布上存在明显的差异。大多数外地农民工是技术工人(47.47%),而大多数本地农民工从事非技术职业(43.17%)。当地农民工从事个体经营的比例为 22.91%,是外出农民工的 4 倍。

表 3-12 陕西省样本中本地农民工和外出农民工的职业分布比较

职业分类	全部农民工		本地农民工		外出农民工	
	Freq.	Percent/%	Freq.	Percent/%	Freq.	Percent/%
1. 管理者和专业人员	53	7.56	18	7.93	35	7.38
2. 商业服务人员	85	12.13	14	6.17	71	14.98
3. 技术型工人	270	38.52	45	19.82	225	47.47
4. 个体经营者	76	10.84	52	22.91	24	5.06
5. 非技术型工人	217	30.96	98	43.17	119	25.11
合计	701	100	227	100	474	100

2. 职业层次越高，工资收入越高，外出农民工工资普遍高于本地农民工

在当地农民工中，从事管理和专业类职业的月平均收入最高，其次是个体经营者。然而，对于外出农民工来说，个体经营者的月收入最高，其次是管理人员和专业人员。与当地农民工相比，外出农民工在所有职业类别中得到的收入更高，最大的差异出现在自雇用群体中。平均而言，外出从事个体经营者平均每月比他在本地的同行多挣 1033.06 元。

表 3-13 陕西省样本中本地农民工和外出农民工月均工资比较

单位：元

职业类型	全部农民工		本地农民工		外出农民工	
	Mean	St. d.	Mean	St. d.	Mean	St. d.
1. 管理者和专业人员	2199.59	978.10	1892.882	815.129	2352.94	1026.98
2. 商业服务人员	1677.92	735.32	1461.538	846.1072	1721.88	710.12
3. 技术型工人	1697.34	835.97	1648.29	922.03	1706.87	820.24
4. 个体经营者	2134.00	1797.91	1824.08	1772.02	2857.14	1682.73
5. 非技术型工人	1077.13	550.19	933.80	489.26	1192.35	571.33

3. 就业途径变化较小，自主就业和社会关系网络占主导

陕西省农村劳动力非农就业的途径所占比重变化较小，主要集中在自主就业（占总非农就业人数的47%）和由家庭成员、亲戚、老乡和朋友等组成的社会关系网络（占总非农就业人数的44%），劳动中介和政府劳务输出对非农就业的贡献较小。新生代农村劳动力个人素质和主观能动性有所提高，有能力运用求职网络等现代化搜寻手段进行自主就业。但是现阶段，社会关系网络特别是老乡朋友对农村劳动力的就业影响仍较为显著，劳动中介和政府在农村劳动力就业中发挥的作用有限。2009年样本中仅有0.77%、1.68%、3.52%的劳动力通过政府劳务输出、工头、劳动中介找到工作（见表3-14）。

表3-14 2000年、2005年、2009年陕西省样本就业途径分布

(%)

年份	自己	社会关系网络	政府劳务输出	工头	劳动中介	其他
2000	46.91	44.44	2.06	1.23	2.47	2.88
2005	47.74	43.72	1.26	1.26	3.52	2.51
2009	47.01	45.02	0.77	1.68	3.52	1.99

4. 个体户趋向邻近就业，商业服务人员和第二产业工人趋向外出

个体户受到家庭、资源、自身人力资本等因素的限制，更趋向于在本县内邻近就业，占总个体户的67.74%。其中，38.71%的个体户集中在本村，主要从事食品加工、蔬菜水果贩卖行业；27.42%的个体户选择在本县非本乡就业，主要从事个体运输和零售业。商业服务人员选择在商业较发达的城市就业，趋向于中程就业和跨省就业，分别占商业服务人员的41.35%和36.84%，其中，东南部外省占21.05%，中西部外省占15.79%，在本省就业的劳动力也主要集中在经济较发达的西安市。以制造业和建筑业为主的技术工人和手工业者更会选择跨省就业，占其总数的41.79%，特别是去经济发展水平相对较高的东南部沿海地区就业（见图3-20）。

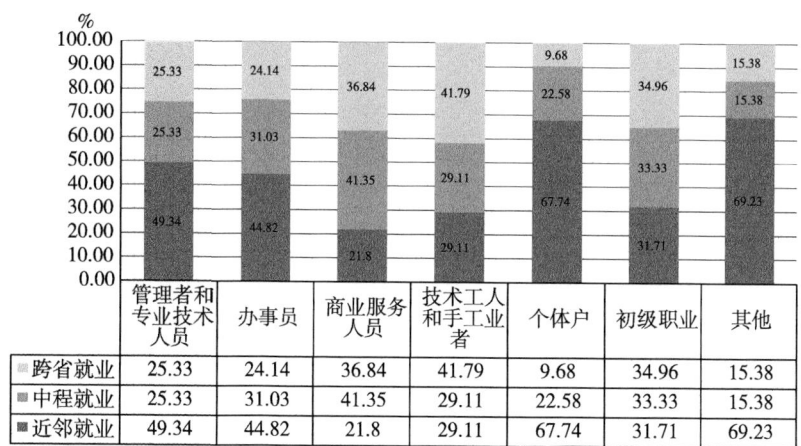

图 3-20 2009 年陕西省样本各类职业的就业地点分布情况

5. 管理者和专业技术人员多选择自主就业渠道，产业工人倾向于通过社会关系网络寻找工作

管理者和专业技术人员主要由自己找到工作，占其就业人数的 64.38%（见表 3-15）。原因在于管理者和专业技术人员具备较高学历和技能，并掌握现代化工作搜寻手段，有更多的实力自己找到工作，老乡或朋友对其的影响相比其他职业较小。与管理者和专业技术人员不同，办事员首要通过社会关系网络找到工作，特别是文秘等行政工作。

表 3-15 2009 年陕西省样本中不同职业的就业途径分布情况

(%)

职业类型	就业途径					
	自己找	社会关系网络	政府劳务输出	工头	劳动中介	其他
管理者和专业技术人员	64.38	24.66	1.37	1.37	5.48	2.74
办事员	42.31	46.15	0.00	0.00	7.69	3.85
技术工人和手工业者	34.45	56.46	0.48	1.91	5.26	1.44
初级职业	42.74	52.41	1.61	3.23	0.00	0.00

在劳动密集型产业，社会关系网络对工作的搜寻仍发挥着巨大作用。初级职业者、技术工人和手工业者，主要通过包括家庭成员、亲戚、老乡朋友等所构成的社会关系网络找到工作。特别是技术工人和手工业者，通

过社会关系网络求职的占 56.46%，由自己找到工作的比例为各职业中最低，仅占 34.45%。此外，劳动中介，如职业技术学院毕业分配，也有助于技术工人就业，如表 3-15 所示。

6. 自主就业集中在本省，社会关系网络和劳动中介促进劳动力跨省就业

我国正式的劳动力市场并不完善，在信息不对称的情况下，自主就业者缺少就业信息和劳动保障，通过自己闯的方式到省外就业会加大其心理成本，因此更愿意在附近就业。陕西省自主就业的农村劳动力有 67.98% 在省内就业，即选择邻近就业和中程就业（见表 3-16）。

为规避风险、使迁移成本最小化，农村劳动力外出就业往往以村为单位，采取按家庭成员、亲戚、朋友老乡或手艺关系结伴等集体行动方式就业，相比自主就业者更会选择去省外就业，且迁入地和从事的职业往往带有一定的固定性，很多农村劳动力长时间在同一地方从事一种固定职业。通过社会关系网络就业的农村劳动力中，最高有 42.11% 在亲戚的帮助下实现跨省就业。此外，劳动中介提供了更多就业信息和保障，使其在心理上有了依靠，农民工选择省外就业的意愿也就更加强烈，通过劳动中介就业的劳动力中有 45.46% 的会选择跨省就业。

表 3-16　2009 年陕西省样本就业途径对就业地点的频率分布

（%）

就业区域	自己	家庭成员	亲戚	老乡或朋友	政府劳动输出	工头	劳动中介	其他
邻近就业	38.61	37.03	21.06	32.62	60	54.54	27.28	61.53
中程就业	29.37	25.93	36.84	33.69	20	27.27	27.27	15.38
跨省就业	32.01	37.04	42.11	33.69	20	18.18	45.46	23.08

二、甘肃省农民工样本的职业与工资分布

2012 年 7—8 月，我们在甘肃省开展了以"集体林权改革与农村劳动力流动"为主题的农村入户调查。甘肃省是我国经济发展水平相对落后的

西部省份，也是近年来农村劳动力输出的大省。作为农业大省，2011年甘肃省农村人口占全省总人口的63%，农村居民家庭人均纯收入为3909.4元，在全国省份中位列倒数第三。2011年，甘肃省农村外出务工人数达到455.3万人，占全部农村人口的28%。农民外出务工收入已成为农村家庭的重要经济来源，2011年外出务工的工资性收入为1562元，约占农民人均纯收入的40%。本次调查选取的四个样本县均位于甘肃省东南部，分别为泾川县、合永县、清水县和康县。甘肃省东南部的人口密度和农业人口比例相对较高，对甘肃农村劳动力非农就业的研究更具有代表性。

在乡镇一级，我们参照经济发展水平、人口规模和与县城的距离三个指标对各县所辖乡镇进行了综合排序。首先选取综合排名居中的乡镇，然后在前后等距选择其他两个乡镇。在每个乡镇，根据同样的指标，选择3个样本村。在每个样本村内部，采取随机等距抽样法选取10户农户，具体步骤与陕西省入户调查项目相同。本次调研获得有效样本361户，根据研究需要，我们仅保留了年龄在16~60岁的劳动年龄样本，同时删去了仅从事农业劳动的劳动力、上学和在军队服役的样本，最后得到的样本总量为1289人。其中，2011年正在从事非农就业的劳动力为597人，占全部劳动力样本的46.31%（见表3-17）。

调查问卷主要由以下几部分内容构成：家庭基本情况、家庭成员的职业技能培训状况、家庭成员的就业基本情况、2002—2011年家庭劳动力成员的工作经历、家庭农业生产状况、家庭开支和资产情况等。

其中，"家庭基本情况"调查了每个家庭成员（包括：户主和其配偶及调查年份前一年所有在家居住超过9个月以上的家庭成员；户主所有未分家的，并且调查年份在外居住超过9个月的子女，如上学、服役和在外工作的户主子女）的性别、年龄、受教育程度、婚姻状况、健康状况、外出务工经历等内容。"家庭成员的职业技能培训状况"重点关注被调查者是否参加过培训、培训由谁举办、培训时间、培训内容、培训效果，以及培训需求等信息。"家庭成员的就业基本情况"主要调查了所有年满16周岁的家庭成员在调查年份的前一年（2011年）的就业情况。重点关注的是非农工作（主要指除了给自家务农外的其他有收入工作，包括外出打工、自营工商业和受雇为他人从事农业的种植、收割、加工等活动）的基本情况，包括工作所在行业、单位性质、职业、工作时间、工资水平、工作条件、参加社会保险状况等信息。"2002—2011年家庭劳动力成员的工作经历"的调查对象为农户家庭中在调查期内从事过或正在从事非农工作的家庭成员。以追忆的形式回顾了被调查者过去10年的工作经历，包括每份工作所在行业、单位性质、职业、工作时间、工资水平、工作条件、参加社会保险状况等。

调查除家庭问卷外，还设计了行政村问卷，由村干部回答本村的经济社会发展状况，如所在村的外出务工比例、所在村的乡镇企业数量等信息。农户和行政村的调查问卷由调查员直接入户进行访谈并填报。

表3-17 2012年甘肃省农户抽样调查样本分布

市	县	乡	样本数	
			村数	户数
平凉市	泾川县	高平镇	3	30
		党原乡	3	30
		玉都镇	3	30
庆阳市	合永县	太莪乡	3	30
		固城乡	3	30
		吉岘乡	3	30
天水市	清水县	白沙乡	3	30
		陇东乡	3	30
		永清乡	3	30
陇南市	康县	豆坝乡	3	30
		岸门口	3	30
		白杨乡	3	30

（一）样本的基本特征

如表3-18所示，在从事非农工作的样本总体中，老一代农民工为279人，占非农就业样本的46.73%，新生代农民工为318人，占比为

53.27%，这一年龄结构接近于全国农民工调查的结论（国家统计局，2012）。从个体特征来看，样本总体的平均年龄为33岁，其中新生代农民工的平均年龄为25岁，老一代农民工的平均年龄为43岁。男性占大多数，约为总体的66%，其中新生代中男性比例为59%，老一代农民工中男性比例为74%。77%的调查对象为已婚，新生代中已婚数量的占比为61%，这一比例在老一代农民工中则高达95%。

样本的平均受教育年限约为7.76年，尚达不到初中毕业水平，样本总体中参加过培训的农民工比例为22%。虽然样本地区整体的教育水平有限，但是相对于老一代农民工，新生代农民工的人力资本存量具有明显优势。首先，新生代农民工受教育年限为8.75年，而老一代农民工为6.62年。其次，新生代农民工参加过职业培训的比例为28%，远高于老一代农民工（15%）。此外，新生代农民工的健康水平、普通话水平和计算机水平也明显高出老一代农民工。

从就业状况来看，样本总体外出务工的平均年限为8.89年，其中，新生代农民工为5.26年，老一代外出务工年限较长，约为13.36年。样本的平均小时工资为11.04元，新生代农民工约为11.42元，略高于老一代农民工的工资水平（10.61元）。

表3-18　甘肃省农民工样本的基本特征

样本特征指标	总体		新生代农民工		老一代农民工	
	平均值	标准差	平均值	标准差	平均值	标准差
男性=1	0.66	0.47	0.59	0.49	0.74	0.44
已婚=1	0.77	0.42	0.61	0.49	0.95	0.21
年龄	33.47	10.65	24.84	3.99	43.31	6.53
受教育年限 [0=文盲，6=小学，9=初中，12=高中、中专（包括职业高中和技校），15=大专，16=大学本科，19=研究生及以上]	7.76	3.66	8.75	3.11	6.62	3.90
普通话水平	0.22	0.42	0.35	0.48	0.07	0.25

续表

样本特征指标	总体		新生代农民工		老一代农民工	
	平均值	标准差	平均值	标准差	平均值	标准差
计算机水平	0.25	0.44	0.39	0.49	0.08	0.28
健康状况	0.85	0.36	0.95	0.23	0.73	0.45
外出务工年限	8.89	7.58	5.26	4.09	13.36	8.47
父亲受教育年限	4.88	4.18	6.58	3.85	2.94	3.66
母亲受教育年限	2.64	3.45	3.73	3.70	1.38	2.62
小时工资	11.04	10.38	11.42	11.14	10.61	9.46
参加过培训=1	0.22	0.41	0.28	0.45	0.15	0.36

（二）样本的职业分布

样本总体的职业分布集中于初级职业和技术工人，分别占32.66%和32.15%。其中，新生代农民工的职业分布主要为技术工人，占比为35.76%，其次是商业服务人员，占比为22.78%。而老一代农民工仍旧以初级职业为主，占比为42.45%，其次为技术工人，占比为28.06%（见表3-19）。可见，新生代农民工的职业结构较之老一代农民工发生了变化，新生代农民工中技术工人和商业服务业人员的比例均高于老一代农民工，而其从事初级职业的比例有所下降。

表3-19 甘肃省农民工样本的职业分布及代际比较

（%）

职业	总体	新生代农民工	老一代农民工
管理者和专业技术人员	6.57	6.65	6.47
办事员	5.72	3.8	7.91
商业服务人员	15.82	22.78	7.91
技术工人	32.15	35.76	28.06
个体户与私营企业主	7.07	6.96	7.19
初级职业	32.66	24.05	42.45
样本数	594	316	278

总体而言，样本的非农就业区域集中在外省市，以东南部外省较多，占总量的38.65%，其中，新生代农民工中这一比例更高，占新生代总体的一

半以上,老一代农民工则以中西部外省为主,占比为31.28%(见表3-20)。

表3-20 甘肃省农民工样本的外出务工地点及代际比较

(%)

工作地点	总体	新生代农民工	老一代农民工
本村	12.01	4.14	21.4
本乡非本村	5.82	4.14	7.82
本县非本乡	9.57	9.66	9.47
本省非本县	7.50	7.59	7.41
东南部外省	38.65	52.07	22.63
中西部外省	26.45	22.41	31.28
样本	533	290	243

三、北京市农民工样本的职业与工资分布

我们于2013年5—9月在北京市开展了外来农民工的就业与收入抽样调查。北京作为京津冀地区外来农民工的重点流入区域,在农民工的规模、来源地、行业分布、职业分布上具有较大的多元性,非常适合作为农民工内部分化研究的样本地区。结合北京市外来务工农村劳动力在区域和职业上分布的特点,我们采用了多阶段分层抽样与配额抽样相结合的抽样方式。考虑到在各区县之间外来务工人员的分布特点存在较大差异,因此,从区县、街道到社区层面,采取多阶段分层抽样。在社区层面,则按照行业类型配额抽样农民工个体。区域分层抽样和行业类型配额抽样参考了北京市人力资源和社会保障局与北京市流动人口和出租房屋管理委员会办公室定期抽样调查形成的"外地来京人员就业状况数据库"。

根据上述信息,项目组选取朝阳区、海淀区、西城区、石景山区、大兴区和昌平区作为样本区县。按照样本区县外来人口的相对比例,配额确定每个样本区县的样本量。在每个样本区县,根据外来人口的集中程度,依次抽取3个外来人口相对集中的街道(乡、镇),在每个样本街道抽取3个社区。根据"外地来京人员就业状况数据库"提供的外来务工人员的行业分布数据(北京市人保局和流管办,2012),我们在社区层面进行了配

额抽样,共抽取了分布于批发零售业、居民服务和其他服务业、住宿餐饮业和制造业等主要行业的16~65岁的农民工样本700份,最终获得有效样本614份。

调查以学生调研员与被调查者一对一的访谈形式开展,每份问卷的时长为30~40分钟,全方位地掌握了农民工在个体、工作、家庭、社会等层面的分布特征,所有调研员均经过专业培训。问卷的核心内容包括个人基本情况、目前工作和收入情况、2003—2013年的工作和收入的历史变动、职业技能与培训状况、家庭的经济和社会资本等信息。此外,问卷还涉及被调查者的生活满意度、主观幸福感、未来打算等个人态度信息。

(一) 样本的基本特征

被调查农民工中男性比重较大,占总体的64.17%。被调查者以青壮年为主,样本年龄的均值为31.28岁,年龄在16~45岁的群体占被调查者总数的88.6%。样本以已婚者居多,占比为59.93%。被调查者的平均受教育年限为9.56年。大多数被调查者受教育程度为初中毕业,占样本总数的42.51%,其次为高中毕业(24.76%)和小学毕业(17.10%);受教育水平为大专及以上的被调查者仅占样本总数的9.94%。可见,虽然近年来农民工整体的教育水平有所提升,但仍旧与城镇劳动力的教育水平存在差距。

从家庭特征来看,被调查者的家庭成员中有担任村干部的占总数的24.27%,父母的受教育水平集中在小学程度;有38.1%的样本外出务工携带了配偶,有21.2%的样本携带了子女。从来源地区来看,样本多来自东部和中部省份,分别占总数的42.76%和43.97%,主要包括河南、河北、辽宁、山东等省份,西部省份的仅占13.36%(见表3-21)。

表3-21 北京市农民工样本的基本特征

样本特征指标	平均值	标准差	最小值	最大值
性别(1=男,0=女)	0.64	0.48	0	1
年龄(岁)	31.28	10.84	16	65
16~25岁/%	38.93			

续表

样本特征指标	平均值	标准差	最小值	最大值
26~35岁/%	29.15			
36~45岁/%	20.68			
46~55岁/%	8.79			
56~65岁/%	2.44			
婚姻状况（1=已婚，0=未婚）	0.599	0.490	0	1
受教育年限/年	9.56	3.24	0	16
小学以下/%	5.70			
小学/%	17.10			
初中/%	42.51			
高中/%	24.76			
大专/%	6.68			
本科/%	3.26			
政治面貌（1=党员，0=非党员）	0.0423	0.202	0	1
健康状况（1=健康，0=不健康）	0.896	0.306	0	1
外出务工工龄/年	8.86	7.85	1	42
来北京的年数/年	5.86	5.92	0.03	30
家中村干部（1=是，0=否）	0.243	0.429	0	1
父亲的受教育年限/年	6.959	3.990	0	16
母亲的受教育年限/年	5.629	4.029	0	16
外出携带配偶（1=是，0=否）	0.381	0.486	0	1
外出携带子女（1=是，0=否）	0.212	0.409	0	1
区域东部省份/%	42.76			
中部省份/%	43.97			
西部省份/%	13.36			

（二）样本的职业分布和收入情况

我们参考了美国 ISOC（International System of Occupational Code）职业编码体系，结合中国农民工的职业分布特点，对样本的职业进行了重新编码，分为以下六类职业：管理者和专业技术人员、商业服务人员、技术工人、无雇员的个体劳动者、有雇员的个体经营者、初级职业。职业编码表如表 3-22 所示。

表 3-22 职业编码表

职业	具体实例
管理者和专业技术人员	领导干部，人力资源、财务、市场、销售等管理者，科学和工程辅助专业人员，商业、法律、社会、文化及相关辅助专业人员，医生，教师，会计师，律师（不含村干部）
商业服务人员	个人服务（导游、厨师、餐饮服务员、侍者、美容美发、物业管理），销售人员（销售员、店员、收银员、售后人员），个人照料（照顾儿童、个人健康照料），个人保卫（保安）
技术工人	电气和电子设备装配，水管工，钳工，铸工，焊工，模具工，汽车机械师和维修师，司机，建筑工，瓦工，木工，裁缝，食品加工工人
个体经营者（无雇员）	无任何雇员
个体经营者（有雇员）	有1名及以上雇员
初级职业	流水线工人，清洁工（家政保洁），采掘、建筑、制造、运输业简单劳动力，食品制作辅助工人，街头商贩（无固定的经营场所）

1. 北京市农民工样本的职业分布

被调查农民工的职业主要集中在商业服务人员、无雇员的个体劳动者和技术工人上，这三类职业的人数占样本总数的76.55%，总体以低端职业为主。其中，商业服务人员最多，占样本总数的45.60%。这一分布与北京市人力资源和社会保障局"外地来京人员就业状况数据库"的分布基本一致。样本表现出明显的性别的职业差异，男性被调查者从事最多的职业是以保安、销售为主的商业服务人员，占男性样本数的42.13%，其次是以建筑业为主的技术工人和无雇员的个体劳动者，分别占男性样本数的24.62%和15.48%；女性被调查者从事最多的职业也是商业服务人员，占女性样本数的51.82%，其次是个体劳动者和初级职业，分别占女性样本数的24.09%和15.91%（见表3-23）。

表 3-23 北京市农民工样本的职业分布

(%)

样本职业分布	男性	女性	总数
管理者和专业技术人员	3.55	1.36	2.77

续表

样本职业分布	男性	女性	总数
商业服务人员	43.15	51.82	46.25
技术工人	24.87	3.64	17.26
个体经营者（无雇员）	16.24	25.45	19.54
个体经营者（有雇员）	2.70	3.18	2.93
初级职业	9.39	14.55	11.24
总计	100	100	100

2. 北京市农民工样本的工资分布

我们的问卷分别调查了被雇佣者从事现职所得的月工资、自雇佣的个体劳动者和经营者的年均经营所得，以及该年工作的月数、每月工作的天数和每天工作的时长。核算为月工资收入之后，2012年样本平均的月收入为3430.09元，高于2012年全国农民工平均月收入水平2290元（国家统计局，2012）。考察不同职业的月均收入发现，有雇员的个体经营者的平均月收入最高，为7070.29元；其次是管理者和专业技术人员，为6614.10元；再次为技术工人，为4251.05元。商业服务人员和初级职业的平均月收入低于样本总体，分别为2847.36元和1958.02元。就核算得出的小时收入而言，样本小时收入的均值为13.04元，其中男性样本的平均小时收入为14.08元，女性为11.16元。考察不同职业的平均小时收入发现，管理者和专业技术人员的平均小时收入最高，为24.51元；其次是有雇员的个体经营者，为23.64元；初级职业、商业服务人员和无雇员个体劳动者的平均小时收入低于样本总体，分别为9.07元、11.86元和12.36元（见表3-24、表3-25）。

表3-24 2012年北京市农民工样本从事不同职业的月工资水平

单位：元

样本职业分布	平均值	标准差	最小值	最大值
管理者和专业技术人员	6614.10	1421.75	4000	10000
商业服务人员	2847.36	1450.83	1000	17000
技术工人	4251.05	1689.67	2000	10000

续表

样本职业分布	平均值	标准差	最小值	最大值
个体经营者（无雇员）	3925.27	2212.95	1200	12500
个体经营者（有雇员）	7070.29	6684.87	1818.18	25000
初级职业	1958.02	720.38	500.00	4000
总计	3430.09	2243.90	500	25000

表 3-25　2012 年北京市农民工样本从事不同职业的小时工资水平

单位：元

样本职业分布	平均值	标准差	最小值	最大值
管理者和专业技术人员	24.51	8.20	10.59	40.10
商业服务人员	11.84	7.05	3.33	66.67
技术工人	15.97	7.04	5.61	37.5
个体经营者（无雇员）	12.36	9.43	1.19	55.55
个体经营者（有雇员）	23.64	24.15	5.79	83.33
初级职业	9.08	4.21	3.11	22.72
总计	13.04	8.92	1.19	83.33

四、苏州市农民工样本的职业与工资分布

2015 年 5—9 月，我们开展了苏州市"外来农民工就业与社会融入状况"的专项抽样调查。苏州市作为高新科技产业的聚集地，其优质的地理位置和投资环境吸引了各类企业入驻，也成为农民工外出就业的主要输入地，外来人口与本地人口基本持平。本次调查采用了多阶段分层抽样与配额抽样相结合的抽样方式，选取了农民工相对集中的三大区域作为样本区域，分别为苏州工业园区、苏州高新区和昆山高科技工业园区。在每个样本区域，根据行业、所有制、企业规模，选取 20~30 家企业，每家企业按照本企业农民工在个人特征、职业和技术层级等方面的分布状况，配额抽取 20~30 位样本个体。最终共获得 16~60 岁的农民工有效样本 1365 份。调查以学生调研员与被调查者一对一的访谈形式开展，每份问卷的时长为 30~40 分钟，全方位地掌握了农民工在个体、工作、家庭、社会等层面的

分布特征，所有调研员均经过专业培训。问卷的核心内容包括个人基本情况、目前工作和收入情况、工作和收入的历史变动、职业技能与培训状况、家庭的经济和社会资本等信息。

（一）样本的基本特征

苏州市农民工样本的平均年龄为28岁，其中26~35岁的人口占总量的比例最高，约占到55%；已婚者占样本总量的63%；受教育年限均值为12年，被调查对象的受教育年限为高中水平的比例最高，约占总样本量的47.61%；政治面貌中，党员的比例只有5%；曾经获得过职业资格证书的个体约占总数的35%；曾接受过培训的个体占总量的79%。持有职业资格证书的农民工数量占样本总量的30.2%；44%的样本普通话都比较标准；9%的样本很熟悉计算机操作。

从工作特征来看，样本外出务工的年限均值约为8.6年，来苏州务工的年限均值约为5年，企业工作年限均值约为3年。样本中有80.6%的农民工与工作单位签订了劳动合同，过去3年内的平均职业流动次数是1.3次。从样本的家庭特征来看，父母的受教育年限都在7~8年，即初中水平较多。样本的家乡所在地以中部与东部省份为主，占比分别为45%与38%，西部省份较少，占总数的17%。大多数人认为自己家庭经济状况在家乡所在地处于中等水平，高于当地水平的比例约占7%，低于当地水平的约占28.5%（见表3-26）。

表3-26 苏州市农民工样本的基本特征

样本特征指标	平均值	标准差	最小值	最大值
性别（1=男，0=女）	0.64	0.48	0	1
年龄/岁	28.60	6.13	17	52
婚姻状况（1=已婚，0=未婚）	0.63	0.48	0	1
受教育年限/年	11.63	2.75	0	19
党员（1=党员，0=其他）	0.05	0.21	0	1
健康状况（1=良好，0=其他）	0.88	0.33	0	1
职业资格证书（1=有，0=无）	0.35	0.48	0	1

续表

样本特征指标	平均值	标准差	最小值	最大值
培训（1=有，0=无）	0.79	0.41	0	1
普通话水平（1=标准，0=其他）	0.44	0.50	0	1
计算机水平（1=很熟练，0=其他）	0.09	0.28	0	1
外出务工年限	8.58	5.26	0	35
来苏州的年限	5.26	4.66	0	33
本企业工作年限	2.95	3.24	0	17
父亲受教育年限［0=文盲，6=小学，9=初中，12=高中、中专（包括职业高中和技校），15=大专，16=大学本科，19=研究生及以上］	8.66	2.88	0	16
母亲受教育年限	7.24	3.25	0	16
家乡所在地/%	1.21	0.71	0	2
西部省份/%	16.92			
中部省份/%	45.02			
东部省份/%	38.06			
家庭经济状况	0.79	0.56	0	2
高于当地水平	7.09			
一般	64.39			
低于当地水平	28.51			
职业类型	3.49	1.18	1	6
企业规模	0.32	0.47	0	1

（二）样本的职业与工资分布

在苏州市外来农民工样本中，职业类型主要集中在技术工人和手工业者上，占样本量的54.3%，个体户的比例最少，约为0.7%。这主要与苏州市的整体产业分布和结构有关（见表3－27）。

由于苏州区域经济布局的特点，大部分苏州农民工样本所在的企业类型为非国有企业，其中，外商投资企业占38%，港澳台资企业占15%，内资私营企业占33%。在企业规模方面，除微型企业的样本分布较少外，其他每种类型的企业规模的样本分布比较均衡，其中，大型企业约占34%，中型企业约占23%，小型企业约占32%，微型企业约占11%（见表3-28）。

表3-27 苏州市农民工样本的职业分布

职业类型	频数	百分比/%
管理者和专业技术人员	72	9.82
办事员	54	7.37
商业服务人员	155	21.15
技术工人和手工业者	398	54.3
个体户与私营企业主	5	0.68
初级职业	49	6.68
总计	733	100

表3-28 苏州市农民工样本所在的企业性质与规模分布

企业性质与规模	百分比/%	St. d.
国有企业	7	0.26
外资企业	38	0.49
港澳台资企业	15	0.36
内资私营企业	33	0.47
其他所有制企业	6	0.24
大型企业	34	0.47
中型企业	23	0.42
小型企业	32	0.47
微型企业	11	0.31

我们的问卷分别调查了被雇佣者从事现职所得的月工资、自雇佣的个体劳动者和经营者的年经营所得，以及该年工作的月数、每月工作的天数和每天工作的时长。核算为月收入之后，2014年样本平均的月收入为4320.04元，高于2014年全国农民工的平均月收入水平2864元（国家统计局，2014）。比较不同职业的月均收入发现，依旧是个体户和私营企业主最高，为12332.95元；其次是管理者和专业技术人员（6958.75元）；再次是办事员（5210.57元）和技术工人（4251.05元）。商业服务人员和初级职业的平均月收入依旧低于样本总体，分别为3519.75元和3422.35元。就核算得出的小时收入而言，样本小时收入的均值为20.45元。考察

不同职业的小时收入发现,管理者和专业技术人员的平均小时收入最高,为39.89元;其次是个体户与私营企业主(30.88元);商业服务人员和初级职业的平均小时工资收入低于样本总体,仅分别为19.67元和16.01元。由此可见,苏州市农民工样本在不同职业的工资分布特征上接近于北京市农民工样本(见表3-29、表3-30)。

表3-29 2014年苏州市农民工不同职业的月收入水平

单位:元

职业类型	平均值	标准差	最小值	最大值
管理者和专业技术人员	6958.75	3258.99	2800.00	24000.00
办事员	5210.57	2195.52	2000.00	17800.00
商业服务人员	3519.75	1107.65	1300.00	8000.00
技术工人和手工业者	4340.22	1339.30	1888.00	10000.00
个体户与私营企业主	12332.95	15038.79	300.00	75000.00
初级职业	3422.35	989.13	1150.00	12000.00
总计	4320.04	3523.45	300.00	75000.00

表3-30 2014年苏州市农民工不同职业的小时收入水平

单位:元

职业类型	平均值	标准差	最小值	最大值
管理者和专业技术人员	39.89	35.34	13.89	245.00
办事员	28.10	28.97	9.22	370.83
商业服务人员	19.67	7.47	8.13	52.08
技术工人和手工业者	21.53	12.19	5.90	153.85
个体户与私营企业主	30.88	2.74	28.94	32.81
初级职业	16.01	5.94	5.95	72.73
总计	20.45	16.67	5.90	370.83

第四章 农民工的职业选择机制研究

职业在很大程度上决定了人们在劳动力市场上获得的工资收入和发展机会，进而决定了人们的社会经济地位。虽然农村劳动力从事的非农职业仍集中在一些低技术含量、低收入、缺乏福利保障、缺乏劳动安全的低端职业（Li，2010）。但伴随着农民工规模的扩大，其在非农职业分布上呈现出多元化的趋势，已经涵盖了从非技术型工人、技术型工人到普通白领，再到专业技术人员、职业经理和私营业主的各种类型。有研究表明，约三成的农民工所从事的职业呈现出"去体力化"和"去农民工化"的特征（王超恩、符平，2013）。究竟是什么因素影响着农民工进入高层次的职业？是市场性因素如人力资本，还是非市场性因素如政治资本的影响更为显著？现有研究尚很匮乏，并存在争议。

与此同时，随着1980年以后出生的新生代农民工成长为当前中国农民工的主力军，农民工内部的职业分化趋势更加明显。与第一代农民工相比，新生代农民工从事初级非技术型职业的比重明显更低，而从事技术工人、商业服务人员等需要一定或高水平技能的比重更高。通过比较不同代际的农民工在职业选择机制上的差异，可以对阻碍农民工职业地位提升，进而获得收入增长的制约性因素作出更深入、全面的判断。

除职业选择日趋多元化之外，近年来农民工就业还呈现出本地化的新特点，即在本地务工的农民工人数逐渐增加，增幅甚至超过了外出农民工。那么，外出农民工和本地农民工在职业选择机制上有何不同？市场性因素和非市场因素所发挥的作用有何差异？回答这些问题，有助于我们对外出地与农民工户籍所在地的劳动力市场化程度的差异作出判断，并提出改善农民工返乡就业的市场环境、发展地方经济的对策建议。

第一节 农民工的职业选择机制与代际比较

人力资本和社会资本这两类因素在劳动者就业方面均发挥着至关重要的作用，较高的人力资本和社会资本存量会帮助劳动者在劳动力市场上获得更大的竞争优势，能够使劳动者获得更多的职业信息，并获取更多的较为优质的工作机会，其选择的职业也会在质量和层次方面有较大优势。由于农户调研数据的缺乏，关于中国农村劳动力非农职业选择的研究相对较少。已有文献多停留在探讨农民"是否外出"的决策上，缺乏对非农职业的分类探讨。同时，已有的相关研究对于农民工职业决策是由人力资本等市场性因素主导，还是受社会资本以及政治资本等非市场性因素的影响更为显著，尚存在争议。

本节我们重点考察了人力资本和社会资本因素对农民工群体非农职业选择的影响，并且引入代际视角，深入探究新生代农民工（1980年以后出生）和老一代农民工（1980年以前出生）在职业选择及影响机制方面存在的差异。

一、模型的构建与应用

（一）模型的构建

职业选择模型的基础是理性职业选择理论，即个体在进行职业选择时，会理性比较他一生各种可能的职业选择所产生效用的折现值，并最终选择能使他一生效用最大化的职业（Barkley，1990；Boskin，1974）。假定个体 i 有 j 种可选的职业类型，那么其职业选择可以形成一个随机效用模型：

$$U_{ij} = \alpha + \beta' x_{ij} + \varepsilon_{ij} \quad (4-1)$$

每个职业选择的效用都由两部分构成，其中，$\beta' x_{ij}$ 衡量的是各种可观测特征对个体从事职业 j 的效用的影响。随机干扰项 ε_{ij} 代表个体不可观测特征对该职业选择的效用的影响。如果个体选择职业 j，就意味着 U_{ij} 是所有选择中能得到的最大效用值，即：

$$Prob(U_{ij} > U_{ik}), \forall k \neq j$$

我们采用了 Greene（2007）在 Schmidt 和 Strauss（1975）的职业选择理论的基础上开发的多元 Logit 职业选择模型。设 Y_i 是一个随机变量，它表示个体 i 的选择，同时，随机扰动项 $\{\varepsilon_{ij}\}$ 是独立且一致分布的，符合 I 型极值分布。假设个体有 $(n+1)$ 种可能的职业选择和 T 个观察值，那么，职业选择的多元 Logit 模型可以表达为：

$$\text{Prob}(Y_i = j | X_i) = P_{ij} = \frac{\exp(X'_i \beta_j)}{1 + \sum_{k=1}^{N} \exp(X'_i \beta_k)} \quad j = 0, 1, \cdots, N; i = 1, 2, 3, \cdots, T$$

(4-2)

其中，X_i 是个人、家庭和社区特征的向量，具体包括农村劳动力个体的人力资本和政治资本特征、农户的经济社会特征，以及所在村特征；β_i 是 X_i 的系数向量。如果将 $Y_i = 0$ 作为参照类别，那么选择不同职业的概率比可以表达为：

$$\frac{P_{ij}}{P_{i0}} = \exp(X_i \beta_j) \quad (4-3)$$

式（4-3）显示了相对于参照类别，个体 i 选择职业 j 的相对概率。

（二）计量模型的应用

在职业分类方面，我们充分考虑了农村劳动力非农职业的分布特点，并综合借鉴了国家统计局的职业分类体系和国际劳工组织的国际职业编码体系（ISOC，International System of Occupational Code）。最终确定了七个职业类别，分别为：管理和专业技术人员、办事员、商业服务业人员、技术型工人、有雇员的个体经营者、无雇员的个体经营者和初级职业（参照职业）。表4-1给出了各类职业的定义和示例。

表4-1 职业分类与示例

职业类型	示例
管理者和专业技术人员	领导干部,人力资源、财务、市场、销售等管理者,科学和工程辅助专业人员,商业、法律、社会、文化及相关辅助专业人员,医生,教师,会计师,律师(不含村干部)
办事员	前台、打字员、文秘、科员等
商业服务人员	个人服务(导游、厨师、餐饮服务员、侍者、美容美发、物业管理),销售人员(销售员、店员、收银员、售后人员),个人照料(照顾儿童、个人健康照料),个人保卫(保安)
技术工人和手工业者	电气和电子设备装配,水管工,钳工,铸工,焊工,模具工,汽车机械师和维修师,司机,建筑工,瓦工,木工,裁缝,食品加工工人
个体经营者(有雇员)	有1名及以上雇员
个体劳动者(无雇员)	无任何雇员
初级职业	流水线工人,清洁工(家政保洁),采掘、建筑、制造、运输业简单劳动力,食品制作辅助工人,街头商贩(无固定的经营场所))

本节的重点目标是考察北京市外来农民工非农职业选择的影响因素,以及代际因素对职业选择的影响。模型的主要解释变量包括代际特征、人力资本、社会资本、家庭特征和其他因素。在人力资本因素的选取方面,选择了受教育年限、来京务工年限与平方项、培训经历、职业资格证、健康、计算机水平、普通话水平。在社会资本因素的选取方面,选择了家中是否有村干部、找工作途径、在京亲戚数、社交层次。家庭特征包括母亲受教育年限、父亲非农就业经历。此外,还考虑了人口统计学特征和其他因素的影响。模型中的各变量及相应解释如表4-2所示。

表 4-2 主要变量界定

变量类别	变量名称	变量解释	变量取值
代际特征	新生代	是否为新生代农民工	1=是 0=否
人力资本	受教育年限	样本的受教育年数	数值
	来京务工年限	样本到北京务工的年数	数值
	来京务工年限平方	样本到北京务工的年数平方	数值
	培训	是否参加过培训	1=是 0=否
	职业资格证	是否有国家职业标准的资格认证	1=是 0=否
	健康	健康状况是否较好	1=是 0=否
	计算机水平	对计算机操作的掌握程度	1=不会 2=简单操作 3=熟练操作
	普通话水平	普通话是否标准	1=是 0=否
社会资本	家中村干部	家庭中是否有村干部	1=是 0=否
	找工作途径	是否通过亲友介绍找工作	1=是 0=否
	在京亲戚数	在京亲戚数量是否超过3个	1=是 0=否
	社交层次	是否认识政府/企事业单位负责人或管理者	1=是 0=否
家庭特征	母亲受教育年限	样本母亲的受教育年数	数值
	父亲非农就业	样本父亲是否非农就业	1=是 0=否
人口统计学特征	性别	是否为男性	1=是 0=否
	年龄	实际年龄	数值
	年龄的平方	实际年龄的平方	数值
其他	亲属随迁	是否带配偶/子女外出务工	1=是 0=否
	未来规划	是否计划留城	1=是 0=否

二、数据及描述性统计

本节所采用的数据来源于项目组 2013 年 5—9 月间开展的北京市外来务工人员就业调查（详细的调查介绍和数据描述见第三章）。我们选取的数据为年龄在 16~60 岁、具有农村户籍的外来农民工，收集到的有效数据样本量为 605 个。以 1980 年出生为分界线，我们将样本划分为两个群体，即新生代农民工（出生于 1980 年以后，样本数为 309）和老一代农民工

(出生于1980年以前,样本数为215)。此次调研根据外来务工人员就业的分布情况,抽取了五个外来务工人员分布较为集中的区,分别是昌平区、西城区、海淀区、大兴区和朝阳区,抽样地区的样本分布如表4-3所示。

表4-3 北京市外来农民工就业地区分布

北京市区	样本数/个	百分比/%	累计百分比/%
西城区	139	22.97	22.97
海淀区	316	52.23	75.2
昌平区	83	13.72	88.92
大兴区	62	10.25	99.17
朝阳区	5	0.83	100
总计	605	100	

注:根据调查数据分析整理。

(一) 人力资本和社会资本的分布与代际比较

本节的目的是分析北京市外来农民工的人口统计学因素、人力资本、社会资本、其他因素的现状、两代农民工在上述因素方面存在的差异,以及上述因素对该群体非农职业选择的影响,具体分析中所涉及的变量解释、均值及标准差详见表4-4至表4-6。

1. 人力资本分布与代际比较

样本整体的受教育水平不高,平均受教育年限为9.56年,初中学历的样本所占比重为46.72%,其次是高中学历,所占比重为27.87%,大专或大学所占比重为10.33%。新生代农民工的受教育水平集中于初中阶段和高中阶段,其平均受教育年限为10.62年;老一代农民工的受教育水平集中于小学及以下和初中阶段,其平均受教育年限为7.81年。新生代农民工平均受教育年限较老一代高2.81年。

样本整体的来京平均年限为5.86年。其中,3年以下的占比为47.27%,6年以上的占比为35.37%。新生代样本的来京平均年限为4.2年,老一代为8.53年,老一代较新生代农民工高出4.33年。农民工整体的健康状况较好,新生代农民工的身体状况要好于老一代农民工。

样本农民工整体的培训情况较好。参加过培训的农民工有404名，所占比重为66.92%。其中，新生代农民工多数有培训经历，比重高达76.88%，没有培训经历的老一代农民工比重高达51.14%，新生代的培训参与情况优于老一代。样本整体获得职业资格证书的比重较低，仅为16.36%，但新生代农民工职业资格证书的获取率仍高于老一代农民工约10%。

2. 社会资本分布与代际比较

多数农民工的家庭成员中没有村干部，家中有村干部的农民工仅有148名，所占比重为20.5%，两代农民工在这一变量上并无明显差异。外来农民工找工作的途径主要集中于亲友介绍，这一比重高达50.19%。并且，新生代农民工通过亲友介绍找工作的比重要高于老一代农民工，新生代农民工通过电视、报纸、网络等媒体和人才交流会找到工作的比重也要高于老一代农民工，详见表4-4和表4-5。

农民工总体在京的亲戚数量较少，拥有在京亲戚数为3人及以上的样本仅占36.5%，两代农民工在这一维度上无明显差异。在社交层次方面，认识政府或企事业单位负责人的农民工有269名，占样本总体的44%。两代农民工的社交层次偏低，但新生代农民工的社交层次要高于老一代农民工。

农民工总体的母亲受教育水平较低、父辈的非农就业参与度不高。样本的母亲受教育水平主要集中于小学及以下和初中阶段。新生代农民工的母亲受教育水平要高于老一代农民工。样本父辈非农就业参与度并不是很高，为40%，其中，新生代农民工父亲的非农就业参与率（52%）远远高于老一代农民工（18%）。

表4-4 新生代农民工在不同职业类别下的求职途径的选择

(%)

职业类型	亲友介绍	职业介绍机构	电视等招聘媒体	人才交流会	自雇佣	其他
管理或专业技术人员	71.43	0	14.29	0	0	14.29
办事员	54.55	9.09	18.18	9.09	0	9.09
有雇员个体经营主	0	0	0	0	100	0

续表

职业类型	亲友介绍	职业介绍机构	电视等招聘媒体	人才交流会	自雇佣	其他
商业服务业人员	70.22	1.33	22.22	2.67	0	3.56
技术型工人	56	4	36	2	0	2
无雇员个体工商户	0	0	0	0	100	0
初级职业	77.42	3.23	19.35	0	0	0
总计	57.95	1.79	20	2.05	15.13	3.08

表4-5 老一代农民工在不同职业类别下的求职途径的选择

(%)

职业类型	亲友介绍	职业介绍机构	电视等招聘媒体	自雇佣	其他
管理或专业技术人员	50	25	0	0	25
办事员	100	0	0	0	0
有雇员个体经营主	0	0	0	100	0
商业服务业人员	76.09	8.7	4.35	0	10.87
技术型工人	68.89	24.44	0	0	6.67
无雇员个体工商户	0	0	0	100	0
初级职业	84.78	8.7	4.35	0	2.17
总计	50.23	9.3	1.86	33.95	4.65

3. 其他因素现状与代际比较

北京市外来农民工主要以单独务工为主，其未来规划多为返乡。带配偶/子女外出务工的农民工有243名，所占比重为40.17%；未带配偶/子女外出务工的农民工有362名，所占比重为59.83%。总体来看，新生代农民工主要选择独自外出的务工方式，而老一代农民工则倾向于带家属外出务工。新生代农民工中，带配偶/子女外出务工的比重为27.12%；老一代农民工中，带配偶/子女外出务工的比重为59.12%。两代农民工对未来的规划均主要集中为返乡，但新生代农民工计划留城的比重（40.51%）要高于老一代农民工（28.84%）（见表4-6）。

表4-6 样本的基本特征

变量选择	总体		老一代		新生代	
	均值	标准差	均值	标准差	均值	标准差
人力资本因素						
受教育年限/年	9.56	3.29	7.81	3.41	10.62	2.77
来京年限/年	5.86	5.91	8.53	6.65	4.20	3.86
是否参加过培训（是=1）	0.67	0.48	0.49	0.49	0.77	0.43
是否拥有职业资格证（有=1）	0.16	0.37	0.10	0.30	0.20	0.40
是否健康（是=1）	0.89	0.31	0.86	0.35	0.91	0.28
计算机水平	2.05	0.45	1.56	0.42	2.32	0.62
熟练/%	28.94		6.98		40.26	
一般/%	47.56		42.33		51.53	
不会/%	23.41		50.69		8.21	
普通话是否标准（是=1）	0.49	0.50	0.32	0.47	0.59	0.49
社会资本因素						
家中是否有村干部（有=1）	0.20	0.02	0.25	0.41	0.24	0.43
是否亲友介绍工作（是=1）	0.50	0.50	0.45	0.50	0.53	0.49
在京亲戚数（3人及以上=1）	0.37	0.48	0.36	0.48	0.38	0.49
3人及以上/%	36.5		35.67		38.41	
是否认识管理者（是=1）	0.44	0.50	0.39	0.49	0.47	0.50
母亲教育水平/年	5.70	4.02	4.7	4.33	6.25	3.02
父亲从事过非农就业（是=1）	0.40	0.49	0.18	0.38	0.52	0.50
人口统计学因素						
性别（男=1）	0.63	0.49	0.65	0.47	0.62	0.50
男/%	63.36		65.12		62.38	
年龄/岁	31.22	10.72	42.89	6.57	24.44	4.75

续表

变量选择	总体		老一代		新生代	
	均值	标准差	均值	标准差	均值	标准差
其他因素						
是否亲属随迁（是=1）	0.38	0.35	0.59	0.48	0.27	0.45
未来是否计划留城（是=1）	0.39	0.49	0.30	0.46	0.44	0.50

注：根据调查数据分析整理。

（二）职业与就业质量的分布与代际比较

1. 职业分布与代际比较

总体来看，北京市外来农民工的职业层次较低，最为集中的职业是商业服务业人员，所占比重达到了44.79%，其他较为集中的职业有无雇员的个体工商户（17.69%）、技术型工人（15.7%）、初级职业（12.73%），在较高层次职业上的分布较少，管理者或专业技术人员和办事员所占比重相加仅为4.96%。新生代农民工主要集中在商业服务业人员这类职业上，而老一代农民工则主要集中在无雇员个体工商户上，且新生代农民工在高层次职业上的分布要多于老一代农民工（见表4-7）。

表4-7 非农职业选择分布

(%)

职业类型	总体	老生代	新生代
管理或专业技术人员	2.98	1.86	3.59
办事员	1.98	0.47	2.82
有雇员个体经营主	4.13	4.65	3.85
商业服务业人员	44.79	21.4	57.69
技术型工人	15.70	20.93	12.82
无雇员个体工商户	17.69	29.3	11.28
初级职业	12.73	21.4	7.95
样本数	605	215	390

资料来源：根据调查数据分析整理。

2. 职业稳定性与代际比较

样本总体中签订劳动合同的农民工有296名,所占比重为48.93%。签订劳动合同的新生代农民工有221名,所占比重为56.67%;签订劳动合同的老一代农民工有75名,所占比重为34.88%。新生代农民工的劳动合同签订率比老一代高21.79%,这说明新生代农民工的职业稳定性更高,并且其维权意识也可能高于老一代农民工。

按职业稳定性对职业类别进行排序,从高到低依次为:管理或专业技术人员、办事员、商业服务业人员、技术型工人和初级职业(自雇佣的两种就业方式不签订劳动合同)。在各类职业中,新生代劳动合同的签订情况均优于老一代农民工。各类职业的劳动合同签订情况如表4-8所示。

表4-8 职业选择与职业稳定性的交叉表

(%)

职业类型	合同签订率	新生代	老生代
管理或专业人员	78.95	100	50
办事员	72.73	80	100
有雇员个体经营主	0	0	0
商业服务业人员	83.17	85.71	71.11
技术型工人	56.62	60.54	36.73
无雇员个体工商户	0	0	0
初级职业	50.77	60	55
总计	48.93	56.67	34.88

资料来源:根据调查数据分析整理。

3. 不同职业的月工资水平与代际比较

样本总体的月平均工资为3910.26元。其中,老一代农民工的月平均工资水平为3229.73元,新生代农民工为4285.42元,两代农民工的月平均工资收入差距为1055.69元,并且新生代农民工在各类职业上的平均收入水平均高于老一代农民工。按照月收入对职业类别进行排序,由高到低依次为:有雇员个体经营主、管理或专业人员、办事员、技术型工人、无雇员个体工商户、商业服务业人员和初级职业。各类职业的月工资情况如表4-9所示。

表4-9 职业选择与月工资收入

单位：元/月

职业类型	样本总体	新生代	老生代
管理或专业人员	6578.42 (1164.89)	7093.92 (1132.22)	5275 (1021.03)
办事员	5104.13 (654.02)	5184.55 (629.47)	4300 (0)
有雇员个体经营主	7138.82 (5348.97)	8300.79 (6585.31)	5312.86 (1556.76)
商业服务业人员	3555.51 (4047.02)	3728.62 (4389.4)	2767.68 (1608.61)
技术型工人	4739.84 (4768.13)	5271.34 (5924.93)	4078.42 (2642.48)
无雇员个体工商户	3942.94 (2547)	4839.38 (3469.10)	3293.35 (1251.46)
初级职业	2196.87 (949.51)	2225.03 (924.15)	2135.38 (975.06)
总体	3910.26 (949.51)	4285.42 (4478.8)	3229.73 (1849.48)

资料来源：根据调查数据分析整理。

4. 不同职业的工作时间与代际比较

样本总体每天的工作时间超过标准工时（8小时）的农民工有412名，占总体比重的68.10%，远超过全国农民工的平均水平（39.6%）。在新生代农民工中，每天超过标准工时的比重为65.90%；老一代农民工中，超过标准工时比重为72.09%。两代农民工在工作强度方面的差异并不明显，但老一代农民工的工作时间较新生代农民工要长。

按照超时工作的样本比重对职业类别进行排序，从高到低依次为：技术型工人、管理或专业技术人员、无雇员个体工商户、初级职业、有雇员个体经营主、商业服务业人员、办事员。并且，老生代农民工在多数职业的工作时间上略高于新生代农民工。各类职业的超时工作情况如表4-10所示。

表 4-10 职业选择与超时工作比重

(%)

职业类型	日工作时间超过 8 小时	新生代农民工	老一代农民工
管理或专业技术人员	78.95	80.00	75.00
办事员	45.45	50.00	0
有雇员个体经营主	61.11	63.64	57.14
商业服务业人员	61.03	60.54	63.27
技术型工人	79.21	78.57	80.00
无雇员个体工商户	78.15	76.00	79.71
初级职业	64.62	64.00	65.00
总体	68.10	65.90	72.09

资料来源：根据调查数据分析整理。

5. 不同职业的社会保险状况与代际比较

在北京市农民工样本中，总体获得社保福利条件平均有 0.645 项，两代农民工获得的社保福利条件水平较差，新生代农民工获得的社保福利条件数均值为 0.67 项，老一代农民工获得的社保福利条件数均值为 0.55 项。比较可知，新生代农民工获得的社保福利条件水平较老一代农民工要高。按照社保福利项目的覆盖比重对职业类别进行排序，由高到低依次为：管理或专业人员、办事员、商业服务业人员、初级职业、技术型工人、无雇员个体工商户、有雇员个体经营主，具体见表 4-11 和表 4-12。

表 4-11 新生代非农职业选择与社保福利条件

(%)

职业类型	基本医疗	基本养老	失业保险	工伤保险	生育保险	住房公积金	住房补贴
管理或专业人员	26.67	26.67	20.00	33.33	20.00	20.00	13.33
办事员	40.00	30.00	20.00	40.00	30.00	30.00	10.00
有雇员个体经营主	27.27	36.36	9.09	27.27	18.18	9.09	0
商业服务业人员	13.90	4.93	5.83	14.35	5.83	3.14	5.83
技术型工人	26.79	12.50	8.93	41.07	7.14	5.36	3.57
无雇员个体工商户	6.00	4.00	0	0	0	0	0
初级职业	12.00	12.00	0	8.00	8.00	0	0

续表

职业类型	基本医疗	基本养老	失业保险	工伤保险	生育保险	住房公积金	住房补贴
总计（%）	16.15	8.72	6.15	17.69	6.92	4.36	4.62

资料来源：根据调查数据分析整理。

表4-12 老一代非农职业选择与社保福利条件

职业类型	基本医疗	基本养老	失业保险	工伤保险	生育保险	住房公积金	住房补贴
管理或专业人员	50.00	25.00	25.00	50.00	25.00	50.00	0
办事员	100.00	0	0	0	0	100.00	100.00
有雇员个体经营主	14.29	14.29	0	0	0	0	0
商业服务业人员	22.45	20.41	14.29	24.49	10.2	4.08	4.08
技术型工人	13.33	6.67	6.67	24.44	2.22	6.67	0
无雇员个体工商户	5.80	5.8	1.45	1.45	1.45	1.45	2.9
初级职业	12.50	10.00	5.00	5.00	2.5	5.00	2.5
总计（%）	13.95	10.7	6.51	13.02	4.19	5.12	2.79

资料来源：根据调查数据分析整理。

三、实证分析

我们构建了职业选择的多元逻辑回归模型（Multinomial Logit Model），将初级职业作为参照组，具体的职业分类和解释变量说明见表4-1和表4-2。回归结果见表4-13。

（一）代际因素对职业选择的影响

以初级职业作为参照职业，根据MLogit回归结果可以发现，新生代农民工更倾向于成为商业服务人员、技术工人，而老一代农民工更有可能成为无雇员个体工商户。造成这种现象可能的原因如下。

技术型工人的职业门槛相对较高，选择进入该职业的人群往往需要具备两方面的较高要求，一方面是体力能胜任，另一方面是技术过硬。而新生代农民工，其成长环境优于老一代农民工，学习机会多于老一代农民工，并且由于其年龄优势，该群体对于新知识和技能的学习与吸收能力都优于老一代农民工，既具备年轻的资本，敢闯敢拼，又在技能掌握方面具备一定的优势。而老一代农民工随着年龄的逐渐增长，体力和学习能力都日益下降，其进入此类职业的概率也随之降低。

商业服务业是一个较为年轻化的行业，作为第三产业，具有良好的发展前景与上升趋势，收入水平中等，而初级职业作为劳动力市场上的低端职业，其在薪资福利、工作环境、职业稳定性等方面的条件均低于商业服务业人员，因此，商业服务业人员对于年龄较小的新生代农民工有着较大的吸引力。

而对于无雇员个体工商户，选择进入该职业的门槛较低，并且没有对体力的特殊要求，同时，工作时间比较灵活，可以自行掌握。这对于年龄较大、人力资本水平较低，同时很可能需要兼顾家庭的老一代农民工来说更具吸引力。

(二) 人力资本因素对职业选择的影响

1. 教育对于农民工进入高层次职业有显著影响

以初级职业作为参照职业，MLogit 回归结果显示，教育年限对于农民工选择成为管理和专业技术人员、办事员、商业服务业人员有显著正向影响。这一结论符合人力资本理论对于职业选择行为的假设，即人们通常会比较进入不同职业的预期收益和成本，最终选择能令其预期收入的现值最大化的职业。从样本的描述统计可见，作为参照组的初级职业是七类职业中平均教育年限最低，并且月收入水平最低的，其各种福利待遇条件也较差。因此，拥有较高的人力资本水平，受教育年限较长的农民工在进行职业选择的时候会更倾向于选择管理和专业技术人员、办事员、商业服务业这些收入水平、职业地位、去体力化程度及准入门槛相对较高的职业。

教育人力资本在农民工职业选择中的重要作用也被其他研究证实，受教育水平的增加会显著地增加农村劳动力获得非农工作，尤其是中高端非农职业的机会（姚先国、俞玲，2006；Xia 和 Simmons，2007；高文书，

2009；余洋，2012；喻开志等，2014）。

2. 来京务工年限对于农民工进入各类职业有显著影响

以初级职业作为参照职业，根据 MLogit 回归结果可以发现，来京年限对于农民工选择成为管理或专业技术人员、办事员、技术型工人、无雇员个体工商户、有雇员个体经营主的影响均呈正向显著水平，而对于商业服务业人员并无显著影响。由此可见，较之初级职业，来京年限较久的外来农民工有更高的概率选择职业层次较高的管理或专业人员以及办事员，也更有可能选择成为技术型工人，以及摆脱"打工者"的身份而选择为自己工作，成为个体经营者。这背后可能的原因是，在来京务工年限增加的过程中，农民工得到了更多的机会学习技能，积累了丰富的经验和社会资本，并适应了当地的社会经济环境，同时也可以通过积累在北京劳动力市场上的就业信息，得到更多的职业转型机会。

我们的研究结果与其他研究的结论存在一致性。基于中部地区的研究结果表明，农民工外出务工年限对其选择建筑采掘业有正向显著影响，这一结果与其积累了较为丰富的经验紧密相关（刘庆宝等，2013）。在辽宁省沈阳市的研究表明，在城市务工时间较久的农民工更倾向于选择进入在收入、待遇及声望方面较好的职业，这与该群体较好的城市熟悉度与适应性密不可分（朱志仙、张广胜，2014）。

3. 培训经历对于农民工成为商业服务业人员、技术型工人有显著影响

以初级职业作为参照职业，根据 MLogit 回归结果，可以发现：培训经历对于农民工选择商业服务业人员、技术型工人这两类职业有显著的正向影响，而对其成为无雇员个体户有显著的负向影响。这可能是因为商业服务业和技术型工种对劳动者具有较高的专业性技能要求，培训有助于提高农民工与此类职业的匹配度。其他研究也得出了类似的结论，高文书（2009）的研究表明，职业培训经历对于进城农民工选择生产操作和办事人员、专业技术人员及单位负责人有积极的显著影响。而职业培训经历对于农民工选择自雇佣这种就业方式有消极影响，这可能是因为农民工所从事的自雇佣职业大多门槛较低，对专业性技能并无太高要求。

4. 职业资格证书的获取对于农民工进入专业性要求较强的职业有显著影响

以初级职业作为参照职业，根据 MLogit 回归结果可以发现，职业资格证对于农民工选择成为技术型工人有显著的正向影响。拥有国家标准职业资格认证的农民工选择成为技术型工人而非初级职业的概率比是未持有者的 3.67 倍。

我们可以分别用人力资本理论和信号理论来解释这一现象。一方面，农民工取得职业资格证书的过程，通常是其接受职业培训的组成部分，可以被视作人力资本投资，在此过程中，农民工在特定职业领域的专业知识和技能水平得到提升（苏中兴、曾湘泉，2011；王建，2017；刘艺、宋波，2018），进而增加了他们进入特定职业的概率。另一方面，根据劳动力市场信号理论，在雇用劳动者之前，雇主无法准确地掌握其真实的生产率，只能凭借某些特定的能力指标或信号，来鉴别该劳动者所拥有的技能是否可以与岗位实现匹配。而职业资格证书作为比较公认的对劳动者技能水平的评价和鉴定，可以传递给雇主较为有效的生产率信号，从而使证书持有者进入与之技能相匹配的职业。从调查情况来看，我们的样本所获取的职业资格证书多为技术操作型，如电工证、焊工证等，而较之于初级职业，证书持有者更有可能成为"技术型工人"，这一结果在某种程度上体现了职业资格证书的信号功能。但要明确哪种理论的解释力更强，还需进一步的研究。

5. 计算机水平对于农民工进入受雇类职业特别是高层次职业有显著影响

以初级职业作为参照职业，根据 MLogit 回归结果可以发现，计算机水平可以显著提高农民工成为管理和专业技术人员、办事员、商业服务业人员、技术型工人这四类职业的概率。可能的原因是：

首先，对于管理者或专业技术人员以及办事员这两类职业而言，准入门槛较高，其从事的日常管理工作或者事务类工作均与计算机紧密相关，而计算机水平较好的农民工首先就具备了进入这两类职业的基本素质；同时，计算机水平较高的农民工属于农民工群体中学习能力较强者，他们也可以凭借计算机技能从网络获取更为全面、系统的招聘信息，获得在职业选择中的优势。其次，在商业服务业，基于计算机技术和网络平台的新商业服务模式大大提高了这类行业对从业人员的计算机能力的要求。而对于技术型工人这类职业来说，其专业性和操作性较强，随着工业自动化和智能化水平的提升，这类职业对计算机操作能力的要求也在逐步提高。

在全部样本中，48.26%的农民工对计算机的掌握仅停留于简单使用阶段，另有23.31%的农民工不会使用计算机。农民工整体对计算机技能的掌握有限，也反映出农民工群体经济基础的欠缺、基础教育的薄弱，以及对先进科技产品应用的滞后。

6. 普通话水平对于农民工进入被雇佣职业有显著影响

以初级职业作为参照职业，根据MLogit回归结果可以发现，普通话水平较为标准的农民工成为管理或专业人员、办事员、商业服务业人员、技术型工人四类职业的概率更大。

较强的普通话表达能力一方面有助于对职业信息的收集，另一方面在应聘职位时有助于其更好地展现自我，减少用人单位对劳动者的歧视，使农民工有机会获得较高层次的职位。管理者或专业人员、办事员、商业服务业人员和技术型工人这四类被雇用的职业均需要较高的沟通能力，以实现工作效率的提升，并为服务质量提供保障。

（三）社会资本因素对职业选择的影响

1. 母亲受教育水平对于子女进入高层次职业和技术型职业有显著影响

以初级职业作为参照职业，根据MLogit回归结果可以发现，母亲受教育水平对于农民工选择管理或专业技术人员、办事员、技术型工人这三类职业的概率均呈正向显著影响。这是因为在传统的农村家庭中，父亲所承担的往往是外出务工的角色，而对子女的教育以及照顾主要由母亲来承担，因此，母亲本身的教育素养会在对孩子的言传身教中起到至关重要的作用。母亲的受教育水平越高,越有益于其对子女的教育,使子女获得较高水平人力资本的可能性越大。同时,母亲受教育水平会对孩子的学习能力产生影响,使其掌握专业技术的可能性大大提高,进而有更多机会从事高技术要求的职业。其他研究也得出了类似的结论,例如,余洋(2012)基于2002年CHIP数据中的农村地区数据的研究发现,母亲受教育程度对子女的非农就业起到显著的正向影响。

2. 父亲非农就业经历对于子女进入自雇佣职业有显著影响

以初级职业作为参照职业,根据Mlogit回归结果可以发现,父亲非农就业经历对于农民工选择自雇佣的就业方式呈正向显著影响。农民工在外出务工前对非农就业相关信息的掌握与了解主要都来自其外出务工的父亲的言传身教,因此,父辈的非农就业工作经验对子女的非农就业有一定的促进作用。父亲有非农就业经历的农民工更倾向于选择经商,成为无雇员个体工商户或者有雇员个体经营者,这可能是父辈非农就业的经验增加了农民工子女对劳动力市场信息的掌握,也增加了他们非农就业的能力和资本储备。

(四) 人口统计学因素对职业选择的影响

1. 男性农民工职业选择层次高于女性农民工

以初级职业作为参照职业,根据MLogit回归结果可以发现,男性更倾向于选择成为管理或专业技术人员、技术型工人;而女性更有可能成为商业服务业人员。从整体上看,男性农民工职业选择的层次要高于女性农民工。其他类似的研究也发现,男性农民工更倾向于选择进入专业技术类、生产操作类和其他类职业,而女性农民工选择进入管理类和商业服务业职业的概率更大(罗俊峰,2014);男性成为管理人员、制造业和运输业工人的概率较大,而女性更倾向于成为服务业从业人员(喻开志,2014)。

造成这种现象的原因大致可以归结为以下两点因素:

第一,不同性别的农民工在身体、生理及心理上的先天差异性。男性农民工在身体素质方面的条件要优于女性农民工,这使得男性农民工在进行职业选择的过程中有能力承担劳动强度更大的工作任务,其非农职业选择的范围要比女性农民工大。并且作为外出务工的主流群体,男性农民工是家中非农收入的重要来源,其独立自主性以及事业心都要高于女性农民工。因此,男性农民工更倾向于选择技术性及收入水平相对较高的职业。从样本描述统计来看,在工资收入水平上,管理和专业技术人员>办事员>技术型工人>商业服务业人员>初级职业。在工作时间上,技术型工人工作时间最长,其余依次为初级职业、商业服务业人员、管理和专业技术人员、办事员。可见,和初级职业相比,男性农民工倾向于从事的职业均具有收入水平较高、劳动强度较大的特点。

而女性农民工由于生理特点的限制,无法承受工作强度较大的体力劳动,同时,受到中国传统思想观念的影响,女性农民工在进行职业选择的过程中更多地从家庭出发,将是否能兼顾家庭作为职业选择最为重要的因素。因此,女性农民工更倾向于选择工作环境相对较好、工作时间较为灵活,并且工作强度较小的非农职业,如商业服务业人员。

第二,我国劳动力市场上不容忽视的性别歧视现象。在市场化改革的推进过程中,劳动力市场上的性别工资差异问题不断凸现,这其中也包括农民工群体内部的性别工资差异。研究发现,我国劳动者性别工资差异中一大部分源自性别歧视,而对女性的职业歧视是导致男女工资差异的重要原因之一。具体而言,男性在劳动力市场上更容易进入工资率较高的职业,而女性较多地分布于工资率较低的职业(李实、马欣欣,2006;李春玲、李实,2008)。

2. 年龄对于农民工成为有雇员个体经营主、商业服务业人员和技术性工人有显著影响

以初级职业作为参照职业,根据 MLogit 回归结果可以发现,年龄较大的农民工更有可能成为有雇员个体经营主,年龄较小的农民工更倾向于选择成为商业服务业人员。

造成这种现象的可能原因是:年龄较小的农民工,缺乏工作和社会经验,制约了其进入较高层次职业,使其往往聚集在中低层次的职业上。商业服务业从业人员具有年轻化特点,对工作经验的准入门槛较低,同

时，作为第三产业，具有良好的发展前景与上升趋势，收入水平中等。因此，相对于低端的初级职业，商业服务业对于年龄较小的农民工有着较大的吸引力。而对于有雇员的个体经营者这类职业，需要一定经验和阅历的积累。随着年龄的增长，外出务工的农民工在工作经验上更具优势，同时也更有可能积累一定的管理经验和社会资本，因此更有可能实现身份的转变，选择自雇佣的就业方式。

（五）其他因素对职业选择的影响

1. 亲属随迁对于农民工进入自雇佣职业有显著影响

以初级职业作为参照职业，根据 MLogit 回归结果可以发现，携带配偶或子女外出务工的农民工更倾向于从事有雇员和无雇员的个体经营，而对于其余四类职业而言，是否有亲属随迁并无显著影响。携带配偶或子女共同外出务工的农民工要在投入工作的同时兼顾家庭。自雇佣的就业方式具有工作时间较为灵活、可自由支配的特征，同时，相对于初级职业，自雇农民工通常会获得更高的收入水平，因此，携带亲属随迁的农民工更倾向于选择个体经营。

2. 留城规划对于农民工自雇佣职业有显著影响

以初级职业作为参照职业，根据 MLogit 回归结果（见表 4-13）可以发现，相对于未来计划返乡的农民工，未来计划留城的农民工更倾向于选择无雇员个体工商户和有雇员个体经营主这两类自雇佣性质的职业。其可能的原因在于，计划留城的农民工在进行职业选择的时候会更为慎重，除了考虑现期的收入水平，还需要考虑该职业是否有利于其长期稳定于城市。而农民工群体因为自身人力资本存量的限制，不太容易进入较为高层次的职业。和较为低端的初级职业，以及年轻化程度较高的商业服务业职业相比，自雇佣的就业方式因其门槛较低、工作时间灵活、容易获得较高收入的特点，更容易吸引未来打算留城的农民工。通过自雇佣的就业方式，农民工可以积累相应的经验和技能，从而获得更高水平的收入，并脱离"打工者"的身份，从长远看，这一身份的转变更有助于农民工较好地融入城市生活中。

表4-13 农民工职业选择的 Multinomial Logit 模型的估计结果

变量名称	管理或专业人员	办事员	有雇员个体经营主	商业服务业人员	技术型工人	无雇员个体户	初级职业
性别	2.290**	-1.484	0.579	-0.978**	3.295***	0.862	
	(1.047)	(1.077)	(0.836)	(0.432)	(0.715)	(0.567)	
代际	-2.653	1.369	2.300	1.996***	1.932*	-0.371**	
	(2.019)	(2.853)	(1.480)	(0.513)	(0.911)	(0.176)	
年龄	0.111	-0.169	0.694**	-0.0864**	0.0879	0.150	
	(0.359)	(0.266)	(0.342)	(0.0359)	(0.165)	(0.201)	参照组
年龄平方	-0.00182	0.00434	-0.00204	-0.00137	-0.00819*	-0.00278	
	(0.00494)	(0.00330)	(0.00217)	(0.00186)	(0.00439)	(0.00270)	
教育	0.794***	0.464**	0.641	0.207**	0.117	0.0763	
	(0.222)	(0.231)	(0.885)	(0.0806)	(0.0858)	(0.104)	
来京年限	0.118***	0.603***	0.397**	-0.225	0.314***	0.134*	
	(0.041)	(0.193)	(0.177)	(0.152)	(0.118)	(0.079)	
来京年限的平方	0.0122	-0.0457	-0.00260	0.0152	0.00850	0.00825	
	(0.0143)	(0.0443)	(0.0138)	(0.0105)	(0.0109)	(0.0109)	
培训	1.614	1.052	0.561	2.127***	2.474***	-0.858	
	(1.159)	(0.658)	(0.760)	(0.440)	(0.501)	(0.617)	

续表

变量名称	管理或专业人员	办事员	有雇员个体经营主	商业服务业人员	技术型工人	无雇员个体户	初级职业
职业资格	0.252	0.752	0.610	0.203	1.299*	-0.572	参照组
	(1.261)	(1.246)	(1.138)	(0.775)	(0.785)	(0.979)	
健康状况	1.613	-1.149	-0.333	0.630	0.701	-0.232	
	(1.634)	(1.222)	(1.338)	(0.573)	(0.699)	(0.746)	
计算机水平	3.050***	3.497***	0.303	1.530***	0.944**	0.616	
	(1.033)	(1.302)	(0.613)	(0.347)	(0.392)	(0.456)	
普通话水平	1.569*	2.076*	0.233	1.472***	0.0691*	1.188	
	(0.851)	(1.135)	(0.857)	(0.462)	(0.038)	(1.209)	
亲属随迁	-0.934	-1.663	2.471***	0.349	-1.042**	1.944***	
	(1.082)	(1.947)	(0.901)	(0.453)	(0.504)	(0.585)	
未来规划	-0.172	0.825	2.238***	-0.100	-0.431	1.216**	
	(0.947)	(1.073)	(0.820)	(0.433)	(0.519)	(0.547)	
求职途径	-0.142	-1.476	-18.48	-0.487	-0.416	-18.12	
	(0.997)	(0.972)	(1.011)	(0.428)	(0.478)	(594.9)	
交友层次	0.965	-0.510	0.880	-0.427	0.367	0.705	
	(1.093)	(1.099)	(0.808)	(0.463)	(0.508)	(0.546)	
母亲受教育水平	0.610***	0.531***	0.0428	0.0974	0.141**	0.0571	
	(0.176)	(0.202)	(0.105)	(0.0673)	(0.0587)	(0.0761)	

续表

变量名称	管理或专业人员	办事员	有雇员个体经营主	商业服务业人员	技术型工人	无雇员个体户	初级职业
父亲非农就业	0.693	1.109	2.812***	0.825	1.052	1.699**	参照组
	(1.098)	(1.203)	(0.907)	(0.600)	(0.658)	(0.716)	
在京亲友	1.646	1.566	1.381	1.661	0.896	2.608	
	(1.026)	(1.037)	(0.973)	(1.151)	(0.608)	(1.641)	
村干部	2.442	1.639	0.378	0.226	0.591	0.994	
	(1.803)	(1.872)	(1.840)	(1.339)	(1.430)	(1.595)	
Constant	-29.90***	-22.95***	-28.***	-4.090	-7.788**	-6.899*	
	(8.755)	(7.525)	(7.500)	(2.802)	(3.588)	(4.164)	
观测值	605	605	605	605	605	605	605

Log likelihood = -672.10635
Pseudo R2 = 0.2578
LR chi2 (120) = 510.96
Prob > chi2 = 0

注：***、**、*表示在1%、5%和10%的水平上显著，括号内为标准差。

四、主要结论与讨论

本节以北京市外来农民工为研究对象,通过对农民工样本数据的分析,构建 Multinomial Logit 模型,探究人力资本、社会资本、人口统计学因素和其他因素对农民工非农职业选择的影响,并引入代际的视角,探究两代农民工群体在职业选择方面所存在的差异。研究结果表明,人力资本、社会资本、人口统计学因素、其他因素对农民工的职业选择存在显著影响,主要研究结论有如下几个方面。

(一) 代际因素对农民工的职业选择有显著影响

代际因素对农民工的职业选择确实产生了影响。较之老一代农民工,新生代农民工选择成为商业服务业人员和技术型工人的概率更大,而不太倾向于成为无雇员的个体工商户。新生代农民工因其生长环境、接受知识的程度、对培训内容的消化理解能力以及精力体力上优于老一代农民工,在这三个职业上产生了较为显著的差别。

(二) 人力资本对农民工职业选择的显著影响表现在教育、培训以及掌握的技能方面

人力资本因素对农民工的职业选择有显著影响。其中,受教育水平、培训情况、职业资格证以及对计算机水平、普通话水平等技能的掌握的影响最为显著。其中,受教育年限较长的农民工更倾向于选择收入水平、职业地位、去体力化及准入门槛相对较高的职业。来京年限较久的农民工有着更高的概率选择职业层次较高的管理或专业技术人员及办事员,也有着更多的机会去学习一门技能并积累丰富的经验,从而更有可能选择成为技术型工人。同时,由于较好的城市适应性和较丰富的经验和社会资本,来京年限较久的农民工也更有可能成为个体经营者。

有培训经历的农民工在培训过程中所掌握的技能和知识与所寻职业相匹配,有助于其选择成为商业服务业人员和技术型工人,而培训对农民工选择自雇职业有负向影响。职业资格证书的获取印证了信号理论,拥有职

业资格证书显著地提高了农民工从事技术型职业的概率。计算机的掌握有助于选择管理或专业人员、办事员和商业服务业人员，标准的普通话有助于农民工选择沟通性较强的商业服务业人员、办事员、管理或专业技术人员。

（三）家庭环境对农民工职业选择有显著影响

社会资本对职业选择的影响主要来自家庭方面，即母亲的受教育水平和父亲的非农就业情况。在传统的农村家庭中，父亲所承担的往往是外出务工，而对子女的教育以及照顾主要由母亲的角色来承担，母亲的受教育水平越高，其子女获得较高水平人力资本的可能性就越大，进而更易于获得较高层次及专业技术性较强的职业。借鉴父辈非农就业的经验，子女更有可能转变身份，实现由雇员向雇主的转变。

（四）人口统计学因素对农民工职业选择有显著影响

一方面，性别对农民工的职业选择具有显著影响。男性农民工的职业选择层次要高于女性。这既是由于生理和心理上的先天差异所致，也可能是职业性别歧视的体现。而在年龄方面，年龄较小的农民工更倾向于选择成为门槛比较低、行业较为年轻化的商业服务业人员和对学习能力和体能具有一定要求的技术型工人，而年龄较长的农民工在积累了一定的经验和资源的基础上，更倾向于成为有雇员的个体经营主，实现身份的转变。

（五）务工方式和未来规划对农民工职业选择有显著影响

携带配偶和子女共同外出务工的农民工一方面要顾及工作，另一方面还要留出一定的时间来照顾家庭，这使其更倾向于选择自雇佣的就业方式。未来规划留城的农民工在进行职业选择的时候会更为慎重，会考虑该职业是否有利于其长期稳定于城市。自雇佣的就业方式因其门槛较低、工作时间灵活、容易获得较高收入的特点，会吸引未来打算留城的农民工。

第二节 本地与外出农民工职业选择的比较研究

2006年以来,中央和地方政府在战略上都转向地方经济发展,尤其是乡村经济振兴,并把鼓励农民工在本地就业和创业作为推动乡村和县域经济发展的重要落点。从实践来看,近年来农村劳动力在本地从事非农就业的人数大幅增加,增幅甚至超过了外出农民工,农民工的流向被认为从过去的"孔雀东南飞"正在向"凤还巢"过渡。根据全国农村固定观察点调查,2007—2009年,县内非农就业比例增加了5.2%,达到30.0%,而省际流动比例首次下降了5.4%,达到了40%(Wu和Zhang,2010)。国家统计局农民工监测报告显示,2016年本地农民工比上年增长3.4%,而外出农民工仅比上年增长0.3%。本地农民工增量占新增农民工的88.2%。然而,从人员结构来看,相对于外出农民工,本地农民工年龄更大,平均受教育水平更低,接受非农职业技能培训的比例也更低(见表4-14),由此引发了学界对农村本地人力资源流失的担忧。乡村振兴的关键是人才振兴,如果那些选择留在当地的劳动力在可观测的能力和不可观测的能力上比选择外出务工的劳动力更差,则会损害到中国的地方经济发展(Wu,2010)。因此,有必要在探究农民工职业选择的过程中,控制外出农民工和本地农民工在可观测与不可观测的生产率特征上的差异,在此基础上,比较在当地和外出地劳动力市场上农村劳动力的非农职业选择机制的差异。

表4-14 2016年外出农民工与本地农民工的基本特征比较

特征	农民工合计	外出农民工	本地农民工
年龄			
平均年龄/岁	39.7	34.3	44.8
40岁以下所占比重/%	52.4	72.3	33.6
受教育水平			
未上过学/%	1.0	0.7	1.3
小学/%	13.2	10.0	16.2

续表

特征	农民工合计	外出农民工	本地农民工
初中/%	59.4	60.2	58.6
高中/%	17.0	17.2	16.8
大专及以上/%	9.4	11.9	7.1
技能培训状况			
接受农业培训/%	8.7	7.4	10.0
接受非农职业技能培训/%	30.7	33.8	27.8

资料来源：国家统计局2016年《农民工监测调查报告》。

本节我们尝试回答的问题是，首先，究竟什么因素影响着农民工进入高层次的职业？在县域内外从事非农工作的农民工的职业选择机制有何差异？进一步地，当地和外出地的非农劳动力市场哪一个吸引了更有能力的农村劳动力？如果外出者选择不移民，他们的职业选择与那些留在当地的农民工会有何不同？对这些问题的回答不仅有助于我们掌握农民工实现职业地位上升的途径，同时，也有助于我们有针对性地提出改善地方劳动力市场的举措。

基于陕西省6个县的一手入户调查数据和详细的职业分类，我们深入探索了农民工逐渐分化的职业分布和进入机制，并通过对农民工在本地和外出地非农职业选择机制的比较分析，掌握了本地和外出地非农劳动力市场运行状况的差异。在纠正样本自选择偏差后，我们发现，外出农民工相对于本地农民工并未表现出在不可观测特征上显著的样本自选择问题。但两个群体在职业选择机制上存在明显差异。正规教育和学校后培训等人力资本对外出农民工的职业选择所产生的积极影响大于对本地农民工的影响。相反地，政治资本对当地农民工从事白领类职业和个体经营职业产生了重要影响，而对外出农民工的职业选择没有显著作用。此外，应用反事实比较的结果显示，如果外出者当初选择留在本地，他们更有可能从事对人力资本要求较高的职业，而不太可能从事对政治资本要求较高的个体经营。总的来说，拥有人力资本优势的农村劳动力在外出地的劳动力市场上更容易从事高层次职业，而政治资本在农村当地市场仍然扮演着关键角色，不利于拥有人力资本优势的农民工的职业发展，尤其是对创业来说。

一、模型的构建与应用

（一）模型的设计

在比较外出务工者和本地农民工的非农职业选择时，必须检验是否存在样本自选择问题。因为农村劳动力的外出常被认为是一种自选择过程。选择外出的农村劳动力可能在不可观测特征上区别于留在本地的农民工（如具有更高的学习能力和更低的风险规避），这会导致外出农民工与本地农民工的职业选择存在差异。因此，如果外出者更有可能从事管理或技术性工作，其原因可能并不是由可观测的人力资本特征决定，而是由其不可观测的能力决定的（Piracha 和 Vadean，2010）。

我们采用由 Lee（1982）发展的 Heckman（1979）两步法来克服样本选择偏差问题，以获得对外出农民工和本地农民工职业选择模型的一致估计。外出农民工（Migrant Workers）是指在户籍所在县域以外的地区从事非农工作和生活的农民工。本地农民工（Local Off-farm Workers）则是指在户籍所在县域以内从事非农工作和生活、从来没有外出务工经历的农民工。

第一步，我们采用 Probit 模型来估计劳动力外出迁移的决策：

$$Pr(M_i = 1) = Z'_i \gamma + \mu_i \tag{4-4}$$

如果一个农村劳动力选择外出到户籍所在县域之外就业，则 $M_i = 1$；如果该劳动力在本县内从事非农工作，则 $M_i = 0$。Z_i 为影响劳动力外出选择的一系列特征向量。

第二步，我们采用前述的职业选择方程（式4-3）分别对外出农民工和本地农民工进行估计并比较。为获得一致的估计，我们将从第一步外出决策方程中得到的广义残差（μ_i）作为一个自变量纳入职业选择模型。第一阶段外出选择方程的广义残差具有以下形式：

$$\mu_i = \frac{\phi(\cdot)}{\Phi(\cdot)[1-\Phi(\cdot)]}[d_i - \Phi(\cdot)] =$$

$$\begin{cases} \dfrac{\phi(\cdot)}{\Phi(\cdot)}, & \text{对于外出农民工}: d_i = 1 \\ \dfrac{-\phi(\cdot)}{[1-\Phi(\cdot)]}, & \text{对于本地农民工}: d_i = 0 \end{cases} \quad (4-5)$$

其中，$\phi(\cdot)$ 和 $\Phi(\cdot)$ 分别表示标准正态分布的概率密度函数和累积分布函数（Gourieroux, Monfort, Renault 和 Trognon, 1987）。在第二步的职业选择模型中，如果广义残差的系数在统计上不显著，则说明职业选择未受到不可观测特征的影响。

最后，为了捕捉外出决策对农村劳动力非农职业选择的影响，我们计算了农村劳动力实际所选择职业的预测概率与反事实概率之间的差异。所有计算均基于样本选择偏差校正后的多元 Logit 模型。对于外出农民工，我们有：

$$\Delta_M = Prob(y_{iM} = j_M) - Prob(y_{iM} = j_L | M_i = 0) =$$

$$\frac{\exp(X'_{iM}\hat{\beta}_{jM})}{1 + \sum_{k=1}^{N}\exp(X'_{iM}\hat{\beta}_{kM})} - \frac{\exp(X'_{iM}\hat{\beta}_{jL})}{1 + \sum_{k=1}^{N}\exp(X'_{iM}\hat{\beta}_{kL})} \quad (4-6)$$

其中，外出农民工的反事实概率［式（4-6）中第二项］是把方程（4-2）估计得到的本地农民工职业选择模型的系数（$\hat{\beta}_{jL}$）应用到外出农民工的特征（X'_{iM}）上计算而得。

类似地，本地农民工的反事实概率是把外出农民工职业选择模型的系数应用到本地农民工的特征上计算而得，其反事实概率与实际概率之间的差异为：

$$\Delta_L = Prob(y_{iL} = j_M | M_i = 1) - Prob(y_{iL} = j_L) =$$

$$\frac{\exp(X'_{iL}\hat{\beta}_{jM})}{1 + \sum_{k=1}^{N}\exp(X'_{iL}\hat{\beta}_{kM})} - \frac{\exp(X'_{iL}\hat{\beta}_{jL})}{1 + \sum_{k=1}^{N}\exp(X'_{iL}\hat{\beta}_{kL})} \quad (4-7)$$

（二）模型的应用

在职业分类方面，我们充分考虑了中国农村劳动力非农职业的分布特点，并综合借鉴了国家统计局的职业分类体系和国际劳工组织的国际职业编码体系（International System of Occupational Code，ISOC）。最终确定了五个职业类别，分别为管理和专业技术人员、商业和服务业人员、技术型工人、个体经营者、非技术型工人。表4-15给出了各类职业的定义和示例。其中，个体经营是农村劳动力主要的非农职业选择之一。考察从事个体经营的影响因素对于判断农村劳动力中较高的自雇佣率是创业者的比较优势决定的，还是劳动力市场的制度性障碍下低技能农村劳动力的被迫选择所致，是非常有价值的（Giulietti，Ning 和 Zimmermann，2011）。

表4-15 职业分类与示例

职业类型	示例
管理者和专业技术人员	领导干部，人力资源、财务、市场、销售等管理者，科学和工程辅助专业人员，商业、法律、社会、文化及相关辅助专业人员，医生，教师，会计师，律师（不含村干部）
商业服务人员	个人服务（导游、厨师、餐饮服务员、侍者、美容美发、物业管理），销售人员（销售员、店员、收银员、售后人员），个人照料（照顾儿童、个人健康照料），个人保卫（保安）
技术工人和手工业者	电气和电子设备装配，水管工，钳工，铸工，焊工，模具工，汽车机械师和维修师，司机，建筑工，瓦工，木工，裁缝，食品加工工人
个体经营者	自雇或者雇用8人以下员工的个体经营者
初级职业	流水线工人，清洁工（家政保洁），采掘、建筑、制造、运输业简单劳动力，食品制作辅助工人，街头商贩（无固定的经营场所）

模型中的解释变量包括个体特征变量、家庭背景变量和县级变量。表4-16给出了这些变量的定义和测量。其中，人力资本的测量主要包括受教育水平、技能培训和职业资格认证。政治资本由两个变量来衡量：党员身份和家庭成员担任村干部状况。

表 4-16　职业选择模型的解释变量

解释变量	变量的测量（单位）
个体特征	
性别	1=男性；0=女性
年龄	年数
婚姻状况	1=已婚；0=其他
受教育年限	年数
是否共产党员	1=共产党员；0=不是共产党员
学校后的人力资本投资	
学徒	1=有过学徒的经历；0=没有学徒经历
职业资格证书	1=在担任现职之前获得至少1个职业资格证书；0=没有获得过职业资格证书
职业培训	
政府资助	1=参与过政府资助的职业培训；0=没有
公司资助	1=参与过公司资助的职业培训；0=没有
自己出资	1=自己出资参加培训；0=没有
家庭特征	
儿童人数	人数
年龄大于65岁的老人人数	人数
是否是户主	1=户主；0=非户主
家中是否有村干部	1=家里至少有一人为村干部；0=家中没有村干部
人均土地面积	亩/人
村劳动力迁移状况	
2009年本村劳动力外出打工的比例	%

二、数据及描述性统计

（一）数据来源

本节所用数据来自调研组于2010年7—8月在陕西省开展的入户调查。陕西省是我国农村劳动力外出务工的大省，也是经济发展水平相对落后的省份。2008年，陕西省农民人均纯收入为3136元，在全国省份中位列倒数第五。相对于经济发达省份,贫困地区的农村劳动力的外出就业和非农职业选择具有其特殊性。在选取样本县时,我们充分考虑了陕西省各县在农业资源、经济发展水平、市场机会和地理位置上的多样性,最终确定的六个县为蓝田县、富平县、洛川县、洛南县、洋县和城固县。以人均农业纯收入为标准,我们使用分层随机抽样法在每个县选取3个乡,每个乡选取2个村代表高收入组和低收入组。在村一级,使用系统随机抽样法,在村委提供的户口登记本中随机抽取10户。在被抽中的调查户中,选择户主,或者1名年龄在18~55周岁的家庭主要劳动力作为被访者。调查共访谈366户,收集到有效个体样本为1750个。根据研究需要,我们仅保留了年龄在16~65岁的样本,同时删去了仅从事农业劳动的劳动力、上学和在军队服役的样本,最后得到的样本总量为701个。问卷的主要内容包括:家庭成员的人力资本和政治资本信息、职业信息、收入信息和接受学校后技能培训的信息。本次调查除了家庭问卷,还设计有行政村问卷,由村干部回答本村的经济社会发展状况,如所在村的外出务工比例、所在村的乡镇企业数量等信息。农户和行政村的调查问卷由调查员直接入户进行访谈并填报。

(二) 样本的描述性统计

从样本总体来看,被调查农民工的平均年龄为33.80岁,已婚比例为73%。平均教育水平为9.67年,相当于初中水平。8%的样本具有党员身份,13%的样本中有至少一个家庭成员担任村干部。参加过职业培训的样本比例为26%。

在样本中,共有227名本地农民工和474名外出农民工。比较两个群体可以看出,平均而言,外出农民工比当地农民工更年轻,在人力资本禀赋方面也优于当地农民工(见表4-17)。首先,外出农民工的受教育程度比当地农民工高0.75年。其次,在参与公司培训和做学徒的比例方面,外出农民工有明显的优势。例如,外出农民工参与公司培训的比例为13%,而当地农民工为8%。最后,外出农民工拥有职业证书的比例也略高于当地农民工。相反地，本地农民工在政治资本方面比外出农民工更有优势。本地农民工中的党员比例是外出农民工的两倍。而两个群体在家庭成员为村干部的比例方面是相似的。在家庭的其他特征方面，两个群体之间存在许多差异。例如，平均而言，与当地农民工相比，外出务工者来自一个劳动年龄人口更多、儿童更少、老年人更少、人均土地更少的家庭。

表4-17 描述性统计分析

解释变量	全部农民工样本		本地农民工		外地农民工	
	Mean	St. d.	Mean	St. d.	Mean	St. d.
个人特征						
性别	0.64	0.48	0.61	0.49	0.66	0.47
年龄	33.80	11.54	39.25	12.18	31.25	10.28
婚姻状况	0.73	0.45	0.85	0.36	0.67	0.47
受教育年限	9.67	2.83	9.14	2.99	9.89	2.69
是否党员	0.08	0.28	0.11	0.32	0.07	0.25
学校后人力资本投资						
职业资格证书	0.25	0.43	0.23	0.42	0.26	0.44
学徒	0.22	0.41	0.18	0.38	0.24	0.42
职业培训	0.26	0.44	0.27	0.44	0.26	0.44
政府出资的培训	0.08	0.27	0.12	0.32	0.06	0.23
企业资助的培训	0.12	0.32	0.08	0.28	0.13	0.34
自己出资的培训	0.07	0.26	0.07	0.26	0.08	0.26
家庭特征						
劳动力数量	3.90	1.30	3.68	1.39	3.99	1.25
儿童人数	0.67	0.69	0.73	0.72	0.64	0.67
老年人人数	0.26	0.55	0.29	0.59	0.24	0.52
是否户主	0.24	0.42	0.36	0.48	0.18	0.38
家里是否有村干部	0.13	0.34	0.14	0.35	0.13	0.33
人均土地面积（亩/人）	1.72	2.25	2.08	3.36	1.54	1.41
所在村特征						
2009年本村劳动力外出比例	0.24	0.22	0.23	0.21	0.25	0.22
样本数	701		227		474	

表4-18和表4-19显示了样本的职业分布和收入状况。样本中技术型蓝领工人的占比最高（38.52%），其次是非技术工人（30.96%），在所有职业类型中，管理者和专业人员的占比最低（7.56%）。本地农民工和外地农民工在职业分布上存在明显的差异。大多数外地农民工是技术工人（47.47%），而大多数本地农民工从事非技术职业（43.17%）。本地农民工从事个体经营的比例为22.91%，是外出农民工的4倍。在本地农民工中，从事管理和专业类职业的月平均收入最高，其次是个体经营者。然而，对于外出农民工来说，个体经营者的月收入最高，其次是管理人员和专业人员。与本地农民工相比，外出农民工在所有职业类别中得到的收入都更高。最大的收入差异出现在自雇佣群体中。平均而言，外出从事个体经营者每月比他的本地同行多挣1033.06元。

表4-18 本地农民工和外出农民工的职业分布比较

职业分类	全部农民工		本地农民工		外出农民工	
	Freq.	Percent/%	Freq.	Percent/%	Freq.	Percent/%
1. 管理者和专业人员	53	7.56	18	7.93	35	7.38
2. 服务人员与销售人员	85	12.13	14	6.17	71	14.98
3. 技术型工人	270	38.52	45	19.82	225	47.47
4. 个体经营者	76	10.84	52	22.91	24	5.06
5. 非技术型工人	217	30.96	98	43.17	119	25.11
合计	701	100	227	100	474	100

表4-19 本地农民工和外出农民工的月均工资比较

单位：元

职业类型	月工资					
	全部农民工		本地农民工		外出农民工	
	Mean	St. d.	Mean	St. d.	Mean	St. d.
1. 管理者和专业人员	2199.59	978.10	1892.882	815.129	2352.94	1026.98
2. 服务人员与销售人员	1677.92	735.32	1461.538	846.1072	1721.88	710.12
3. 技术型工人	1697.34	835.97	1648.29	922.03	1706.87	820.24
4. 个体经营者	2134.00	1797.91	1824.08	1772.02	2857.14	1682.73
5. 非技术型工人	1077.13	550.19	933.80	489.26	1192.35	571.33

三、实证分析

在纠正样本选择偏差之后,本节比较了外出农民工和本地农民工的非农职业选择模型,其中,"非技术型工人"是参照组。首先,我们需要选择出有效的工具变量,确保其在职业选择方程中在统计上不显著,但在"是否迁移"的决策模型中有显著影响。基于此原则,我们选择了人均土地(即家庭土地除以家庭劳动力数量)作为工具变量。土地利用率对农村劳动力的供给有显著影响。减少土地规模往往会减少家庭农业收入,进而增加迁移的动机(Zhao,1999)。但家庭的土地禀赋不太会影响到农村劳动力的非农职业选择。正如所预期的,在外出决策方程中,人均土地的系数在1%的水平上显著,但是在职业选择的多元Logit模型中,其系数并不显著(p值为0.298)。

接下来,我们检验外出对职业选择的影响仅仅是截距效应还是兼具截距效应和系数效应。我们分别估计了外出农民工和本地农民工的职业选择模型,并进行了邹至庄似然比检验,以考察两类人群的职业选择系数是否不同。所得到的卡方值为132.98,在1%的水平上具有显著性,证实了外出和本地农民工的估计系数不同。接下来,我们采用Lee(1982)开发的Heckman两步法对样本选择性偏差进行了校正。从外出决策模型中得出的广义残差在外出农民工和本地农民工的职业选择模型中均不显著,Wald检验的卡方值分别为3.33和5.33,两者都小于95%的临界值。因此,影响外出的不可观测特征并不会影响外出农民工和本地农民工的职业选择。

(一)外出农民工与本地农民工职业选择机制的差异

表4-21给出了样本选择偏差修正后的估计结果,报告了自变量对农民工选择某一职业相对于参照职业(非技术型工人)的对数概率比的影响。比较外出农民工和本地农民工的职业选择,我们得出了有趣的结论。

首先,研究结果支持人力资本假说。以受教育年限衡量的教育水平对非农职业选择具有显著和积极的效果。受教育年限的增加会促使农村劳动力选择更高层次的非农职业。然而，教育人力资本对两个亚组的影响是不同的。以非技术型工人为参照组，受过良好教育的本地农民工首先会选择管理和专业技术职业，其次是销售和服务工作，接着是技术型工人和个体经营。其他变量保持不变时，受教育年限增加1年，则农民工选择上述四类职业的概率与选择参照职业（非技术型工人）的概率之比变为原来的3.58、1.82、1.22和1.16倍。但教育对当地农民工进入技术型蓝领工作和个体经营的影响在统计上并不显著。相比之下，受过良好教育的外出农民工首先会选择管理和专业技术职业，然后是个体经营，其次是销售和服务类职业，以及技术型蓝领职业。其他变量保持不变，受教育年限增加1年，选择四类职业与选择参照职业的概率之比分别变为原来的2.27、1.68、1.53和1.22倍。而且，所有的系数都是显著的。该结果表明，与本地农民工相比，受教育水平在增加外出农民工获得白领职业、技术型职业和自营职业的机会方面起着更重要的作用。

其次，虽然学校后人力资本投资对两个群体的职业选择均有显著影响，但其对外出者的职业选择的正向影响更为显著。例如，职业培训增加了外出农民工从事高层次职业的可能性，但对本地农民工的职业选择没有显著影响。具有学徒经历的外出农民工更有可能成为技术型工人或销售/服务类人员，而学徒经历只会增加本地农民工成为技术型工人的概率。职业资格证书对两个群体的职业选择均起着重要的作用。具有至少一种职业资格的外出农民工和本地农民工更有可能成为管理和专业技术人员、技术工人和自雇佣者。

在政治资本方面，实证结果显示，党员身份和家庭中村干部状况对本地农民工的影响远远超过对外出农民工的影响。对于本地农民工，党员身份会使其从事管理或专业技术工作的概率与从事参照职业的概率之比提高为非党员的24.86倍，使其从事个体经营的概率与从事参照职业的概率之比提高为非党员的7.20倍。而对于外出农民工，党员身份只会使其从事管理或专业技术工作的概率与从事参照职业的概率之比提高为非党员的8.32倍，对于他们从事个体经营则没有任何显著影响。家中有人担任村干部，会使本地农民工从事个体经营的概率与从事参照职业的概率之比提高为非干部家庭的5.32倍,而其对外出农民工的职业决策则没有产生任何显著作用。这一结果与以往研究的结论相一致,即家中有村干部更可能增加农民工在当地就业而非外出就业的概率(Zhang, Giles 和 Rozelle, 2012)。此外,村干部仍然能够通过自身在当地经济中的影响力来增加家庭成员开展个体经营的机会。调查中我们发现,村主任或村支书在当地牵头开展乡村特色产业经营或开办个体企业的现象非常普遍。

此外,家庭特征对职业选择的影响在两个群体之间也不同。例如,户主在本地市场更容易开展个体经营,但在外出地并没有出现类似倾向。这可能是因为户主在当地对家庭资源有更多的控制。社区特征影响职业选择的方式也很有趣。如果外出农民工来自一个具有较高外出比例的村庄,那么他更有可能从事销售、服务和非技术工作,而不是管理和专业技术工作。也就是说,村级社会网络对外出农民工职业选择的影响只停留在初级就业市场中。

上述证据表明,以正规教育或职业培训衡量的人力资本在外出者的职业选择中发挥的作用远大于其对本地农民工的影响。而政治资本对本地农民工从事较高层次的非农职业有关键影响,但其对外出农民工的职业选择并未能发挥作用。换言之,外出农民工面临的劳动力市场比本地农民工的市场化程度更高。此外,实证结果也揭示了农民工在外出地和本地从事个体经营的差异。在本地劳动力市场上,开展个体经营主要依赖的是政治资本和职业技能,而非正规教育。而外出地的个体经营对正规教育和职业技能的要求较高,并不受个人或家庭政治资本禀赋的影响。因此,在本地从事个体经营更可能是弱势劳动力无法进入其他正规职业情况下的被迫选择,而非主动创业的标志。

(二) 职业选择的反事实比较

当我们比较职业选择的实际预测概率与反事实概率之间的差异时,更清楚地发现:当地劳动力市场的职业选择机制与外出地劳动力市场的职业选择机制不同（见表4-20）。如果外出者留在当地市场，他更有可能成为管理或专业技术人员（+3.3%）、个体经营者（+8.8%）或非技术工人（+11%）。如果本地农民工选择外出，他更有可能成为销售和服务人员（+0.6%）或技术工人（+2.25%），不太可能成为管理者或专业技术人员（-2.6%）、个体经营者（-14.7%）或非技术工人（-11.3%）。最后，将外出农民工的反事实选择与本地农民工的实际职业选择进行比较，我们发现，如果外出者留在当地，他们较之于本地农民工而言更有可能成为管理人和专业技术人员（+2.7%）、销售和服务人员（+4.5%）和技术型工人（+8.4%），但是，不太可能成为个体经营者（-8.8%）和非技术工人（-7.1%）。也就是说，即使外出者留在本地，他们也更有可能从事对人力资本要求更高的职业，而更不可能从事依赖于政治资本的职业。

表4-20 职业选择的预测概率与反事实概率之间的差异

职业分类	预测概率	反事实概率	差异
	外出农民工	外出农民工如果不外出	
1. 管理者和专业人员	0.074	0.107	-0.033***
2. 服务人员与销售人员	0.150	0.107	0.043***
3. 蓝领技术工人	0.475	0.284	0.191***
4. 自雇佣者	0.050	0.138	-0.088***
5. 非熟练劳动力	0.251	0.363	-0.112***
1. 管理者和专业人员	0.080	0.107	-0.027*
2. 服务人员与销售人员	0.062	0.107	-0.045***
3. 蓝领技术工人	0.199	0.284	-0.084***
4. 自雇佣者	0.226	0.138	0.088***
5. 非熟练劳动力	0.434	0.363	0.071***
职业分类	本地农民工	本地农民工如果外出就业	差异
1. 管理者和专业人员	0.080	0.054	0.026***
2. 服务人员与销售人员	0.062	0.122	-0.060***
3. 蓝领技术工人	0.199	0.424	-0.225***
4. 自雇佣者	0.226	0.079	0.147***

续表

职业分类	本地农民工	外出农民工如果不外出	差异
5. 非熟练劳动力	0.434	0.321	0.113***

注：外出农民工选择某一职业的反事实概率值是指外出就业的农民工如果留在当地选择某职业的概率；而本地农民工的反事实概率值是指本地农民工如果外出就业时选择某职业的概率。*、**、***分别表示统计检验在10%、5%和1%的水平上显著。

四、主要结论与讨论

利用2010年陕西省六个县的农村入户调查数据，我们估计了农村人口非农职业选择的决定因素，重点比较了外出农民工与当地农民工在非农职业选择机制上的差异（见表4-21）。我们的研究结果支持中国劳动力市场得到积极改善的说法，拥有更多人力资本的农村劳动力更有可能从事社会经济地位较高的非农职业。值得注意的是，正规教育和技能培训对非农职业选择具有不同的影响。正规教育有助于农村劳动力从事白领职业，而学徒式的岗前培训则有助于人们从事技能型的蓝领职业和自雇职业。另外，未能接受正规高等教育的农村劳动力仍然可以通过学校后的技能培训从事技术型蓝领职业或进行个体经营，但是，技能培训并不能增加他们进入白领职业的概率。

采用 Lee（1982）的两步法克服样本选择偏差之后，我们对外地农民工和本地农民工职业选择模型进行了一致估计。我们发现，相对于当地农民工，外出农民工并没有基于不可观测能力的自选择问题，这减轻了对农村劳动力向城市迁移可能阻碍农村当地发展的担忧。但是，这两个群体的职业选择机制存在明显的差异。正规教育和技能培训等人力资本因素对外出农民工进入白领职业、技术型职业和自雇职业所产生的积极影响远大于其对本地农民工的影响。在当地劳动力市场，非农职业选择主要受到以党员身份、家庭成员担任村干部状况为代表的政治资本的重要影响，而政治资本在外出地劳动力市场上的影响非常有限。反事实比较的结果显示，外出者如果选择留在本地就业，则更有可能从事对人力资本要求较高的职业，而不太可能从事个体经营活动，其原因可能是他们在地方政治资本禀赋上的劣势。上述结果表明，外出农民工所面临的劳动力市场主要由市场力量驱动，人力资本对于外出者进入具有较高社会经济地位的职业至关重要。相对而言，当地劳动力市场则处于欠发达水平，非市场因素如政治身份、家庭社会资本等对农村劳动力进入特定的非农职业发挥着关键作用。换言之，地方劳动力市场不利于拥有人力资本优势的农民工的职业发展，尤其是创业。真正的"孔雀"还是需要在外出地劳动力市场上才能获得更有利的职业发展和创业机会。

总体而言，我们的研究结论突出了持续投资农村正规教育的重要性，尤其是进一步增加农村家庭获得高等正规教育的机会，因为其直接关系到农村劳动力进入社会经济地位较高的白领职业的机会。同时，我们建议政府加强学徒制度和职业资格证书制度，以提高农民进入技术型职业的概率。最后，我们建议政府关注县域当地劳动力市场的发育，弱化非市场因素，同时强化市场因素在非农职业选择中的作用，以此为当地发展吸引更多高能力水平的劳动力，真正使"孔雀不必东南飞"。

表 4-21 外出农民工和当地农民工的职业选择估计结果

	Probit	MLogit (1): 外出农民工 (非技术工人为参照组)				MLogit (2): 本地农民工 (非技术工人为参照组)			
	是否外出决策	管理者和专业人员	商业与服务人员	技术型工人	个体经营	管理者和专业人员	商业与服务人员	技术型工人	个体经营
个人特征									
性别	0.3532** (0.1277)	-1.7734 (1.0402)	-0.1816 (0.6212)	0.2125 (0.4945)	1.1737 (0.9147)	0.9760 (1.3341)	-0.9947 (0.9935)	1.0737 (0.8353)	-1.9472* (0.9267)
年龄	-0.0206 (0.0325)	0.2606 (0.2375)	0.4653** (0.1677)	0.0547 (0.0816)	0.4270* (0.1927)	0.0813 (0.3457)	-0.3507 (0.3028)	0.0032 (0.1381)	0.3187 (0.1777)
婚姻状况	-0.0207 (0.0425)	-0.1256 (0.3861)	-0.7906** (0.2800)	-0.0407 (0.1330)	-0.5734* (0.2677)	0.0272 (0.4258)	0.2171 (0.4236)	-0.0056 (0.1626)	-0.2882 (0.1761)
受教育年限	0.0204 (0.0209)	0.8203*** (0.1355)	0.4222*** (0.0894)	0.1999** (0.0735)	0.5184*** (0.1291)	1.2755*** (0.2961)	0.5986** (0.1859)	0.1971 (0.1109)	0.1457 (0.0968)
是否党员	-0.1119 (0.1959)	2.1185* (1.0045)	1.5674 (0.8408)	1.1535 (0.7004)	0.1540 (1.3427)	3.2132* (1.2973)	2.4271 (1.5141)	1.3673 (0.8480)	1.9746* (0.7711)
学校后人力资本投资									
职业资格证书	-0.1103 (0.1396)	2.3328** (0.7650)	0.6763 (0.6317)	1.8049*** (0.5363)	1.8479* (0.7726)	2.4339* (1.0759)	-0.7224 (1.2967)	2.2109** (0.6716)	2.3864** (0.7630)
学徒	0.1509 (0.1353)	0.8067 (0.8658)	1.2084** (0.5204)	1.2571** (0.4021)	-0.7232 (1.1815)	-17.2645 (925.4115)	1.2994 (1.0975)	1.2715* (0.5674)	-0.8122 (0.7134)

续表

变量	Probit	MLogit(1):外出农民工(非技术工人为参照组)				MLogit(2):本地农民工(非技术工人为参照组)			
参加培训	-0.0842 (0.1315)	2.1249** (0.6742)	1.3353** (0.4859)	0.8698* (0.4063)	0.2032 (0.8002)	1.8453 (1.1202)	0.2479 (0.8460)	-0.1566 (0.6133)	-0.0532 (0.5732)
家庭特征									
孩子人数	-0.0779 (0.0938)	0.0430 (0.5068)	0.3290 (0.3015)	0.4762* (0.2382)	0.6313 (0.4008)	-1.4216 (0.7927)	-0.7146 (0.6529)	0.1118 (0.3621)	0.4590 (0.3322)
老者人数	-0.0864 (0.0799)	-1.2875 (0.7284)	-0.6980 (0.4156)	0.0556 (0.2871)	-0.4895 (0.5175)	-0.7543 (0.7896)	0.7269 (0.5512)	0.1096 (0.4118)	0.2285 (0.4179)
是否有村干部	-0.0829 (0.1597)	1.0789 (0.7749)	-0.2248 (0.5300)	-0.3008 (0.4161)	-0.8075 (0.9317)	1.8159 (1.2260)	0.5241 (1.0700)	-0.4319 (0.8184)	1.6717** (0.6051)
是否户主	-0.2033 (0.1647)	-0.7519 (1.4519)	0.5854 (0.7652)	0.0008 (0.5043)	-0.7855 (0.8288)	-1.4959 (1.5536)	0.9745 (1.6714)	0.1492 (0.7680)	2.6994** (0.8261)
所在村特征									
村外出劳动力比例	0.5152* (0.2594)	-4.9371* (2.0252)	-2.2695 (1.2124)	-0.2353 (0.9057)	-0.9209 (1.8245)	-2.8327 (2.9826)	3.0825 (2.3838)	0.3334 (1.5166)	0.9748 (1.4739)
工具变量									
人均土地	-0.0668** (0.0258)								
广义残差		6.7650 (5.8173)	-0.8897 (3.2976)	2.0836 (2.6213)	-4.3961 (3.9659)	1.5362 (3.1264)	-2.0626 (1.7896)	1.8783 (2.0925)	3.9012 (2.9332)

续表

	Probit	MLogit(1): 外出农民工(非技术工人为参照组)				MLogit(2): 本地农民工(非技术工人为参照组)			
常数项	1.1997 (0.6100)	-13.2619** (4.7233)	-11.2829*** (2.9934)	-2.5661 (1.8494)	-17.2287*** (4.2648)	-21.7494* (8.4828)	2.6159 (5.5671)	-6.3298 (4.4247)	-14.8890* (6.4973)
样本数	701	474				227			
$LRChi-squared$	102.62	311.13				240.58			
$Prob>Chi-squared$	0.0000	0.0000				0.0000			
$Log-likelihood$	-387.862	-474.148				-194.626			
$Pseudo R-squared$	0.1168	0.2470				0.3820			

注:括号内为标准误。*、**、*** 分别表示统计检验在10%、5%和1%的水平上显著。

第五章 农民工的职业流动机制研究

劳动力市场上求职者与雇佣者之间信息不对称的现实，导致了劳动力市场上的工作搜寻和职业流动行为。一方面，通过工作搜寻，劳动者逐渐了解劳动市场的工资分布情况，他们会比较每次工作搜寻的边际成本和可能的边际收益来决定是否停止搜寻活动（Phelps，1969）。另一方面，在雇佣关系建立的初期，雇员和雇主对彼此的信息掌握是有限的，随着员工的生产率特征和企业的报酬特征等信息逐渐暴露，一旦有一方或双方发现不再匹配时，职业流动将会发生。雇员通过职业流动以追求更高的收入，而雇主也会辞退员工以追求生产率的提升（Jovanovic，1979）。作为劳动力市场上理性行为人的经济活动，工作搜寻和职业流动不仅关乎求职者能否有效实现就业和收入的提高，而且关乎劳动力市场的配置效率。

由于人力资本和社会资本的相对匮乏，农民工在城市劳动力市场上的工作搜寻渠道非常有限。同时，职业流动频繁，且容易经历向下的职业流动。这些就业特点进一步制约了农民工的收入增长和就业稳定。关注农民工的工作搜寻和职业流动，尤其是考察职业流动能否帮助农民工实现职业上升，对于提高农民工在城市劳动力市场的匹配效率、促进农民工就业质量和社会经济地位的提升，具有重要的现实意义。

第一节 农民工的工作搜寻行为研究

作为农村劳动力进入城市劳动力市场的首要经济行为，工作搜寻对于农民工的就业质量具有重要影响。工作搜寻渠道的选择直接关系到农民工掌握用工方工资出价的数量，而工作搜寻时间长短常常作为雇主判断农民工劳动生产率高低的标志，二者对未来工作的工资性收入也有直接影响（梁海兵，2015）。

一种观点认为，由于劳动力市场上雇佣双方掌握的信息不对称，求职者无法在短时间内全面了解工资的分布情况，因而需要在工作搜寻过程中逐渐明确适应自己保留工资和其他效用的工资出价，搜寻时间越长，搜集的就业信息越多，工作选择范围越广泛，最终找到一份高收入和高职位工作的可能性就越大（秦秀，2011）。另一种观点认为，随着搜寻时间的延长，求职者的人力资本将会受损，因此选择退而求其次，接受一份工作水平低于最初保留工资的工作（Layard等，1991）。还有研究发现，在雇主眼中，求职者工作搜寻时间过长也是其自身劳动生产率低下的信号，因此他们往往会为这一类求职者提供较低的工资出价（Nickell等，2002）。

农民工的工作搜寻行为与城市其他求职者相比具有一定的特殊性。一方面，农民工受自身认知能力限制，信息获取能力较差。郑英隆（2005）的研究认为，农民工具有弱信息特征，他们在就业时表现出的弱势主要在于其在获取信息方面的弱势。另一方面，由于规范、系统的劳动力市场中介没有完全建立，农民工通过市场化渠道求职成本较高且不确定性较强（梁海兵，2018）。

出于对搜寻成本和效率的考虑，农民工的工作搜寻一般会依靠非正式的社会关系网络，进而从事服务业和制造业中的低技能工作，工资水平普遍偏低。而随着新就业形态的出现和产业转型升级的不断深化，越来越多的农民工意识到，依靠个人力量搜寻工作的难度越来越大，依赖社会关系求职的问题也逐步凸显，人才市场、网络求职等市场化的求职渠道开始受到农民工群体的青睐。不同的工作搜寻渠道究竟效率如何、能否帮助农民工在短时间内找到工作，是本节关注的重点问题之一。研究农民工工作搜寻行为，尤其是工作搜寻渠道和工作搜寻时间，不仅有助于加深对农民工就业特殊现象形成机理的认知，也对如何提高农民工的求职成功率和劳动力市场均衡有重要的指导意义。

鉴于此，我们利用项目组 2015 年"苏州市外来农民工就业与社会融入状况"专项调查的一手调研数据，采用工作搜寻模型，探究以下几个具体的问题：①农民工工作搜寻渠道的选择的影响因素；②不同工作搜寻渠道对农民工工作搜寻时间的影响；③为健全中国劳动力市场信息机制和提升农民工工作搜寻效率提供切实可行的政策建议。

一、模型的构建

本节我们重点讨论农民工工作搜寻渠道的选择机制，以及工作搜寻渠道对工作搜寻时间的影响。首先，将工作搜寻渠道作为被解释变量，以安置就业为基准组，采用多元 Logit 模型探究工作搜寻渠道的影响因素。其次，我们采用了持续时间模型（也称"Cox 比例风险模型"）来探究工作搜寻渠道对搜寻时间的影响。由于调查数据包含正处于工作搜寻阶段的农民工，他们只能提供工作搜寻开始的时间，而不能回答完整的工作搜寻时间。如果去掉这部分"右截尾"数据，可能会造成回归结果的偏误，采用持续时间模型，可以最大限度地降低样本选择性偏差。

（一）工作搜寻渠道影响因素的 MLogit 模型

首先，我们将工作搜寻渠道作为被解释变量，以安置就业为基准组，构建工作搜寻渠道选择的 Multinomial Logit 模型，考察各类因素对工作搜寻渠道选择的影响。

具体模型如下，设农民工 i 选择 j 工作搜寻渠道的概率为：

$$P_{ij} = \frac{exp(X'_i \beta_j)}{1 + \sum_{k=i}^{J} exp(X'_i \beta_k)} \quad j = 0,1,\cdots,J;\ \beta_0 = 0 \quad (5-1)$$

其中，P 为农民工选择某种工作搜寻渠道的概率，j 为可选择的工作搜寻渠道，$J+1$ 为可选择渠道的总数，i 代表农民工个体，P_{ij} 代表农民工 i 选择工作渠道 j 的概率。向量 X_i 代表一系列影响工作搜寻渠道决策的因素，主要包括个人特征因素、人力资本因素和社会资本因素三类。

此处，我们将农民工的工作搜寻渠道分为七种，分别是安置就业、职业介绍机构、互联网、人才招聘会、朋友或同乡介绍、亲戚介绍工作、直接的雇员招用。在实际的模型估计中,我们选择的基准组是"安置就业"。参数估计值 β_j 表示相对于基准组而言,各解释变量对于选择搜寻渠道 j 的对数概率比的影响。

(二) 工作搜寻渠道对工作搜寻时间影响的 Cox 模型

本节对工作搜寻时间的界定是,求职者从开始寻找工作直到成功获得工作所花费的时间,它将作为农民工工作搜寻效率的代理变量。一般来说,农民工的工作搜寻时间越短,表明该农民工工作搜寻能力越强或搜寻效果越好。

持续时间模型的核心思想是事件发生的条件概率(Kiefer,1988),即在"某事件直到时刻 $t-1$ 为止一直没有发生"这个条件下,在时刻 t 事件发生的瞬间概率。如果以"农民工找到工作"作为一个事件,利用"Hazard 函数"可以分析这个事件发生的条件概率。Harzard 函数的定义如下:

$$h(t) = \lim_{dt \to 0} \frac{Prob(t \leq T \leq t+dt \mid T \geq t)}{dt} = \lim_{dt \to 0} \frac{F(t+dt) - F(t)}{dtS(t)} = \frac{f(t)}{S(t)}$$

(5-2)

T 为随机变量,即事件发生的时间,其概率分布为连续函数 $f(t)$,t 为 T 发生的时间。$F(t)$ 为在时间 t 之前事件发生的概率,即 $f(t)$ 的累计概率函数。$S(t)$ 为生存函数(Survival Function),表示直到时刻 t 为止事件尚未发生的概率。风险函数 $h(t)$ 即"农民工在 t 时刻找到工作"的瞬时概率。

在分析农民工工作搜寻时间的影响因素时,一般假设工作搜寻时间服从威布尔分布。机会函数如下:

$$h(X_i, t) = exp(X_i'\beta)\alpha t^{\alpha-1}, \quad \alpha > 0 \qquad (5-3)$$

其中,X_i 是外来务工人员工作搜寻时间的影响因素。本节重点关注工作搜寻渠道,因此将其作为核心变量加入模型。工作搜寻时间还受到个人特征、人力资本特征等因素的影响,因此将这些变量作为控制变量加入模型。具体的变量名称及解释在后文具体介绍。α 是时间依存系数,反映了农民工找到工作的条件概率如何随着工作搜寻时间的延长而变化。一般情况下，如果 $\alpha>1$，则找到工作的条件概率随着搜寻时间的延长而增加；如果 $\alpha<1$ 则找到工作的条件概率随着时间的延长而下降；如果 $\alpha=1$，则说明找到工作的条件概率独立于搜寻时间（宋月萍，2010）。

（三）变量的定义和赋值

以下我们将对上述两个模型中的变量定义和赋值情况进行介绍。其中，解释变量包括三类：我们将性别、年龄、婚姻状况归纳为个人特征变量；将工作经验、受教育年限、参加培训、职业资格证书归纳为人力资本特征变量；将是否签订劳动合同、近三年是否发生过职业流动归纳为工作特征变量。

1. 模型一的变量定义及赋值

在农民工工作搜寻渠道影响因素的研究中，我们将农民工工作搜寻渠道分为安置就业、职业介绍机构、人才招聘会、互联网、亲戚帮忙介绍、朋友或同乡介绍、直接的雇员招用七种类型。具体变量定义如表5–1所示。

表 5–1 模型一的变量定义及赋值

变量类型	变量名称	变量描述
因变量	工作搜寻渠道	1 = 安置就业（对照组）；2 = 职业介绍机构；3 = 人才招聘会；4 = 互联网；5 = 亲戚介绍；6 = 朋友或同乡介绍；7 = 直接的雇员招用
个人特征变量	性别	1 = 男性；0 = 女性
	年龄	连续变量
	婚姻状况	1 = 已婚；0 = 未婚
人力资本特征变量	受教育年限	连续变量
	工作经验	连续变量
社会资本特征变量	当地是否有亲戚	1 = 有；0 = 没有
	是否认识企事业单位管理人员	1 = 认识；0 = 不认识
	是否有本地朋友	1 = 有；0 = 没有

2. 模型二的变量定义及赋值

在农民工工作搜寻渠道对搜寻时间影响的研究中,我们将调查期农民工正在从事的工作所花费的搜寻时间作为被解释变量,并对工作搜寻时间作连续变量处理。具体变量定义及赋值如表5-2所示。

表5-2 模型二的变量定义及赋值

变量类型	变量名称	变量描述
因变量	工作搜寻时间	连续变量
核心解释变量	安置就业渠道(对照组)	1=使用;0=未使用
	职业介绍结构	1=使用;0=未使用
	人才招聘会	1=使用;0=未使用
	互联网渠道	1=使用;0=未使用
	亲戚介绍	1=使用;0=未使用
	朋友或同乡介绍	1=使用;0=未使用
	直接的雇员招用	1=使用;0=未使用
个人特征变量	性别	1=男性;0=女性
	年龄	连续变量
	年龄的平方	连续变量
	婚姻状况	1=已婚;0=未婚
人力资本特征变量	受教育年限	连续变量
	工作经验	连续变量
	工作经验的平方	连续变量
	是否参加过培训	1=参加过;0=没参加过
工作特征变量	过去三年职业流动次数	连续变量
	是否签订劳动合同	1=签订;0=未签订

二、数据及描述性统计

我们所采用的数据来自项目组于2015年5—6月间开展的"苏州市外来务工人员就业与社会融入调查"。根据我们的研究目标对样本进行筛选,最终共获得16~65岁的有效农民工样本1118个。

（一）样本基本特征

样本描述性统计如表 5-3 所示。从个人特征来看，男性占比高于女性，女性农民工仅占总体的 35.4%；年龄结构为年轻型，平均年龄为 28.23 岁，被调查者的最小年龄为 16 岁，最大年龄为 58 岁。已婚农民工占总样本量的 60.2%。从人力资本特征分布情况来看，样本中农民工的平均受教育年限为 11.68 年，其中最长受教育年限为 16 年，最短的受教育年限是 0 年，即没有接受过任何层次的学校教育；平均工作年限为 8.187 年，其中，工作经验最丰富的农民工已经工作了 45 年，同时，样本中也包括刚进入劳动力市场的农民工，工作经验为 0 年；77.1% 的农民工接受过培训，持有职业资格证书的农民工数量占样本总量的 30.2%。从工作特征来看，样本中有 80.6% 的农民工与工作单位签订了劳动合同，过去三年内的平均职业流动次数是 1.3 次。

表 5-3 样本的描述性统计

变量类型	变量名称	样本量	平均值	标准差	最小值	最大值
个人特征	性别	1118	0.646	0.478	0	1
	年龄	1118	28.23	6.091	16	58
	年龄的平方	1118	834.1	389.9	256	3364
	婚姻状况	1118	0.602	0.490	0	1
人力资本特征	受教育年限	1118	11.68	2.505	0	16
	工作经验	1110	8.187	5.347	0	45
	工作经验的平方	1110	95.60	130.6	0	2025
	有无职业资格证	1118	0.302	0.459	0	1
	是否参加过培训	1118	0.771	0.420	0	1
工作特征	有无劳动合同	1118	0.806	0.396	0	1
	过去三年职业流动次数	1006	1.327	1.634	0	20

(二) 工作搜寻的具体情况

1. 工作搜寻渠道频数分布

从样本总体来看,不同类型的工作搜寻渠道使用人数差异较大。从表5-4中可以看出,人才招聘会是使用频率最高的工作搜寻渠道,有29.41%的农民工通过人才招聘会找到工作,其次是朋友或同乡介绍,仅有12人通过政府或学校安置就业的方式获得工作。依照前文对工作搜寻渠道的分类标准,如果将朋友和同乡介绍工作及亲戚介绍工作看作通过社会关系求职,那么样本中约有35%的农民工是借助社会关系获得目前从事的工作。职业介绍机构、人才招聘会、互联网和直接的雇员招用都可以看作市场化渠道求职(梁海兵,2015),我们可以发现,有64%的农民工采用了市场化的求职方式。这说明市场化就业渠道相对于社会关系渠道更受样本农民工欢迎。

分性别来看,男性农民工和女性农民工的工作搜寻渠道选择偏好不同。其中,选择通过人才招聘会找工作的男性占男性农民工样本总数的34.64%,而通过这种渠道求职的女性农民工仅占女性农民工样本的20.71%,差异比较明显。此外,男性农民工样本中,有10.83%通过亲戚介绍求职,而在女性农民工样本中,通过这种渠道求职的人数占到20.41%。除了这两种搜寻渠道,其他搜寻渠道的使用比例在男性和女性农民工中大致相当。

表5-4 工作搜寻渠道的分布情况

搜寻渠道	总体样本	男性样本	女性样本
1. 安置就业	12 (1.33%)	7 (1.24%)	5 (1.48%)
2. 职业介绍机构	96 (10.65%)	57 (10.12%)	39 (11.54%)
3. 人才招聘会	265 (29.41%)	195 (34.64%)	70 (20.71%)
4. 互联网	76 (8.44%)	48 (8.53%)	28 (8.28%)

续表

搜寻渠道	总体样本	男性样本	女性样本
5. 亲戚介绍	130 （14.43%）	61 （10.83%）	69 （20.41%）
6. 朋友或同乡介绍	188 （20.87%）	115 （20.43%）	73 （21.60%）
7. 直接的雇员招用	134 （14.87%）	80 （14.21%）	54 （15.98%）
样本量	901	563	338

2. 不同工作搜寻渠道下的样本特征描述

从人口统计学特征看，各种渠道下的样本特征差异也比较明显（见表5-5）。第一，除亲戚介绍外每一种搜寻渠道在性别分布上，男性的占比都要高于女性，其中使用人才招聘会求职的样本中男性比例最高，占到73.6%。第二，使用不同搜寻渠道的农民工平均年龄在25~30岁，其中，朋友或同乡介绍工作的农民工平均年龄最大，安置就业的农民工平均年龄最小。第三，每种搜寻渠道中，已婚者占比均高于未婚者。

从人力资本特征来看，不同搜寻渠道的使用者平均受教育年限差异明显，其中安置就业的平均受教育年限最长，其次是互联网渠道。使用职业介绍机构和社会网络关系求职的农民工平均受教育年限大致相当，都在10.7年左右。工作经验差别更加明显，安置就业的农民工平均工作经验只有4年，通过亲朋好友介绍工作的农民工平均工作经验在10年以上。另外，可以看到，使用各种搜寻渠道的农民工的职业资格证书持有率区别较小，安置就业群体的资格证书持有率最高，为50%。从接受培训情况来看，通过亲戚介绍工作的农民工接受培训的机会最少。

从工作特征来看，不同搜寻渠道求职者近三年的职业流动次数差异非常大。安置就业群体近三年的平均职业流动次数是0.5次，借助互联网渠道求职者近三年的职业流动次数为1.6次，而其他搜寻渠道样本近三年的职业流动次数均在1次左右。劳动合同签约率差别不大，但是通过社会关系求职的农民工的劳动合同签订率低于通过市场渠道求职的劳动合同签订率。

表5-5 不同工作搜寻渠道下的样本特征分布

变量类型	变量名称	安置就业	职业介绍机构	人才招聘会	网络传媒	亲戚介绍	朋友/同乡介绍	直接的雇员招用
人口统计特征	性别	0.583 (0.515)	0.594 (0.494)	0.736 (0.442)	0.632 (0.486)	0.469 (0.501)	0.612 (0.489)	0.597 (0.492)
	年龄	25.25 (5.817)	29.38 (7.021)	28.00 (5.537)	28.24 (4.990)	28.95 (6.940)	29.54 (6.935)	27.18 (5.629)
	婚姻状况	0.500 (0.522)	0.688 (0.466)	0.562 (0.497)	0.592 (0.495)	0.754 (0.432)	0.676 (0.469)	0.575 (0.496)
人力资本特征	受教育年限	13.50 (1.624)	10.74 (2.731)	12.55 (1.850)	13.39 (1.967)	10.78 (2.866)	10.77 (2.505)	11.59 (2.701)
	工作经验	4.833 (4.282)	8.240 (4.546)	7.462 (4.871)	7.080 (4.912)	9.054 (6.242)	9.704 (5.684)	8.306 (5.343)
	职业资格证书	0.500 (0.522)	0.198 (0.401)	0.385 (0.487)	0.447 (0.501)	0.200 (0.402)	0.229 (0.421)	0.328 (0.471)
	培训状况	0.917 (0.289)	0.729 (0.447)	0.819 (0.386)	0.763 (0.428)	0.692 (0.463)	0.787 (0.410)	0.701 (0.459)
工作特征	劳动合同	0.833 (0.389)	0.927 (0.261)	0.925 (0.265)	0.829 (0.379)	0.692 (0.463)	0.771 (0.421)	0.627 (0.485)
	过去三年职业流动次数	0.556 (0.726)	1.159 (1.674)	1.472 (1.503)	1.603 (2.747)	0.893 (1.416)	1.141 (1.480)	1.198 (1.548)
	观测值	12	96	265	76	130	188	134

注：括号内为标准差。

3. 工作搜寻时间描述

从表5-6中可以看到，样本总体的平均工作搜寻时间是17.62天，其中，到调查时间截止，已经找到工作的633人中，平均找工作时间为14.23天。还有346人正在找工作，这些人平均的工作搜寻时间为23.84天，两个群体的搜寻时间差异很大。

对不同性别的工作搜寻时间进行描述性统计可以发现：样本总体中男性的平均工作搜寻时间是18天，女性比男性少2天；而还没有找到工作的群体中,女性的平均工作搜寻时间反而比男性多1天;在找到工作的群体中,男性和女性的工作搜寻时间均为14天。从婚姻状况来看,样本总体中,已婚者与未婚者的工作搜寻时间都17天左右。但在目前还未找到工作的农民工中,已婚者的平均工作搜寻时间为27天,而未婚者仅为21天。

从是否持有职业资格证书来看,有职业资格证书的农民工的平均工作搜寻时间是19天,搜寻时间长于没有资格证的农民工。这在还未找到工作的农民工中体现得更加明显:有职业资格证书的农民工平均工作搜寻时间是74天,而没有资格证书的农民工搜寻时间仅有20天。这说明持有职业资格证书的农民工可能会花费更长的时间找到一份满意的工作。

这三类群体中,参加培训、签订劳动合同的农民工的工作搜寻时间均比未参加过培训或没有签订劳动合同的农民工的工作搜寻时间短。

表5-6 不同群体的工作搜寻时间

单位:天

分类变量	变量	找到工作者	尚未找到工作者	样本总体
	平均工作搜寻天数	14.23	23.84	17.62
性别	男性	14.34	23.63	18.33
	女性	14.07	24.70	16.23
婚姻	已婚	14.20	27.37	17.70
	未婚	14.29	20.94	17.51
职业资格证书	有职业资格证	22.39	74.20	19.57
	无职业资格证	14.29	21.51	16.79
培训状况	接受过培训	14.03	22.41	17.30
	未接受过培训	14.78	32.73	18.79
劳动合同	签订劳动合同	13.83	21.90	16.62
	未签劳动合同	15.89	30.74	21.59
	观测值	633	346	979

4. 工作搜寻渠道与搜寻时间的交叉分布

样本的工作搜寻渠道和搜寻时间交叉分析如表5-7和表5-8所示。

(1) 样本总体的工作渠道与搜寻时间分布

从表 5-7 中可以看到，不同的搜寻渠道平均花费的工作搜寻时间差别较大。其中，花费时间最长的是人才招聘会，平均搜寻时长为 22.43 天；用时最短的是朋友或同乡介绍工作；直接的雇员招用和互联网两种工作搜寻渠道花费的时间大致相同，均为 19 天左右。此外，通过职业介绍机构介绍工作平均用时为 13.12 天。

表 5-7 工作搜寻渠道与搜寻时间的交叉表（总体样本）

时间	渠道							合计
	安置就业	职业介绍机构	人才招聘会	网络传媒	亲戚介绍	朋友或同乡介绍	直接的雇员招用	
平均工作搜寻时间/天数	11.56	13.12	22.43	19.19	20.66	10.45	19.00	
观测值/个数	9	89	246	73	110	174	103	804

(2) 分性别的交叉分析

分性别对工作搜寻时间和搜寻渠道进行交叉分析可以发现，男性与女性选择同一工作搜寻渠道花费的搜寻时间差异很大。女性通过人才招聘会和互联网求职，所花费的工作搜寻时间比男性长。除这两种搜寻渠道外，女性采用其他搜寻渠道求职，能够比男性更快地找到工作。例如，男性通过安置就业找到工作平均花费 13.71 天，而女性仅用 4 天。

表 5-8 工作搜寻渠道与搜寻时间的交叉表（分性别）

单位：天数

工作搜寻渠道	男性工作搜寻时间	女性工作搜寻时间
直接的雇员招用	24.84	9.80
朋友或同乡介绍	10.48	10.40
亲戚介绍	23.66	17.77
互联网	16.47	24.11
人才招聘会	21.05	26.46

续表

工作搜寻渠道	男性工作搜寻时间	女性工作搜寻时间
职业介绍机构	15.96	8.94
安置就业	13.71	4.00

三、实证分析

表5-9和表5-10分别显示了工作搜寻渠道的影响因素，以及工作搜寻渠道对搜寻时间影响的实证分析结果。

（一）农民工工作搜寻渠道影响因素的实证分析

1. 受教育年限对不同工作搜寻渠道的影响不同

受教育年限对样本选择职业介绍机构、亲戚介绍、朋友或同乡介绍以及直接的雇员招用有显著的负向影响。也就是说，农民工的受教育年限越长，选择以上四种搜寻渠道的可能性越低。可能的原因是，一是受教育水平越高的农民工对劳动力市场的了解程度越深，他们可能有明确的生涯规划，能够根据职业需求完成工作搜寻过程；二是受教育水平高的农民工对劳动力市场信息比较敏感，能够依靠自己的力量收集到比较全面的就业信息和工资出价分布情况，如通过求职网站或人才招聘会等渠道，通过职业介绍机构或社会关系求职的可能性也就相对较低。

2. 农民工在务工地有亲戚对其工作搜寻渠道选择有显著影响

"苏州当地是否有亲戚"对农民工工作搜寻渠道选择有显著影响，具体体现为："当地有亲戚"能够显著提高农民工通过人才招聘会、互联网、亲戚介绍和朋友或同乡介绍渠道求职的可能性，尤其是对亲戚介绍渠道的影响在1%的水平上显著。这说明，当农民工有可以依赖的社会网络资源时，他们有很大可能性会借助社会关系求职。这种选择源于其对职业搜寻成本和效率的考虑（梁辉，2016）。

表5-9 农民工工作搜寻渠道影响因素的模型估计结果

变量	职业介绍机构	人才招聘会	互联网	亲戚介绍	朋友或同乡介绍	直接的雇员招用
性别	0.275	0.744	0.256	-0.124	0.169	0.149
	(0.654)	(0.627)	(0.658)	(0.644)	(0.636)	(0.640)
年龄	0.154	0.156	0.191	0.099	0.110	0.041
	(0.130)	(0.129)	(0.132)	(0.130)	(0.130)	(0.131)
婚姻状况	-0.432	-0.881	-0.805	-0.250	-0.724	-0.803
	(0.794)	(0.759)	(0.799)	(0.789)	(0.773)	(0.778)
受教育程度	-0.627	-0.349	-0.057	-0.645	-0.631	-0.521
	(0.258)**	(0.256)	(0.267)	(0.257)**	(0.256)**	(0.257)**
非农工作经验	0.046	0.057	0.044	0.112	0.139	0.173
	(0.130)	(0.128)	(0.132)	(0.130)	(0.129)	(0.130)
当地是否有亲戚	1.130	1.227	1.372	2.151	1.197	1.152
	(0.736)	(0.711)*	(0.739)*	(0.732)***	(0.720)*	(0.725)
是否认识企事业单位管理人员	-0.497	-0.027	-0.190	-0.318	-0.203	-0.578
	(0.707)	(0.668)	(0.704)	(0.691)	(0.681)	(0.687)
是否有本地朋友	-0.542	-0.261	0.006	0.046	-0.197	0.145
	(0.699)	(0.669)	(0.708)	(0.692)	(0.680)	(0.684)
Constant	5.705	2.916	-2.900	6.383	6.845	6.955
	(3.534)	(3.487)	(3.708)	(3.522)*	(3.497)*	(3.519)**
Observations	896	896	896	896	896	896

注：***：$p<0.01$，**：$p<0.05$，*：$p<0.1$。

（二）农民工工作搜寻时间影响因素的实证分析

表5-10展示了全部样本、男性样本和女性样本的工作搜寻渠道对搜寻时间影响的回归结果。这部分的实证策略是，选择使用人数最少的安置就业作为基准搜寻渠道，探究其他搜寻渠道相对于安置就业的效率差异。回归系数表示风险比，具有作用方向和作用大小上的含义。

1. 不同工作搜寻渠道的效率差异显著

总体来看，相对于安置就业而言，职业介绍机构、互联网、人才招聘会、亲戚介绍工作、朋友或同乡介绍工作和直接的雇员招用均通过显著性检验，并且风险比（Hz）均大于1，也就是说，这些渠道都显著提高了农民工找到工作的概率。反过来讲，这六种工作搜寻渠道都能显著缩减农民工的工作搜寻时间，提高工作搜寻效率。具体来说，到某一时刻为止，农民工通过朋友或同乡介绍找到工作的概率最大，也就是说，朋友或同乡介绍工作的工作搜寻效率最高。而通过人才招聘会找到工作的概率最小，这就意味着这种搜寻渠道需要花费的搜寻时间最长。由此我们可以从搜寻时间角度对工作搜寻渠道按照效率由高到低排序，依次是朋友或同乡介绍、直接的雇员招用、亲戚介绍、职业介绍机构、互联网、人才招聘会。

进一步对不同性别农民工的工作搜寻渠道进行分析，我们发现，对男性而言，相比安置就业，职业介绍机构、人才招聘会、互联网、亲戚介绍、朋友或同乡介绍工作以及直接的雇员招用都能显著提高求职成功的概率。搜寻效率从高到低排序依次是：朋友或同乡介绍、亲戚介绍、互联网、直接的雇员招用、职业介绍机构、人才招聘会。

而对女性农民工来说，只有职业介绍机构、亲戚介绍、朋友或同乡介绍以及直接的雇员招用这四种工作搜寻渠道能够提高求职成功的概率，人才招聘会和互联网对工作搜寻时间没有显著影响。按照搜寻效率由高到低排序依次是：直接的雇员招用、朋友或同乡介绍、职业介绍机构、亲戚介绍。

显然，无论对于男性农民工还是女性农民工，较之于安置就业通过职业介绍机构、亲戚介绍、朋友或同乡介绍以及直接的雇员招用四种渠道求职都能够缩短工作搜寻时间，提高搜寻效率。但值得注意的是，通过人才招聘会和互联网找工作能够提高男性农民工的就业概率，对于女性农民工的影响不显著。此外，对女性农民工而言，通过直接的雇员招用找工作最快；而对于男性农民工来说，通过朋友或同乡介绍工作花费的搜寻时间最短。

2. 既往职业流动次数越多，工作搜寻时间越长

近三年职业流动次数对农民工的就业概率有负向影响，流动次数越多，农民工的工作搜寻时间越长。本研究认为，农民工接受正规教育水平低，接受职业培训的机会比较少，职业流动恰恰可以发挥在职培训的作用，随着职业流动次数的增多，农民工的求职经验和人力资本逐渐积累，

并且，对城市劳动力市场的工资出价分布情况的了解也更加深入，因此，他们可能花费更多的时间比较各种就业机会，择优选择更为合适的工作。

3. 性别对工作搜寻时间有显著影响，男性工作搜寻时间更长

性别对农民工的就业概率有显著的负向影响，在相同时间内，男性农民工求职成功的概率是女性的78.3%。这说明，相同时间内男性农民工找到工作的概率低于女性农民工。换言之，男性农民工的工作搜寻时间更长。有学者得出了与我们一致的研究结论：宋月萍（2010）使用国家人口计生委2010年上半年流动人口动态监测调查数据，从男女农村流动人口工作搜寻时间的角度比较了农村流动人口融入流动地劳动力市场过程的性别差异及影响因素，研究发现，在不考虑年龄异质性时，女性流动人口在流入地找到工作花费的时间比男性要短。这可能是因为，女性保留工资较低，更容易找到且更愿意接受搜寻时间相对较短的低收入职业，而男性倾向于花费更多的时间寻找相对高收入的职业。

4. 年龄对农民工的工作搜寻时间有显著的倒"U"形影响

年龄对农民工的工作搜寻时间有显著的倒"U"形影响，并且该影响具有性别异质性。在男性样本中，年龄对就业概率有倒"U"形显著影响，即随着年龄的增加，工作搜寻时间呈现先增加后缩短的趋势。而女性样本中，年龄对工作搜寻时间的影响不显著。可能的解释是：年龄的增长既能够为农民工带来人力资本的积累，如工作经验日益丰富；也会致使人力资本的贬值，如健康状况变差。二者的相互作用在男性农民工身上体现得更加明显，对女性的影响较弱，男性农民工随着务工年限的增加，丰富的工作经验使其提高了自身保留工资，愿意花更多时间找到更好的工作，获得更多的收入。而大龄流动女性往往被认为效率低下、技能缺乏，处于劳动力市场最底层的地位，因此年龄对其影响不明显（宋月萍，2010）。

5. 其他因素的影响

婚姻对男性农民工的工作搜寻时间有显著的负向影响，已婚男性农民工的工作搜寻时间更短，我们推测结婚之所以能够提高男性农民工的工作搜寻效率，这可能与家庭责任、家庭支持有关。培训经历对求职概率有显著的负

向影响,经历过培训的农民工工作搜寻时间延长,这可能是因为经过培训,农民工的求职技能得以提升,希望花更多时间搜寻更为满意的工作。

表 5-10 农民工工作搜寻时间的模型估计结果

变量类型	变量名称	样本总体	男性样本	女性样本
工作搜寻渠道变量	安置就业	—	—	—
	职业介绍机构	3.188 (0.651)***	3.814 (1.046)***	2.506 (0.795)***
	人才招聘会	2.141 (0.386)***	3.037 (0.713)***	1.193 (0.353)
	互联网渠道	2.952 (0.632)***	5.117 (1.430)***	1.236 (0.420)
	亲戚介绍	3.579 (0.705)***	5.631 (1.553)***	2.102 (0.600)***
	朋友或同乡介绍	4.379 (0.793)***	6.153 (1.489)***	2.593 (0.712)***
	直接的雇员招用	3.873 (0.759)***	4.780 (1.261)***	2.841 (0.845)***
人口统计特征变量	性别(0=女性)	0.783 (0.071)***	—	—
	年龄	0.841 (0.048)***	0.772 (0.059)***	0.921 (0.095)
	年龄的平方	1.003 (0.001)***	1.004 (0.001)***	1.001 (0.002)
	婚姻状况(0=未婚)	1.143 (0.127)	1.330 (0.192)**	0.927 (0.170)
	受教育程度	0.989 (0.020)	1.000 (0.030)	0.984 (0.031)
	非农工作经验	1.038 (0.027)	1.066 (0.037)*	0.949 (0.050)
	非农工作经验的平方	0.999 (0.001)	0.998 (0.001)	1.004 (0.002)*

续表

变量类型	变量名称	样本总体	男性样本	女性样本
人力资本特征变量	参加培训（0＝未参加过）	0.835 (0.082)*	0.978 (0.137)	0.704 (0.101)**
	职业资格证书（0＝无）	1.092 (0.108)	0.966 (0.117)	1.308 (0.239)
工作特征变量	近三年职业流动次数	0.887 (0.029)***	0.893 (0.034)***	0.863 (0.061)**
	签订劳动合同（0＝否）	1.260 (0.148)**	1.340 (0.208)*	1.104 (0.202)
	Observations	949	630	319

注：＊＊＊：$p<0.01$，＊＊：$p<0.05$，＊：$p<0.1$。括号中为标准误。

四、主要结论与讨论

我们从农民工工作搜寻视角入手，采用理论与实证相结合的分析方法，通过对苏州市外来农民工工作搜寻时间、工作搜寻渠道以及人口统计学特征、人力资本特征、社会资本特征和工作特征等方面的调查，研究了农民工工作搜寻行为。比较得出各类搜寻渠道的影响因素、搜寻效率差异等，以期为农民工工作搜寻提出一定的切实可行的政策建议。

（一）不同渠道对搜寻时间的影响存在差异

1. 农民工通过社会关系的求职效率更高

总体来看，相对于安置就业，职业介绍机构、网络渠道、人才招聘会、直接的雇员招用、朋友或同乡介绍以及亲戚介绍都对工作搜寻时间有显著影响。按照搜寻时间由短到长对搜寻渠道进行排序，依次是朋友或同乡介绍工作、直接的雇员招用、亲戚介绍工作、职业介绍机构、互联网、人才招聘会。

为了便于对这些渠道的搜寻效率作进一步分析，首先，我们将亲戚介绍和朋友或同乡介绍归为一类，即通过社会关系求职。之所以通过社会网络求职的农民工的求职效率高，我们认为可能的原因是：农民工的亲友或同乡大多拥有相似的职业需求，并具有一定的信任基础，互相之间推荐就业信息节省了求职者工作搜寻的成本和时间，进而使农民工拥有更多的就业选择和就业机会，从而提高了其找工作的速度。其次，我们可以看到，通过社会关系求职和直接的雇员招用比市场化求职渠道的效率更高，工作搜寻时间更短。我们将人才招聘会、职业介绍机构归纳为市场化求职渠道，进而分析这种差异背后的原因：第一，农民工对就业信息真实性的判断主要是基于对信息提供者的信任程度。由于对自己、亲戚、朋友的信任程度较高，农民工普遍认为通过社会关系获取的就业信息更加可靠。第二，市场化求职渠道的信息成本高于社会网络渠道，通过市场化渠道获取就业信息的成本较高、难度较大，因此农民工采用市场化求职渠道的搜寻效率低于社会关系求职。

2. 不同渠道的搜寻效率具有性别异质性

此外，表 5-10 中第 4 列和第 5 列展示了工作搜寻渠道对搜寻时间影响的性别异质性。对于男性农民工来说，相对于安置就业，每一种搜寻渠道对工作搜寻时间都有显著影响，按照搜寻效率从高到低排序进行排序，依次是朋友或同乡介绍、亲戚介绍、互联网、直接的雇员招用、职业介绍机构、人才招聘会。女性农民工与男性农民工相比有较大差异，相对于安置就业，通过互联网和人才招聘会求职对搜寻时间没有显著影响。

（二）搜寻时间长短存在性别差异

1. 对于女性而言，男性农民工的工作搜寻时间平均较长

随着社会结构转型和产业结构升级，特别是服务业的迅速发展，对女性劳动力的需求增加，加之女性农民工的保留工资低于男性，因此，女性会比男性更快地找到工作。可能有这样几个原因：第一，由于农村女性劳动力在进入城市劳动力市场之前的社会经济地位普遍低于男性，导致其保留工资设定比男性农民工低，因此，女性农民工找到工作花费的时间短于男性。第二，女性农民工对于工作报酬的要求低，可能首选在较短时间内找到工作，因此一旦有工作机会就可能会接受并投入到工作岗位中，而男

性农民工一般会衡量不同工作机会的报酬、福利等，因此女性比男性更快找到工作。第三，随着社会结构转型和产业结构升级，特别是服务业的迅速发展，社会对女性劳动力的需求增加，这种趋势也可能会导致女性的工作搜寻时间比男性短。

2. 通过同样的搜寻渠道，男性比女性的工作搜寻时间更短

对比表 5-10 中第 4 列和第 5 列回归结果，我们能够发现，同一渠道的搜寻效率存在性别差异，无论选择何种搜寻渠道，在固定时间内，男性农民工求职成功率均大于女性农民工，在同样的求职渠道情境下，男性农民工比女性农民工效率更高。这就意味着，女性选择职业介绍机构、亲戚介绍、朋友或同乡介绍、直接的雇员招用求职虽然能够显著缩短工作搜寻时间，然而与男性农民工相比，搜寻效率还存在较大的差距。基于该结论，我们推测农村劳动力在城市劳动力市场中的工作搜寻存在性别不平等现象。

进一步分析表 5-10 中的实证结果可以发现，培训对女性农民工工作搜寻时间的影响在 5% 的水平上显著，但是对男性农民工的影响不显著，这一结论带给我们的启发是，解决工作搜寻的性别不平等问题的一个重要途径是加大对女性农民工的培训力度。

第二节 农民工的职业流动与职业上升机制研究

自由、充分的职业流动是竞争性劳动力市场的基本特征之一，也是劳动者个体实现职业地位上升和收入增加的主要途径。我国农村外出务工人员的流动性不仅明显高于城镇职工，也高出发达的市场经济体制国家数倍（Knight 和 Yueh，2004）。关注农民工的职业流动，尤其是考察职业流动能否帮助农民工实现职业上升，对促进农民工工资性收入增长、社会地位提升，进而实现城市融入，具有重要的意义。

对于职业流动的界定，学界存在不同的看法。麦克南等（2006）基于工作变换、职业变化和工作地点变化三个维度将职业流动分成四种形式：一是只有工作改变了，但是职业类型和工作地点没有发生改变；二是职业

类型发生改变，但是工作地点未变；三是工作地点发生改变，但是职业类型没有发生改变；四是不仅是职业类型改变了，工作地点也发生了改变。李强（1999）提出了职业流动包含初次职业流动以及再次职业流动，前者是指劳动者从事的第一份工作转换到第二个工作；后者则是劳动者在第一次跳槽以后，再度离开了工作单位，流动到新的行业和部门当中。姚缘、张广胜（2013）结合了麦克南等（2006）和李强（1999）的界定，将职业流动界定为：农民工获得城市第一份工作后，又再次改变职业、工作或城市的变动。

对于农民工的职业流动是否有利于其在劳动力市场上职业地位的上升，研究界尚存在明显的争议。部分研究认为，多次的职业流动有利于农民工职业的向上流动（姚缘、张广胜，2013），同时，职业流动能够提升农民工的工资水平（李萌，2004；刘林平等，2006；马瑞等，2012）。而另一些学者认为，流动越频繁，农民工越容易经历向下的职业流动（柳延恒，2014）。纪韶等（2015）的研究表明，农民工流动三次以内会实现向上的职业流动，流动四次以上职业地位会下降。过于频繁的职业流动反而会导致收入的减少（谢勇，2009；符平、唐有财，2009；刘士杰，2011；李黎明，2014）。通过职业流动不能得到职业地位提升的主要原因在于，农民工缺乏地位积累、地位继承和社会资源，很难进入较高收入的职业（李强，1999；王美艳，2005）。

在人力资本对农民工职业流动的影响上，有研究认为受过职业教育的农民工职业流动次数少于未受过职业教育的农民工流动次数（马瑞等，2012）。有研究发现，受教育水平越高，职业流动性越大（王超恩、符平，2013；范丹等，2013）。从流动方向角度看，职业培训所带来的人力资本的提升可以帮助农民工更好地实现职业地位上升（纪韶、王珊娜，2015），持有专业资格证书明显有助于农民工在内部劳动力市场向上流动。社会资本对农民工的职业流动也具有重要影响。一些学者认为，社会关系是农民工寻找工作时的主要依靠（边燕杰、张文宏，2001；刘士杰，2011）。钟甫宁等（2001）基于对北京、上海、广州、济南等地农民工的调查发现，城市外来务工人员通过社会网络的初级关系得到的就业信息，占其全部信息渠道的七成以上。也有一些学者认为，社会关系在农村劳动力流动中起到反作用（周运清、刘莫鲜，2004；徐小玲，2010），社会资本仅仅可以帮助农民工获得低端的职业，对于高端职位的获取没有明显的帮助作用（纪韶、王珊娜，2015）。田北海等（2013）认为，无论是强关系还是弱关系，社会资本不仅没有促进农民工向外部劳动力市场流动，而且显著地制约了农民工在内部劳动力市场的向上流动。

综上所述，已有研究从职业流动频次和职业流动方向视角探究了农民工职业流动的影响因素，但在职业流动频次对职业上升的影响、社会资本对职业上升的影响等领域，目前的研究未能得出一致的结论。因此，我们将重点关注农民工职业流动频次对其职业地位上升的影响机制。

一、模型的构建

（一）农民工职业上升机制模型

对于农民工职业流动方向的实证研究存在多种方法，例如，利用职业声望表来测量农民工的职业流动方向（迟书君，2003；李春玲，2005）；利用国际社会经济地位职业指数（ISEI）的方法来测量农民工职业地位的变迁（李强，1999）；利用职业地位来测量农民工职业流动方向（陆学艺，2002；程丽香，2003）；利用收入的变动来测量农民工职业流动的方向（黄乾，2010；柳延恒，2014）等。

考虑到本书的数据特点，我们选取了通过职业的社会经济地位来测量农民工职业流动的方向。我们参考了国际劳工组织的 ISOC 职业编码体系分类以及国内学者的职业分类体系（陆学艺，2002），将农民工的职业类型分为管理与专业技术人员、办事人员、技术工人、有雇员的个体工商户、商业服务人员、无雇员的个体工商户、初级职业七类。参考其他研究对职业的社会经济地位排序（陆学艺，2002；程丽香，2003），本研究认为排在前面的职业比排在后面的社会经济地位高。

我们将农民工当前职业类型与初次职业类型的变化作为衡量其是否实现职业上升的代理变量，进而采用二元选择模型来测量影响农民工职业流动方向的因素。其 Logistic 模型的数学表达式为：

$$Prob(Y_i = 1) = P_i = \frac{1}{1 + \exp(-X_i'\beta)} \quad (5-4)$$

其中，P_i 为被解释变量，即样本 i 发生职业上升的概率；向量 X_i 为影响职业上升的农民工个体特征、人力资本、社会资本等，其中，重点考察职业流动频次对职业上升的发生比的影响。

（二）变量选择

我们把是否实现职业地位上升作为被解释变量，其中，职业流动方向是根据职业类型变化来决定的。我们采用当前职业与首次职业的职业类型变化方向作为职业流动方向的代理变量。解释变量包括个体特征变量、人力资本变量、社会资本变量、家庭特征变量、职业流动特征变量，如表 5-11 所示。

表 5-11 主要变量界定

变量类型1	变量类型2	变量名称	测量单位
因变量		是否实现职业地位上升	0 = 未实现职业上升；1 = 实现职业上升
自变量	个人特征变量	性别	0 = 女；1 = 男
		年龄	年数
		年龄的平方	年平方
		婚姻	0 = 单身；1 = 已婚
		健康状况	0 = 良好；1 = 健康
		党员身份	0 = 否；1 = 是
	人力资本变量	教育年限	0 = 文盲，1~6 = 小学一到六年级，7~9 = 初中一到三年级，10~12 = 高中一到三年级/中专，15 = 大专，16 = 大学
		工作年限	年数
		工作年限平方	年平方
		来北京年限	年数
		来北京年限平方	年平方

续表

变量类型1	变量类型2	变量名称	测量单位
自变量	社会资本变量	培训状况	0=未接受培训；1=接受过培训
		是否有职业资格证书	0=否；1=是
		亲友介绍工作	0=否；1=是
		家中是否有村干部	0=否；1=是
		是否认识企业管理人员	0=否；1=是
	家庭特征变量	配偶随迁	0=否；1=是
		子女随迁	0=否；1=是
	职业流动特征变量	近三年职业流动频次	次
		近三年职业流动频次的平方	次平方
		误差	误差

（三）样本选择性偏差的处理

在探究职业流动频次对职业流动方向影响的过程中，必须检验是否存在样本自选择问题。是否选择进行职业流动常被视为理性经济人在权衡流动的成本和收益之后的自我效用最大化的决策。实践中，选择进行职业流动的农民工在不可观测的特征上可能有别于没有进行职业流动的个体，而这些不可观测特征，如风险承担能力、学习能力，很可能会对其职业上升产生影响。因此，在分析职业流动频次对职业上升的影响中，如果不考虑样本自选择问题，将会导致估计偏差。

我们采用了目前最常用的 Heckman 两阶段法来检验样本是否存在自选择偏差。具体而言，我们将农民工职业流动行为分成如下两个阶段：第一个阶段：利用所有观测数据，采用二值 Probit 模型对农民工是否发生职业流动进行估计，并在此基础上计算出逆米尔斯比 λ（Inverse Mills Ratio），作为第二个阶段的修正参数。第二个阶段：选择经历过职业流动的样本，对职业流动频次对职业上升的影响进行估计，并将第一个阶段得出的 λ 值计入方程以纠正样本选择性偏误。在这个过程中，我们选用"配偶是否随迁"这个变量作为工具变量，它应当符合在第一个阶段作用显著、在第二

个阶段不显著的前提条件。第一个阶段的模型如下:

$$Pr(M_i = 1) = Z_i'\gamma + \mu_i \quad (5-5)$$

其中,M_i 为1时,表示该个体近三年经历了职业流动;Z_i 代表一系列影响个体职业流动决策的变量。由此计算出样本选择纠正项 λ:

$$\lambda_{mobility} = \frac{\phi(Z_i\gamma)}{\Phi(Z_i\gamma)} \quad (5-6)$$

二、数据及描述性统计

(一) 数据来源

此处所采用的数据来自项目组于2013年5—9月开展的"北京市外来务工人员就业状况调查"。结合北京市外来务工农村劳动力在区域和行业上分布的特点[①],该调查采用了分阶段分层抽样与配额抽样相结合的抽样方式。首先,课题组选取了农民工相对集中的朝阳区、海淀区、西城区、石景山区、大兴区和昌平区作为样本区。按照样本区外来人口的比例,配额确定样本区县的样本量。对每个样本区县分别抽取外来人口较为集中的3个街道,在每个街道抽取3个社区。在社区层面,根据农民工的行业分布进行配额抽样。最终共获得16~65岁的有效农民工样本613个。调查以学生调研员与被调查者一对一的访谈形式开展,所有调研员均经过专业培训。每份问卷的时长在40~60分钟,以全面掌握农民工在个体、工作、家庭、社区等层面的分布特征。

(二) 样本描述性统计

1. 样本总体特征

如表5-12所示,从个人特征来看,男性占比高于女性;年龄结构为年轻型,平均年龄31岁,其中16~25岁的农民工占样本总量的39%,

---

① 区域分层抽样和行业配额抽样的主要参考依据为北京市人力资源和社会保障局与北京市流动人口和出租房管理委员会办公室定期抽样调查形成的"外地来京人员就业状况调查数据库"(北京市人保局和流管办,2012)。

26~35岁的农民工占29%,36~45岁和45岁以上的农民工分别占样本总量的21%和11%。九成的农民工身体健康,能够从事一般性工作。已婚农民工占总样本量的59%。样本中仅有4%的农民工政治面貌为中共党员。从人力资本特征来看,样本中农民工的平均受教育年限为9.57年,文化水平较低;平均工作年限为8.89年,来北京工作年限为5.9年,可以看出,农民工在来北京工作之前已经积累了3年左右的工作经验。65%的农民工接受过职业培训,持有职业资格证书的农民工数量占样本总量的16%。从社会资本特征来看,样本中有41%的农民工通过亲友介绍获得工作,36%的农民工认识企业管理人员,仅有20%的农民工家中有人担任村干部职务。从家庭特征来看,农民工外出务工时,配偶随迁的比例为38%,子女随迁者占样本总量的21%。

2. 近3年不同职业流动频次的样本特征比较

从不同职业流动频次来看,近3年有过职业流动经历的农民工与未曾流动的农民工在不同特征上有一定的区别。

从个人特征上看,过去3年发生职业流动的农民工中,男性比重比未曾流动的农民工高出10%,发生职业流动的农民工更加年轻化,发生职业流动的群体中一般是16~25岁的农民工,36岁以上的农民工职业流动频次最低,仅占20%;区别最大的是已婚农民工在两个样本中的占比,未发生职业流动的农民工中已婚的比例高达70%,而有过职业流动经历的农民工已婚的比例仅为44%。从人力资本特征上看,发生职业流动的农民工中,平均受教育年限略高于未发生职业流动的农民工,而平均工作年限和来北京年限均低于后者,未发生职业流动的农民工来北京年限平均为7.18年,工作年限为9.65年,而有职业流动经历的农民工平均工作年限为7.71年,来北京年限仅为3.89年,远低于前者。另外,发生职业流动的农民工中,接受培训的比例和持有职业资格证书的比例都略高于未发生职业流动者。社会资本在不同流动频次之间的差异不明显。从家庭特征来看,家人随迁的农民工发生职业流动的可能性更小,说明家人随迁可能会使农民工工作更加稳定。

3. 不同职业流动方向的样本特征比较

从职业流动的不同方向上看，实现职业上升的农民工中男性占71%，高于平行流动和向下流动的样本中男性的比例。从不同年龄段来看，实现职业上升的农民工中，处在26~35岁的农民工比例最高，另外，无论是哪种方向的职业流动，45岁以上农民工所占的比例都是最低的。人力资本特征方面，向上流动的农民工的工作年限为10.04年，而向下流动和平行流动的农民工工作年限只有8.89年和7.24年；不同流动方向的农民工接受培训的力度相似，但是向上职业流动的农民工持有职业资格证书的比例是最高的。从家庭特征来看，家属随迁和子女随迁在向下流动农民工中的比例最高，我们由此预测，家人随迁可能会对农民工职业上升起到阻碍作用。

社会资本特征在不同流动频次之间的差异不明显，但是在不同的职业流动方向上差异较大。对比三种职业流动方向，实现职业上升的农民工中，家中有村干部的比例最大，为22%，而向下流动的农民工家中有村干部的比例只有13%，此外，样本总体中36%的农民工认识企业负责人或管理人员。而实现职业上升的群体中认识企业负责人的农民工比例占到了43%，这说明企业负责人或管理人员对农民工职业向上流动可能会起到帮助作用。

表5-12 样本的描述性统计

类型	变量名称	样本总体	近3年流动频次		流动方向		
			未曾流动	流动1次及以上	向下流动	平行流动	向上流动
		均值（标准差）	均值（标准差）	均值（标准差）	均值（标准差）	均值（标准差）	均值（标准差）
个人特征	性别	0.64 (0.48)	0.60 (0.49)	0.70 (0.46)	0.62 (0.49)	0.60 (0.49)	0.71 (0.45)
	年龄	31.33 (10.82)	32.89 (10.87)	28.87 (10.31)	32.05 (10.87)	30.12 (11.15)	31.56 (9.54)
	16~25岁	0.39 (0.49)	0.31 (0.47)	0.50 (0.50)	0.38 (0.49)	0.45 (0.50)	0.33 (0.47)
	26~35岁	0.29 (0.46)	0.29 (0.45)	0.30 (0.46)	0.28 (0.45)	0.26 (0.44)	0.38 (0.49)

续表

类型	变量名称	样本总体	近3年流动频次		流动方向		
			未曾流动	流动1次及以上	向下流动	平行流动	向上流动
		均值(标准差)	均值(标准差)	均值(标准差)	均值(标准差)	均值(标准差)	均值(标准差)
个人特征	36~45岁	0.21(0.41)	0.27(0.45)	0.10(0.30)	0.20(0.40)	0.19(0.39)	0.21(0.41)
	46岁及以上	0.11(0.32)	0.12(0.33)	0.10(0.30)	0.15(0.36)	0.10(0.30)	0.08(0.26)
	年龄的平方	1098.28(774.20)	1199.02(778.23)	939.56(742.08)	1143.83(790.01)	1031.39(790.84)	1086.50(687.13)
	婚姻状况	0.59(0.49)	0.70(0.46)	0.44(0.50)	0.61(0.49)	0.54(0.50)	0.62(0.49)
	健康状况	0.90(0.31)	0.91(0.29)	0.88(0.33)	0.87(0.34)	0.90(0.30)	0.92(0.27)
	党员身份	0.04(0.20)	0.04(0.21)	0.04(0.19)	0.05(0.22)	0.03(0.18)	0.06(0.24)
人力资本特征	受教育年限	9.57(3.25)	9.29(3.30)	10.02(3.12)	10.10(3.42)	9.50(3.26)	9.87(3.08)
	工作年限	8.89(7.84)	9.65(8.16)	7.71(7.16)	8.89(7.07)	7.24(7.19)	10.04(7.29)
	工作年限平方	140.46(229.59)	159.50(230.66)	110.46(225.13)	128.40(198.27)	103.89(194.83)	153.69(204.38)
	来北京年限	5.90(5.92)	7.18(6.44)	3.89(4.32)	6.21(5.67)	5.26(5.68)	6.52(6.25)
	来北京年限平方	69.85(126.77)	92.79(149.04)	33.71(65.62)	70.32(105.34)	59.81(124.87)	81.39(136.26)
	培训状况	0.65(0.48)	0.60(0.49)	0.74(0.44)	0.66(0.48)	0.65(0.48)	0.68(0.47)
	职业资格证书	0.16(0.36)	0.15(0.36)	0.16(0.37)	0.13(0.34)	0.15(0.36)	0.19(0.40)

续表

类型	变量名称	样本总体	近3年流动频次		流动方向		
			未曾流动	流动1次及以上	向下流动	平行流动	向上流动
		均值（标准差）	均值（标准差）	均值（标准差）	均值（标准差）	均值（标准差）	均值（标准差）
社会资本特征	亲友介绍工作	0.41 (0.49)	0.41 (0.49)	0.42 (0.50)	0.43 (0.50)	0.38 (0.49)	0.48 (0.50)
	家中有村干部	0.20 0.40	0.21 (0.41)	0.19 (0.39)	0.13 (0.34)	0.21 (0.41)	0.22 (0.42)
	认识企业管理人员	0.36 (0.48)	0.35 (0.48)	0.37 (0.48)	0.37 (0.48)	0.32 (0.47)	0.43 (0.50)
家庭特征	家属随迁	0.38 (0.49)	0.47 (0.50)	0.24 (0.43)	0.45 (0.50)	0.32 (0.47)	0.43 (0.50)
	子女随迁	0.21 (0.41)	0.27 (0.44)	0.13 (0.33)	0.28 (0.45)	0.20 (0.40)	0.19 (0.39)
	样本量	613	375	238	82	327	159

注：括号内为标准差。

（三）农民工职业流动情况

1. 从初职到目前职业的流动情况

从表5-13中可以看出，样本中共有568人发生了职业流动，占比为92.7%。分析从初职到现职的流动情况，我们发现，流动性最强的行业是服务业和初级职业，分别有225人和148人有职业流动经历，而且发生流动的农民工中，有327的人还继续从事与上一份工作相同的职业类型，占50%左右。此外，无论上一份工作从事哪种职业，流向服务业的农民工人数都是最多的。

表 5-13　从初职到目前职业的流动情况

单位：人

初职	目前职业							
	管理与专业技术人员	办事人员	技术工人	有雇工个体工商户	商业服务人员	无雇工个体工商户	初级职业	合计
管理与专业技术人员	6	0	3	0	10	1	2	22
办事人员	1	0	0	1	4	1	0	7
技术工人	4	0	54	2	16	5	0	81
有雇工个体工商户	0	0	1	0	0	0	0	1
商业服务人员	7	0	10	3	175	17	13	225
无雇工个体工商户	0	0	1	6	19	51	7	84
初级职业	2	0	27	2	45	31	41	148
合计	20	0	96	14	269	106	63	568

2. 职业流动频次与职业流动方向的交叉分析

如表 5-14 所示，近 3 年内没有经历过职业流动的农民工占样本总体的 61.17%，仅有约 39% 的农民工经历了职业流动。从流动频次来看，50% 左右的农民工 3 年内仅更换一次工作。随着流动次数的增加，实现职业上升的农民工比例呈现先增加后减少的趋势，这说明职业流动可能是实现职业上升的途径。

表 5-14　近三年职业流动频次与流动方向的交叉表

单位：人

频次	方向		
	职业上升	未实现职业上升	总计
未流动	80 (21.33%)	295 (78.67%)	375 (61.17%)
流动 1 次	29 (30.85%)	65 (69.15%)	94 (15.33%)
流动 2 次	24 (29.27%)	58 (70.73%)	82 (13.38%)

续表

频次	方向		
	职业上升	未实现职业上升	总计
流动3次	14 (36.84%)	24 (63.16%)	38 (6.20%)
流动4次	5 (62.50%)	3 (37.50%)	8 (1.31%)
流动5次	5 (55.56%)	4 (44.44%)	9 (1.47%)
流动6次及以上	2 (28.57%)	5 (71.43%)	7 (1.14%)
总计	159 (25.94%)	454 (74.06%)	613 (100.00%)

3. 职业流动的原因分析

纵向分析表5-15可知，无论是初次离职还是上一份工作离职，主动离职所占比例均远远高于被动离职所占比例。横向比较两种离职原因，上一份职业主动离职的比例和被动离职的比例较初次离职均有所提高，但主动原因提高幅度大于被动原因提高幅度。我们在与农民工进行访谈的过程中了解到，农民工工资水平低是职业流动的最主要原因，这与已有研究结论相一致。这一客观事实使他们具有强烈的增加收入的愿望，然而，劳动力市场分割使他们很少能有机会进入更高一级劳动力市场，只能通过多次职业流动不断寻求获得高收入的机会。其次，劳动强度过大、无法胜任高强度的工作以及工作环境较差也是农民工反映比较多的流动原因之一。

表5-15 职业流动原因

离职原因	初次离职原因所占比例	上一份职业离职原因所占比例
主动原因	62.36%	78.17%
被动原因	3.93%	9.17%
忘记原因	33.71%	12.66%
样本量	178	229

三、实证分析

在本节,我们采用 Logit 回归模型分析农民工职业上升的影响因素,重点考察了职业流动频次、人力资本、社会资本、家庭特征对农民工职业上升的影响,模型一考察近3年是否发生职业流动对农民工职业上升的影响,模型二的核心解释变量是近3年职业流动次数以及其平方项。我们进一步分年龄进行讨论,首先,我们将农民工按年龄分段,以10年为一个年龄段,探究年龄对农民工职业上升的影响。进一步地,依据出生于1980年之前和1980年之后分成老一代农民工和新生代农民工,分别进行模型一和模型二的回归分析。回归结果如表5-16所示。

需要强调的是,在职业上升的实证回归中加入样本选择纠正项 λ,我们发现,λ 对农民工是否实现职业上升的影响不显著,这就说明,近3年发生职业流动的农民工和没有发生职业流动的农民工在不可观测特征上的差异对其实现职业上升没有影响,因此最终的回归结果不存在估计偏差。

(一)总体的实证结论

1. 适当的职业流动会促进农民工实现职业上升

从表5-16中模型一的回归结果中我们可以看到,近3年职业流动与否对农民工职业上升有显著的正向影响,即发生职业流动能够增加农民工职业上升的发生比;模型二回归结果进一步发现,近3年职业流动频次对职业上升有倒"U"形影响,即随着流动频次的增加,农民工职业上升的发生比先增加后减小。我们将回归系数代入模型,通过计算得出,当近3年职业流动次数为6次时,农民工实现职业上升的发生比最大,流动次数为0~6次时,职业上升的发生比随职业流动次数增加呈上升趋势;超过6次时,职业流动每增加一次,职业上升的发生比都将降低一定比例。可能的解释是,首先,职业流动可能发挥了一定的在职培训功能,通过职业流动,农民工的人力资本得到提升,进而增加了向更高地位职业流动的机会。而且,农民工在职业流动过程中增加了工作经验,也可能增加找到一份对技能水平要求更高的"好工作"的概率。然而,频繁更换工作的农民工多集中于非技术型或低技术型的低端职业,以体力劳动居多,虽然多次更换职业,但对其人力资本的提升作用并不明显,因此,也无法实现职业的上升。此外,农民工职业流动次数过多,雇主往往会对其劳动生产率和忠诚度作出较差的判断,从而降低了雇主对其进行培训投资的意愿,进一步阻碍了农民工职业的向上发展。

2. 工作经验对农民工职业上升有倒"U"形影响,培训的作用并不显著

首先,随着工作经验的提高,农民工职业上升的发生比先增大后减小。可能的解释是,随着务工年限的增加,农民工工作经验的积累日益丰富,对城市工作生活的适应性不断提升,其职业选择范围也越来越广,实现职业上升的可能性会显著提高;但是由于农民工大多分布于以体力为主的职业类型,超过一定经验阶段后的年长农民工会面临自身体能和学习能力的下降,制约了其职业地位的上升。

其次,培训对职业上升的影响作用不显著。这说明农民工虽然接受了培训,但是这些培训很难帮助农民工实现职业上升。我们在调研过程中了解到,农民工接受的日常培训大多是岗前培训,培训所得技能提升不能较好地转化为人力资本,对于职业上升起到的帮助作用很小。

3. 亲友介绍工作有利于农民工的职业地位上升

亲友介绍工作有助于提升农民工职业上升的发生比。这说明社会关系在农民工职业流动的过程中起着非常重要的影响,亲友介绍工作不仅给农民工提供了便利,也扩大了农民工选择的机会,极大地提高了农民工实现职业地位提升的可能性。

4. 个人特征及家庭特征对农民工实现职业上升的影响不同

从个人特征来看,男性更容易发生向上的职业流动。相关研究也证明了这一点,严善平(2006)认为,男性在职业流动后收入增加明显而女性不明显;从年龄的影响作用来看,相对于16~25岁的农民工来说,处于36岁以上的农民工职业上升的发生比呈下降趋势,在26~35岁的农民工

样本中，年龄对职业上升的影响不显著。身体健康的农民工实现职业上升的可能性更大，这是因为农民工的职业主要集中于中低端职业，多从事偏体力劳动的职业，有健康的身体是职业生涯发展的前提。此外，拥有党员身份的农民工更有可能实现职业上升。

从家庭特征来看，配偶随迁和子女随迁对农民工职业上升都有显著影响，作用程度相当但作用方向相反。子女随迁会阻碍农民工实现职业上升，而配偶随迁能够提高农民工职业上升的发生比。

（二）两代农民工职业上升机制的差异分析

从表5-16中可以看出，两代农民工职业流动频次对职业上升的影响差异很大。对于新生代农民工，近3年的职业流动次数及其平方项对职业上升概率的影响不显著，但是否发生职业流动对职业上升有显著正向影响。而老一代农民工近3年的职业流动行为对职业上升的影响作用更强，并且，老一代农民工近3年的职业流动次数与职业上升呈倒"U"形关系。进一步计算得出，当近3年职业流动次数为5次时，老一代农民工的职业上升概率最大，超过5次职业上升的概率逐渐降低。

从个人特征和家庭特征来看，老一代农民工身体健康状况越好，职业上升的概率越大；婚姻状况对职业上升起到负向影响，未婚的老一代农民工职业上升的概率更大。党员身份能够显著提高老一代农民工职业上升的概率。上述影响农民工职业上身的个人特征变量对新生代农民工的影响都不显著。可能的原因是，新一代农民工由于年龄较小，身体健康状况普遍较好，大多数都是未婚，特征差异性不明显，因此回归结果不显著。家庭特征中，配偶随迁能显著提高老一代农民工职业上升的概率；相反，子女随迁对老一代农民工职业上升起到阻碍作用。二者对新一代农民工的影响都不显著。

从人力资本特征来看，工作经验对两代农民工职业上升都有倒"U"形影响，这说明随着工作经验的逐年积累，两代农民工职业上升的概率都是先增加后减小。但是影响程度有所区别，每增加一年工作经验，对新生代农民工职业上升概率的提升力度更大。

从社会资本特征看，亲友介绍工作可以提高老一代农民工职业上升的概率，但对新生代农民工没有影响，这可能是因为新生代农民工求职渠道更加多样化，而老一代农民工的工作搜寻大多依靠社会关系网络。此外，认识企业管理人员对老一代农民工职业上升有正向影响，但对于新生代农民工没有显著影响。

表5-16 农民工职业上升模型的估计结果

变量类型	变量名称	样本总体		老一代农民工		新生代农民工	
		模型一	模型二	模型一	模型二	模型一	模型二
职业流动变量	近三年是否发生过职业流动	0.706 (0.222)***		0.987 (0.387)**		0.586 (0.278)**	
	近三年职业流动次数		0.444 (0.144)***		0.593 (0.245)**		0.340 (0.247)
	近三年职业流动次数的平方		-0.039 (0.022)*		-0.060 (0.030)**		-0.017 (0.0506)
个人特征变量	性别（1=男性）	0.486 (0.226)**	0.488 (0.227)**	0.558 (0.411)	0.531 (0.413)	0.372 (0.281)	0.381 (0.282)
	年龄	0.190 (0.114)*	0.197 (0.115)*				
	年龄的平方	-0.002 (0.001)	-0.002 (0.001)				
	26~35岁	-0.510 (0.430)	-0.525 (0.432)				
	36~45岁	-1.378 (0.754)*	-1.471 (0.756)*				
	46岁及以上	-2.181 (1.086)**	-2.299 (1.092)**				
	婚姻状况（1=已婚）	-0.299 (0.344)	-0.259 (0.348)	-1.711 (0.875)*	-1.734 (0.891)*	0.092 (0.393)	0.160 (0.396)
	健康状况（1=健康）	0.707 (0.358)**	0.698 (0.357)*	1.312 (0.600)**	1.332 (0.603)**	0.154 (0.469)	0.150 (0.469)
	政治面貌（1=党员）	0.753 (0.455)*	0.767 (0.456)*	1.222 (0.783)	1.303 (0.782)*	0.327 (0.595)	0.314 (0.597)

续表

变量类型	变量名称	样本总体		老一代农民工		新生代农民工	
		模型一	模型二	模型一	模型二	模型一	模型二
人力资本变量	教育年限	(0.037)	(0.037)	(0.056)	(0.056)	(0.052)	(0.053)
	工作年限	0.165 (0.057)***	0.157 (0.057)***	0.143 (0.075)*	0.135 (0.075)*	0.350 (0.126)***	0.328 (0.128)**
	工作年限平方	-0.005 (0.002)***	-0.004 (0.002)**	-0.004 (0.002)**	-0.004 (0.002)**	-0.014 (0.007)*	-0.013 (0.008)*
	来北京年限	-0.062 (0.056)	-0.055 (0.056)	-0.097 (0.082)	-0.097 (0.082)	0.037 (0.125)	0.057 (0.126)
	来北京年限平方	0.003 (0.002)	0.002 (0.002)	0.005 (0.003)	0.005 (0.003)	-0.005 (0.009)	-0.006 (0.009)
	培训状况（1=参加培训）	0.019 (0.226)	0.003 (0.228)	0.022 (0.363)	0.012 (0.366)	0.008 (0.300)	-0.023 (0.302)
	是否持有职业资格证书（1=是）	0.215 (0.273)	0.207 (0.274)	-0.155 (0.540)	-0.180 (0.538)	0.283 (0.331)	0.284 (0.332)
社会资本变量	亲友是否帮助介绍工作（1=是）	0.405 (0.207)*	0.393 (0.207)*	0.760 (0.352)**	0.755 (0.352)**	0.297 (0.269)	0.282 (0.270)
	家中是否有村干部（1=有）	0.212 (0.244)	0.232 (0.244)	0.210 (0.394)	0.239 (0.393)	0.081 (0.325)	0.110 (0.327)
	是否认识企业管理人员（1=认识）	0.264 (0.211)	0.267 (0.212)	0.633 (0.373)*	0.708 (0.376)*	0.216 (0.265)	0.209 (0.266)
家庭特征变量	配偶是否随迁（1=是）	0.569 (0.292)*	0.557 (0.292)*	0.997 (0.408)**	0.998 (0.409)**	0.003 (0.471)	-0.004 (0.469)
	子女是否随迁（1=是）	-0.561 (0.286)*	-0.540 (0.286)*	-0.960 (0.398)**	-0.897 (0.395)**	-0.039 (0.464)	-0.057 (0.463)
	Constant	-7.053 (1.877)***	-7.178 (1.890)***	-3.177 (1.155)***	-3.055 (1.154)***	-4.132 (0.887)***	-4.199 (0.891)***
	LR chi2	67.96	70.30	43.11	42.67	36.49	38.84
	Log likelihood	-316.906	-315.737	-117.315	-117.535	-193.699	-192.524
	Pseudo R2	0.0968	0.1002	0.1552	0.1536	0.0861	0.0916
	Prob > chi2	0.0000	0.0000	0.0005	0.0009	0.0039	0.0030

续表

变量类型	变量名称	样本总体		老一代农民工		新生代农民工	
		模型一	模型二	模型一	模型二	模型一	模型二
	样本量	613	613	239	239	374	374

注：①*表示在10%的水平上显著，**表示在5%的水平上显著，***表示在1%的水平上显著。括号中为标准误。

②采用软件Stata 13.0处理数据。

四、主要结论与讨论

农村劳动力在城市劳动力市场上频繁地更换工作就是为了改善自身和家庭的社会经济地位。从理论上讲，自由、充分的劳动力流动对促进劳动力市场发育、优化资源配置有重要作用（王超恩、符平，2013）。但过度的职业流动并不利于农民工自身社会地位的提高。我们利用一手数据分析了北京市进城务工人员职业流动和职业上升的机理。研究证实，职业流动频次对农民工职业上升有倒"U"形影响，适当的职业流动能增加农民工向更高地位职业流动的机会，当近3年流动次数超过6次时，随着流动频次的增加，职业上升的概率降低。这一点与其他研究的结论不完全一致，柳延恒（2014）研究得出，农民工流动越频繁越容易经历职业地位下降的境况；纪韶（2015）研究表明，农民工流动3次以内会实现向上的职业流动，流动4次以上职业地位会有所下降。

我们认为，研究结果的差异可能是由于样本特征差异性所致，也可能是由于实证模型不同导致结果的差异。进一步探究农民工职业流动对职业上升的影响机理，我们认为，农民工接受正规教育水平低，接受职业培训的机会比较少，职业流动恰恰可以发挥在职培训的作用，经历职业流动能够提高农民工的人力资本，进而增加了向更高地位职业流动的机会。但过于频繁的职业流动不利于农民工在特定岗位的技能获得，以及社会资源的积累，并可能会向雇主传递员工的劳动生产率信号，从而不利于其职业地位的上升。此外，我们还得出了一些其他结论：工作经验对农民工职业上升有倒"U"形影响；亲友介绍工作对农民工实现职业上升也有显著的正向影响。另外，从个人特征和家庭特征来看，男性比女性发生职业流动的概率高，实现职业上升的可能性更大。从年龄对职业上升的影响看，16~25岁的农民工职业上升的概率最大，超过36岁职业上升的概率降低。子女随迁对农民工实现职业向上流动有阻碍作用，而配偶随迁产生了正向影响。

第六章 农民工的工资决定机制研究

"三农"问题的重中之重是农民的增收问题。改革开放以来,非农收入占农民人均纯收入的比重不断增加,家庭经营收入比重逐渐降低。到2014年,农村居民的工资性收入和家庭经营各占40%(中国国家统计局,2015)。可见,通过外出务工获得的非农就业收入已经成为当前农民家庭收入的重要来源。近十多年来,随着农村剩余劳动力的逐步消失,农民工的月平均工资呈现持续增长态势,由2008年的1156元增长为2018年的3721元,年均增长率达到9.31%(国家统计局,2019)。但是,城乡居民之间收入水平差距依然较大,2016年城乡收入比为2.72∶1。非农就业收入能否获得增长,也关系到农民工的城市融入和市民化进程。

人力资本理论认为,人的能力和素质是解决贫困问题的关键(舒尔茨,1990)。个体身上所蕴含的人力资本水平直接决定着其劳动生产率,也进而决定着其工资水平。与人力资本相比,社会资本是一种来源于社会网络与社会关系的特殊资本。相关理论研究表明,社会资本在劳动力迁移的过程中发挥着重要作用。通过利用其在社会网络中动员资源的能力,移民能够更容易找到各种信息并找到合意的工作(Portes,1995)。对于具有突出的关系型导向的中国社会而言,社会资本对于个体的劳动力市场绩效具有更为重要的意义(赵延东等,2002)。

就农民工人力资本和社会资本的现状而言,虽然近年来农民工的平均受教育水平有所提高,但2018年仍有72.5%的农民工为初中及以下学历(国家统计局,2019)。2017年,接受过农业或非农技能培训的农民工占32.9%,其中,接受非农职业技能培训的仅占30.6%(国家统计局,

2018）。就社会资本而言，农民工在务工地所拥有的社会资本主要是以血缘、地缘、亲缘等为基础形成的原始型社会资本，虽然可以为农民工提供一定的社会资源，但也具有狭隘性（钱正武，2006）。人力资本和社会资本的匮乏严重制约了农民工职业的发展和收入的提升。探讨人力资本和社会资本对农民工工资性收入的影响，对于掌握农民工的工资决定机制、促进农民工的收入增长，并推动其城市融入和市民化进程，具有重要的理论价值和现实意义。

第一节 人力资本与农民工的工资决定

一、技能培训与农民工工资增长

随着中国经济增长步入新常态阶段，产业升级加速，用工标准不断提高，农民工群体的职业技能缺失已经成为阻碍其向非农产业和城镇转移，并在城镇实现稳定就业的主要瓶颈。2017年接受过技能培训的农民工占32.9%，其中，接受非农业职业技能培训的仅占30.6%（国家统计局，2018）。而发达国家受过职业培训的农村劳动力比例都超过70%（刘绍斌，2006）。

人力资本投资的匮乏严重制约了农民工职业的发展和收入的提升。长期以来，农村劳动力外出的职业主要集中在一些低技术含量、低收入、缺乏福利保障、缺乏劳动安全的低端职业（Li，2008）。国家统计局数据显示，2017年从事制造业和建筑业的农民工占总数的48.8%，从事批发和零售业、居民服务修理和其他服务业的比重为23.6%。这种职业分布特点又进而决定了农民工在城市劳动力市场上长期处于不利地位。从人均收入情况来看，近年来，农民工收入相比过去虽有整体提升，但是城乡居民之间收入水平差距依然较大，2016年城乡居民可支配收入比为2.72:1（国家统计局，2017）。

农村劳动力的职业技能提升不但直接影响到其自身在城市劳动力市场

上的就业机会和收入水平,同时也关系到输入地社会经济的可持续发展。作为农村劳动力的主要输入地,北京市政府从2003年起开展了一系列针对外来务工农村劳动力技能提升的培训计划。当前,培训模式主要依据2009年《北京市职业培训补贴资金管理办法》形成,该办法的目标群体是符合条件的本市城镇失业人员、农村转移就业劳动力和外来农民工。政府通过购买培训服务,对具备资质并承担免费培训工作的培训机构给予补贴的方式,为这些群体开展职业指导培训、技能培训、职业技能鉴定和创业培训。

除了政府举办的技能培训,外出务工的农民工可获得的培训渠道还包括:企业培训、学徒式培训、职业学校或社会培训机构的技能培训。在这些渠道中,企业培训最为常见。例如,北京市人力资源和社会保障局"来京人员就业状况抽样调查"2011年数据显示,外来务工人员参加过培训的占55%。其中,有42%的人员参加过企业内部培训;有5%的人员自费参加过培训;参加过政府出资的公共培训占0.4%。

不同的培训项目在付费机制、内容和时间设计上存在较大差异。例如,政府培训、企业培训和学徒式培训的参与者基本无须付费,或者付费较少;而后两类则主要由个人自费。从培训内容上来看,企业培训强调针对性和实操性,同时,可以充分利用"边干边学"的培训模式;政府主办的培训则主要针对农村劳动力外出务工的基础技能,培训形式多以讲授为主,需要脱产开展。那么,不同的培训模式对受训者收入的影响有何差异呢?

国外大量的研究证实了培训模式的设计对其效果具有重要影响。例如,对加拿大的研究显示:由雇主赞助的培训计划以及在企业中实施的培训计划所产生的效果明显优于政府出资和个人自费的培训计划(Hui 和 Smith,2002)。针对瑞士外籍工人培训项目的研究显示:虽然一般培训和计算机课程培训对收入产生了负面的效果,但是德语培训却产生了非常显著的积极影响(Prey,2000)。在西班牙的国家培训与再就业计划中,专业技能培训以及配合专业资格认证的培训取得了较大的积极效果(Arellano,

2002)。

长期以来,国内针对培训效果的研究多将培训作为一个整体,探讨其对农民工收入的提升作用(侯风云,2004;杨金风、史江涛,2005;姚先国、俞玲,2006;王德文等,2008)。直到近期,针对不同培训模式对农民工收入影响的比较研究才开始出现。如宁光杰、尹迪(2012)的研究显示:参加政府培训的劳动者比参加企业培训的劳动者的工资性收入低14.1%;而个人自费培训者比参加企业培训者,工资增加了18.1%。杨玉梅、曾湘泉(2011)的研究表明,培训时间为3~5个月的培训、专业性较强的培训(如建筑装饰、汽车驾驶与维修、电子电器等)对农民工的收入有显著的正向影响。

是否参与培训基本上属于个人决策,因此,在评估技能培训项目的绩效时,必须有效控制样本自选择偏差。近期开展的农民工技能培训项目评估中,研究者开始关注对自选择偏差的校正。研究多发现,在农村劳动力参与培训的决策中存在显著的样本自选择问题,在控制了自选择偏差后,培训的收入效应会发生变化。例如,宁光杰、尹迪(2012)的研究发现,参加过培训者是反向选择的,即他们在不可观测的能力特征上劣于未参加过培训者。在克服了不可观测的能力特征后,培训对农村劳动力工资性收入的影响明显增大。

然而,现有研究尚缺乏在校正了样本自选择偏差之后,比较分析不同的培训主体和培训模式对非农收入的影响差异;而且,已有研究的数据多基于农村入户调查,由于很难确保被访谈对象是外出务工者本人,非农就业和收入等信息的准确性不高;同时,外出务工者职业和收入的分布也会受到当地劳动力流动特点的影响,制约了其代表性。在此背景下,本节基于项目组2015年获得的北京市614名农民工问卷调查的一手数据,在校正了培训决策的样本自选择偏差之后,比较分析了企业培训、政府培训、个人自费培训等不同主体开展的培训,以及不同的培训项目设计对农民工工资性收入的影响。本研究将对农民工培训项目评估的实证领域作出重要的补充。

（一）模型的构建

本节我们的核心目标在于衡量技能培训项目对北京市外来务工农村劳动力职业选择和收入的影响。实证研究中涉及两个主要模型：职业选择的多元逻辑回归模型和 Mincer 收入方程。然而，仅依靠这两个模型来估计培训的影响会得出有偏的结果。因为选择参加培训的个体和未参加培训的个体可能在可观测特征和不可观测特征上存在重要的差异，如果不控制这些差异，研究结果就很可能高估或低估培训对职业选择和收入的影响，因此，我们采用 Heckman 两步法对培训选择过程中的样本选择偏差进行了校正，进而得出了培训对职业选择和收入影响的无偏估计。

1. 培训对非农职业选择的影响

（1）职业选择模型

为了衡量技能培训对农民工非农职业的影响，此处借鉴了 Boskin (1974) 的职业选择模型。该模型假定个体 i 会对每种职业进行主观的评价，作为一个效用指数，只有当某个特定职业 j 的效用大于其他每种可能进入的职业的效用，即 $U_{ij} > U_{it}$（t 代表各种可能的职业选择）时，理性的个体才会选择这种职业。这样，个体的职业选择就形成一个随机效用模型，特定职业的效用指数是一系列职业特征和一系列选择该职业的个人的社会经济特征的函数。因此，对于个体 i，职业选择 j 的效用函数可以表达为：

$$U_{ij} = \alpha + \beta' x_{ij} + \varepsilon_{ij} \qquad (6-1)$$

每种职业选择的效用 U_{ij} 由两部分构成，其中，$\beta' x_{ij}$ 衡量个体决策者的各种可观测变量对其从事特定职业效用的影响，如教育、工作经验、培训等。随机干扰项 ε_{ij} 代表选择其他职业的效用以及个体不可观测变量对该职业效用的影响。如果个体 i 选择职业 j，就意味着 U_{ij} 是所有职业选择中能得到的最大效用值。因此，可以用以下实证模型表达个体选择职业 j 的概率：

$$\text{Prob}(U_{ij} > U_{ik}) \ \forall k \neq j \qquad (6-2)$$

因此，那些能增加特定职业的效用的因素，也会增加决策个体选择这种职业的可能性。

借鉴 Schmidt 和 Strauss（1975）关于职业选择的奠基性研究，上述理论模型可以应用 Multinominal Logit（MNL）模型来实现（Greene，2007）。假设随机变量 Y_i 为个体 i 的职业选择，随机干扰项 ε_{ij} 是独立的，且符合 I 型极值分布，那么，个体 i 选择职业 j 的概率可以由以下函数给出：

$$\mathrm{Prob}(Y_i = j | X_i) = P_{ij} = \frac{\exp(X'_i \beta_j)}{1 + \sum_{k=1}^{T} \exp(X'_i \beta_k)}$$

$$j = 0, 1, 2, 3, \cdots, T;$$
$$i = 1, 2, 3, \cdots, N \quad (6-3)$$

其中，X_i 代表对于个体 i 而言，一系列影响特定职业 j 的效用的有关个人、家庭和社区的特征变量，如教育、经验、培训、家庭特征等。β_j 用来衡量 X_i 对 Logit 的影响。T 代表在个体所有可能的职业选择，此处是 6 类。N 代表观测值的总量。P_{ij} 是个体选择特定职业 j 的条件概率。如果我们把职业选择 $Y_i = 0$ 作为参照组，那么，公式（6-3）可以转换为职业选择的概率比公式：

$$\frac{P_{ij}}{P_{i0}} = \exp(X_i \beta_j) \quad (6-4)$$

式（6-4）表明，个体 i 选择职业类别 j 的概率是其选择参照职业的多少倍。

（2）对样本选择性偏差的校正

由于"是否参加培训"在大多数情况下属于个人选择，这就导致培训的参加者并不一定是样本总体中一个随机的群体，因此，直接采用职业选择模型估计培训的影响会产生偏差（Heckman 和 Li，2004）。因为培训参加者在不可观测的特征上很可能与未参加培训者存在较大差异，而这些差异又会影响到个体的职业选择。例如，参加培训者有可能是在意识到自身能力不足后选择培训，那么，即使不参加培训，这些人的职业状况也会劣于未参加培训者，因此，培训的平均处理效应会被低估。也可能出现相反的情况，培训参加者不可观测能力水平高于未参加者，但为了向雇主传递高生产率的信号选择了培训。在这种情况下，培训参加者即使不参加项目也会比未参加者获得更好的职业机会，因此，培训的平均处理效应会被高估。

为了得到培训对职业选择影响的无偏估计，本节继续采用由 Lee (1982) 发展后的 Heckman (1979) 两阶段法来校正样本的自选择偏差，在第一阶段，采用 Probit 模型估计个体参与培训的概率。

$$\Pr(D_i = 1) = Z_i'\gamma + \mu_i \quad (6-5)$$

其中，D_i 为 1 时，表示个体选择参加培训；Z_i 代表一系列影响个体培训参与决策的变量。μ_i 是期望为 0 的随机干扰项。

第二阶段，将从第一步培训决策方程中得到的广义残差（μ_i）作为一个自变量纳入职业选择模型。广义残差具有以下形式：

$$\mu_i = \frac{\phi(\cdot)}{\Phi(\cdot)[1-\Phi(\cdot)]}[d_i - \Phi(\cdot)] = \begin{cases} \dfrac{\phi(\cdot)}{\Phi(\cdot)}, & \text{对于参加培训者}:d_i = 1 \\ \dfrac{-\phi(\cdot)}{[1-\Phi(\cdot)]}, & \text{对于未参加培训者}:d_i = 0 \end{cases} \quad (6-6)$$

其中，$\phi(\cdot)$ 和 $\Phi(\cdot)$ 分别表示标准正态分布的概率密度函数和累积分布函数。在第二步的职业选择模型中，如果广义残差的系数在统计上不显著，则说明职业选择未受到样本不可观测特征的影响。

2. 培训对非农收入的影响

培训对收入的影响通常采用明瑟收入方程（Mincer Earnings Equation）进行估计，其传统形式为

$$\ln Y_i = c + \alpha S_i + \beta_1 E_i + \beta_2 E_i^2 + \varepsilon_i \quad (6-7)$$

经典的明瑟方程主要考虑教育和工龄两个变量对收入的影响。方程左边表示的是农民工外出从事非农工作的收入，以小时工资收入对数作为因变量。方程右边分别为受教育年限、外出务工的工龄、工龄的平方项，自变量的回报率通过系数显示。通过在自变量中加入"是否参加过培训"

"培训类型""培训内容"等自变量,方程可以估计出培训对收入的影响效应。

$$\ln Y_i = c + D_i\gamma + X_i\beta + \varepsilon_i \qquad (6-8)$$

其中,$i=1,2,\cdots,n$,表示不同的个体。$\ln Y_i$ 表示收入的对数。D_i 为培训的虚拟变量,D_i 为 0 代表没有接受过培训,为 1 代表接受过培训。X_i 是其他解释变量向量。ε_i 是期望为 0 的随机干扰项。参数 γ 可以被解释为培训对收入的影响。

3. 对样本选择性偏差的校正

直接采用上述收入方程估计培训的收入效应,得出的结果也是有偏的。因为模型假定了变量 D_i,即个体是否参加培训是外生决定的。但事实上,理性人是否参加培训存在自选择偏差。如果参加过培训的被调查者无论是否参加培训都会比其他人获得更高的收入,那么,就不能证明培训参加者的较高收入完全是培训的效应。换言之,不可观测的能力差异也会带来培训参加者收入的提高,而通过简单的收入方程无法排除不可观测能力的干扰,得出培训的净效应。

为了校正样本自选择对收入方程带来的估计偏差,此处我们继续采用前述的两阶段法。在第一阶段,采用 Probit 模型估计个体参与培训的概率;在第二阶段,在 Probit 模型的基础上估计出参与培训和不参与培训的广义残差项,并代入收入方程(6-8),从而得出培训对收入影响的无偏估计:

$$\ln Y_i = c + D_i\gamma + X_i\beta + \varepsilon_i \qquad (6-9)$$

在以上职业选择模型和收入方程中,因变量分别为职业类型和小时工资的对数。我们参考国际职业编码体系 ISOC(International System of Occupational Code),以及北京市农民工的职业分布特点,对样本的职业进行了编码,将职业分为以下六类:管理者和专业技术人员、商业服务人员、技术工人、无雇员的个体劳动者、有雇员的个体经营者、初级职业(见表 6-1)。

表 6-1 职业编码表

职业	具体实例
1. 管理和专业技术人员	领导干部，人力资源、财务、市场、销售等部门管理者，科学和工程专业人员，商业、法律、社会、文化及相关专业人员，医生，教师，会计师，律师（不含村干部）
2. 商业服务人员	个人服务（导游、厨师、餐饮服务员、侍者、美容美发、物业管理），销售人员（销售员、店员、收银员、售后人员），个人照料（照顾儿童、个人健康照料），个人保卫（保安）
3. 技术工人	电气和电子设备装配，水管工、钳工、铸工、焊工、模具工，汽车机械师和维修师，司机，建筑工，瓦工，木工，裁缝，食品加工工人
4. 个体劳动者（无雇员）	无任何雇员
5. 个体经营者（有雇员）	有1名及以上雇员
6. 初级职业	流水线工人，清洁工（家政保洁），采掘、建筑、制造、运输业简单劳动力，食品制作辅助工人，街头商贩（无固定的经营场所）

职业选择模型和收入模型所涉及的自变量均一致，主要分为四个层面：①个体基本特征（如性别、年龄、婚姻状况、健康水平、受教育年限、工作经验等）；②培训与技能特征（重点考察样本培训的参与情况、培训类型、培训内容、培训时长、普通话和计算机水平等）；③家庭特征（如家中是否有村干部、父母受教育年限、配偶子女外出情况等）；④来源地特征。主要变量名及其解释如表6-2所示。

表 6-2 职业选择模型和明瑟收入方程中各变量的解释

	变量名称	变量解释
因变量	职业类型	职业的虚拟变量，分为管理者和专业技术人员，商业服务人员，技术工人，个体劳动者（无雇员），个体经营者（有雇员），初级职业
	收入对数	收入为小时工资
自变量	个人基本特征	
	性别	男性＝"1"，女性＝"0"
	年龄	实际年龄数
	年龄平方	年龄的平方
	婚姻状况	已婚为"1"，未婚为"0"

续表

	变量名称	变量解释
自变量	受教育年限	0 = 文盲，1~6 = 小学一至六年级，7~9 = 初中一至三年级，10~12 = 高一至高三（中专），15 = 大专，16 = 大学
	党员身份	党员 = "1"，其他政治面貌 = "0"
	健康状况	1 = "健康"；0 = "不健康"
	工作特征	
	外出工龄	年数
	工龄的平方	工龄的平方
	来北京年数	来北京务工的年数
	年数的平方	来北京务工年数的平方
	培训与技能水平	
	培训	参加过培训记为"1"，没有参加过培训记为"0"
	培训类型	虚拟变量，分为企业培训、户口地政府培训、北京市政府培训、学徒、职业技术学校、社会培训机构
	培训内容	虚拟变量，分为管理类、建筑和工业制造、服务业类、电脑和语言类、创业就业类
	资格认证	获得资格证书记为"1"，没有获得记为"0"
	普通话水平	普通话水平的虚拟变量，分为标准、一般、差
	计算机水平	计算机水平的虚拟变量，分为熟练、一般、差
	家庭特征	
	家中村干部	有村干部为"1"，无村干部为"0"
	父亲受教育程度	同"教育年限"编码
	母亲受教育程度	同"教育年限"编码
	携带配偶	1 = 是，0 = 否
	携带孩子	1 = 是，0 = 否
	区域特征	
	来源省份	区域虚拟变量，分为东部、中部和西部省份

（二）数据及描述性统计

本研究所采用的数据来源于项目组于2013年5-9月间开展的"北京市外来务工人员就业调查"（详细的调查介绍和数据描述见第三章）。我们选取的数据为年龄在16~65岁之间,具有农村户籍的外来农民工,获取有效数据样本量为614个(见表6-3)。

1. 样本的描述性统计

被调查农民工中男性比重较大,占总体的64.17%。被调查者以青壮年为主,样本年龄的均值为31.28岁,年龄在16~45岁的群体占被调查者总数的88.6%。样本以已婚的居多,其中59.93%为已婚。被调查者的平均受教育年限为9.56年。大多数的被调查者受教育程度为初中毕业,占样本总数的42.51%,其次为高中毕业(24.76%)和小学毕业(17.10%);受教育水平为大专及以上的被调查者仅占样本总数的9.94%。由此可见,虽然近年来农民工整体的受教育水平有所提升,但仍旧与城镇劳动力的受教育水平存在差距。

从家庭特征来看,被调查者的家庭成员中有担任村干部的占总数的24.27%,父母的受教育水平集中在小学程度;有38.1%的样本外出务工携带了配偶,有21.2%的样本携带了子女。从来源地区来看,样本多来自东部和中部省份,分别占总数的42.76%和43.97%,主要包括河南、河北、辽宁、山东等省份,来自西部省份的占13.36%。

表6-3 样本的基本特征

个人基本特征	样本总体		培训参加者		未参加培训者	
	均值	标准差	均值	标准差	均值	标准差
性别(1=男,0=女)	0.64	0.48	0.65	0.48	0.63	0.48
年龄/岁	31.28	10.84	30.13	10.24	33.41	11.59
婚姻状况	0.60	0.49	0.55	0.50	0.70	0.46
受教育年限/年	9.56	3.24	9.98	3.12	8.78	3.4
政治面貌(1=党员,0=非党员)	0.04	0.20	0.05	0.22	0.02	0.15
健康状况(1=健康,0=不健康)	0.90	0.31	0.90	0.30	0.88	0.32
工作特征						
外出务工工龄	8.86	7.85	8.50	7.73	9.53	8.04
来北京的年数	5.86	5.92	5.63	5.82	6.30	6.11

续表

个人基本特征	样本总体 均值	标准差	培训参加者 均值	标准差	未参加培训者 均值	标准差
职业类型/%						
管理者和专业技术人员	3.42		4.51		1.40	
商业服务人员	45.60		54.14		29.77	
技术工人	17.10		19.05		13.49	
个体劳动者（无雇员）	18.57		10.28		33.95	
个体经营者（有雇员）	2.93		2.26		4.19	
初级职业	12.38		9.77		17.21	
收入（小时工资）	3430.09		13.22	8.16	12.70	10.20
职业资格（1=获得，0=未获得）			0.21	0.41	0.06	0.23
普通话水平（1=标准，2=一般，3=差）			1.50	0.55	1.70	0.65
计算机水平（1=熟练，2=一般，3=差）			1.88	0.71	2.10	0.73
家庭特征						
家中村干部（1=是，0=否）	0.24	0.43	0.25	0.43	0.23	0.42
父亲的受教育年限/年	6.96	3.99	7.30	3.80	6.34	4.27
母亲的受教育年限/年	5.63	4.03	6.11	3.91	4.73	4.11
外出携带配偶（1=是，0=否）	0.38	0.49	0.31	0.46	0.51	0.50
外出携带子女（1=是，0=否）	0.21	0.41	0.19	0.39	0.26	0.44
来源地/%						
东部省份	42.76		46.37		35.81	
中部省份	43.97		40.76		50.23	
西部省份	13.36		13.03		13.95	
N	614		399		215	

资料来源：根据本书调查数据整理。

2. 样本的职业分布和收入情况

(1) 职业分布

被调查的职业主要集中在商业服务人员、无雇员的个体劳动者和技术工人，三类职业的人数占样本总数的76.55%，总体以低端职业为主。其中，商业服务人员最多，占样本总数的45.60%。这一分布与北京市人社局"来京人员就业状况调查数据"的分布基本一致。样本表现出明显的性别的职业差异，男性被调查者从事最多的职业是以保安、销售为主的商业服务人员，占男性样本数的42.13%，其次是以建筑业为主的技术工人和无雇员的个体劳动者，分别占男性样本数的24.62%和15.48%；女性被调查者从事最多的职业也是商业服务人员，占女性样本数的51.82%，其次是个体劳动者和初级职业，分别占女性样本数的24.09%和15.91%。

(2) 样本的收入分布状况

问卷分别调查了被雇用者从事现职所得的月工资，自雇佣的个体劳动者和经营者的年均经营所得，以及该年工作的月数、每月工作的天数和每天工作的时长。核算为月工资收入之后，2012年样本平均的月收入为3430.09元，高于2012年全国平均水平2290元（国家统计局，2012）。考察不同职业的月均工资发现，有雇员的个体经营者的平均工资最高，为7070.29元；其次是管理者和专业技术人员，为6614.10元；再次为技术工人，为4251.05元。商业服务人员和初级职业的平均月工资低于样本总体，分别为2847.36元和1958.02元（见表6-4）。

表6-4　2012年不同职业的月收入水平

单位：元

样本职业分布	平均值	标准差	最大值
管理者和专业技术人员	6614.10	1421.75	10000
商业服务人员	2847.36	1450.83	17000
技术工人	4251.05	1689.67	10000
个体劳动者（无雇员）	3925.27	2212.95	12500
个体经营者（有雇员）	7070.29	6684.87	25000

续表

样本职业分布	平均值	标准差	最大值
初级职业	1958.02	720.38	4000
总计	3430.09	2243.90	25000

3. 样本参加培训情况

按照培训出资方进行分类,北京市外来务工农村劳动力可获得的技能培训类型主要包括以下六大类:企业培训、户口所在地政府主办的培训、北京市政府主办的培训、学徒式培训、职业培训学校和社会培训机构的培训。前面四大类培训的参与者基本无须付费,或者付费较少;后两类培训则主要由个人自费。其中,北京市政府举办的培训主要通过资金补贴的方式开展,由政府向承担农村转移就业劳动力免费职业培训任务的培训机构支付资金补贴。培训补贴由失业保险基金支出(北京市人力资源和社会保障局,2010)。

在614个样本中,参加过培训的有399人,未参加培训的有215人,参与培训的比例为65%,这一比例远高于全国平均水平。国家统计局数据显示,2012年农民工接受过非农技能培训的比例为25.6%(国家统计局,2012)。

(1)培训参加者和未参加者的特征比较

我们依据"是否参加过培训"将样本分为399位参加者和215位未参加者,由表6-3可以看出,这两个群体特征差异显著。首先,从个体特征来看,参加培训的人员平均比未参加培训的人员小3岁多,受教育年限比未参加者高出1年多,已婚的比例比未参加者低了15%,说明年纪较轻、受教育程度较高的农村劳动力选择参加培训的积极性较高。其次,从工作特征看,参加者的工龄比未参加者少1年,来北京的年数也比未参加者少半年多,但是小时工资比未参加者高0.5元,获得职业资格认证的比例明显高于未参加者15个百分点,普通话水平和计算机水平均优于未参加者。

在参加过培训人员和未参加过培训人员之间,职业分布存在明显的差异。参加过培训人员在管理者和专业技术人员、商业服务人员、技术工人三类职业上的分布均高于未参加过培训人员,同时也高于样本总体水平。参加培训人员从事最多的职业是商业服务人员,参加占培训总数的

54.14%,其次是以建筑业为主的技术工人和无雇员的个体劳动者;未参加过培训人员从事最多的职业是技术含量较低的无雇员的个体劳动,占33.95%,其次是商业服务人员。

从家庭基本特征看,参加培训人员的父亲和母亲的受教育程度均高于未参加培训者,外出携带配偶的比例比未参加培训者低了20个百分点,外出携带子女的比例比未参加培训者低了8个百分点,而在家中是否有村干部方面,两者差别不明显。在来源地方面,参加培训者多来自东部省份(占参加培训人员的46.37%),而未参加培训者来自中部省份的最多,为50.23%。

(2) 培训类型和内容

从调查情况来看,被调查农民工接受的培训类型主要集中在企业培训和学徒工,其中,参加企业培训的样本最多,占样本总数的43.65%;其次为学徒工,为18.89%;参加职业培训学校和社会培训机构的人数均占总人次的6.51%;参加户口所在地和北京市政府培训的人数较少,仅为2.12%和2.77%(见表6-5)。

表6-5 各类型培训参加者人数和百分比

培训类型	频数	百分比/%
企业培训	268	43.65
户口所在地政府培训	13	2.12
北京市政府培训	17	2.77
学徒工	116	18.89
职业培训学校	40	6.51
社会培训机构	40	6.51

此处将常见的农民工培训内容分为5类,分别是:制造与建筑类、工商管理类、服务业类、电脑应用和语言类、就业创业类。其中,电脑应用和语言类属于通用技能培训,制造与建筑类、工商管理类、服务业类属于专业技能培训,这类培训通常直接针对被培训者所从事的行业或职业领域的专门技术开展,如建筑业的吊车驾驶培训、制造业的焊工培训、服务业的家政服务培训等。就业创业类则属于预备性培训,这类培训通常与工作

中通用或专业的技能不直接相关,而涉及求职技巧、城市生活知识、劳动权益保护、安全生产知识等(见表6-6)。

表6-6 培训内容分类

培训内容	具体实例
1. 制造与建筑类	建筑、装修、电子电工、机械制造、焊工、钳工、食品制造、服装缝纫与加工、机动车驾驶与维修等
2. 工商管理类	企业管理、市场销售、会计、法律等
3. 服务业类	家政保洁、餐饮、美容美发、酒店服务、物业保安等
4. 电脑与语言类	电脑应用、语言教育等
5. 就业与创业类	劳动法、劳动者权利保护、安全生产、卫生保健、城市生活的基本知识、求职技巧;创业知识等

调查显示,样本农民工接受的培训内容最主要的是服务业类和制造建筑类,分别占46.12%和37.34%,其次分别为:工商管理类、就业创业类和工商管理类(见图6-1)。

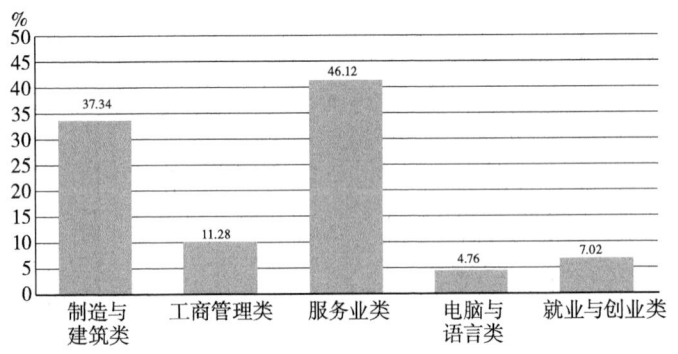

图6-1 不同培训内容的参加人次比例

不同培训类型的侧重内容不同。企业培训的内容集中在服务业、制造建筑类和管理类,分别占了企业培训的50%、23.86%和14.77%。学徒制培训在职业技能学习上仍发挥重要作用,培训内容集中在制造建筑类和服务类,分别占了学徒制的54.70%和38.46%。由此可以推断,在建筑业、制造业和服务业学徒制普及率较高;职业技能学校的培训内容也集中在工业制造类和服务类,分别占48.72%和25.64%。此外,还有17.95%的培训为电脑应用和语言教育类；社会培训机构的培训有74.36%集中在工业制造类，尤其是机动车驾驶；政府培训（包括户口所在地和北京市）参加人数在整体参加培训中偏少，仅占培训总人次的6.38%，培训的内容也多集中在工业制造类（52%）和服务类（28%）。

(3) 培训费用和支付情况

在参加培训的被调查者中，有18.56%的培训由被调查者本人支付。从各类培训的支付情况看，参加企业培训和学徒培训的被调查者本人花费较少，仅有4.85%的企业培训和5.17%学徒工自己支付了费用，参与者本人支付的平均培训费用分别为62.26元和64.66元；参加政府培训的样本中，户口所在地政府的培训有92.31%由当地政府支付，高于北京市政府培训的政府支付比例（64.71%），并且参加户口所在地政府培训个人平均支付仅为3.08元，低于北京市政府培训个人平均支付的152.94元。此外，职业技能学校的培训和社会培训机构的个人支付率较高、个人平均支付费用较高；其中社会培训机构97.5%由个人支付，且平均费用高达4155.25元（见表6-7）。

表6-7 不同培训类型下个人支付的平均培训费用

单位：元

培训类型	平均值	标准差	最小值	最大值
企业培训	62.26	406.87	0	3500
户口所在地政府培训	3.08	11.10	0	40
北京市政府培训	152.94	221.13	0	500
学徒工	64.66	477.35	0	5000
职业培训学校	2658	3339.72	0	13500
社会培训机构	4155.25	5253.27	0	30000

(4) 培训时长

根据劳动和社会保障部2007年《农村外出务工人员就业情况问卷调查》的分类方法，我们按照接受培训时间的长短将培训分为三大类：培训持续期在15天以下的为简单培训，具有上岗或引导性培训的特点；持续期在15~90天的为短期培训；超过90天以上的培训为长期培训。图6-2列出了不同出资主体下培训时长的分布。其中，企业培训、北京市政府举办的培训、学徒式培训、职业学校和社会培训机构的培训均以"15~90天的短期培训"为主。而农民工户口所在地政府举办的培训有一半为"15天以下的简单培训"。

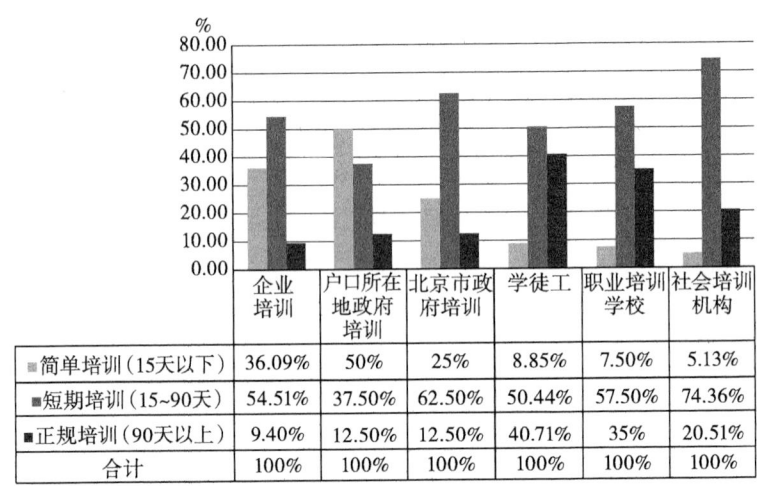

图6-2 不同培训类型下培训时长的分布

(三) 北京市外来务工农村劳动力培训项目的实证评估

1. 培训对北京市外来务工农村劳动力职业选择的影响

本节采用Multinomial Logit模型对样本的职业选择情况进行估计,重点考察教育、培训等人力资本特征对农民工进入不同职业的影响。农民工的职业类型分为六大类:管理和专业技术人员、商业服务人员、技术工人、个体劳动者(无雇员)、个体经营者(有雇员)和初级职业者,职业编码详见表6-1。在估计Multinomial Logit模型时,需要将其中一类职业作为参照组,以下均选取所需技能水平、收入水平和社会地位较低的初级职业作为参照组。

基于Heckman处理效应模型,研究将依照3个步骤展开:第一步,培训参与的Probit模型估计;第二步,通过Probit模型得出逆米尔斯比,代入职业选择的Multinomial Logit模型,得出培训对职业选择影响的无偏估计。第三步,估计和比较不同的培训类型、培训内容、培训时长对职业选择的影响差异。

(1) Heckman 两阶段法校正后的估计结果

首先,逆米尔斯比在第二阶段的职业选择模型中系数并不显著,这说明培训参与者与未参与者在不可观测的能力上的差异并未对职业选择造成影响(见表6-8)。在以下的结果讨论中,将表6-8中自变量的系数,即对数概率比(Log-Odds)进行了指数化,得出相对于初级职业,自变量的变化对农民工从事其他特定职业的相对概率(Relative Probabilities)的影响。

(2) 参与培训有助于农民工从事被雇用的职业

在克服样本自选择偏差后,研究发现,相较于初级职业,参加过培训对农村外出劳动力从事被雇佣的职业(包括管理者和专业技术人员、技术工人、商业服务人员)均有正向影响,受训者从事商业服务工作的概率比是未参加培训者的2.14倍(在5%的置信水平下显著),推测其原因是农民工在被雇佣之前参加了与职业相对应的培训,掌握了特定的技能,并且此技能及职业经历更有利于其继续从事相关职业。王德文等(2008)也得出了类似的研究结果,即培训能够显著提高农村迁移劳动力选择为被雇佣者的概率,在该研究中,接受过培训能使农村迁移劳动力成为被雇佣者的概率增加13.2%。

相对于初级职业,未参加培训者成为无雇工的个体劳动者的概率比是参加者的2.76倍(在1%的置信水平下显著),这与个体劳动者的职业技能要求不高有关,同时,也可能由于个体劳动者获得培训渠道有限,无法参加最普遍的企业培训、更难以被政府培训覆盖以及自我培训意识较低等有关。

(3) 教育有助于农民工实现高层次就业

相较于初级职业,受教育年数对农民工成为"管理者和专业技术人员"这类较高层次的职业有着显著的正向影响(在1%的置信水平下显著),受教育年限每增加一年,劳动者进入这类职业的概率比将提高为原来的1.57倍。这说明,提高正规教育水平将有助于克服农民工职业选择中的障碍,增加其进入经济社会地位更高的职业的概率。但是,受教育年限对其他职业类型没有显著影响。姚先国(2006)的研究也证实,受教育年限对其成为管理、专业技术人员和公司职员具有正向的积极影响,而对其他职业没有显著影响。

(4) 职业资格证书、普通话和计算机水平显著影响职业选择

相对于初级职业,获得职业资格证书增加了从事各类职业的概率,尤其是使证书持有者从事管理和专业技术类、技术工人类这两大职业的概率比分别提高为未持有者的 36.63 倍和 21.59 倍(均在 1% 的置信水平下显著);从事商业服务人员而非初级职业的概率比也高达 13.99 倍(在 5% 的置信水平下显著)。分析原因,职业资格证书是在一定工作经验、教育水平的基础上,通过特定难度的考试而取得。因此,持有职业资格证书的劳动者一般比未持有者具有更高的专业知识和技能水平,具有进入高技能职业的优势。此外,职业资格证书的信号功能有助于雇主衡量务工者技能水平,有部分职业需要职业资格证书作为进入的门槛,李雪等(2011)的研究也证实了这一观点。

掌握普通话对从事商业服务人员、技术工人有着显著的正向作用。分析其原因,掌握普通话通常属于最基本和普遍的工作要求,具备标准普通话的沟通能力能帮助农村劳动力在城市劳动力市场上更有效率地搜寻工作,同时,有效与人沟通会提高生产率,还能减少顾客和雇主对外来务工者的歧视,这在商业服务人员、技术工人这两类被雇用且需要较高沟通能力的职业尤为显著。此外,计算机水平对个体劳动者有着显著的正向作用,研究发现,被调查的个体劳动者多从事批发零售,具有较好的计算机水平有利于其获取更多市场信息、发现商机。

(5) 个人、家庭及区域因素从不同层面影响职业选择

就个体特征的影响而言,男性、已婚的农民工更有可能从事技术工人,健康状态良好者更有可能从事商业服务人员和个体劳动者,而年龄和政治面貌对职业选择的影响并不显著。

工作经验增加了农民工从事各类职业的概率。相对于初级职业,外出务工的工龄对各类职业都有正向影响,这表明农民工通过以往的外出或就业经历,积累了求职经验、工作经验和职业技能,有利于提高就业概率,其中工龄对从事技术工人具有显著的正向影响(在 1% 的置信水平下显

著)。工作经验平方的负系数说明当工作经验增长到一定程度以后,在其他条件不变的情况下,再增加工作经验,进入特定职业的机会将会下降,这一影响在技术工人中极为显著(在1%的置信水平下显著)。另一方面,从来北京的年数来看,相对于初级职业,来北京的年数对成为被雇用者产生了负的影响,在商业服务人员尤为显著(在5%的置信水平下显著)。

家庭影响因素也对职业选择产生影响。外出携带配偶不利于从事被雇佣的职业,尤其对从事技术工人有着显著的影响(在1%的置信水平下显著),从事该职业而非初级职业的概率比为未携带配偶者的0.24倍;相反,外出携带配偶更利于从事自雇佣的职业;较之初级职业,从事个体劳动者的概率比为未携带者的2.30倍(在10%的置信水平下显著)。调查中我们发现,个体劳动者中很大一部分是夫妻双方共同经营。此外,母亲的受教育程度对从事个体劳动者有显著的负影响(在10%的置信水平下显著),而家中是否有村干部、父亲的受教育程度,外出是否携带子女对职业选择均没有显著影响。

来源地区的不同对农民工职业选择也有不同的影响。相对于中部和东部省份的农民工,来自西部省份的人员从事技术工人概率更高;同时,相对于西部地区的农民工,来自中部省份的人员从事个体劳动的概率更高。

表6-8 培训对农民工职业选择的影响:克服选择性偏差的模型估计结果

变量	参加培训的Probit模型	职业选择的Multinomial Logit模型				
	从事现工作前参加过培训=1	管理技术人员/初级职业	商业服务人员/初级职业	技术工人/初级职业	个体劳动者/初级职业	个体经营者/初级职业
培训	—	0.125	0.765**	0.540	-1.017***	-0.424
		(0.803)	(0.334)	(0.400)	(0.361)	(0.632)
性别	-0.1274	0.839	0.308	2.124***	0.245	0.366
	(0.1217)	(0.789)	(0.341)	(0.498)	(0.375)	(0.646)
年龄	0.0364	0.439	-0.0481	-0.201	0.157	0.491
	(0.0411)	(0.362)	(0.111)	(0.124)	(0.124)	(0.385)

续表

变量	参加培训的 Probit 模型 从事现工作前参加过培训=1	职业选择的 Multinomial Logit 模型				
		管理技术人员/初级职业	商业服务人员/初级职业	技术工人/初级职业	个体劳动者/初级职业	个体经营者/初级职业
年龄平方	-0.0006 (0.0005)	-0.0051 (0.0048)	0.0002 (0.0014)	0.0022 (0.0016)	-0.0022 (0.0016)	-0.0075 (0.0053)
婚姻状况	0.1230 (0.1938)	-1.159 (1.143)	-0.561 (0.570)	1.181* (0.635)	-0.718 (0.684)	14.97 (961.9)
受教育年限	0.0304 (0.0219)	0.453*** (0.153)	0.0404 (0.0617)	0.0468 (0.0697)	0.0284 (0.0665)	0.150 (0.134)
党员	0.5034 (0.3286)	-0.611 (1.220)	-1.124 (0.737)	-0.501 (0.790)	-0.269 (0.824)	-0.946 (1.369)
健康状况	-0.0301 (0.1825)	-0.806 (0.893)	0.812* (0.457)	0.810 (0.527)	0.958* (0.510)	1.122 (1.221)
外出工龄	0.0021 (0.0301)	0.202 (0.224)	0.0962 (0.0808)	0.232*** (0.0879)	0.0256 (0.0958)	0.298 (0.225)
工龄平方	0.0004 (0.0009)	-0.0085 (0.0087)	-0.0036 (0.0024)	-0.0066*** (0.0024)	-0.0020 (0.0029)	-0.0114 (0.0083)
北京年数	-0.0132 (0.0324)	-0.142 (0.213)	-0.191** (0.0961)	-0.164 (0.108)	0.0526 (0.104)	0.00465 (0.211)
年数平方	0.0005 (0.0014)	0.0089 (0.0105)	0.0067 (0.0042)	0.0055 (0.0048)	0.0029 (0.0043)	0.0007 (0.0106)
职业资格认证	0.7950*** (0.1854)	3.601*** (1.248)	2.638** (1.052)	3.072*** (1.072)	0.845 (1.165)	2.434* (1.278)
普通话标准	0.8114** (0.2719)	14.94 (2,893)	1.601** (0.674)	1.298 (0.793)	0.741 (0.710)	0.145 (1.145)
普通话一般	0.7056** (0.2583)	14.06 (2.893)	0.900 (0.616)	1.371* (0.707)	0.779 (0.652)	-0.838 (1.152)
计算机熟练	-0.0687 (0.2103)	16.00 (946.1)	0.779 (0.605)	0.175 (0.706)	1.256* (0.657)	1.746 (1.162)

续表

变量	参加培训的 Probit 模型 从事现工作前参加过培训=1	职业选择的 Multinomial Logit 模型				
		管理技术人员/初级职业	商业服务人员/初级职业	技术工人/初级职业	个体劳动者/初级职业	个体经营者/初级职业
计算机一般	0.0199 (0.1627)	15.35 (946.1)	0.604 (0.428)	-0.0414 (0.495)	1.029** (0.442)	1.495 (0.932)
村干部	-0.0160 (0.1307)	-0.0512 (0.744)	-0.258 (0.367)	-0.918** (0.443)	-0.0224 (0.397)	-0.638 (0.722)
父亲教育	-0.0082 (0.0180)	0.0835 (0.123)	0.0373 (0.0525)	0.0530 (0.0585)	0.0652 (0.0540)	-0.0621 (0.0967)
母亲教育	0.0263 (0.0190)	-0.165 (0.112)	-0.0532 (0.0573)	-0.0452 (0.0681)	-0.112* (0.0600)	-0.0542 (0.0987)
携带配偶	-0.5932*** (0.1609)	-1.904 (1.280)	-0.112 (0.415)	-1.412*** (0.472)	0.834* (0.478)	0.221 (0.745)
携带子女	0.0649 (0.1528)	0.414 (1.270)	-0.352 (0.398)	-0.545 (0.496)	0.153 (0.397)	0.307 (0.638)
东部省份	0.0882 (0.1774)	-0.258 (1.114)	0.426 (0.512)	-0.939* (0.533)	0.789 (0.679)	0.0449 (1.335)
中部省份	-0.1030 (0.1756)	-0.827 (1.131)	0.116 (0.501)	-1.938*** (0.548)	1.312** (0.664)	0.564 (1.270)
广义残差（选择方程）		-1.0844 (5.6996)	1.5319 (2.4911)	0.8573 (2.8980)	0.6270 (2.9053)	6.3042 (5.3294)
常数项	-1.0794 (0.7543)	-43.22 (3.044)	-0.174 (2.039)	0.204 (2.340)	-5.538** (2.370)	-28.02 (961.9)
样本量	614	614				
LR chi2	82.93	586.22				
Log likelihood	-356.12775	-595.76036				
Pseudo R2	0.1043	0.3298				
Prob > chi2	0.0000	0.0000				

注：*表示在10%的水平上显著，**表示在5%的水平上显著，***表示在1%的水平上显著。括号内为标准误。

表6-8中系数汇报的是农民工选择特定职业相对于参照职业的对数优势比（Log-Odds Ratio），对该系数指数化后可得优势比（Odds Ratio）。括号中汇报的是标准误。

(6) 不同培训形式对职业选择的影响比较

为了进一步分析不同培训形式，包括培训类型和内容对职业选择的影响，本节考察了培训类型（设"企业培训""户口地政府""北京市政府""学徒""职业技术学校"5个虚拟变量，以"社会培训机构"为对照组）和培训内容（设"管理类""建筑和工业制造""服务业类""电脑语言类"4个虚拟变量，以"就业创业类"为对照组）。本节将上个模型中的"是否参加培训"分别替换为培训类型的5个虚拟变量和培训内容的4个虚拟变量，其他解释变量与表6-8相同，系数省略。

A. 不同培训类型对不同职业选择的影响各异

相较于初级职业，参加企业培训对成为自雇佣者（包括个体劳动者和个体经营者）有显著的负向影响，参加户口所在地政府的培训降低了成为商业服务人员的概率，参加职业技术学校的培训降低了成为个体劳动者的概率。分析其原因，参加企业培训者往往继续选择被雇佣，而不愿意辞职从事个体经营；接受职业技术学校培训者获得较高的技能和认证更容易找到其他被雇佣工作，而较少成为收入相对较低的个体劳动者。学徒经历对从事技术工人有显著的正向作用，这也与制造和建筑类行业普遍流行的学徒制用工方式相吻合（见表6-9）。

表6-9 培训类型对职业选择的影响

培训类型	管理/专业技术人员	商业服务人员	技术工人	个体劳动者	个体经营者
企业培训	-0.833	0.139	-0.117	-2.288***	-1.532**
	(0.720)	(0.340)	(0.401)	(0.441)	(0.724)
户口地政府	-15.09	-1.591*	-1.144	-0.741	-15.33
	(2,795)	(0.892)	(1.253)	(1.117)	(3,030)
北京市政府	0.0790	-0.308	-0.575	-0.220	-14.10
	(1.643)	(1.090)	(1.232)	(1.130)	(4.106)

续表

培训类型	管理/专业技术人员	商业服务人员	技术工人	个体劳动者	个体经营者
学徒	0.566	0.658	1.131**	0.527	0.601
	(1.067)	(0.478)	(0.522)	(0.517)	(0.821)
职业技术学校	-15.61	0.0955	-0.479	-1.952**	-0.524
	(1.202)	(0.781)	(0.875)	(0.978)	(1.193)

注：*表示在10%的水平上显著，**表示在5%的水平上显著，***表示在1%的水平上显著。括号中为标准误。

B. 专业针对性较强的培训有助于农民工进入技术型职业

就不同培训内容的影响而言，相较于初级职业，参加建筑和工业制造的培训对农民工从事技术工人有积极的作用，参加服务业类培训降低了农民工从事商业服务人员以外职业的概率，而其他培训内容对职业选择没有显著影响，结果如表6-10所示。

以上结论说明，目前北京市农民工从事的职业对专业性要求较高，进入特定行业或工种通常需要具备特定的专业技能和训练，这一趋势在制造和建筑业等操作性较强的行业尤其显著。由于职业的专业性加强，劳动者通常选择在特定行业或工种积累经验，提高自身的生产率，以获得职业发展和收入提升。因此，数据也显示，接受过商业服务业类培训的农民工更倾向于从事商业服务业工作，而进入其他职业的概率较低。

表6-10 培训内容对职业选择的影响

培训内容	管理者专业技术	商业服务	技术工人	个体劳动	个体经营
建筑工业制造	-0.533	-0.304	1.023**	0.155	-0.0605
	(0.963)	(0.442)	(0.470)	(0.454)	(0.780)
管理类	-1.262	0.966	-1.926	-0.603	-0.0650
	(1.414)	(0.820)	(1.368)	(0.914)	(1.183)
服务业类	-1.787*	0.469	-2.307***	-1.789***	-0.799
	(0.956)	(0.353)	(0.598)	(0.447)	(0.710)
电脑语言类	1.544	0.366	-0.966	-0.265	-15.45
	(1.468)	(1.153)	(1.530)	(1.348)	(4.960)

注：*表示在10%的水平上显著，**表示在5%的水平上显著，***表示在1%的水平上显著。

2. 培训对北京市外来务工农村劳动力收入的影响

本节继续采用 Heckman 两步估计法对明瑟收入方程进行了无偏估计，重点考察教育、培训等人力资本特征对农民工收入水平的影响。收入变量选取的是小时工资收入。估计过程分为三个步骤：第一步，对培训参与的 Probit 模型进行估计。第二步，通过 Probit 模型得出广义残差项，代入明瑟收入方程，得出培训对收入影响的无偏估计。第三步，估计和比较不同的培训类型、培训内容、培训时长对农民工收入的影响差异。其中，选择来源省份作为工具变量，其符合在第一阶段的培训选择方程的影响显著，而在第二阶段的收入方程不显著的条件。

(1) 基于 Heckman 两步法校正后的收入方程估计结果

首先，由 Probit 模型中得出的广义残差项在收入方程中产生了负向影响，但并不显著。因此，尚不能说明培训参加者与未参加者之间存在不可观测能力的反向选择。这与类似研究的结论相异，如宁光杰，尹迪（2012）发现逆米尔斯比在收入方程有显著的负影响，即培训参加者的不可观测能力劣于未参加者。但其研究采用的是农户抽样数据，既包含从事农业，也包含非农就业的样本，而本次调查的数据全部为正在外出地务工的农村劳动力，因此，样本在不可观测能力上的差异并不明显。

(2) 普通 OLS 估计高估了培训的收入效应

比较 Heckman 两步法校正前后的估计结果，培训对小时工资对数的影响从 14.62% 降为 14.42%（见表 6-11）。可能的推断是，参加培训者在不可观测的能力水平上高于未参加者，其参加培训是为了向雇主传递高生产率的信号，因而培训后获得的较高收入不一定全部为培训的效应，而部分是由于培训参加者原有的能力。换言之，培训参加者即便不参加培训也可以获得收入提升。从样本的描述统计来看，相对于未参加者而言，参加者的年龄较轻，平均教育年限较高，获得职业认证、普通话和计算机的水平均更高。这些人属于外出务工者中的能人甚至精英，无论是他们自身可观察的人力资本还是不可观察的社会关系、个人能力等，平均而言都高于一般的农村外出者，这使他们无论参加或不参加培训都能获得较高收入。

这一结论与陈耀波（2009）的研究相类似，其分析表明，择优效应与培训作用共同影响农村劳动力收入的变化，在控制样本选择性偏差后，培训的收入效应减少了，原因在于"择优效应"使能力较高的农村劳动力参加了培训。因此，农村劳动力的技能培训项目在设计时需要关注目标定位问题，错误的目标定位会造成培训高能力的劳动者从而导致资源浪费。

（3）教育、职业资格证书、计算机水平等人力资本具有显著的收入效应

在校正样本选择偏差之后，教育、职业资格证书、计算机水平等人力资本对农民工的收入仍具有显著的正向影响。当其他因素不变时，受教育年数增加一年，农民工小时工资提高 1.88%（在 1% 的置信水平下显著）。这也印证了前文得出的教育有助于增加农民工进入更高收入水平职业的结论。

获得职业资格证书的农民工的收入比未获得者高出 9.35%，在 1% 的置信水平下显著。分析原因，职业资格证书这种非学历教育有效提高了务工者的技能水平，提高了边际产品和服务的数量及质量，其产品和服务的市场价格也更高，获得的工资也将更高。同时，职业资格证书释放出一种质量信号，有助于雇主区分劳动力的质量高低，可以有效提升雇主对劳动者生产率的判断，并形成合理的匹配。

相对于不会使用计算机的务工者，掌握一般计算机操作的务工者收入提高了 13.09%，可以熟练操作计算机的务工者收入提高了 19.11%。由此可见，计算机能力已经成为大多数高收入的务工职业所必备的技能，熟练使用计算机可以增加务工者从事管理和专业技术岗位的概率，也可以提高其从事有一定技术含量的个体经营的概率，如自营文印店等，从而实现收入的提升。

（4）个人、家庭及区域因素的影响

性别、年龄和健康状况对农民工收入具有显著影响。根据估计结果，男性的小时工资比女性高 9.79%。分析发现，样本中男性较之女性的职业分布更广，所在的行业的平均工资更高；另外，男性劳动力的市场需求更大，男性更容易获得理想的工作机会。年龄对收入有正向影响，年龄每增

加1岁，小时工资增加3.3%；在其他条件不变的情况下，随着年龄的增长，收入水平呈现出倒"U"形的变化趋势。

来务工的年数对收入也有正向影响。来北京的年数每增加1年，收入提高5.16%，在1%的显著性水平上显著。与年龄一样，来京务工年数对收入的影响呈现出倒"U"形的变化趋势。而外出务工的工龄对收入没有显著的影响。这可能说明，较之一般性的务工经验，在特定务工地连续的工作经验有助于外出者与当地劳动力市场形成更有效的匹配，同时，也有助于外出者积累足够的劳动力市场信息，获得更高收入的职业机会。

家庭因素也对农民工的收入产生影响。外出携带配偶和子女比未携带者的收入分别降低了11.6%和12%，分别在10%和5%的显著性水平上显著，推测原因是照顾家庭使其难以全身心投入工作，多从事时间安排相对灵活的工作，其收入也随之较低。

表6-11 培训的收入效应：样本自选择校正前后的估计比较

变量	参加培训的Probit模型 1=参加过；0=未参加过	未校正自选择的OLS结果	校正自选择后的OLS结果
工作前是否参加过培训	—	0.1462**	0.1442**
		(0.0491)	(0.0492)
性别	0.4285**	0.1560***	0.0979***
	(0.1324)	(0.0463)	(0.0890)
年龄	0.0484	0.0407**	0.0330**
	(0.0457)	(0.0157)	(0.0187)
年龄的平方	-0.0009	-0.0005**	-0.0004**
	(0.0006)	(0.0002)	(0.0003)
婚姻状况	0.6796***	0.0651	-0.0171
	(0.1920)	(0.0715)	(0.1291)
受教育年限	0.0484*	0.0242**	0.0188**
	(0.0230)	(0.0080)	(0.0107)
党员	0.6504*	0.1361	0.0622
	(0.2773)	(0.1056)	(0.1432)
健康状况	0.1559	0.1079	0.0871
	(0.1995)	(0.0694)	(0.0745)

续表

变量	参加培训的 Probit 模型 1=参加过；0=未参加过	未校正自选择的 OLS 结果	校正自选择后的 OLS 结果
外出工龄	0.0462 (0.0311)	-0.0010 (0.0113)	-0.0060 (0.0131)
工龄的平方	-0.0009 (0.0009)	-0.0002 (0.0003)	-0.0001 (0.0004)
来北京的年数	-0.0469 (0.0327)	0.0454*** (0.0122)	0.0516*** (0.0146)
年数的平方	0.0023 (0.0014)	-0.0021*** (0.0005)	-0.0024*** (0.0006)
职业资格认证	0.3706* (0.1551)	0.1357* (0.0595)	0.0935* (0.0812)
普通话标准	0.8167* (0.3400)	0.1857 (0.1028)	0.0856 (0.1665)
普通话一般	0.7590* (0.3280)	0.1962* (0.0983)	0.1010 (0.1586)
计算机熟练	-0.2760 (0.2205)	0.1567* (0.0797)	0.1911* (0.0915)
计算机一般	-0.1069 (0.1723)	0.1168 (0.0625)	0.1309* (0.0652)
携配偶外出	-0.5573*** (0.1648)	-0.0943 (0.0606)	-0.0234 (0.1108)
携孩子外出	-0.0368 (0.1658)	-0.1254* (0.0592)	-0.1192* (0.0597)
东部省份	-0.3407* (0.1791)	—	—
中部省份	-0.3956* (0.1787)	—	—
广义残差 （选择方程）			-0.1682 (0.2199)
常数项	-2.8391*** (0.8532)	0.8752** (0.2810)	1.4200 (0.7660)

续表

变量	参加培训的 Probit 模型 1=参加过；0=未参加过	未校正自选择的 OLS 结果	校正自选择后的 OLS 结果
样本量	614	614	614
R-squared	0.1195	0.2041	0.2049
LR chi2	87.01	——	——
Log likelihood	-320.64322	——	——
Prob > chi2	0.0000	——	——

注：＊表示在10%的水平上显著，＊＊表示在5%的水平上显著，＊＊＊表示在1%的水平上显著。括号中为标准误。

3. 不同培训形式对农民工收入的影响比较

为了深入分析培训不同形式的影响，本节考察了不同的培训主办方、培训内容、培训时长对职业培训的影响。其中，培训类型设"企业培训""户口所在地政府""北京市政府""学徒""职业技术学校"5个虚拟变量，以"社会培训机构"为对照组；培训内容设"管理类""建筑和工业制造""服务业类""电脑语言类"4个虚拟变量，以"就业创业类"为对照组；培训时长设"简单培训""短期培训""长期培训"3个虚拟变量，以"长期培训"为对照组；其他解释变量与表6-11相同，系数省略。

（1）培训主办方中仅企业培训对收入产生正向影响

培训主办方对收入影响的比较结果如表6-12所示，与参加社会培训机构的农民工相比，参加企业培训的农民工收入高出16.03%，且影响是显著的。相比之下，参加北京市政府培训的农民工收入高出5.9%，而户口所在地政府培训的农民工收入低出14.89%，但这两类影响均不显著。

较之其他培训类型，企业培训最大的优势在于，其可以充分结合岗位所需的技术开发实操性的培训内容，企业培训都强调针对性，尤其是在本次调查中，大多数企业培训发生在制造业和建筑业，这类行业的岗位技能以操作性为主，培训也更注重实操训练，因此能更有效地提升受训者的实际生产率。

政府培训效果不显著，一方面可能与本次样本接受政府培训的比例整体较低有关；另一方面，也与培训项目在内容、培训与职业认证的关联、付费机制和经费管理等方面的设计存在缺陷有关。

就北京市当地政府举办的培训项目而言，目前的主要目标职业有两大类：一类是基础性的低端职业，主要集中在居民服务业等低端行业，如家政、护理人员；另一类是具备一定操作能力要求的技术型职业，主要集中在建筑业和制造业。前者的培训多侧重于简单的入门培训，涉及的群体主要是非技术或低技术的农村劳动力；后者属于专业性技能培训，培训通常会与职业资格认证相结合，具有较强的信号功能。但是，访谈中课题组发现，目前参与上述培训的机制主要是通过企业或者劳务公司集中推荐员工参加，即使是带有职业资格认证的培训也多属强制性安排，受训人员的主动性不高，尤其是第一类培训，由于其带有基础性特点，结束后只发给结业证书，信号功能不强，使参与者对培训的收入提升效果多持消极态度。与此同时，访谈中还发现，虽然北京市政府自2010年建立了对外来务工农村劳动力技能培训的补贴机制，但在现实操作中，由于资金管理配套办法的滞后，导致培训机构事先垫付的培训费用不能及时得到补贴，也有些培训机构虽然已经获得资金补贴，但不明确资金支出的具体规定，这些问题都影响了培训机构开展农民工技能培训工作的积极性。

就户口所在地政府的培训而言，研究多反映出其存在的培训目标群体的扭曲问题。现实中，农村当地政府为完成培训计划、争取培训资金，常发动乡政府周边区域，或者党员、干部等容易召集的人参加培训，存在忽略对培训对象的把关、培训内容流于形式等现象。这些培训设计上的扭曲，使得受训者在一定程度上变成了被动选择，降低了培训的效果（王海港，2009）。

此外，不同的培训付费形式会影响培训的收入效应。有92.31%的户口所在地政府的培训是由当地政府支付的费用，个人平均支付仅为3.08元，远低于北京市政府培训个人平均支付的152.94元。由此推测，参与户口地政府培训的农民工由于个人支付的金额较少，在一定程度上制约了其学习动力；同时，培训费用由个人支付，参与者才有自主权选择适合自己的培训内容。杨玉梅、曾湘泉（2011）的研究证实，在政府培训中国家完全补贴培训费用产生的对收入的提升效果低于个人支付一部分费用的培训；宁光杰、尹迪（2012）的研究也发现，培训费用由政府支付的被调查者的收入比企业支付的被调查者低14.1%。

(2) 培训内容中仅"建筑和工业制造类"对收入产生正向影响

培训内容对收入影响的估计如表6-12中（2）列所示，与参加就业创业类培训的务工者相比，参加建筑和工业制造类培训的农民工收入提高了13.7%，而其他内容的培训没有显著影响。分析原因，建筑和工业制造类的培训主要包括建筑、装修、电子电工、机械制造、焊工、钳工、食品制造、服装缝纫与加工、机动车驾驶与维修等，这些内容的专业性和可操作性较强，从而能有效提高受训者的劳动生产率。此外，此类培训提高了从事技术工人的概率，这类职业的工资高于平均水平。杨玉梅、曾湘泉（2011）也发现，参加专业性较强的培训（如建筑装饰、汽车驾驶与维修、电子电器等）的劳动者的收入有显著提高。

(3) 培训时长中仅"短期培训"对收入产生正向影响

从不同时长的培训效果比较来看，15~90天的短期培训是不同时长中唯一对农民工工资收入产生正向影响的。较之超过90天以上的长期培训，参加短期培训能提高农民工的收入13.26%。这与其他研究得出的结论相类似。宁光杰、尹迪（2012）的研究表明，随着培训时长的延长，培训给参加者带来的工资性收入出现递减。

表6-12 不同培训形式对收入的影响比较

培训形式	(1)	(2)	(3)
培训主体			
企业培训	0.1603**		
	(0.0524)		
户口地政府培训	-0.1489		
	(0.1335)		
北京市政府培训	0.0590		
	(0.1203)		

续表

培训形式	(1)	(2)	(3)
学徒	0.0567		
	(0.0485)		
职业技术学校	0.0254		
	(0.0772)		
培训内容			
建筑和工业制造		0.1002*	
		(0.0475)	
管理类		0.0510	
		(0.0748)	
服务业类		-0.1044*	
		(0.0441)	
电脑语言类		-0.0412	
		(0.1118)	
培训时长			
简单培训（15天以下）			0.0896
			(0.0745)
短期培训（15~90天）			0.1326**
			(0.0502)

注：①*表示在10%的水平上显著，**表示在5%的水平上显著，***表示在1%的水平上显著。

②其他解释变量同表6-11，其系数鉴于篇幅原因在此省略。

（四）主要结论与讨论

本节在2012年针对614名北京市外来务工农村劳动力微观调查的基础上，深入考察了农民工在就业、收入、职业选择和技能培训方面的现状，并基于Heckman样本自选择偏差校正方法，分别采用Multinomial Logit职业模型和Mincer收入模型评估了培训对农民工职业选择与对收入的影响，重点比较了不同培训形式的效果差异。主要研究结论显示：

1. 北京市农民工职业培训参与率较高，培训需求强烈

北京市农民工以青壮年为主，文化程度以初中为主，多来自东部和中

部省份，职业层次和收入水平较低。参加职业培训者比重达到65%，这一比例远高于25.6%的全国平均水平；培训多为企业培训和学徒式培训，参加职业技术学校和社会培训机构的人员较少，参加政府培训的人员比例更低；培训内容多集中在建筑和工业制造类。

调查显示，超过半数的来京务工农村劳动力都有通过技能培训提升能力的需求，同时，农民工对培训内容的需求呈现出多元化特点，49.53%的样本具有两项以上的培训内容需求。但培训的时间与工作冲突、内容不符合个人需要、培训的收入提升作用不明显等成为制约农民工参与培训的主要因素。

2. 培训经历有助于农民工从事被雇用职业

在克服了样本的自选择偏差后，研究发现，相较于初级职业，参加过培训对农村外出劳动力从事被雇佣的职业（包括管理者和专业技术人员、技术工人、商业服务人员）均有正向影响，而培训参加者成为无雇工的个体劳动者的优势比为未参加者的0.36倍。由此反映出，北京市目前农民工可从事的被雇用职业普遍要求一定程度的技能培训作为基本的入职要求，而从事低端的个体劳动，对从业人员的技能要求偏低，因此，这个群体普遍缺乏培训需求，同时这类非正规就业的群体可获得培训的渠道也有限。

3. 专业针对性较强的培训有助于农民工从事技术型职业

就不同培训内容的影响而言，相较于初级职业，参加建筑和工业制造的培训对农民工从事技术工人具有积极的作用，参加服务业类培训降低了农民工从事商业服务人员以外职业的概率。此结果说明，目前北京市农民工从事的职业对专业性要求较高，进入特定行业或工种通常需要具备特定的专业技能和训练，这一趋势在制造和建筑业等操作性较强的行业尤其显著。由于职业的专业性加强，劳动者通常选择在特定行业或工种积累经验，提高自身的生产率，以获得职业发展和收入提升。因此，数据也显示，接受过商业服务业类培训的农民工更倾向于从事商业服务业工作，而进入其他职业的概率降低。

4. 样本自选择偏差导致普通 OLS 高估了培训的收入效应

比较 Heckman 两步法校正前后的估计结果，培训对小时工资的影响出现下降。由此可能的推断是，参加培训者在不可观测的能力水平上高于未参加者，其参加培训是为了向雇主传递高生产率的信号，因而培训后获得的较高收入不一定全部为培训的效应，而部分是由于培训参加者原有的能力。换言之，培训参加者即便不参加培训也可以获得收入提升。培训存在"择优效应"，因此，农村劳动力的技能培训项目在设计时需要关注目标定位问题，错误的目标定位会造成培训高能力的劳动者从而导致资源浪费。

5. 培训项目的设计对培训的收入效应具有重要影响

研究显示，在不同的出资主体中，企业培训的收入效应最为显著。企业培训最大的优势在于，其可以充分结合岗位所需的技术开发实操性的培训内容，强调针对性和可操作性，因此能更有效地提升受训者的实际生产率。

政府培训对收入的影响不显著，这可能与培训项目在内容、培训与职业认证的关联、付费形式等方面的设计存在缺陷有关。就北京市当地政府举办的农民工培训项目而言，培训内容多集中在低端职业的上岗培训，对劳动者生产率提升效果有限，结束后只发给结业证书，劳动力市场信号功能不强；即便是专业性技能培训，也多属于国家要求持证上岗的职业，培训多带有强制性，受训人员的主动性不高。同时，政府培训中农民工个人支付的金额较少，参与者缺乏自主权选择适合自己的培训内容，这些也在一定程度上制约了其学习动力和培训效果。

研究还发现，内容为"建筑和工业制造类"的培训，以及时长在 15~60 天的"短期培训"的收入效应最明显，因此，在设计培训内容和时长时，应充分考虑农民工职业分布和工作方式特点，在内容安排上突出专业性和可操作性，在时间安排上突出灵活性，避免和现有工作时间的冲突，但又不限于时间过短的基础性培训，从而有效提升培训效果和培训的收入效应。

6. 教育、职业资格认证等人力资本对职业选择和收入影响显著

学历教育作为人力资本的重要组成部分，对务工者从事管理和专业技

术职业，以及收入提高都发挥着积极作用。综合分析结果来看，正规教育仍是打通农民工进入相对高端的管理和专业技术职业的主要通道。

职业资格证书发挥着重要的劳动力市场信号功能。获得职业资格证书对农民工成为管理和专业技术人员、技术工人、商业服务业人员均产生显著的正向影响。同时，获得职业资格证书的农民工的收入比未获得者高出9.35%。作为基础性职业技能，普通话和计算机水平在北京市劳动力市场上对农民工进入特定职业和提升收入产生了重要影响。

二、普通话、计算机水平与农民工工资

国际移民在跨地区活动中的技能掌握，尤其是语言和计算机的运用技能对其劳动力市场绩效的影响一直是移民经济学研究领域的焦点问题。就中国而言，农村劳动力向城市和非农产业的流动也可以被视为一种迁移。普通话和计算机水平作为技能，是中国城市劳动力市场中最基本的人力资本形式。那么，熟练掌握了普通话和计算机操作的农民工是否能够更好地获得工作机会信息，并且可以更好地向潜在的雇主展示他们的各种技能，从而获得更高的工资回报呢？

目前，国内关于农民工以教育和培训体现的人力资本水平对其工资收入的影响研究颇为丰富，但是关注语言和计算机能力的较少。现有的研究发现，普通话水平对外出农民工的非农收入有较大影响（Gao 和 Smyth，2009）。对进京农民工的研究发现，普通话熟练的农民工能够获得高于不熟练者21%~40%的月收入。普通话熟练者能够获得更高收入回报的原因在于，其能在工作培训、职业技能、自我价值意识、工作适应等方面有更好的表现（秦广强，2014）。地方方言对农民工的劳动力市场绩效也产生了一定的积极影响。说方言是农民工融入当地社会的一种方式，也是降低劳动力市场交易成本的一种方法。以上海话为例，研究发现上海话流利程度对服务业收入有显著影响，而且，口语比听力能力更能显著地提高外出农民工的收入（Chen 和 Lu，2014）。但目前尚缺乏综合考察语言和计算机能力对农民工劳动力市场绩效影响的研究。

当前，中国产业结构持续升级，农民工在行业流向上呈现出从制造业和建筑业为主的第二产业逐步向以服务业为主的第三产业过渡的趋势，尤其是以互联网为平台的新型就业形式越来越受到青睐。在此背景下，探究语言和计算机能力对农民工工资收入的影响，有助于我们掌握新形势下农民工就业能力提升的要点，制定有针对性的对策，使其适应产业结构的转型和新就业形态的发展需求。

（一）模型构建与应用

1. 扩展的明瑟收入模型

明瑟收入模型的基本思想是考察个人收入变异是有多少可以通过人力资本的差异来解释。该模型中基本的变量是教育和工作经验。该模型的优点在于：①较为直观地反映了劳动者的教育回报率；②清楚地显示了年龄的作用，引入了工龄平方项说明收入随年龄增大存在递减的现象。基本的明瑟收入方程（Mincer，1974）为：

$$\ln wage = \alpha + \beta_0 edu + \beta_1 exp + \beta_2 exp^2 + \varepsilon \quad (6-10)$$

为了探究普通话和计算机水平对非农收入的影响，我们对明瑟收入方程进行了拓展：

$$\ln wage_i = \alpha + \beta_0 edu_i + \beta_1 exp_i + \beta_2 exp_i^2 + \beta_3 lan_i + \beta_4 com_i + \sum_{j=1}^{n} \delta_{ij} D_{ij} + \varepsilon_i \quad (6-11)$$

即第 i 个劳动者的非农收入的对数为 $\ln wage_i$，解释变量包括：受教育年限 edu_i，非农工作经验 exp_i，非农工作经验的平方 exp_i^2，样本对象是否可以使用标准的普通话 lan_i，样本对象是否可以熟练掌握计算机技能 com_i 以及其他的一些控制变量 $\sum_{j=1}^{n} \delta_{ij} D_j$。其中，$\beta_3$ 代表可以使用标准普通话的回报，β_4 表示熟练掌握计算机技能的回报。控制变量我们选取的是自评健康、性别、是否有职业资格等级证书、是否在当年参与培训、工作地点。具体测量标准如表6-13所示。

表6-13 主要变量界定

变量名称	变量测量
小时工资 $wage_i$	2011年外出打工月收入除以当月外出打工总天数再除以每天打工的小时数
教育 edu_i	受教育年数
非农工作经验 exp_i	2011年的年龄减第一次外出打工的年龄
非农工作经验平方 exp_i^2	非农工作经验 exp_i 的平方值
普通话水平 lan_i	虚拟变量,1表示被调查对象可以使用标准的普通话;0表示其他,包括可以使用有口音的普通话和不会说普通话
计算机水平 com_i	虚拟变量,如果调查样本可以熟练操作计算机则为1;否则为0,包括可以使用计算机但不熟练以及完全不会使用
自评健康	虚拟变量,1为认为自己健康,0表示其他
性别	虚拟变量,1为男性,0表示女性
是否有职业资格等级证书	虚拟变量,1为有资格等级证书,0表示没有
是否在当年参与培训	虚拟变量,1为当年参与了培训,0表示未参加
婚姻	虚拟变量,1为已婚,0表示其他
工作地点	虚拟变量,以本村为参照,设置5个虚拟变量:本乡非本村、本县非本乡、本省非本县、东南部外省、中西部外省

2. 模型的修正

由于劳动者可以选择不外出打工,只有当外出打工的潜在收益大于其机会成本的时候,劳动者才会选择外出打工,如果劳动者不外出打工,他们打工的潜在收入就观察不到。而当农民工外出存在样本选择问题时,如果只使用外出务工者的样本对式(6-11)进行回归,所得到的工资回报率是有偏的。我们选用了 Heckman 两步法(Heckman,1979)对样本选择问题进行修正,在第一步,先采用 Probit 模型估计农民工个体选择外出的概率:

$$\Pr(M_i = 1) = Z_i'\gamma + \mu_i \quad (6-12)$$

其中,M_i 为1时,表示个体选择外出务工;M_i 为0时,表示个体选择不外出。由此计算出样本选择纠正项 λ:

$$\lambda_{mobility} = \frac{\phi(Z_i\gamma)}{\Phi(Z_i\gamma)} \quad (6-13)$$

在第二阶段,将逆米尔斯比代入收入方程,纠正不可观测的样本特征导致的选择性偏差,从而得出对收入方程的无偏估计。

在上述步骤中,需要找到一个影响农民工外出决策,但不影响其潜在外出务工收入的工具变量。在此,我们采用的工具变量是婚姻状况,该变量也曾被 De Brauw 和 Rozelle(2004)所使用。将婚姻状况分别放入外出决策模型和收入方程进行回归,发现其对农民工外出决策有显著的负向影响,系数为 -0.133,且在5%的水平上显著,而在收入方程中,婚姻状况的系数是 -0.017,但并不显著,符合对工具变量的统计要求。

(二) 数据及描述性统计

本节采用了项目组"2012年甘肃省集体林权改革与农村劳动力流动调查"的数据,访谈问卷的内容包括农户家庭基本情况、家庭成员情况、劳动力职业技能培训情况、劳动力非农就业基本情况、2002—2011年工作变动及工作经历情况、2011年农业生产情况和返乡创业情况等。调查范围集中在甘肃省的4个县12个乡镇36个村,访谈了360户农户。调查采用随机抽样的方法,每个县按收入水平不同抽取3个乡镇,每个乡镇抽取3个村,每个村等距离抽样10户农户。如果被抽到的家庭常住人口都在60岁以上,则向上或者向下顺延一户代替。调查期间共访谈1800余人,按照研究的需要,在剔除16岁以下和65岁以上的劳动力样本后,统计得到了有效样本共计1334个,其中2011年正在从事非农就业的样本共计597个。

本套数据的优点是:它从农村抽取,既含有外出农民工,又有非外出者,在估计移民群体中的普通话和计算机水平回报时,有足够多的信息让我们使用经典的处理自选择问题的方法(Heckman,1974),从而得到更加准确的回报率估计。按研究需要,我们对样本在2011年的职业、工作地点、普通话水平、计算机水平制定编码标准,并依据标准进行统一编码(见表6-14)。

1. 主要变量编码

(1) 职业编码

依据现有样本,排除军人和学生,参考 ISOC(International System of

Occupational Code）职业编码体系，本节对原职业的数据进行重新编码，反映农村非农就业独特的职业分布。最终将非农职业分为以下六类：管理者和专业技术人员、办事员、商业服务人员、技术工人和手工业者、个体户与私营企业主、初级职业。在六个职业分类中，"个体户与私营企业主"包括个体劳动者（无雇员）和企业主（有雇员）(Piracha 和 Vadean, 2009)。在样本中，大多数个体劳动者从事运输、农产品经营等商业活动。

表 6-14　职业编码表

职业	具体实例
1. 管理者和专业技术人员	领导干部，人力资源、财务、市场、销售等管理者，科学和工程辅助专业人员，商业、法律、社会、文化及相关辅助专业人员，医生，教师，会计师，律师
2. 办事员	一般办公室文员，秘书，出纳
3. 商业服务人员	个人服务（导游、厨师、餐饮服务员、侍者、美容美发、物业管理），销售人员（销售员、店员、收银员、售后人员），个人照料（照顾儿童、个人健康照料），个人保卫（保安）
4. 技术工人和手工业者	电气和电子设备装配，水管工，钳工，铸工，焊工，模具工，汽车机械师和维修师，司机，建筑工，瓦工，木工，裁缝，食品加工工人
5. 个体户与私营企业主	个体劳动者（无雇员）和企业主（有雇员）
6. 初级职业	流水线工人，清洁工（家政保洁），农林渔业简单劳动力，采掘、建筑、制造、运输业简单劳动力，食品制作辅助工人，街头商贩，门卫

（2）就业地点编码

就业地点分为：1 本村，2 本乡非本村，3 本县非本乡，4 本省非本县，5 东南部外省，6 中西部外省。其中，外省分为东南部经济发达地区（主要包括珠三角、长三角等经济发达的东南沿海地区）和中西部外省（如山西、宁夏、新疆等经济欠发达地区）。

(3) 普通话水平编码

表 6-15　普通话水平编码表

分类	简称
1. 会讲标准普通话	标准
2. 不会讲标准普通话	不标准
（1）会讲有口音的普通话	有口音
（2）不会讲普通话	不会讲

(4) 计算机水平编码

表 6-16　计算机水平编码表

分类	简称
1. 能够熟练操作 Office 等常用系统和上网	熟练
2 不能熟练操作 Office 等常用系统和上网	不熟练
（1）能够简单操作计算机（如打字）	简单
（2）不会操作计算机	不会用

2. 样本的描述性统计

数据中的非农收入均为小时工资，相对于日收入，小时工资排除了日劳动时间的差异，是劳动报酬的确切度量，较之于很多文献中使用的日收入、月收入，甚至年收入，则更为准确些。我们调查中在外从事非农工作的人员的 2011 年平均小时工资为 11.04 元，其中男性样本平均小时工资为 12.47 元，明显高于女性样本 8.24 元的平均值。

表 6-17 显示了甘肃农村劳动力样本整体的情况。样本中，77.14% 已婚，84.51% 自评健康。男性占总样本的 66.05%。样本整体显示该群体教育水平较低，平均为初中至二年级水平，且当年参加培训与拥有职业资格等级的较少，分别为 16.56% 和 21.95%。

男女之间在从事的职业与就业地点方面差异较大：女性从事商业服务的较多，占女性样本的 31.34%；而男性则有更多的技术工人和手工业者，占男性样本的 35.55%；男女均有较多个体从事初级职业，分别占男女样本的 35.55% 和 27.36%。男女均有 60% 以上的样本选择东南部与中西部外省就业，其中女性在东南部外省工作的是在中西部外省工作的 2.64 倍，而男性在这两个区域的分布相差不多。

调查结果显示,本地区人群普通话水平中等,57.78%的样本会讲有口音的普通话,会讲标准普通话的占22.41%,不会讲普通话的占19.81%。而计算机水平则较低,53.26%的不会操作计算机,分别有25.33%的和21.41%的可以熟练操作以及简单操作计算机。女性的普通话水平与计算机水平与男性相比均较高。

表6-17 样本的基本特征

项目	全部	男性	女性
小时工资/元	11.04	12.47	8.24
普通话水平/%			
会讲标准	22.41	21.01	25.41
会讲有口音	57.78	57.42	59.12
不会讲	19.81	21.57	15.47
计算机水平/%			
可以熟练操作	25.33	24.23	27.53
可以简单操作	21.41	22.29	19.66
不会操作	53.26	53.48	52.81
教育年限	7.76	7.94	7.46
工作经验	8.89	10.59	5.56
男性/%	66.05	—	—
已婚/%	77.14	77.49	76.24
健康/%	84.51	83.12	87.06
有职业资格/%	16.56	18.18	13.38
当年参加培训/%	21.95	21.20	23.63
职业/%			
管理者和专业技术人员	6.57	7.41	4.98
办事员	5.72	7.41	2.49
商业服务人员	15.82	7.93	31.34
技术工人和手工业者	32.15	35.55	25.37
个体户与私营企业主	7.07	6.15	8.46
初级职业	32.66	35.55	27.36

续表

项目	全部	男性	女性
工作地点/%			
本村	12.01	14.61	6.59
本乡非本村	5.82	5.73	6.05
本县非本乡	9.57	10.60	7.14
本省非本县	7.50	7.17	8.24
东南部外省	38.65	31.80	52.20
中西部外省	26.45	30.09	19.78

资料来源：通过项目组 2012 年甘肃省农村劳动力流动项目整理得出。

(1) 普通话与小时工资分布

我们按照不同的普通话水平等级对小时工资进行统计。表 6-18 显示，普通话水平的提高对甘肃省农村劳动力非农收入具有积极的影响。普通话水平为不会讲、有口音、标准的平均小时工资分别是 10.46 元、10.76 元、12.50 元；标准者较不标准者平均小时工资提高了 1.82 元。男性样本与整体样本的趋势相当，而女性样本中标准者较不标准者的平均小时工资高出 2.38 元，显示出高普通话水平对女性非农收入有更加显著的正向影响，其原因可能与女性从事的职业与就业地点有关。

表 6-18 样本的普通话水平与小时工资分布

单位：元

普通话水平	全部	男性	女性
不会讲标准普通话	10.68	12.08	7.73
不会讲普通话	10.46	11.42	7.69
会讲有口音的普通话	10.76	12.33	7.74
会讲标准普通话	12.50	13.97	10.11

资料来源：通过项目组 2012 年甘肃省农村劳动力流动项目整理得出。

同样的，我们按照不同的计算机水平等级对小时工资进行统计。表 6-19 显示，计算机水平的提高对甘肃省农村劳动力非农收入也有较积极的影响。就样本整体而言，计算机的操作水平为不会用、简单、熟练的平均小时工资分别是 10.42 元、11.45 元、12.32 元；熟练较不熟练的样本平均小时工资增长了 1.60 元。这样的结果与样本中男性的影响较强有关，男性样本中熟练较不熟练的样本平均小时工资增长了 2.53 元，其原因可能是男性所从事的职业较女性更需要高的计算机水平，而女性所从事的职业与计算机水平的关系较低，因而导致女性计算机水平影响非农收入并不显著，但是熟练者仍然比不熟练者的小时工资高 0.34 元。

表 6-19 样本的计算机水平与小时工资分布

单位：元

计算机水平	全部	男性	女性
不能熟练操作 Office 等常用系统和上网	10.72	11.85	8.33
不会操作计算机	10.42	11.70	7.80
能够简单操作计算机（如打字）	11.45	12.19	9.76
能够熟练操作 Office 等常用系统和上网	12.32	14.38	8.67

资料来源：通过项目组 2012 年甘肃省农村劳动力流动项目整理得出。

图 6-3 是普通话水平和计算机水平与样本非农收入的交互分布。从样本整体来看，两项技能水平都较高的样本比其他人非农收入要高，为 12.69 元，比两项技能水平都较低的样本要高 2.24 元。在男性样本中，两项技能水平都较高的人群收入最高，为 14.44 元，第二位是两项技能有任意一项较高的人群，为 14.03 元，而两项技能水平均不高的男性样本小时工资为 11.62 元，明显低于前两者。在女性样本中，同样的，两项技能水平都较高的样本收入最高，为 9.86 元，第二位是两项技能有任意一项较高的人群，为 8.78 元，而两项技能水平均不高的女性样本小时工资为 7.89 元。以上结果说明，无论是男性还是女性，提高普通话水平与计算机水平，对非农收入的增加都具有积极的影响。

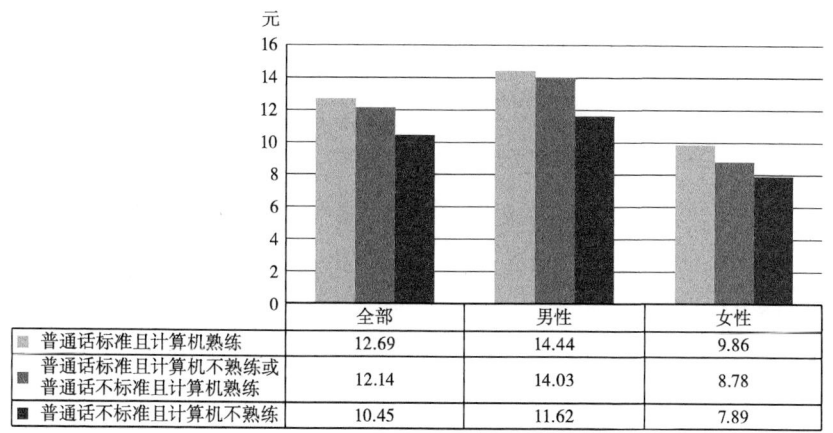

图 6-3 样本农村劳动力的普通话和计算机水平与小时工资的交互分布
资料来源：通过项目组 2012 年甘肃省农村劳动力流动项目整理得出。

（2）职业控制下普通话与计算机水平与小时工资分布

我们按职业将样本分为六类，统计不同普通话水平下样本的非农收入。表 6-20 显示了当控制职业时普通话水平与小时工资分布结果。对于管理者和专业技术人员，无论是从整体还是分男女样本看，更高的普通话水平会带来更高的收入。而办事员整体上的趋势与管理者与专业技术人员相类似，只是在女性样本中没有呈现出高普通话水平带来高收入的趋势，其原因是办事员中普通话标准的女性样本只有一个，其收入为 4.17 元，不能代表该层次的平均水平。对于商业服务人员、个体户与私营企业主、初级职业者这三类人群，结果反映为只有普通话水平为标准时才会提高收入，当普通话为有口音或不会讲时梯度差异不明显。此外，对于技术工人和手工业者，从样本整体以及男性样本来看，普通话水平对非农收入影响不明显，而仅是女性样本统计结果为高普通话水平带来高回报。

同样的，我们按职业将样本分为六类，统计不同计算机水平下样本的非农收入。表 6-21 显示了职业控制下计算机水平与小时工资分布结果。对于男性来说，除了商业服务人员、技术工人和手工业者，其他四种职业统计结果均为随着计算机水平提高，非农收入也会相应提高。对于女性来说，与男性相反，商业服务人员呈现出随着计算机水平提高，非农收入增高的趋势；女性技术工人和办事员样本只有在计算机水平熟练时才会提高收入。其他三类职业显示计算机水平对非农收入影响不明显，其原因可能是样本量偏小，不能代表该职业的整体收入分布，或者是计算机水平对从事这些职业的女性非农收入影响较小。

表6-20 样本职业控制下的普通话水平与小时工资分布

单位：元

		不会讲普通话	会讲有口音的普通话	会讲标准普通话
管理者和专业技术人员	全部	5	8.38	16.04
	男性	5	9.03	13
	女性	—	5.98	19.6
办事员	全部	4.32	7.19	11.3
	男性	3.23	6.16	12.73
	女性	8.7	12	4.17
商业服务人员	全部	8.11	6.7	8.99
	男性	9.91	8.2	10.36
	女性	7.03	6.26	7.61
技术工人和手工业者	全部	10.74	13.06	11.77
	男性	11.65	14.36	12.76
	女性	6.96	8.76	9.87
个体户与私营企业主	全部	13.96	14.18	27.15
	男性	22.22	18.88	27.15
	女性	12.26	8.55	—
初级职业	全部	11.21	10.57	14
	男性	12.46	11.42	16.71
	女性	6.73	8.29	9.74

资料来源：通过项目组2012年甘肃省农村劳动力流动项目整理得出。

表6-21 样本职业控制下的计算机水平与小时工资分布

单位：元

		不会操作计算机	可以简单操作计算机	可以熟练操作计算机
管理者和专业技术人员	全部	4.11	15.58	13.2
	男性	4.47	9.11	14.22
	女性	2	31.74	11.67

续表

		不会操作计算机	可以简单操作计算机	可以熟练操作计算机
办事员	全部	5.07	5.46	13.29
	男性	2.91	5.6	13.15
	女性	10.13	4.17	14.29
商业服务人员	全部	7.09	6.78	8.57
	男性	10.42	6.55	10.43
	女性	6.27	6.97	7.16
技术工人和手工业者	全部	12.55	12.9	11.6
	男性	13.98	14.26	11.93
	女性	8.27	8.13	10.75
个体户与私营企业主	全部	12.79	13.54	20.36
	男性	9.72	17.65	23.32
	女性	13.67	3.96	6.74
初级职业	全部	10.59	12.26	14.99
	男性	11.57	12.54	17.42
	女性	7.53	11.81	6.06

资料来源：通过项目组2012年甘肃省农村劳动力流动项目整理得出。

(3) 就业地点控制下普通话和计算机水平与小时工资分布

与职业控制相同，我们按就业地点将样本分为六类，统计不同普通话水平下样本的非农收入。表6-22显示了地点控制下普通话水平与小时工资分布结果。结果显示，当样本在本村工作时，普通话水平对非农收入有积极的影响，无论是从整体上还是分别从男女样本上看，高普通话水平都会带来高回报；中西部外省的结果与本村相似，只有女性样本使用标准普通话时得到的小时工资不符合趋势，为6.13元，其原因是样本量过小（只有2人）；而在东南部外省工作的样本，仅女性样本统计结果为高普通话水平带来高回报，普通话水平对男性影响不明显。最后，在本乡非本村、本县非本乡、本省非本县时普通话水平对非农收入影响不明显。

我们又按地点将样本分为六类，统计不同计算机水平下样本的非农收入。如表6-23所示：样本在本村、东南部外省和中西部外省工作时，计算机水平的提高可以增加非农收入；而其他三个地区工作的样本，计算机水平对非农收入的影响不显著。这样的结果与普通话水平在地点控制下影响非农收入的结果相似。其中，本村和东南部外省工作的样本，其计算机水平均是只有在熟练程度上才会提高非农收入，其原因可能是在这两个地点只有计算机达到一定程度才可以得到回报。对于中西部外省的样本，从整体与男性样本来看，统计结果为计算机水平提高，非农收入增加；而女性样本未出现此统计结果，可能与样本量过小有关。

表6-22 样本就业地点控制下的普通话水平与小时工资分布

单位：元

		不会讲普通话	会讲有口音的普通话	会讲标准普通话
本村	全部	5.77	5.67	20.19
	男性	5.43	5.49	20.19
	女性	4.68	6.4	—
本乡非本村	全部	12.73	10.18	12.96
	男性	17.42	8.75	15.4
	女性	4.92	11.33	6.46
本县非本乡	全部	15.83	13.19	12.25
	男性	19.64	15.22	13.36
	女性	11.53	7.68	6.69
本省非本县	全部	10.74	16.77	10.98
	男性	11.38	21.02	13.15
	女性	8.21	7.42	8.38
东南部外省	全部	12.46	10.34	11.41
	男性	15.35	12.58	11.19
	女性	6.69	7.84	11.62
中西部外省	全部	9.23	10.55	14.16
	男性	10.04	11.83	15.11
	女性	6.87	6.88	6.13

资料来源：通过项目组2012年甘肃省农村劳动力流动项目整理得出。

表6-23　样本就业地点控制下的计算机水平与小时工资分布

单位：元

		不会操作计算机	能够简单操作计算机	能够熟练操作计算机
本村	全部	5.32	3.89	15.73
	男性	5.45	3.92	17.06
	女性	4.76	3.75	9.75
本乡非本村	全部	10.33	17.68	11.92
	男性	12.17	21.06	12.25
	女性	8.49	4.17	10.23
本县非本乡	全部	14.86	18.3	9.02
	男性	16.41	18.3	10.82
	女性	9.96	—	6.46
本省非本县	全部	14.32	12.05	13.86
	男性	16.35	15.4	16.09
	女性	7.56	8.7	8.05
东南部外省	全部	10.11	11.18	12.19
	男性	12.54	11.05	13.97
	女性	7.56	11.34	9.87
中西部外省	全部	10.36	11.4	12.38
	男性	11.42	12.66	14.26
	女性	7.24	5.42	4.65

资料来源：通过项目组2012年甘肃省农村劳动力流动项目整理得出。

（三）实证分析结果

对样本整体进行回归分析和Heckman两步法修正，得出结果如表6-24所示，其中多元回归方程的F检验值为6.969，sig值小于0.05，说明整个方程显著，是有意义的。

表中的第二列、第三列分别是OLS方法和纠正样本选择性偏差估计出的结果。教育对于外出劳动力的非农收入影响较小并且为负，这与我们的传统理解出入较大，且从T检验结果来看教育年限没有通过检验，其原因可能是没有考虑到内生性的问题而导致的估计偏差。

通过OLS回归结果我们可以看到，工作经验的影响较小为5.6%，通过 Heckman 两步法修正后提高到 6.0%；工作经验的平方项系数为负，说明外出非农务工收入随工作经验年限上升到一定阶段然后下降的倒"U"形关系。

普通话标准对外出非农收入的回报率通过 OLS 估计为 17.7%，通过 Heckman 两步法修正后提高到 20.6%，检验结果表现为显著。这表明，如果仅在外出务工人员的群体中估计普通话回报，而不考虑"是否进入外出务工人员这个群体"的选择，估计出来的普通话回报偏小。

计算机熟练对外出非农收入的回报率为 0.5%，通过 Heckman 两步法修正后提高到 4.8%，但检验结果不显著。其原因可能是甘肃省农村劳动力更多地从事低技术工种，所从事的工作大多不需要良好的计算机水平。

性别所导致的工资差异较为显著，使用 OLS 方法估计的性别回报率为 30.0%，通过 Heckman 两步法修正后提高到 39.0%。这表明，如果不考虑外出的样本自选择问题，性别间的工资差距会被低估。农民工外出中的性别工资差距已被大量实证研究所证实，通过对工资差距的分解，研究大多发现，性别歧视是农民工性别工资差距的主要来源（李春玲等，2008；黄志岭，2010；罗峻峰，2017）。

模型中的健康虚拟变量的系数为正，说明健康对于农村劳动力外出务工收入提高具有正向作用，虽然回归与修正的结果为不显著，但通过选择方程我们可以看到健康对外出概率有显著的提升作用。

有职业资格与参加培训这两个虚拟变量的 OLS 回归结果分别为 16.8%、8.7%，且 T 检验结果显示显著；通过修正后估计结果分别为 17.6%、8.5%。这与前人的研究结论基本一致。

从就业地点来看，与在本村就业的样本相比较，在本乡非本村、本县非本乡、本省非本县、中西部外省、东南部外省工作的农民工获得的工资回报率更高，且 T 检验结果均在 1% 的水平上显著。按本乡非本村、本县非本乡、本省非本县、中西部外省，东南部外省的顺序，回报率从小到大，说明外出越远，其非农收入越高，其原因可能与不同区域的经济发展水平差距有关。

表6-24 普通话与计算机水平对小时工资的回归结果

	OLS	Heckman 两步法	
		选择方程	收入方程
受教育年限	-0.014 (0.010)	0.008 (0.018)	-0.012 (0.010)
经验	0.056*** (0.013)	0.030 (0.024)	0.060*** (0.014)
经验的平方	-0.002*** (0.000)	-0.002** (0.001)	-0.002*** (0.001)
普通话标准	0.177** (0.074)	0.157 (0.168)	0.206** (0.087)
计算机熟练	0.005 (0.076)	0.237 (0.174)	0.048 (0.102)
健康	0.015 (0.090)	0.437*** (0.159)	0.099 (0.157)
男性	0.300*** (0.064)	0.493*** (0.129)	0.390** (0.150)
有职业资格等级证书	0.168** (0.084)	0.038 (0.185)	0.176** (0.089)
当年参加培训	0.087* (0.071)		0.085* (0.070)
就业地点 （以本村为参照）			
本乡非本村	0.426** (0.165)		0.423** (0.161)
本县非本乡	0.489*** (0.139)		0.491*** (0.135)
本省非本县	0.528*** (0.156)		0.537*** (0.154)
东南部外省	0.587*** (0.121)		0.597*** (0.118)
中西部外省	0.552*** (0.122)		0.563*** (0.119)
已婚		-0.262 (0.169)	
Lambda			0.376 (0.568)

续表

	OLS	Heckman 两步法	
		选择方程	收入方程
常数项	1.275***	0.023	0.946
	(0.165)	(0.237)	(0.518)

注：括号内为标准误差，***、**、*分别表示系数在1%、5%、10%的水平上显著。

（四）主要结论与讨论

本研究使用了项目组在2012年抽样调查中形成的甘肃省农村劳动力流动数据，分析了普通话水平与计算机水平对农村劳动力非农收入的影响。研究结果表明，达到普通话标准的水平，可能是中国农村流动人口脱离低薪工作的一个重要途径。整体上看，中国农村流动人口的普通话水平与计算机水平都较低，这两项技能都有较大的提升空间。

1. 普通话对农民工工资有积极影响

研究表明，标准的普通话是增加非农收入的关键因素。通过描述性统计分析和回归分析得出，标准的普通话会带来更高的非农收入。OLS结果显示标准普通话的工资回报率为17.7%，考虑样本选择性偏差后的结果显示，掌握标准的普通话的工资回报率为20.6%，说明普通话对农村力具有重要的收入提升作用。类似地，计算机水平越高，样本群体的平均非农收入也越高，但检验结果并不显著。

2. 两项技能对工资的影响有性别差异，同时掌握则收入更高

我们发现，普通话水平对女性非农收入影响比男性更大，而计算机水平对男性非农收入提高有较大影响，这样的结果与男女工作地点和职业选择的差异有关。此外，同时具有高水平的普通话与计算机技能，样本群体的平均非农收入较其他群体更高。

3. 有职业资格等级与参加培训对农民工有积极影响

回归分析结果说明，职业资格等级与参与培训对提高农村劳动力非农收入有较大的帮助，尤其是有资格等级证书，考虑选择性样本偏差后其回报率为17.6%。由于甘肃省农村劳动力从事技术类工作的较多，有职业资

格等级对提高非农收入有显著影响。

第二节　市民化背景下社会资本对农民工工资水平的影响研究

2016年政府工作报告提出推进新型城镇化建设，重点是促进农村转移人口的市民化。农民工群体基数大、增长速度快，是我国社会最大的流动人口群体。如果长时间处于边缘人的状态，游离于城市体系之外，无法享受市民待遇，不但不利于农民工群体的工作生活稳定，而且也不利于社会整体的正常运行和稳定发展。

与人力资本相比，社会资本是一种来源于社会网络与社会关系的特殊资本，是基于社会关系，通过人际交往而形成的社会关系网以及附带的潜在社会人际信息等资源。社会资本在劳动力迁移的过程中发挥着重要作用。通过利用其在社会网络中动员资源的能力，移民能够更容易地获得各种信息并找到合意的工作（Portes，1995）。社会资本对处于转型期的中国社会具有更为重要的意义（赵延东等，2002）。与城市居民相比，农民工在城市拥有的社会资本较少，甚至比城市中下岗职工的社会资本水平也低。农民工在务工地所拥有的社会资本主要是以血缘、地缘、亲缘等为基础形成的原始型社会资本，虽然可以为农民工提供一定的社会资源，但也具有狭隘性（钱正武，2006）。基于此现状，学者们开始研究农民工的社会资本对其工资水平以及市民化的影响，但目前该领域的研究结论仍存在较大的争议，原因之一是对社会资本的定义和测量方式并没有实现统一。一部分学者认为，社会资本对农民工在城市劳动力市场上的收入和市民化具有重要影响。社会资本不仅有利于农民工获得非农收入的提高，还直接关系到农民工在城市的立足以及市民化（肖日葵，2008；王傲蕾，2009；林娣，2014；张红霞，2014）。另有部分研究则认为，以亲缘、地缘为基础的原始型社会资本会限制农民工的职业选择，并且不利于农民工新型社会资本的构建，致使农民工形成单一的交友圈，阻碍了农民工的收入提升和市民化（赵立新，2006；沈渝，2010）。

本研究基于项目组于 2015 年 5-7 月间调查获得的"苏州市外来务工人员就业与社会融入状况"数据，以农民工在迁入地的社会资本（包括亲戚、老乡等原始型社会资本和务工地的朋友、党政机关、管理人员等新型社会资本）为主线，采用明瑟收入方程与多元逻辑回归模型，就社会资本对农民工工资性收入、居住方式与留城意愿的影响进行实证分析，重点比较了原始型社会资本与新型社会资本的影响差异，以期为促进农民工市民化、帮助他们更好融入务工地的工作生活提出相关对策建议。

一、模型的构建

本书从社会资本角度出发，结合已有研究与数据情况，研究社会资本对收入、留城意愿与居住方式的影响，以便从社会资本角度更好地促进农民工市民化。

在对苏州农民工微观调查的基础上，本研究围绕如下 4 个问题开展：①分析农民工社会资本的现状，包括求职渠道、务工地的老乡、务工地的亲戚、与亲朋好友聚餐占月支出的比例、务工地认识的机关人员、管理人员、朋友、到务工地居民家做客情况、在务工地区的随礼状况等问题的现状；②就农民工拥有的社会资本对其收入的影响进行实证分析；③就农民工拥有的社会资本对其留城意愿的影响进行分析；④就农民工拥有的社会资本对其居住方式的影响进行分析。基于以上分析，得出苏州市外来务工的农民工拥有的社会资本对经济收入、居住方式与留城意愿的具体影响。以农民工的社会资本为切入点，有针对性地提出相应的政策建议。

（一）变量界定及说明

根据前人的研究和我们所采用的数据特点，本研究将收入、居住方式、留城意愿三个指标作为因变量，其中收入用小时工资来表示；居住方式包括自有房、独立租房、与人合租、单位宿舍与其他等；留城意愿则包括愿意留城与不愿意留城。用三个指标综合反映农民工的市民化程度（见表 6-25）。

自变量主要包括个人特征（性别、教育水平、党员、苏州务工年限、职业资格证书、培训状况）；家庭特征（家庭经济水平、来源地）；工作特征（月收入、所在企业规模）；社会资本主要借鉴国内学者的测量方式，划分为原始型社会资本与新型社会资本，其中，原始型社会资本具体包括：有无亲戚、有无老乡、亲戚聚餐占月支出比例较多、亲戚聚餐占月支出比例一般、亲戚聚餐占月支出比例较少、是否亲朋介绍工作；新型社会资本具体包括：是否随礼、认识党政机关人员、认识企业管理人员、有苏州本地朋友、去苏州本地人家里做过客等11个测量变量。

表6-25 农民工收入、留城意愿与居住方式回归模型变量解释

变量		名称	变量解释
因变量	收入	收入对数	小时工资的对数
	居住情况	居住方式	4=自有房，3=独立租房，2=与人合租，1=单位宿舍（参照组），0=其他
	留城意愿	留城意愿	1=愿意留城，0=不愿意留城
自变量	个人基本特征	性别	1=男性，0=女性
		年龄	按照样本实际年龄计算
		婚姻状况	1=已婚，0=未婚
		受教育年限	0=文盲，1~6=小学一至六年级，7~9=初中一至三年级，10~12=高中一至三年级/中专，15=大专，16=大学，19=研究生及以上
		党员	1=党员，0=其他
		健康状况	1=健康，0=其他
		外出工龄	单位为"年"
		工龄的平方	工龄的平方
		资格认证	1=曾经获得资格证书，0=没有资格证书
		计算机水平	1=会编程，0=其他
	家庭特征	家庭经济水平（以"一般"为参照）	1=高于当地水平，0=其他
		家庭经济水平	1=低于当地水平，0=其他
		东部（以"西部"为参照）	1=东部，0=否
		中部	1=中部，0=否

续表

变量		名称	变量解释
自变量	原始型社会资本	外出地的老乡	1＝有，0＝没有
		外出地的亲戚	1＝有，0＝没有
		亲朋聚餐占月支出（以"几乎没有"为参照）	1＝很多，0＝没有
			1＝一般，0＝没有
			1＝较少，0＝没有
	新型社会资本	求职渠道	1＝亲戚朋友介绍，0＝其他
		去年一年随礼	1＝有，0＝没有
		认识党政机关人员	1＝有，0＝没有
		认识管理人员	1＝有，0＝没有
		外出地的朋友	1＝有，0＝没有
		当地人家里做客	1＝有，0＝没有

（二）明瑟收入方程的设计

社会资本对收入的影响问题，一般采用 OLS 模型对明瑟收入方程进行估计。本研究在原明瑟方程的基础上，增加主要自变量社会资本与有关控制变量等得到相关模型如下：

$$\ln Y_i = \alpha + X_i\beta + C_i\delta + \varepsilon_i \quad (6-14)$$

其中，方程左边 Y_i 表示农民工 i 的小时工资，$\ln Y_i$ 是农民工的小时工资对数。方程右边 C_i 表示社会资本，包括原始型社会资本：有无亲戚、有无老乡、亲戚聚餐占月支出比例较多、亲戚聚餐占月支出比例一般、亲戚聚餐占月支出比例较少、是否亲朋介绍工作；新型社会资本：是否随礼、认识党政机关人员、认识企业管理人员、有苏州本地朋友、去苏州本地人家里做过客等 11 个测量变量。X_i 包括个人特征：性别、年龄、教育水平、苏州务工年限、职业资格证书、培训、计算机水平；家庭经济水平和来源地。

（三）居住方式的模型设计

我们此处采用多元 Logistic 回归模型就社会资本对农民工自身居住方式的影响进行实证分析。在此模型中，农民工居住方式采用多元变量，分别赋值 0 = 其他；1 = 单位宿舍；2 = 与人合租；3 = 独立租房；4 = 自有房；采用的模型如下：

$$Prob(Y_i = j) = P_{ij} = \frac{exp(X_i\beta_j + C_i\delta_j)}{1 + \sum_{k=1}^{J} exp(X_i\beta_k + C_i\delta_k)} \quad j = 0,1,\cdots,J; \beta_0 = 0$$

(6 – 15)

其中，P_{ij} 为农民工 i 选择居住方式 j 的概率，$J+1$ 为可选择居住方式的总数。向量 X_i 代表一系列影响农民工居住方式决策的因素，主要包括农民工个人特征、家庭特征和来源地特征。向量 C_i 代表农民工的社会资本，包括原始型社会资本和新型社会资本 [具体指标与式（6 – 14）相同]。

（四）留城意愿的模型设计

我们此处采用二元 Logistic 回归模型实证分析社会资本对农民工留城意愿的影响。在此模型中，基于已有关于留城意愿的研究，我们对农民工留城意愿采用二分变量，包括愿意留在打工城市，赋值为1；不愿意留在打工城市，赋值为0。Logistic 的一般形式如下：

$$Prob(Y_i = 1) = P_i = \frac{1}{1 + exp(-X_i'\beta - C_i'\delta)} \quad (6 – 16)$$

其中，P_i 为农民工 i 选择留城的概率。向量 X_i 代表一系列影响农民工留城意愿的因素，主要包括农民工个人特征、家庭特征和来源地特征。向量 C_i 代表农民工的社会资本，包括原始型社会资本和新型社会资本（具体指标与式（6 – 14）相同）。

二、数据及描述性统计

本节的数据来源于项目组于 2015 年在苏州市开展的农民工抽样调查。访谈问卷的内容包括个人基本情况、职业技能与培训、目前工作状况、工作变动情况、家庭情况、社会关系状况与工作嵌入等。调查采用分层随机抽样法，抽取了苏州工业园区、苏州高新区和昆山高科技工业园区，包括45 个社区和大型、中型、小型、微型企业的调查。本节的研究对象是户籍在农村的 16 岁以上 65 岁以下的农民工群体,根据研究需要进行数据筛选后,有效样本量为 733 个。

(一) 样本基本特征

从基本特征来看,研究对象平均年龄是 28 岁,其中 26~35 岁的人口占总量的比例最高,约占到 55%;已婚者占样本总量的 63%;受教育年限均值为 12 年,被调查对象的教育年限为高中水平的比例最高,占总样本量的 47.61%;政治面貌中,党员的比例只有 5%;曾经获得过职业资格证书的个体约占总数的 35%;曾接受过培训的个体占总量的 79%。44% 的个体普通话都比较标准,9% 的个体很熟悉计算机操作(见表 6-26)。

样本的外出务工年限均值约为 8.6 年,来苏州务工的年限均值约为 5 年,企业工作年限均值约为 3 年。父母受教育年限平均为 7~8 年,即初中水平左右。样本的家乡所在地以中部与东部省份为主,分别为 45% 与 38%,西部省份较少,占总数的 17%;家庭经济状况中,大多数人认为自己家庭经济状况在家乡所在地处于中等水平,高于当地水平的比例最少约占 7%,低于当地水平的约占 28.5%。

表 6-26 样本的基本特征

样本特征指标	平均值	标准差	最小值	最大值
性别 (1=男, 0=女)	0.64	0.48	0	1
年龄 (岁)	28.60	6.13	17	52
婚姻状况 (1=已婚, 0=未婚)	0.63	0.48	0	1
受教育年限 (年)	11.63	2.75	0	19
党员 (1=党员, 0=其他)	0.05	0.21	0	1
健康状况 (1=良好, 0=其他)	0.88	0.33	0	1
职业资格证书 (1=有, 0=无)	0.35	0.48	0	1
培训 (1=有, 0=无)	0.79	0.41	0	1
普通话水平 (1=标准, 0=其他)	0.44	0.50	0	1
计算机水平 (1=很熟练, 0=其他)	0.09	0.28	0	1
外出务工年限	8.58	5.26	0	35
来苏州的年限	5.26	4.66	0	33

续表

样本特征指标	平均值	标准差	最小值	最大值
本企业工作年限	2.95	3.24	0	17
父亲受教育年限（0=文盲，6=小学，9=初中，12=高中、中专（包括职业高中和技校），15=大专；16=大学本科，19=研究生及以上）	8.66	2.88	0	16
母亲受教育年限	7.24	3.25	0	16
家乡所在地	1.21	0.71	0	2
西部省份/%	16.92			
中部省份/%	45.02			
东部省份/%	38.06			
家庭经济状况	0.79	0.56	0	2
高于当地水平/%	7.09			
一般/%	64.39			
低于当地水平/%	28.51			
职业类型	3.49	1.18	1	6
企业规模	0.32	0.47	0	1

我们参考美国 ISOC（International System of Occupational Code）职业编码体系，依据样本中农民工职业特征，对样本的职业进行重新编码，职业分为以下六类：管理者和专业技术人员、办事员、商业服务人员、技术工人和手工业者、个体户与私营企业主、初级职业。调查对象中，职业类型主要是技术工人和手工业者，占样本量的 54.3%，个体户和私营企业主的比例最少，约为 0.7%（见表 6-27）。

表 6-27 样本的职业类型分布

职业类型	频数	百分比/%
管理者和专业技术人员	72	9.82
办事员	54	7.37
商业服务人员	155	21.15
技术工人和手工业者	398	54.3
个体户与私营企业主	5	0.68
初级职业	49	6.68
总计	733	100

样本所在的企业规模方面，按照规模从大到小依次可以分为大型企业、中型企业、小型企业与微型企业，其中每一种类型的企业都占有一定的比例，以小型企业稍多，约占35.06%，大型企业约占31.92%，中型企业约占21.28%，微型企业约占11.73%。企业性质以外商企业与私营企业为主，分别约占总数的39.15%与31.79%（见表6-28）。

表6-28　样本的企业规模分布

企业规模	频数	百分比/%
微型企业	86	11.73
小型企业	257	35.06
中型企业	156	21.28
大型企业	234	31.92
总计	733	100

（二）样本的收入、留城意愿与居住方式情况

被调查对象中，农民工小时工资的均值为19.29元；调查中回答"想留而条件不允许"，以及"努力留下"的农民工都属于有留城意愿的农民工，占总量的53.48%。

居住方式的类型主要包括自有房、独立租房、与人合租和单位宿舍，其中每一种居住类型都占有一定的比例，独立租房的比例最高约为37%；其次是与人合租占27.83%，单位宿舍的人占17.19%，自有房的人占13.51%（见表6-29）。

表6-29　收入、留城意愿与居住方式的描述性统计

因变量	平均值	标准差	最小值	最大值
小时收入/元	19.29	9.31	2.008929	78
留城意愿（1=有留城意愿，0=其他）	0.53	0.50	0	1
居住方式	2.37	1.06	0	4
0=其他/%	4.64			
1=单位宿舍/%	17.19			
2=与人合租/%	27.83			
3=独立租房/%	36.83			
4=自有房/%	13.51			

(三) 样本社会资本情况

调查结果显示,原始型社会资本方面,在被调查对象样本中,大多数人在外出地都有老乡,有老乡的农民工占总量的83%;在苏州本地有亲戚的农民工样本量占总量的49%,相比有老乡的人,在苏州本地有亲戚的农民工数量较少;每月与亲朋外出聚餐占月支出比例中,聚餐花费占月支出比例较多的人占6%,占月支出比例一般的约占总量的20%,支出较少的占比最多,占比为47%,支出很少或几乎没有的约为27%;找工作途径中,以人才招聘会为主的约占32%,其次是通过朋友或同乡介绍,占比为22.51%,通过亲戚介绍的约占8%,通过家人联系则更少,只有4.77%。通过家人、亲戚、朋友这三种途径找工作的样本比例合计为35%,由此可见,现阶段随着网络以及各种职业介绍中介的发展,网络与人才招聘会逐渐在替代以往的主要依靠亲友介绍找工作这一途径。农民工找工作的形式正在日趋多样化。

新型社会资本方面,过去一年曾经在苏州随礼的人占45%;认识苏州本地党政机关人员的农民工占样本数的11%;认识苏州本地企业管理人员的农民工数量占样本数的36%;在苏州本地有朋友的农民工占54%;曾经到苏州本地朋友家里做客的农民工占40%(见表6-30)。

表6-30 社会资本的描述性统计

	社会资本	平均值	标准差	最小值	最大值
原始型社会资本	有无老乡(1=有,0=无)	0.83	0.38	0	1
	有无亲戚(1=有,0=无)	0.49	0.50	0	1
	每月与亲朋聚餐花费占月支出(以"几乎没有"为虚拟变量)占支出较多或非常多	0.06	0.24	0	1
	占支出一般,差不多一半	0.20	0.40	0	1
	占支出较少	0.47	0.50	0	1
	找工作途径(1=亲朋介绍,0=其他)	0.35	0.48	0	1

续表

社会资本		平均值	标准差	最小值	最大值
新型社会资本	过去一年有没有随礼（1=有，0=无）	0.45	0.50	0	1
	认识苏州本地党政机关人员（1=有，0=无）	0.11	0.32	0	1
	认识苏州本地企业管理人员（1=有，0=无）	0.36	0.48	0	1
	苏州本地朋友（1=有，0=无）	0.54	0.50	0	1
	苏州本地人家里做客（1=有，0=无）	0.40	0.49	0	1

三、实证分析

（一）社会资本对农民工收入的影响

表6-31显示了社会资本对农民工小时工资的回归结果。个人统计学变量，如性别、年龄、教育水平、务工年限、计算机水平等对收入有显著影响；家庭经济状况对小时工资有显著影响；新型社会资本中随礼、认识党政机关人员、认识企业管理人员对小时工资有显著影响；原始型社会资本对小时工资的影响不显著。

1. 人口统计学变量的影响分析

性别、年龄、教育水平、务工年限、计算机水平、家庭经济状况对收入具有显著的正向影响。具体来说，男性的工资收入显著高于女性21%，再次印证了农民工群体内部存在性别间的工资差距。年龄越大，其收入水平也更高，年龄每增加1岁，收入高出0.84%，这说明随着年龄的增长，农民工的工资也更高。教育水平对收入具有显著的正向影响，随着教育层次的提升，农民工的收入会显著增加，教育每增加一年，收入增高2.3%，且通过了1%统计水平的显著性检验。务工年限变量对收入影响具有显著的正向作用，务工年限每增加一年，收入增加3.39%，且通过了1%的统计水平的显著性检验。对于农民工来说,随着务工年限的增加,工作经验得到不断积累,从而收入也会提高。计算机水平越高,在一定程度上代表农民工自身能力较强,从而农民工收入也更高。家庭经济状况对农民工的经济收入具有积极影响,家庭经济状况较好的农民工,其收入水平也更高。

2. 原始型社会资本对农民工收入的影响不显著

原始型社会资本变量对农民工经济收入的影响不显著,具体而言,有无老乡、有无亲戚、亲朋聚餐花费占月支出的比例,以及通过亲友找工作四个变量对于农民工收入影响均不显著。这与叶静怡(2010)、Granovetter(1995)研究得出的结论相同:原始型社会资本对农民工经济收入的影响不显著。叶静怡(2010)发现通过亲友找工作虽然在农民工工作搜寻中有着重要作用,但却对收入影响不大。金晓彤(2015)的研究也发现,外地户口亲友数量对农民工的收入无显著影响。原因可能是:家庭社会资本本身是一种非正式制度的社会关系网络,随着正式市场制度的确立,它的作用会有所下降。随着中国市场化改革的深化,家庭社会资本对个人收入的影响也在减弱(斯蒂格利茨,2000)。此外,中国城乡劳动力市场的长期分割也可能制约了农民工以亲缘为主的原始型社会资本在城市劳动力市场上的作用发挥(孙立平,2003)。

3. 新型社会资本对农民工收入具有显著影响

与原始型社会资本相比,新型社会资本显著影响着农民工工资收入的水平,具体而言,随礼、认识党政机关人员、认识企业管理人员对农民工收入均有显著的正向影响。新型社会资本中,在过去一年随礼的人收入高8.06%,认识党政机关人员的务工者收入高10.44%,认识企业管理人员的务工者收入高8.53%。这与叶静怡(2010)的研究结果相类似,随礼对收入的影响较为显著。王春超(2014)的研究也发现,通过亲友找工作、有同乡会、有同学老乡,对收入影响不显著,甚至出现负向影响,而打工后认识的人、请客送礼则对收入具有显著的正向影响。李树茁(2006)的研究也发现,农民工社会网络规模越大、层次越丰富,则收入水平越高。

上述研究成果说明，较之原始型社会资本，农民工在务工地建立的新型社会资本对其工资收入具有更重要的提升作用。

表6-31 社会资本对小时工资的回归结果

	变量名称	回归结果		变量名称	回归结果
个人基本特征	男性	0.2100*** (0.0295)	原始型社会资本	有老乡	0.0374 (0.0369)
	年龄	0.0084*** (0.0026)		有亲戚	-0.0379 (0.0289)
	教育水平	0.0230*** (0.0060)		亲朋聚餐花费占月支出：比例多	0.0583 (0.0622)
	务工年限	0.0339*** (0.0073)		比例一般	0.0165 (0.0411)
	务工年限平方	-0.0013*** (0.0004)		比例很少	-0.0027 (0.0345)
	职业资格证书	0.0460 (0.0306)		通过亲友找工作	0.0324 (0.0290)
	培训	0.0424 (0.0344)	新型社会资本	随礼	0.0806** (0.0315)
	计算机水平	0.1015** (0.0502)		认识党政机关人员	0.1044** (0.0458)
家庭特征	家庭经济状况好	0.1173** (0.0541)		认识企业管理人员	0.0853*** (0.0317)
	家庭经济状况差	0.0130 (0.0305)		有苏州本地朋友	0.0261 (0.0361)
	东部	0.0085 (0.0410)		到苏州本地人家做客	-0.0115 (0.0370)
	中部	-0.0064 (0.0387)		_cons	1.9244*** (0.1121)
R-Square		0.2589			
样本量		733			

注：*表示10%的显著性水平；**表示5%的显著性水平；***表示1%的显著性水平。括号内为标准误。

(二) 社会资本对农民工留城意愿的影响

表 6-32 为社会资本对农民工留城意愿的回归结果。个人统计学变量，如性别、教育水平、务工年限、党员、培训等对留城意愿具有显著影响；新型社会资本中随礼、认识企业管理人员、有苏州本地朋友对留城意愿具有显著影响。家庭来源地和所在企业规模也对农民工的留城意愿产生了显著影响。家庭经济状况、原始型社会资本、新型社会资本中认识党政机关人员、到苏州本地人家里做客等对留城意愿影响不显著。以下的结果讨论中，将表 6-32 中的系数进行指数化，得出相对于"不愿留城"，自变量对农民工留城意愿的发生比（Odds）的影响。

1. 人口统计学变量的影响分析

性别变量对留城意愿具有显著的负向影响，这说明相对于女性，男性更倾向于返乡定居，男性留城意愿的发生比是女性的 0.605 倍，且通过了 1% 的统计水平的显著性检验。教育、务工年限、培训等人力资本变量对农民工留城意愿具有显著的正向作用，说明人力资本越丰富的农民工越倾向于留城。受教育年限每增加一年，务工者留城意愿的发生比提高为原来的 1.083 倍。随着受教育水平的提高，人们一般会具备更强的能力来改变自己的命运，在务工地也会获得更多的工作机会，进而在城市定居，转变为市民。随着务工年限的提升，农民工的留城意愿也显著增强，务工年限每增加一年，留城意愿的发生比提高为原来的 1.038 倍。原因可能是，农民工在务工城市工作与生活的时间越长，对城市里的各方面环境也越熟悉与适应，潜意识中的价值观逐渐趋近于城市居民。参加过培训的务工者，其留城意愿的发生比为未参加者的 1.895 倍，通过了 1% 的统计水平的显著性检验。参加培训有利于农民工增强自身技术技能，从而增加工作能力，也会有利于其在城市定居的能力增强，进而产生更高的留城意愿。来自东部地区的农民工留城意愿的发生比为来自西部农民工的 1.921 倍，来自中部地区的农民工留城意愿的发生比是来自西部农民工的 1.621 倍。东部与中部地区的农民工更倾向于定居务工地苏州，原因可能是苏州本身处于东部地区，对于来自东部与中部地区的农民工来说距离家乡较近,其更愿意留在苏州生活。

2. 原始型社会资本对留城意愿作用不显著

原始型社会资本对农民工在务工所在城市定居的影响不显著。原始型社会资本中,有老乡的农民工留城意愿的发生比是无老乡者的1.051倍。月支出中包括亲朋聚餐花费的农民工的留城倾向也高于其他群体。但这些原始型社会资本对留城意愿的影响均不显著。也就是说,原始型社会资本较多的农民工,并未有强烈在城市定居的意愿。这与陈延秋(2014)的研究结论相同,其对新生代农民工在城市定居意愿研究发现,农民工在务工地的同学亲戚数越多,越不愿意在城市定居。原因是:原始型社会资本是农民工进入城市的第一道桥梁,有利于农民工减少工作搜寻成本,但是这种低成本的人际交往,会阻碍农民工对城市的归属与认同感。黄进(2015)也认为,本土性社会资本在一定程度上固化了农民工群体的"我群"意识,形成了城市里本土乡村的"孤岛"。其个体的同质性较强,群体中可流动与利用的资源有限,阻碍了农民工个体扩展异地的网络资源,将社会资本习惯性地积淀于原始型社会关系网络中,使农民工缺乏主动融入城市的倾向。

3. 新型社会资本对留城意愿具有显著的正向影响

新型社会资本对农民工在城市定居的影响作用较为显著,提升了农民工在城市定居意愿。其中,随礼、认识企业管理人员、有苏州本地的朋友三个变量对农民工留城意愿具有显著的正向作用,过去一年随礼的农民工留城意愿的发生比是未随礼者的1.468倍,通过了1%的统计水平的显著性检验。认识企业管理人员的农民工留城意愿的发生比是不认识者的1.433倍,有苏州本地朋友的农民工留城意愿的发生比是无朋友者的1.594倍。认识党政机关人员对农民工留城意愿具有正向作用,但不显著。具体来说,过去一年曾经随过礼的农民工在城市定居意愿更强烈,随礼证明农民工在城市已经具有一定的社会关系与人脉,更倾向于在务工地定居。认识企业管理人员与有苏州本地朋友的农民工也更倾向于未来定居于务工地。这些发现与陈延秋(2014)的研究结论相似,农民工参加城市活动数量越多,越愿意在城市定居。该研究认为参与城市活动数量越多的农民工与务工地的居民交往越多,更容易建立新型社会资本,有利于农民工获得更多的社会资源和就业信息,拓宽自己的事业网,也增加在城市流动的可能性,提升其定居城市的倾向。

表6-32 社会资本对留城意愿的回归结果

变量	变量名称	回归结果	变量	变量名称	回归结果
人口统计学变量	性别	-0.5020*** (0.1826)	原始型社会资本	有老乡	0.0509 (0.2272)
	教育	0.0793** (0.0341)		有亲戚	-0.1316 (0.1762)
	务工年限	0.0375* (0.0206)		亲朋聚餐花费占月支出比例多	0.5203 (0.3923)
	党员	0.8794* (0.4625)		比例一般	0.2454 (0.2490)
	培训	0.6399*** (0.2132)		比例很少	0.1064 (0.2088)
家庭特征	家庭经济状况好	0.5906 (0.3342)	新型社会资本	通过亲友找工作	-0.1779 (0.1787)
	家庭经济状况差	0.2580 (0.1862)		随礼	0.3837** (0.1879)
	东部地区	0.6531*** (0.2496)		认识党政机关人员	0.4736 (0.3027)
	中部地区	0.4837** (0.2361)		认识企业管理人员	0.3599* (0.1902)
工作特征	大型企业	-0.5376* (0.2925)		有苏州本地朋友	0.4664** (0.2145)
	中型企业	-0.5526* (0.3084)		到苏州本地人家做客	-0.1487 (0.2260)
	小型企业	-0.3238 (0.2850)		_cons	-1.9528*** (0.5418)
Pseudo R-Square		0.1222			
样本量		733			

注:*表示10%的显著性水平;**表示5%的显著性水平;***表示1%的显著性水平。括号内为标准误。

(三) 社会资本对农民工居住方式的影响

表6-33中为社会资本对农民工居住方式的分析结果。以单位宿舍为参照组,个人统计学变量中,性别、务工年限、党员、职业资格证书等对居住方式有显著影响;原始社会资本中通过亲友找工作对居住方式有显著影响;新型社会资本中,随礼、认识党政机关人员对居住方式有显著影响;家庭来源地和所在公司规模对居住方式也有显著影响;教育年限、培训、原始型社会资本中有老乡、亲戚,新型社会资本中认识企业管理人员、有苏州本地朋友、到本地人家里做客等对居住方式影响不显著。以下的结果讨论中,我们对表6-33中的系数进行了指数化,得出相对于单位宿舍,自变量的变化对农民工选择其他居住方式的相对概率(Relative Probabilities)的影响。

1. 人口统计学变量的影响

性别对农民工选择自有房有显著的负向影响,说明男性更多居住在单位宿舍,居住单位宿舍的概率比是女性的6.025倍,且通过了1%的统计水平的显著性检验。与我们之前的结论中男性更倾向于返乡定居相联系,其原因可能是男性本身更倾向于返乡生活,从而更多居住于单位宿舍。苏州务工年限对自有房有显著的正向影响,务工年限每增加一年,居住于自有房的概率比为原来的1.313倍,且通过了1%的统计水平的显著性检验。这说明随着在苏州务工年限的提高,农民工更多在苏州购置房,拥有属于自己的自有房。工资收入对与人合租、独立租房、自有房等均有正向影响,说明随着工资收入的增加,人们更倾向于租房,或是购买房子,而较少居住于单位宿舍。培训与职业资格对与人合租、独立租房、自有房有正向影响,说明随着培训、职业资格证书等人力资本的提高,农民工的居住方式也更多是租房、买房而不是单位宿舍。

2. 原始型社会资本对居住方式的影响

原始型社会资本中,与居住于单位宿舍相比,有老乡的农民工更多选择与人合租、独立租房、自有房的居住形式,例如,有老乡的农民工与人合租的比住单位宿舍的概率比对数高出 0.496。原因可能是有老乡的农民工更容易找到合租者，或者通过老乡获得更多合适的租房信息，但此影响并不显著。有一定的亲朋聚餐支出者更多是居住于自有房，原因可能是这类农民工本身具备一定的经济能力，从而更有可能购买住房。通过亲友找工作的农民工更倾向于居住于单位宿舍，例如，通过亲友找工作的农民工选择单位宿舍而非其他居住形式的优势比均显著地高于未通过亲友找工作者。原因可能是这部分农民工更多工作于建筑行业、制造业等，这些行业工作地点经常变换，农民工为了方便工作需要居住于离单位较近的地方，从而也更多选择单位宿舍。

3. 新型社会资本对居住方式的影响

新型社会资本中，随礼、认识党政机关人员、有苏州本地朋友三个变量对自有房居住形式具有显著的正向影响。相对于单位宿舍，随礼的农民工居住于自有房的概率比是未随礼者的 3.622 倍，通过了 1% 的统计水平的显著性检验，认识党政机关人员的农民工居住于自有房的概率比是不认识者的 4.9 倍，通过了 1% 的统计水平的显著性检验。有苏州本地朋友的农民工居住于自有房的概率比是无朋友者的 2.31 倍，通过了 1% 的统计水平的显著性检验。也就是说，随礼者、认识党政机关人员的、有苏州本地朋友的农民工更多居住于自有房。原因可能是这类农民工更注重新型社会资本的建立，也有较大的在苏州定居意愿，在苏州已购置房产，较快融入苏州本地生活环境。到过本地人家里做客变量对独立租房与自有房有正向影响，说明到本地人家中做过客的农民工更倾向于独立租房与自有房。综合上述结论可见，较之于原始型社会资本，人力资本和新型社会资本更有利于农民工在务工地的稳定发展和城市融入，并获得住房条件的改善。

表6-33 社会资本对居住方式的回归结果

	自变量	其他	与人合租	独立租房	自有房
个人基本特征	男性	0.0389 (0.5050)	-0.2011 (0.2869)	-0.2024 (0.2729)	-1.7963*** (0.4262)
	教育年限	-0.1293 (0.0831)	0.0528 (0.0545)	-0.0176 (0.0512)	0.0146 (0.0819)
	苏州工作年限	-0.0238 (0.0596)	0.0099 (0.0342)	0.0241 (0.0320)	0.2718*** (0.0461)
	党员	0.5593 (0.9222)	-1.2293** (0.6120)	-1.0249* (0.5775)	-0.0667 (0.7011)
	培训	-0.2337 (0.4832)	0.2577 (0.3176)	0.0856 (0.2965)	0.7997 (0.5552)
	职业资格证书	1.0956** (0.4672)	0.2771 (0.2870)	0.0055 (0.2809)	0.3225 (0.4207)
工作特征	小时工资	0.0260 (0.0253)	0.0089 (0.0160)	0.0043 (0.0155)	0.0529*** (0.0193)
	大型企业	-0.7686 (0.6689)	-0.2674 (0.4551)	-0.4030 (0.4215)	-0.4802 (0.6697)
	中型企业	-1.6212* (0.8645)	-0.4096 (0.4885)	-0.2035 (0.4467)	-1.5323** (0.7252)
	小型企业	-0.3963 (0.6325)	-0.0362 (0.4436)	-0.4430 (0.4077)	-0.3638 (0.6414)
家庭特征	家庭经济状况好	0.4545 (0.7266)	-0.1311 (0.4713)	-1.1611** (0.4986)	-0.0870 (0.7370)
	家庭经济状况差	0.7356 (0.4559)	0.2181 (0.2767)	-0.0638 (0.2660)	0.1403 (0.4153)
	东部地区	1.0781* (0.6512)	0.5371 (0.3928)	0.3412 (0.3770)	(0.6434)
	中部地区	-0.0929 (0.6107)	-0.4647 (0.3379)	-0.6408** (0.3220)	-0.3188 (0.6212)

续表

	自变量	其他	与人合租	独立租房	自有房
原始型社会资本	有老乡	-0.0261 (0.5048)	0.4956 (0.3279)	0.3067 (0.3125)	0.5411 (0.5653)
	有亲戚	-0.5269 (0.4634)	-0.4834* (0.2678)	-0.0708 (0.2564)	0.0425 (0.3949)
	亲朋聚餐花费占月支出：比例多	-0.4886 (0.8568)	-0.2520 (0.5577)	-0.7161 (0.5586)	0.7834 (0.8285)
	比例一般	-1.3020* (0.6680)	-0.2060 (0.3730)	-0.0852 (0.3503)	1.2278* (0.6469)
	比例很少	-1.0338 (0.5355)*	0.1907 (0.3066)	0.0642 (0.2933)	0.7931 (0.5922)
	通过亲友找工作	-1.0874** (0.4558)	-1.6713*** (0.2734)	-1.5986*** (0.2580)	-1.6008*** (0.3892)
新型社会资本	随礼	-0.6131 (0.5309)	-0.0140 (0.2883)	-0.0079 (0.2736)	1.2866*** (0.4433)
	认识党政机关人员	1.0402 (0.8340)	-0.4170 (0.5952)	0.3541 (0.5157)	1.5896*** (0.5793)
	认识企业管理人员	-1.1839* (0.6204)	-0.1493 (0.2976)	0.1610 (0.2778)	-0.4259 (0.4089)
	有苏州本地朋友	0.5519 (0.6224)	0.2902 (0.3255)	0.4154 (0.3119)	0.8372* (0.5032)
	到苏州本地人家做客	0.5453 (0.6503)	-0.0677 (0.3588)	0.2827 (0.3371)	0.2512 (0.4681)
	_cons	0.8095 (1.4001)	0.2750 (1.2514)	1.7247* (0.8370)	-5.2910*** (0.7749)
Pseudo R-Square		0.2127			
样本量		733			

注：*表示10%的显著性水平；**表示5%的显著性水平；***表示1%的显著性水平。括号内为标准误。

四、主要结论与讨论

本节我们从农民工人力资本、社会资本等方面特征入手,基于苏州市外来务工人员就业与社会融入调查项目的数据,实证分析得出农民工社会资本对其收入、留城意愿与居住方式的影响,重点比较了原始型社会资本与新型社会资本对收入、居住方式与留城意愿等因素的影响差异。

(一) 原始型社会资本对收入、留城意愿、城市居住方式的影响不大

以地缘、血缘、亲缘等因素为基础的原始型社会资本对农民工在务工城市的收入、居住方式与留城意愿的影响并不显著。原因可能是拥有原始型社会资本优势的农民工通常来自同一个地区或者同一个乡村,本身具有较强的同质型。而在务工地日常与亲戚老乡工作生活在一起会限制农民工与当地居民或当地同事的交往交流,不利于农民工在务工地的职业流动与社会交往,从而其收入也难以实现较大的提升。经常与老乡亲戚交往,致使与市民的交往减少,也不利于提升农民工自身在城市定居意愿。在居住方式方面,这些农民工也更多倾向于居住在单位宿舍。

(二) 新型社会资本对收入、留城意愿与城市居住方式有显著的正向影响

与原始型社会资本相比,在务工地建立起来的新型社会资本对农民工在务工地的收入、留城意愿以及自有房的居住方式有更为显著的正向影响。随礼、认识党政机关人员、认识企业管理人员以及在苏州本地有朋友等变量都有利于提升农民工收入,通过与新型社会资本的沟通交流、社会交往,可以拓宽农民工的视野,获得更多的工作信息,从而在一定程度上有利于工作流动、增加工作收入,进而也有利于增强农民工在城市定居的能力。与务工地居民、同事等建立起的新型社会资本有利于农民工更快熟悉务工地的工作与生活环境,使之倾向于在城市定居。新型社会资本也有利于农民工在城市居住方式的提升,如从单位宿舍到租房或自有房的过

渡。随着务工年限的增加,农民工在具备一定经济能力的基础上,逐步扩大社会交往,建立一定的新型社会资本,实现在苏州当地的定居后,其市民化的意愿和能力也可以得到进一步强化。

(三) 教育、培训等人力资本对工资收入、留城意愿、居住方式有显著的正向影响

本研究数据结果显示,教育、培训、职业资格证书等人力资本变量对农民工在务工地的收入、留城意愿均有显著的正向影响。在居住方式方面,人力资本对自有房的居住方式有更加显著的正向影响,说明人力资本变量有利于提高农民工在务工地的经济收入,原因可能是教育水平、职业资格证书等人力资本变量在一定程度上代表了农民工自身的工作能力与水平,培训也有利于农民工自身工作能力的提升,进而提高了农民工工资收入,也推动了农民工在城市的稳定发展和社会融入。

第七章　农民工的工资差距研究

在城市农民工的规模不断扩大的过程中,农民工内部的工资差距也日趋明显,如农民工工资的性别差异、不同就业区域、不同就业形式,以及不同劳动关系形态下的农民工的工资差距等。这些差距既反映出农民工内部在生产率特征上逐渐凸显的异质性,也在一定程度上体现了中国劳动力市场上的制度性因素对农民工工资收入的影响。深入探究这些工资差距背后的形成机制有助于我们掌握农民工工资收入增长的主要制约因素,并提出消除中国劳动力市场制度性壁垒的对策建议。

在上述领域,已有研究采用工资差别的分解法取得了一定进展,但仍存在许多争议。例如,农民工选择自我雇佣是因为获得高薪的受雇工作受到阻碍的被迫选择,还是出于能力和资本优势的积极选择?工会在多大程度上影响了农民工的权利?是只维护工作场所的底线权益(如最低工资、劳动合同签订、社会保险等),还是实质性地提高了农民工的工资水平?与此同时,在农民工不同职业之间的工资差距领域,现有研究仍很匮乏。鉴于此,本章将基于全国层面的抽样调查数据和项目组的一手调查数据,采用前沿的工资差别分解法,重点对不同职业之间、不同就业形式之间,以及不同劳动关系状态之间的农民工工资差距进行实证分析。

第一节　农民工的职业工资差距

职业多元化趋势是近年来农民工在职业分布上呈现的重要特点,农民工从事的职业已经涵盖了从非技术型蓝领、技术型蓝领到普通白领职业,再到私营业主、专业技术人员、职业经理的各种类型。在劳动力市场上，职业在很大程度上决定了人们获得的工资收入，进而决定了人们相对的社会经济地位。但是，现有研究从农民工职业分化的视角对工资差距的研究非常匮乏。本节关注的问题在于：在城市农民工的规模不断扩大的过程中，农民工内部基于不同职业的工资差距有多大？差异的主要来源是什么？

一、数据来源

本节我们选择中国健康与营养跟踪调查（China Health and Nutrition Survey，CHNS）中成人调查数据进行分析。该数据提供了1989—2011年我国东部、中部和西部包括辽宁、黑龙江、江苏、山东、河南、湖北、湖南、广西、贵州（北京、上海和重庆为2011年新增加）等12个省份的劳动力数据资料，内有受教育程度、年龄、性别、工作状况、职业特征、单位类型等指标以及工资性收入等详细信息，为分析就业及工资问题提供了较全面的数据支持。由于本研究的目的是解析性别、教育、部门及区域对于农民工职业选择及工资的贡献，因此，剔除了城市户口和农民户口中从事农业及个体经营者的样本，最终选取具有农村户口的年龄在18~60岁的就业人员7885名，其中男性占60.6%，女性占39.4%，样本情况如表7-1所示。

表7-1 农民工样本的基本特征

(%)

样本特征	1989—2011年	1997年	2004年	2011年
性别				
男	60.4	62.5	62.1	57.1
女	39.6	39.5	37.9	42.9
受教育程度				
文盲	5.2	4.5	1.1	1.9
小学	13.7	15.8	6.1	4.6
初中	39.7	44.6	29.2	28.3

续表

样本特征	1989—2011 年	1997 年	2004 年	2011 年
受教育程度				
高中	22.5	23.7	30.7	18.9
技校	11.8	9.0	23.0	21.7
大学及以上	7.1	2.4	9.9	24.6

注：根据 CHNS 各年份的基本信息、教育调查表数据整理所得。

表 7-1 的结果显示，农民工就业群体中，以男性为主，教育水平偏低，以初中学历为主；1997—2011 年女性外出就业人员比例有所上升，农民工的受教育程度有所提高，初中及以下比例明显下降。

二、模型设定

（一）模型设定

农村劳动力外出从事非农工作是一种选择行为，农村劳动力会在不同的职业之间进行选择，以实现其效用的最大化。分析农村劳动力职业选择行为，常用方法是离散选择模型估计。由于农民工通常面临多项职业选择，可以采用多元离散选择模型进行分析。

在此，我们将农民工的非农职业分为管理人员、专业人员、服务人员和普通工人，选取普通工人组为基准组。设 Y_i 是一个随机变量，表示个体 i 的职业选择，个体 i 选择职业 j 的概率的多元 Logit 模型表示如下：

$$\text{Prob}(Y_i = j | X_i) = P_{ij} = \frac{\exp(X'_i \beta_j)}{1 + \sum_{k=1}^{N} \exp(X'_i \beta_k)} \quad j = 0, 1, \cdots, N; i = 1, 2, 3, \cdots, T$$

(7-1)

其中，X_i 表示个人特征、部门、区域等变量，假定第一组 $Y_i = 0$ 为基准组，则职业选择的概率比可表示为

$$\frac{P_{ij}}{P_{i0}} = \exp(X_i \beta_j) \quad (7-2)$$

式 (7-2) 显示了相对于参照类别，个体 i 选择职业 j 的相对概率。

掌握农民工的职业选择机制后,为了分析农民工的职业工资差异,我们构建了工资方程,分别求出四类职业的工资影响因素。明瑟工资方程是研究工资收入的基本方程,但其以劳动力市场完全假设为前提,未考虑教育和工作经验之外的因素对于工资的影响。目前我国劳动力市场尚不完善,存在劳动力市场分割现象,因此分析职业间工资差异还需将性别、部门、区域等控制变量引入方程,引入控制变量后的明瑟方程如式(7-3)所示。

$$\ln wage = \beta_0 + \beta_1 edu + \beta_2 \exp + \beta_3 \exp^2 + \sum \lambda X + \varepsilon \quad (7-3)$$

式(7-3)中,lnwage 为月工资对数,edu 为受教育程度,exp 为工作经验,exp^2 为工作经验平方,X 为性别、部门和区域等控制变量,ε 为误差项。

在估计了工资方程的基础上,利用 Oaxaca 工资分解法,我们将农民工职业工资差异分解为两个部分:第一部分为特征效应,即人口特征、人力资本等导致的工资差异;第二部分为系数差异,即由特征回报率不同导致的工资差异。具体表述如下:

$$\overline{\ln w_h} - \overline{\ln w_l} = [\overline{X_h} - \overline{X_l}]\beta_h + \overline{X}'_l[\beta_h - \beta_l] \quad (7-4)$$

$\overline{\ln w}$ 表示对数工资平均数,下标 h 和 l 分别表示高技能职业和低技能职业,X 表示平均特征向量,β 表示特征报酬率向量。等式右边第一项表示高、低技能职业间工资的特征差异,第二项表示系数差异。

(二) 变量选择

模型分别选取职业类型和月工资收入对数为被解释变量,教育、年龄、年龄平方、工作经验、工作经验平方、性别、部门和区域为解释变量。其中,我们根据职业所需技术水平的高低将管理人员和专业人员划为高技能职业,普通工人和服务人员划为低技能职业(见表7-2)。

表 7-2 职业分类

高技能职业		低技能职业	
管理人员	专业人员	普通工人	服务人员
(1) 管理者：乡村企业管理人、村干部等； (2) 办公室职员：秘书、办事员等	(1) 高级专业技术工作者：乡村医生、乡村教师等； (2) 一般专业技术工作者：助产士、乡村护士等	(1) 熟练农民工：工段长、班组长、工艺农民工等； (2) 非熟练农民工：普通工人、伐木工等	司机、厨师、服务员、看门人、理发员、售货员、洗衣工、保育员等

注：根据 CHNS 调查表中职业类型归纳整理所得。

按所有制的不同，我们将政府部门、政府服务机构或研究所和国有企业划分为国有部门，将小集体企业、大集体企业和三资企业归为非国有部门。根据样本个体的户籍所在地，将北京、辽宁、上海、江苏、黑龙江和山东划为东部地区，河南、湖北和湖南为中部地区，广西、贵州和重庆为西部地区。

三、描述性统计

（一）农民工就业现状

整体上，大部分人的职业是普通工人，在国有部门的样本占绝大多数比例，约为非国有部门的 3.7 倍；主要分布在东中部地区。1997—2011 年，专业人员和服务人员的数据波动较大，非国有部分比例小幅上升，年龄和经验值上升，工资水平也有了质的飞跃，农民工月均工资由 1997 年的 444.5 元涨到 2127.3 元，增长了 3 倍。东部地区劳动力比例一直保持在 50% 以上，可见，东部地区是农民工就业的主要区域（见表 7-3）。

表 7-3 农民工样本的就业状况及趋势

	1989—2011 年	1997 年	2004 年	2011 年
职业构成/%				
管理人员	21.4	22.3	27.4	29.1
专业人员	17.5	12.7	32.6	28.2
职业构成/%				
普通工人	44.3	47.0	30.7	24.4

续表

	1989—2011年	1997年	2004年	2011年
服务人员	15.8	18.0	9.2	18.3
部门构成/%				
国有部门	78.9	76.5	72.9	71.3
非国有部门	21.1	23.5	27.1	28.7
东部地区/%	54.1	47.9	61.6	57.2
中部地区/%	26.1	29.3	21.7	25.6
西部地区/%	19.8	22.7	16.7	17.2
均值				
工资/元	638.0	444.5	705.9	2127.3
年龄/岁	36.1	34.6	39.9	42.6
经验/年	20.5	19.8	22.0	23.8

注：根据CHNS各年份的基本信息、工作情况调查数据整理所得。其中，工资为月工资。

（二）农民工的主要职业分布特点

表7-4根据农民工的职业分布对其进行描述性统计分析。总样本显示，无论是在高技能职业，还是在低技职业的分布上，男性比重均高于女性。高技能职业的从业人员教育水平较高，管理人员和专业人员中高中以上学历分别占60.3%和81.5%，而普通工人和服务人员中初中及以下的学历分别占77.2%和75.3%。由此可见，农民工就业受到教育门槛的影响，大部分人职业为普通工人；国有部门中管理人员和专业人员分别是非国有部门的7倍和13倍，在低技能职业上的部门差异相对较小。东部地区就业比例最高，高技能职业比例也最高，说明经济发展水平影响农民工择业。

对比总样本，2011年高技能职业男女比例差距在缩小，低技能职业的这一差距在拉大，普通工人中，男性是女性的2.1倍；高技能职业中，教育层次由低到高，从业人员所占比例明显递增，本科以上的分别高达43.2%和57.2%，低技能职业中教育水平为初中的从业人员比例最大，在50%以上，可见由于受教育水平有限，大部分农民工只能保留在低技能职业上，职业向上流动困难。较之总体本，2011年非国有部门就业人员比例增加，低技能职业上体现得尤为明显，普通工人比例高达58.3%，而在高技能职业中，非国有部门专业人员和管理人员比例分别仅为国有部门的13.1%和35.5%，可以看出，公平开放的企业形式有利于农民工获得就业，但不利于农民工向上的职业流动。

表7-4 不同职业分布的样本特征比较

年份	1989—2011年				2011年			
	高技能职业		低技能职业		高技能职业		低技能职业	
职业	管理人员	专业人员	普通农民工	服务人员	管理人员	专业人员	普通农民工	服务人员
性别/%								
男	68.0	52.8	62.7	52.2	53.7	52.1	68.1	53.0
女	32.0	47.2	37.3	47.8	46.3	47.9	31.9	47.0
受教育程度/%								
文盲	2.3	0.6	7.8	6.8	1.3	0.0	4.7	2.3
小学	8.8	2.5	18.4	19.1	1.3	0.0	6.8	14.4
初中	28.6	15.4	51.0	49.4	13.2	3.7	50.8	51.5
高中	31.1	22.1	19.6	20.0	18.9	8.4	24.6	18.2
技校	17.0	36.8	2.7	2.9	22.0	30.7	9.4	6.1
大学本科	12.2	22.6	0.6	1.8	43.2	57.2	3.7	7.6
部门特征/%								
国有部门	88.2	92.9	75.6	60.4	73.8	88.4	41.7	58.3
非国有部门	11.8	7.1	24.4	39.6	26.2	11.6	58.3	41.7
区域特征/%								
东部地区	60.4	54.5	54.0	45.6	73.6	58.6	73.3	65.2
中部地区	24.5	25.1	26.6	27.4	18.1	19.1	11.0	14.4
西部地区	15.0	20.4	19.4	27.0	8.4	22.3	15.7	20.5
均值								
工资/元	852.0	968.6	449.4	521.0	2554.2	2365.5	2173.6	1479.7
年龄/岁	39.4	38.7	33.8	35.2	41.0	41.2	42.2	43.8
经验/年	22.4	19.4	19.7	21.1	20.9	19.0	26.2	27.8

注：根据CHNS各年份的基本信息、教育及工作情况调查数据整理所得。其中，工资为月工资。

四、实证分析

(一) 职业选择的多元逻辑回归模型实证结果

通过构建多元逻辑回归模型（Mlogit），我们可以分析农民工进入不同职业的选择机制。在此，我们以农民工就业人数最多、工资水平最低的普通工人职业为参照组，回归结果如表7-5所示。第一，性别对于农民工选择从事专业技术职业和从事服务类职业的影响显著，以普通工人为参照组，女性选择从事专业技术职业的概率比，和选择成为服务人员的概率比均高于男性，分别为男性的2倍和1.7倍。第二，年龄每增加一岁，农民工选择从事管理人员和专业人员的概率比分别增加为原来的1.1倍和1倍。第三，受教育程度的各个层次对于高技能职业的影响均显著，且随着教育层次的上升影响力增大；小学和技校学历对于服务人员的影响不显著，可能因为服务人员职业的进入门槛相对较低，在教育和技术水平上要求较低。第四，相比国有部门，非国有部门变量对于农民工进入高技能职业的影响显著为负且较大，而对农民工进入低技能职业的影响显著为正，这表明在国有部门农民工进入高技能职业的机会更大，而在非国有部门农民工更可能进入低技能职业。第五，在区域方面，与东部地区相比，中部地区和西部地区变量对农民工选择成为专业人员和服务人员的影响显著为正，说明这两类职业在中西部就业的概率较大，中西部变量对农民工成为管理人员的影响均为负，说明管理人员在东部就业的概率较大。从系数的大小来看，西部地区有利于服务人员就业，中部地区则利于专业人员就业。

表7-5 职业选择模型的估计结果（MLogit 模型）

变量	高技能职业		低技能职业
	管理人员	专业人员	服务人员
性别虚拟变量（女=1，男=0）	0.048 (0.072)	0.698 (0.084)**	0.516 (0.070)**
年龄（周岁）	0.119 (0.024)**	0.085 (0.029)**	0.003 (0.022)

续表

变量	高技能职业		低技能职业
	管理人员	专业人员	服务人员
年龄平方	-0.001	0.000	0.000
	(0.000)	(0.000)	(0.000)
受教育程度虚拟变量			
小学（是=1，否=0）	0.817	1.003	0.228
	(0.203)**	(0.405)*	(0.152)
初中（是=1，否=0）	1.486	2.420	0.317
	(0.193)**	(0.374)**	(0.144)*
高中（是=1，否=0）	2.475	3.666	0.432
	(0.196)**	(0.375)**	(0.156)**
技校（是=1，否=0）	3.897	6.179	0.417
	(0.225)**	(0.387)**	(0.246)
大学及以上（是=1，否=0）	5.182	7.394	1.470
	(0.297)**	(0.434)**	(0.334)**
非国有部门（非国有部门=1，国有部门=0）	-0.840	-1.315	0.682
	(0.095)**	(0.132)**	(0.072)**
区域虚拟变量			
中部（中部=1，其他地区=0）	-0.043	0.209	0.238
	(0.080)	(0.096)**	(0.082)**
西部（西部=1，其他地区=0）	-0.275	0.126	0.451
	(0.094)**	(0.107)*	(0.086)**
常数	-6.080	-7.811	-2.399
	(0.477)**	(0.642)**	(0.413)**
对数似然	-7903.684		
chi2	3851.90		
样本数	7647		
PseudoR^2	0.1959		

注：＊＊＊、＊＊、＊分别表示在1%、5%和10%的水平上显著，括号内为标准误。

(二) 职业工资决定的扩展明瑟收入方程的估计结果

通过明瑟收入方程对样本总体的回归结果如下 (见表7-6): 性别对职业工资有显著影响, 其中高技能职业中专业人员的女性系数显著为正, 低技能职业的系数显著为负且较大, 说明低技能职业工资性别差异较大, 女性处于劣势, 尤其体现在服务人员职业上, 差异达34.6%; 职业收入越高, 性别工资差异越小, 女性职业为专业人员的工资有优势。

经验对四类职业的工资收入的影响都显著, 但相比性别影响较小, 影响率在5%左右, 其中, 经验对专业人员的影响最大, 管理人员的影响最小, 且经验的平方对普通工人的影响显著为负, 表明经验对普通工人工资的影响是先上升后下降的倒"U"形曲线。

教育各个层次对各类职业的工资收入影响都显著, 且教育层次越高影响系数越大, 这表明教育层次越高, 教育回报率越大, 四类职业中, 专业人员的教育回报率最高。在普通工人和服务人员即低技能职业各教育层次中, 系数差异最大的为高中学历到技校学历的阶段, 由高中学历到技校学历工资系数上升明显, 表明技术经验对于低技能职业的工资回报率较高。

相比国有部门, 四类职业在非国有部门的系数均显著为正, 且低技能职业的系数大于高技能职业, 这说明整体上非国有部门的工资水平高于国有部门, 差异最大的为普通工人, 非国有部门工资是国有部门的1.12倍, 其次分别为服务人员、管理人员和专业人员, 其工资水平在非国有部门比在国有部门分别高87%、74%和37%。区域上, 中西部地区在低技能职业样本中系数显著为负, 表明东部地区低技能职业的工资水平明显高于中西部。

表7-6 职业工资方程估计结果 (明瑟方程)

变量	高技能职业		低技能职业	
	管理人员	专业人员	普通工人	服务人员
性别虚拟变量 (女=1, 男=0)	0.095 (0.058)	0.147 (0.062)*	-0.168 (0.034)**	-0.346 (0.061)**
经验 (年)	0.047 (0.009)**	0.057 (0.009)**	0.055 (0.005)**	0.045 (0.009)**

续表

变量	高技能职业		低技能职业	
	管理人员	专业人员	普通工人	服务人员
经验平方	-0.000 (0.000)	-0.000 (0.000)	-0.001 (0.000)**	-0.000 (0.000)
受教育程度虚拟变量				
小学（是=1，否=0）	0.274 (0.197)	1.227 (0.466)**	0.321 (0.070)**	0.528 (0.135)**
初中（是=1，否=0）	0.870 (0.195)**	1.712 (0.438)**	0.728 (0.069)**	1.050 (0.138)**
高中（是=1，否=0）	1.342 (0.198)**	2.389 (0.439)**	0.938 (0.076)**	1.272 (0.148)**
技校（是=1，否=0）	2.146 (0.204)**	2.867 (0.438)**	2.002 (0.122)**	2.456 (0.236)**
大学及以上（是=1，否=0）	2.146 (0.211)**	4.122 (0.444)**	2.687 (0.216)**	2.751 (0.259)**
非国有部门（非国有部门=1，国有部门=0）	0.738 (0.083)**	0.372 (0.119)**	1.121 (0.038)**	0.869 (0.063)**
区域虚拟变量				
中部（中部=1，其他地区=0）	-0.004 (0.063)	-0.119 (0.073)	-0.305 (0.038)**	-0.352 (0.073)**
西部（西部=1，其他地区=0）	-0.134 (0.075)	-0.279 (0.077)**	-0.258 (0.042)**	-0.179 (0.074)*
常数	3.625 (0.211)**	2.478 (0.447)**	3.871 (0.087)**	3.819 (0.173)**
F值	70.51	60.17	157.23	45.09
R^2	0.35	0.36	0.36	0.33
样本数	1472	1207	3066	1009

注：***、**、*分别表示在1%、5%和10%的水平上显著，括号内为标准误。

以上回归结果表明：①性别对农民工获得职业的概率及工资率都有显著影响。女性就业率低于男性，四类职业中女性从事专业人员的概率较大，且工资差异也较小；低技能职业不仅就业性别差异大，且女性的工资劣势更明显。②年龄对于农民工进入高技能职业就业影响显著,而经验对于四类职业工资收入影响都显著,且对于普通工人工资的影响呈倒"U"形曲线。③教育对于职业选择及工资差异都有显著且较大的影响。教育在高技能职业组对农民工职业选择及工资差异的影响都大于低技能职业,对于就业影响最大的教育层次为技校到大学及以上学历阶段,对低技能职业工资影响最大的教育层次为高中到技校学历阶段。④非国有部门工资水平较高,提供的低技能职业就业机会也较大。⑤东部地区提供的低技能职业就业机会较少,但工资水平最高。⑥从显著系数看,对农民工职业就业及工资差异影响较大的因素为教育程度,就业部门、区域,性别、年龄及经验等影响相对较小。

五、职业工资差异分解

我们进一步利用 Blinder – Oaxaca 分解方法将高低技能职业工资差异分解为特征差异和系数差异。结果如表 7-7 所示,总体而言,高低技能职业之间的工资差异主要由特征差异来解释,其贡献占 96.5%,系数差异仅仅解释了全部工资差异的 3%,且 1997—2011 年特征差异对工资差异的贡献是逐渐增大的,由 55.9% 上升为 98.2%,而系数差异对工资差异的贡献从 44.1% 下降到 1.8%。这反映出高低技能职业间的工资差异主要来源于农民工在劳动生产率特征上的差异,高技能职业的农民工拥有更有利的个人特征或就业特征,这也是其能获取高收入的原因。

表 7-7 职业工资差异的 Blinder – Oaxaca 分解

	总样本		1997 年		2004 年		2011 年	
	工资差异及其分解	占比(%)	工资差异及其分解	占比(%)	工资差异及其分解	占比(%)	工资差异及其分解	占比(%)
高低技能职业农民工资对数值的差距	0.645 (0.029)**		-0.186 (0.038)**		0.262 (0.046)**		0.279 (0.043)**	
总特征差异	0.623 (0.024)**	96.5	-0.104 (0.024)**	55.9	0.184 (0.033)**	70.2	0.28 (0.039)**	98.2

续表

	总样本		1997 年		2004 年		2011 年	
	工资差异及其分解	占比（%）	工资差异及其分解	占比（%）	工资差异及其分解	占比（%）	工资差异及其分解	占比（%）
总系数差异	0.022 (0.03)**	3.5	-0.082 (0.043)**	44.1	0.078 (0.057)**	29.8	-0.002 (0.057)**	1.8

注：＊＊＊、＊＊、＊分别表示在1%、5%和10%的水平上显著，括号内为标准误。

进一步分析各解释变量对两类职业农民工工资差异的贡献。结果如表7-8所示，就性别变量来看，总体样本和2011年样本显示两类职业间的系数差异显著为正且较大，表明职业间的男女性别构成差异较小，但性别工资回报差异较大，这表明性别工资歧视是造成职业间工资差异的重要原因之一。总体样本中，年龄的特征差异对职业间工资差异的贡献是显著的，且占87.8%；而经验这一变量的特征差异和系数差异均显著为负，表明拥有更多经验的农民工在获取低技能职业时更有利，且工资回报率也更高。总体样本中，教育的特征差异和系数差异均显著为正，分别占45%和67.9%，这意味着，高技能职业中农民工的受教育程度更高，且教育回报率也更高；在2011年样本中教育的特征差异显著为正，占85.6%，说明高技能职业比低技能职业中农民工的受教育程度更高，这也印证了我们在前文得出的结论，即受教育水平的提升有利于农民工职业的向上流动。部门变量在总体样本中的特征差异和系数差异均显著为负，分别占-26.5%和-75.7%，表明高技能职业在非国有部门的比重小于低技能职业在非国有部门的比重，且部门间的工资回报率差异在高技能职业小于在低技能职业中的差异。

表7-8 高低技能职业工资差异的 Blinder-Oaxaca 分解

	1997—2011年总样本		1997 年样本		2004 年样本		2011 年样本	
	工资差异分解	贡献率（%）	工资差异及分解	贡献率（%）	工资差异及分解	贡献率（%）	工资差异及分解	贡献率（%）
工资对数值的差距	0.645 (-0.029)**		-0.198 (0.040)**		0.262 (0.046)**		0.279 (0.043)**	

续表

	1997—2011年总样本		1997年样本		2004年样本		2011年样本	
	工资差异分解	贡献率（%）	工资差异及分解	贡献率（%）	工资差异及分解	贡献率（%）	工资差异及分解	贡献率（%）
性别								
特征差异	(0.001) 0.000	0.2	0.013 (0.007)	-6.6	-0.002 (0.003)	-0.7	-0.012 (0.007)	-4.3
系数差异	0.487 (0.070)**	75.5	0.161 (0.106)	-81.3	0.302 (0.123)*	115.3	0.447 (0.117)**	160.2
年龄								
特征差异	0.566 (0.064)**	87.8	-0.048 (0.102)	24.2	0.058 (0.041)	22.1	-0.016 (0.016)	-5.7
系数差异	0.879 (0.845)	136.3	-0.122 (1.500)	61.6	0.845 (1.659)	322.5	0.15 (1.23)	53.8
经验								
特征差异	-0.074 (0.024)**	-11.5	0.036 (0.045)	-18.1	0.049 (0.039)	18.7	0.065 (0.065)	23.3
系数差异	-0.319 (0.466)**	-49.5	0.099 (0.834)	-50.0	-0.098 (0.933)	-37.4	0.172 (0.713)	61.6
教育程度								
特征差异	0.29 (0.048)**	45.0	0.077 (0.060)	-38.8	0.036 (0.052)	13.7	0.239 (0.062)**	85.6
系数差异	0.438 (0.181)*	67.9	0.089 (0.291)	-44.9	0.243 (0.365)	92.7	0.338 (0.235)	121.1
部门								
特征差异	-0.171 (0.010)**	-26.5	-0.138 (0.017)**	69.5	0.039 (0.021)	14.9	0.015 (0.01)	05.4
系数差异	-0.488 (0.083)**	-75.7	-0.2 (0.253)	101.0	-0.056 (0.171)	-21.3	-0.313 (0.14)*	-112.1
区域								
特征差异	0.011 (0.002)**	1.7	0.006 (0.003)	-3.0	0.004 (0.005)	1.5	-0.01 (0.000)	-3.6

续表

	1997—2011 年总样本		1997 年样本		2004 年样本		2011 年样本	
	工资差异分解	贡献率（%）	工资差异及分解	贡献率（%）	工资差异及分解	贡献率（%）	工资差异及分解	贡献率（%）
系数差异	0.062 (0.051)	9.6	0.286 (0.079)**	-144.4	0.025 (0.0764)	9.5	0.064 (0.085)	22.9
其他	-1.037 (0.276)**	-160.8	-0.457 (0.580)	230.8	-1.183 (0.571)*	-451.5	-0.86 (0.500)	-308.2

注：＊＊＊、＊＊、＊分别表示在1%、5%和10%的水平上显著，括号内为标准误。

六、主要结论与讨论

依据1989—2011年的CHNS调查数据，本节从职业分化的角度探究了农民工的职业选择及不同职业间的工资差异。研究结果表明，1997—2011年高技能职业和低技能职业之间的工资差距在逐渐扩大。工资差别分解的结果显示，两类职业之间的工资差别大部分源于特征差异，即从事两类职业的农民工在个体特征上的差异。这表明职业本身就对农民工进行了筛选，人力资本等生产率特征较好的农民工更易进入高技能职业，虽然工资差距中也存在特征回报差异，如同一职业上的性别工资歧视，但不是总工资差异的主要原因。

进一步分析各解释变量对两类职业农民工工资差异的贡献，我们发现，教育程度是影响职业工资差异的重要原因。较之低技能职业，高技能职业的工资优势一方面来源于该类职业中农民工较高的平均教育水平，另一方面来源于高技能职业对于教育更高的工资回报率。从部门特征来看，较之于非国有部门，农民工在国有部门进入高技能职业的概率更大。但农民工在非国有部门的平均工资水平高于国有部门，这一工资优势在低技能职业体现得最为明显。部门变量的特征差异和系数差异对职业间总工资差异均有显著的负向贡献，再一次印证了非国有部门中高技能职业的比重较低，且非国有部门对高技能职业的回报低于国有部门。

由上述发现可见，农民工在实现职业地位上升和收入增长的过程中，教育等人力资本的劣势是主要的阻碍因素。因此，在政策上有必要持续加大对农村地区的人力资本投资。同时，在非国有部门则要通过改变工资激励策略以吸引高技能的农民工。

第二节 就业形式与农民工的工资差距

在向城市劳动力市场转移的过程中，除了受雇成为传统的工资获得者，自我雇佣也逐渐成为农村劳动力重要的非农就业选择。根据2010—2017全国流动人口动态监测调查数据（CMDS）的测算，自2010年以来，我国城镇劳动力市场上从事自雇活动（包括雇主和自营劳动者）的农民工比重相对稳定，维持在40%~45%左右。现有研究普遍发现，自我雇佣的农民工收入显著地高于受雇农民工。然而，对于农民工自我雇佣行为是劳动力市场制度性壁垒尚未彻底打破背景下的无奈之举？还是基于人力资本和社会资本禀赋优势的积极选择？研究界尚未达成一致结论（宁光杰，2012；曹永福，2013；黄志岭，2014；叶静怡、王琼，2013；朱志胜，2018）。与此同时，对于不同就业形式之间的工资差距形成的原因分析，大多数研究停留在条件均值下的工资分解，忽略了工资分布顶端和低端的工资差距，不利于全面掌握两类就业形式之间的工资差距背后的成因。

本研究利用2016年中国劳动力动态调查数据（CLDS），基于无条件分位数回归和Oaxaca-Blinder分解方法，分析了我国农民工自雇群体和受雇群体之间的工资差异，以及在整个工资分布区间上工资差异的异质性。研究发现，在低层次的劳动力市场中，受雇农民工的工资显著高于自雇农民工。但是，在中高层次的劳动力市场中，自雇农民工的工资显著高于受雇农民工，且这种差异具有马太效应。歧视现象仍然存在于中国劳动力市场，工资差异分解的结果表明，歧视是造成两类就业群体工资差异的主要原因。低端劳动力市场对自雇农民工的歧视较大，中高端劳动力市场对受雇农民工的歧视较大，但这种歧视随着分位数的提高而减弱。人力资本、人口统计学特征和行业变量对自雇农民工和受雇农民工工资的影响程度有所不同,在同一就业形式的群体中,不同工资分位数上各变量对工资的影响系数也有显著差异。

一、模型的构建

为了深入分析解释变量对整个工资分布区间上工资差异的作用机理。本节采用 Firpo 等(2009)提出的无条件分位数回归与 Oaxaca-Blinder 均值分解相结合的方法,即 RIF 回归及以此为基础的分解法进行分析。

基于 RIF 回归的分解法分为两个步骤:

第一步,进行 RIF 回归。RIF 回归是一种利用分布统计量的再集中影响函数进行回归的方法,可以表示为 $\mathrm{RIF}(Y;v) = v(F_Y) + \mathrm{IF}(Y;v)$。其中,$v$ 为刻画分布 $F(v)$ 的各种统计量,包括均值、方差、分位数及基尼系数等。$\mathrm{IF}(Y;v)$ 为特定统计量 w 对应的影响函数。当分布统计量为分位数时,RIF 回归即为无条件分位数回归。此时 $\mathrm{IF}(Y;v)$ 被定义为 $[\tau - I(Y \leq Q_\tau)]/f_Y(Q_\tau)$,其中 $f_Y(\cdot)$ 为 w 的边际密度函数,Q_τ 为 $F(Y)$ 分布的分位数函数。Q_τ 分位数的 RIF 方程为:

$$\mathrm{RIF}(Y;Q_\tau) = Q_\tau + \frac{\tau - I\{Y \leq Q_\tau\}}{f_Y(Q_\tau)} \quad (7-5)$$

$\mathrm{RIF}(Y;Q_\tau)$ 可以线性地表示为自变量的函数,于是将第一步得到的 RIF 变量对解释变量 X 进行 OLS 回归,用公式表示为:

$$\mathrm{RIF}(\ln Y_i; Q_\tau) = X_i\beta + \varepsilon \quad (7-6)$$

第二步,构建反事实分布函数。在采用无条件分位回归模型得到工资方程后,可采用 Oaxaca-Blinder 方法将自雇农民工与受雇农民工的工资差异分解为三个部分:第一个部分用平均特征来解释差异,即特征差异;第二个部分把差异归因于系数,表示歧视或门槛效应;第三个部分把差异归因于特征差异和系数差异的交互效应。具体可以表示为

$$Q_\tau(\ln Y_1) - Q_\tau(\ln Y_0) =$$
$$[Q_\tau(\ln Y_{c,1}) - Q_\tau(\ln Y_0)] + [Q_\tau(\ln Y_{c,0}) - Q_\tau(\ln Y_0)] +$$

$$[Q_\tau(\ln Y_1) - Q_\tau(\ln Y_{c,1}) - Q_\tau(\ln Y_{c,0}) + Q_\tau(\ln Y_0)] =$$
$$\beta_{\tau,0}[E(X_1) - E(X_0)] + (\beta_{\tau,1} - \beta_{\tau,0})E(X_0) + (\beta_{\tau,1} - \beta_{\tau,0})[E(X_1) - E(X_0)]$$
$$(7-7)$$

式（7-6）中下标 1 表示自雇，0 表示受雇。$\ln Y_{c,1}$ 和 $\ln Y_{c,0}$ 表示所构造的反事实分布的统计量。等式左边表示自雇农民工与受雇农民工的分位工资差异，等式右边差异的第一部分可以理解为自雇农民工与受雇农民工的特征变量不同导致的差异，即特征效应；第二部分代表自雇农民工特征要素的回报率差异，及系数效应；最后一部分代表前两项的交互效应。

与其他方法相比，基于 RIF 无条件分位数回归的分解法可以体现各分位数上工资差距的分布状况，还可以把自雇农民工与受雇农民工的工资差距分解为由特征差异造成的可解释部分及由特征回报差异造成的不可解释部分，并估计出各解释变量对特征效应和系数效应的贡献，因而可以深入分析各解释变量对自雇农民工与受雇农民工工资差距形成的作用机理。

二、变量设置与描述性统计

（一）数据说明

本节我们采用了中国劳动力动态调查数据（CLDS）2016 年的数据，并从中选取劳动力数据进行研究，研究对象为 15~64 岁以及 65 岁以上并且仍然在工作的人。按照 CLDS（2016）劳动力个体数据的定义，我们将就业形式分为雇员、雇主和自雇，我们将主要对雇员和自雇形式进行研究。在选择样本时，首先，根据受访者的户口性质，只保留农业户口的样本；其次，根据其从事的行业，剔除从事于农、林、牧、渔业的样本；最后，考虑到农民工的工作状况，我们只保留"2015 年 1 月以来工作过"的样本。

（二）数据处理及变量选择

此外我们选取的被解释变量为劳动者的日工资对数，解释变量主要包括工作经验、工作经验的平方、性别、婚姻状况、受教育水平、党员身份、参加政府培训情况、健康水平、邻里互助情况、掌握普通话的情况、从事的行业。对于受教育程度,采用0、6、9、12、16、19分别表示文盲、小学、初中、高中、大学、研究生及以上的受教育年限;对于工作经验,我们用劳动者年龄减去受教育年限,再减6计算得到;对于性别、婚姻、党员身份等虚拟变量,我们将男性、在婚、中共党员赋值为1,其他情况赋值为0。

对于健康水平,我们将在过去一个月内劳动者没有或很少由于身体疼痛影响到工作或其他日常活动视为健康,并赋值为1,其他情况赋值为0;对于掌握普通话的情况,我们将上班或上学时,主要使用的语言是普通话赋值为1,其他情况赋值为0;对于参加政府培训情况,我们将参加过由政府提供的或者有政府补贴的职业技能培训赋值为1,没有参加过赋值为0。对于邻里互助情况,我们划分为邻里互助少、邻里互助普通、邻里互助多三个层次,同时将邻里互助少作为参照组,为其他两个层次分别赋值为1,其他两个层次的其他情况赋值为0。我们将行业划分为:①制造业与建筑业;②交通运输、仓储及邮电通信业与批发和零售贸易、餐饮业;③社会服务;④卫生、体育和社会福利业与教育、文化艺术和广播电影电视业;⑤其他行业;⑥就业人数少的行业。共六个层次,分别产生6个行业虚拟变量,在模型中将交通运输、仓储及邮电通信业与批发和零售贸易、餐饮业行业作为参照组。

样本主要变量的描述统计如表7-9所示。由表7-9可以看出,就业形式为雇主和自雇的农民工占了全部样本的约1/3。自雇的农民工男性比例及已婚比例都略高于受雇,自雇农民工中男性占比为66.04%,受雇农民工中男性占比为53.44%,自雇农民工中的男性比例比受雇农民工的多12.6%;自雇农民工中已婚比例为89.2%,受雇农民工中已婚比例为80%,自雇农民工中的已婚比例比受雇农民工的多9.2%。

同时,自雇农民工的平均年龄及与本地邻里互助的频率要略高于受雇农民工。但是,受雇者的总体健康状况优于自雇农民工,平均受教育年限也略高于自雇者。此外,受雇者中的党员比例、参加政府培训的比例和说普通话的比例都大大高于自雇。在行业方面，受雇农民工主要从事建筑业和制造业，而自雇农民工主要从事交通运输、仓储及邮电通信业与批发和零售贸易、餐饮业。

由表 7-9 和图 7-1 可以看出，自雇农民工的平均月收入和平均日工资要高于受雇者，自雇农民工的平均月收入比受雇农民工高 1052.4 元，自雇农民工的平均日工资比受雇农民工高 143.4 元。

表 7-9 数据的描述统计

被访问者职业类型	雇员	雇主	自雇
人数	2963	143	1112
性别构成/%			
男	53.44	74.13	66.04
女	46.56	25.87	33.96
2016 年的年龄/岁	38	39	42.4
健康/%	68.8	78.57	59
已婚/%	80	87.4	89.2
中共党员/%	7.2	7	3.7
参加政府培训/%	6.2	6.2	3.2
受教育年限/年数	9.5	9.7	8.6
受教育程度的构成/%			
小学及以下	23.8	17.5	31.2
初中	43.3	51.1	49.1
高中	20.9	22.3	16.2
大学及以上	12	9.1	3.5
所从事的行业比重/%			
（1）制造业与建筑业	47.4	38.5	27.3
（2）交通运输、仓储及邮电通信业与批发和零售贸易、餐饮业	17	43.3	48
（3）社会服务业	9.5	7	7.2
（4）卫生、体育和社会福利业与教育、文化艺术和广播电影电视业	7.4	3.5	3

续表

被访问者职业类型	雇员	雇主	自雇
（5）其他行业	9.2	4.2	12.8
（6）就业人数少的行业	9.5	3.5	1.7
每周工作小时数	51	52	54
每月工作天数	25	27	26
每年工作月数	10	11	11
平均日工资/元	126.6	351.5	207.0
平均月收入/元	2805.1	7879.0	3857.5
社区邻里互助情况/%			
非常少	6.9	7.7	5.3
非常多	8.1	9.8	9.8
一般	85	82.5	84.9
掌握普通话/%	43.7	44.5	28.8

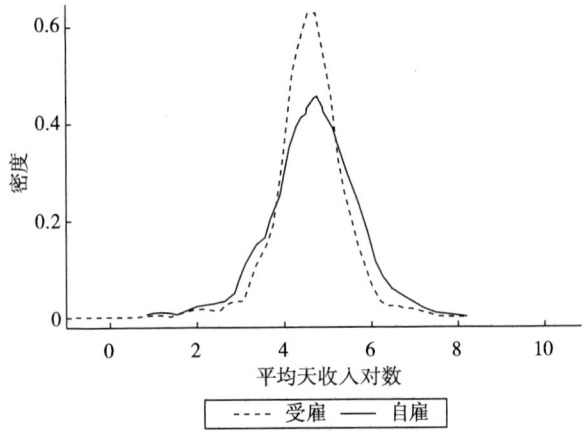

图7-1 自雇与受雇劳动者收入对数核密度分布

与此同时，我们也发现，自雇农民工劳动收入的标准差明显更大，从平均日工资来看，自雇的标准差是受雇就业农民工的10倍左右（见图7-1），这意味着自雇农民工在获得较高劳动收入的同时，也面临更高的收入不确定性（朱志胜，2018）。

三、实证分析

（一）OLS 回归结果

我们首先采用 OLS 回归方法对受雇农民工和自雇农民工分别进行收入函数的回归，得到的结果如表 7-10 所示。自雇和受雇农民工的平均工资水平都受工作经验、性别、受教育程度、所从事的行业以及主要使用的语言所影响，都不受党员身份、邻里互助情况的影响。婚姻状况、健康水平以及参加政府培训都会影响受雇农民工的平均工资水平，但不影响自雇农民工的平均工资水平。

在工作经验方面，受雇农民工的工作经验与平均日工资对数的函数曲线呈现出倒"U"形，自雇农民工的平均日工资随着工作经验的增加而减少。受雇农民工的收入和自雇农民工的收入都可以用生命周期理论来解释，当在工作初期，随着工作经验年限增加，劳动者的工资水平和晋升空间会随之提升，受雇农民工多在这一时期进入受雇就业；到中年阶段，劳动者的事业发展达到顶峰，工资水平也会达到最高值，此时，农民工已积累了一定的财富，有富余资金支持农民工进入自雇；当超过该阶段，由于劳动者年龄增加、体力下降及晋升空间的缩小，劳动者的工资水平也会随之下降，图 7-2 的工作经验核密度分布也印证了上述解释。

性别对自雇农民工和受雇农民工的平均工资水平的影响都较大。在 1% 的显著性水平下，受雇农民工性别变量的回归系数（0.396）与自雇农民工性别变量的回归系数（0.391）都为正，且受雇农民工性别变量的回归系数略高。这说明无论是自我雇佣还是受雇，男性的平均工资水平都比女性的要高，且受雇市场上的性别歧视会进一步拉开受雇农民工中男性和女性的平均工资差距。

受雇农民工和自雇农民工的教育收益率水平分别为 4.35% 和 2.53%，且分别在 1% 和 10% 的水平上显著，这表明受教育程度对受雇农民工的工资水平的影响大于自雇农民工，受雇农民工的教育回报率更高，教育收益

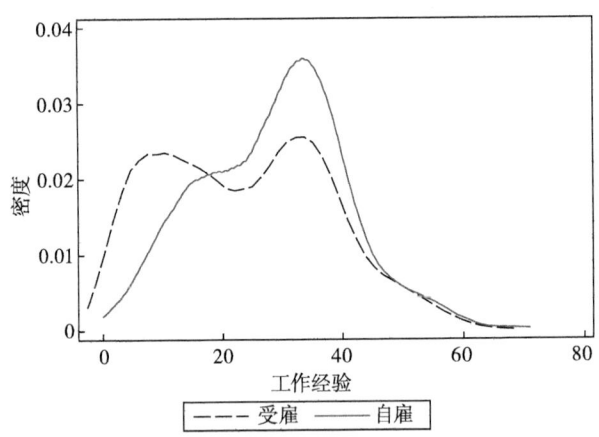

图 7-2　自雇与受雇劳动者工作经验核密度分布

率在不同就业群体间存在较大差异。造成这种现象可能的原因是，平均受教育程度较高的受雇农民工更容易受到一级劳动力市场中雇主的青睐，获得更高的工资；而那些平均受教育程度较低的自雇农民工通常会受到一级劳动力市场中雇主的歧视，被迫在工资水平较低的二级劳动力市场中工作。受雇和自雇中说普通话这一变量的系数分别为 0.170 和 0.217，且均在 1% 的水平下显著。这说明会说普通话能够在很大程度上提高工资水平，且对自雇农民工的工资水平的影响更大。

在从事的行业方面，受雇和自雇的行业变量系数大部分为负数，说明相比参照组（交通运输、仓储及邮电通信业与批发和零售贸易、餐饮业）的平均工资水平，其他行业的平均工资水平都较低。但是自雇和受雇的行业变量中，制造业与建筑业的系数都为正，且自雇的系数在 5% 的水平下显著，这说明自雇就业于制造业与建筑业的平均工资水平高于参照组的平均工资水平。

参加政府培训在 1% 的水平下显著影响受雇农民工的平均工资水平，参加由政府提供的或有补贴的职业技能培训能提高受雇农民工的工资水平；健康水平在 5% 的水平下显著影响受雇农民工的平均工资水平，健康水平越高，受雇农民工的工资水平越高。但这些因素都不影响自我雇佣的平均工资水平。在婚姻状况方面，可能是由于受雇就业时，雇佣者会考虑到未婚职工的工作转换率高、未来可能的婚假及产假等问题，因此更偏爱已婚劳动者，而自雇就业不受这一因素影响，因此婚姻状况不影响自雇就业的平均工资水平。

表7-10 OLS回归结果

变量	平均日工资对数	
	受雇	自雇
工作经验	0.0110**	0.00931
	(0.00461)	(0.0104)
工作经验的平方	-0.000292***	-0.000342**
	(7.82e-05)	(0.000166)
性别	0.396***	0.391***
	(0.0310)	(0.0680)
已婚	0.167***	0.173
	(0.0474)	(0.109)
受教育程度	0.0435***	0.0253*
	(0.00585)	(0.0132)
中共党员	-0.0420	0.111
	(0.0618)	(0.161)
参加政府培训	0.186***	0.0103
	(0.0619)	(0.194)
健康	0.0707**	-0.0486
	(0.0327)	(0.0688)
邻里互助普通	-0.0349	0.0874
	(0.0589)	(0.140)
邻里互助多	-0.103	0.122
	(0.0785)	(0.168)
说普通话	0.170***	0.217***
	(0.0328)	(0.0714)
制造业与建筑业	0.0122	0.177**
	(0.0423)	(0.0761)

续表

变量	平均日工资对数	
	受雇	自雇
卫生体育和社会福利业与教育文化艺术和广播电影电视业	-0.0850	-0.373*
	(0.0672)	(0.198)
社会服务业	-0.161***	-0.201*
	(0.0607)	(0.120)
其他行业	-0.00487	-0.0690
	(0.0613)	(0.0974)
就业人数少的行业	-0.122*	0.292
	(0.0630)	(0.242)
常数项	3.746***	3.944***
	(0.104)	(0.252)
Observations	2.588	1.028
R-squared	0.151	0.109

注：***、**、*分别表示在1%、5%和10%的水平上显著，括号内为标准误。

（二）无条件分位数回归结果

进一步地，我们采用FFL的RIF模型对平均日工资对数进行了分位数回归，结果显示，只有在0.25分位点上，自雇和受雇两类就业群体的工作经验与工资水平之间显著地呈现倒"U"形关系。自雇者在0.50分位点上，工作经验与工资水平之间的关系与OLS的估计结果一致。在0.75分位点上，自雇和受雇工作经验的系数均不显著，这说明收入水平越高，自雇农民工和受雇农民工的工资差异受工作经验的影响越小（见表7-11）。

在0.25、0.50分位点上，受雇就业农民工的教育收益率分别为1.95%、3.01%，均低于自雇就业农民工的1.99%、3.19%，这表明在中低收入水平的人群中，教育收益率的差异是造成两类就业群体工资差异的重要原因之一。在0.75分位点上，受教育程度在10%的显著性水平下不影响自雇就业的工资水平，这表明在高收入水平的人群中，教育收益率的差异对两类就业群体工资差异的影响较小。同时，随着工资分位数的增加,受雇就业者的教育收益率水平也相应上升,这与前文 OLS 估计结果相吻合。

在 0.50、0.75 分位点上,受雇就业农民工掌握普通话的回报率分别为 19.4%、13.9%,均在 1% 的显著水平下低于自雇就业农民工的 26.7%、33.8%,这说明普通话回报率的差异是造成两类就业群体工资差异的主要原因之一。在 0.25 分位点上,自雇就业普通话的系数在 15% 的水平下显著,受雇就业普通话的系数在 1% 的水平下显著,且受雇就业的系数 0.151 大于自雇就业的 0.0883,这说明在低收入群体中,自雇就业的收入受语言的影响较小,受雇就业中普通话的回报率高于自雇就业中的回报率。

对于性别而言,在 0.25 分位点上,相比自雇群体,受雇群体更容易遭受性别歧视。在 0.50、0.75 分位点上,由于自雇和受雇农民工中都是男性占主体,且自雇的性别系数大于受雇的,自雇群体获得的歧视溢价要高于受雇群体获得的歧视溢价。此外,受雇农民工在 0.50 和 0.75 分位点上的性别系数差不多大,但自雇农民工在 0.75 分位点上的性别系数是 0.50 分位点的 1.3 倍左右,这说明在中高收入群体中,受雇的性别歧视受到公司的薪酬体系限制,而在自雇活动中,由于收入的不确定性较大,收入的性别歧视也较大。

对于婚姻状况而言,在 0.25 分位点上,受雇的收入水平受婚姻状况影响,已婚状况会使收入水平有所提升,而自雇者不受其影响;在 0.50、0.75 分位点上,已婚的现状会使得自雇农民工和受雇农民工的收入水平均有所提高,且已婚对自雇的收入水平的影响比受雇要大。这是由于与那些单身的个体相比,已婚的农民工承担着更大的生存压力,因此更不容易出现工作懈怠,他们更愿意为实现家庭的效用最大化而拼命努力工作,这与 Borjas(1987)的移民观点相似。同时,由于自雇活动获得的收入具有较高的不确定性,在中高收入群体中,努力工作带来的回报更可能较大。

表7-11　无条件分位数回归结果

变量	雇员 rif_25	自雇 rif_25	雇员 rif_50	自雇 rif_50	雇员 rif_75	自雇 rif_75
工作经验	0.0118*** (0.00434)	0.0305*** (0.00897)	-0.00101 (0.00416)	0.0130 (0.0103)	0.00212 (0.00513)	0.00322 (0.0160)
工作经验的平方	-0.000334*** (7.43e-05)	-0.000669*** (0.000144)	-5.43e-05 (6.89e-05)	-0.000374** (0.000154)	-6.03e-05 (8.44e-05)	-0.000204 (0.000241)
性别	0.312*** (0.0287)	0.293*** (0.0598)	0.379*** (0.0276)	0.394*** (0.0740)	0.373*** (0.0350)	0.502*** (0.106)
在婚	0.0739* (0.0411)	-0.0677 (0.0870)	0.141*** (0.0423)	0.236** (0.112)	0.178*** (0.0558)	0.347** (0.164)
受教育程度	0.0195*** (0.00539)	0.0199* (0.0112)	0.0301*** (0.00514)	0.0319** (0.0139)	0.0459*** (0.00651)	0.0244 (0.0225)
中共党员	-0.0152 (0.0535)	0.0565 (0.115)	-0.00375 (0.0552)	0.0356 (0.162)	-0.116 (0.0757)	0.451 (0.292)
参加政府培训	0.143*** (0.0488)	0.0513 (0.158)	0.108** (0.0540)	-0.151 (0.223)	0.147* (0.0783)	0.299 (0.333)
健康	0.0188 (0.0301)	-0.104* (0.0577)	0.0484* (0.0293)	0.0234 (0.0737)	0.0670* (0.0380)	-0.0502 (0.114)
邻里互助普通	0.0193 (0.0509)	0.0571 (0.117)	-0.0377 (0.0518)	0.0899 (0.153)	-0.100 (0.0698)	-0.129 (0.242)
邻里互助多	-0.0939 (0.0731)	0.0567 (0.139)	-0.0370 (0.0704)	0.0737 (0.183)	-0.0360 (0.0944)	-0.177 (0.283)
掌握普通话	0.151*** (0.0302)	0.0883 (0.0594)	0.194*** (0.0299)	0.267*** (0.0776)	0.139*** (0.0372)	0.338*** (0.123)
制造业与建筑业	0.0201 (0.0378)	0.0790 (0.0588)	0.0362 (0.0374)	0.219*** (0.0824)	-0.0327 (0.0489)	0.189 (0.133)
卫生、体育和社会福利业与教育、文化艺术和广播电影电视业	-0.0787 (0.0640)	-0.143 (0.191)	-0.171*** (0.0597)	0.0734 (0.229)	-0.0455 (0.0780)	-0.323 (0.317)

续表

变量	雇员 rif_25	自雇 rif_25	雇员 rif_50	自雇 rif_50	雇员 rif_75	自雇 rif_75
社会服务业	-0.125** (0.0591)	-0.103 (0.111)	-0.0917* (0.0547)	-0.121 (0.129)	-0.161** (0.0656)	-0.216 (0.176)
其他行业	-0.0810 (0.0572)	0.0342 (0.0784)	-0.0905 (0.0553)	0.120 (0.103)	-0.0134 (0.0721)	-0.155 (0.152)
就业人数较少的行业	-0.136** (0.0584)	-0.0394 (0.162)	-0.123** (0.0572)	0.311 (0.229)	-0.0455 (0.0774)	0.338 (0.420)
常数项	3.690*** (0.0953)	3.525*** (0.221)	4.031*** (0.0924)	3.759*** (0.275)	4.299*** (0.116)	4.575*** (0.417)
Observations	2.588	1.028	2.588	1.028	2.588	1.028
R-squared	0.113	0.103	0.142	0.093	0.096	0.060

注：***、**、*分别表示在1%、5%和10%的水平上显著，括号内为标准误。

（三）工资差异分解结果

在无条件分位数回归的基础上，我们开展了Oaxaca-Blinder分解，得到的结果如表7-12所示。结果显示，受雇农民工与自雇农民工之间明显存在工资差异，且该差异主要是由系数差异导致的。由于受雇农民工所处就业市场的特殊性质，如公司薪酬体系的存在，使受雇农民工的收入存在最低限制，同时，受雇农民工的最高收入也被约束。所以，回报率的差异是受雇农民工及自雇农民工存在工资差异的主要原因。

在0.10、0.25分位点，受雇农民工的收入高于自雇农民工的收入，而在0.50、0.75、0.90分位点，受雇农民工的收入低于自雇农民工的收入。这说明在低收入群体中，由于劳动力市场分割，自雇农民工处于劳动力市场中的二级市场，而受雇农民工处于劳动力市场的一级市场，所以自雇农民工的收入回报率低于受雇农民工的收入回报率。

但是在中高收入群体中，农民工选择自雇就业并不是迫于资源约束或制度障碍而无奈进入次级低效的劳动力市场，而是农民工出于自身或家庭效用最大化的目的灵活安排就业。由于自雇农民工收入的高度不确定性与受雇农民工的工资限制,在中高收入群体中,自雇农民工的收入回报率高于受雇农民工。此外,随着分位点的提高,工资差异越来越大,但回报率的差异对工资差异的贡献越来越低。这说明在中高收入群体中,随着收入的增加,自雇农民工与受雇农民工的工资差距会越来越大,农民工内部存在收入的"马太效应"。

表 7-12 Oaxaca-Blinder 分解结果

分位点	0.10	0.25	0.50	0.75	0.90
雇员平均对数天工资	3.737	4.190	4.619	5.040	5.50
自雇平均对数天工资	3.427	4.124	4.750	5.317	5.879
总差异	0.309*** (1.36)	0.066** (1.07)	-0.132*** (-1.14)	-0.277*** (-1.32)	-0.375*** (-1.45)
特征差异	-0.031	-0.003	0.015	-0.004	-0.030
系数差异	0.277***	0.059*	-0.211***	-0.371***	-0.454***
占比	0.90	0.89	1.60	1.34	1.21
交互影响	0.063	0.010	0.064	0.098	0.109

注:***、**、*分别表示在1%、5%和10%的水平上显著,括号内为标准误。

四、主要结论与讨论

本节基于 CLDS(2016)的数据对自雇农民工和受雇农民工的工资差异进行了实证检验,得出以下结论:首先,在低层次的劳动力市场中,受雇农民工的工资显著高于自雇农民工。但是,在中高层次的劳动力市场中,自雇农民工的工资显著高于受雇农民工,且这种差异具有"马太效应"。其次,歧视现象仍然存在于中国劳动力市场。工资差异分解得出的结果表明,歧视是造成两类就业群体工资差异的主要原因。低端劳动力市场对自雇农民工的歧视较大,中高端劳动力市场对受雇农民工的歧视较大,但这种歧视随着分位数的提高而减弱。最后,人力资本、人口统计学特征和行业变量对自雇农民工和受雇农民工工资的影响程度有所不同,在同一就业形式的群体中，不同收入分位数上各变量对工资的影响系数也有显著差异。

第三节 工会与农民工的工资差距

在经济体制改革和全球化的背景下，中国工会面临劳资关系深刻变化的重大挑战。中国传统的工会制度和组织结构是在计划经济时期建立起来的，在改革开放造就的新形势下，工会必须进行战略变革和组织变革。2000年以来，中华全国总工会（ACFTU）一直致力于在国内私营企业和外资企业组建工会，并取得了明显的成效，企业层面的工会密度由1999年的26.27%上升到2011年的67.58%（中华全国总工会，2012）。

农民工作为改革开放以来产业工人的主要来源，对中国经济增长的贡献是巨大的。但是，农民工长期集中在劳动力市场的低端职业，在各种劳动权益，如最低工资、社会保障覆盖、工作环境的保护等方面，是最容易受到侵犯的群体。由于没有适当的代表形式，农民工经常诉诸独立律师或直接诉诸法律，他们也越来越多地参与到工作场所自发的集体行动中（Bai，2011）。2003年，中华全国总工会开始着力在全国范围内促进农民工的入会工作，以期维护他们的合法权益（中华全国总工会，2003）。到2014年底，1.1亿名农民工成为工会会员，约占农村总人口的40.15%（中华全国总工会，2016）。

然而，对于中国工会在保护农民工实质权益上的表现，研究界一直存在争议。实证证据表明，工会对农民工的劳动生产率和福利有着积极而显著的影响（Lu等，2010；Yao和Zhong，2013；Budd等，2014；Ge，2014）。但在工会的工资效应方面，研究结论存在很大分歧。一些研究发现，工会对平均工资水平没有显著影响（Lu等，2010；Budd等，2014；Yi和Yuan，2015），而另有研究则证明工会的工资效应是正向和显著的（Li等，2013；Yao和Zhong，2013；Ge，2014；Li和Xu，2014；Long和Yang，2016；Song等，2016）。关于工会对农民工工资的影响，由于缺乏微观层面的数据，实证研究并不多见。已有的研究支持，工会在保护农民工的基本权利方面确实发挥了积极作用，如加强最低工资的实施，减少工作时间，扩大社会保障计划的覆盖面。但是，农民工加入工会的工资效应并不显著（孙中伟、贺霞旭，2012）。有研究认为，农民工通过加入工会获得了工作条件上的改善，但却是以月工资水平的牺牲为代价的（Cheng等，2014）。

更进一步地，在不同工资分布区间，农民工的工会效应有哪些不同？现有研究鲜有关注。国外对发达国家工会工人和非工会工人之间的工资差别比较研究显示，工会与非工会工人的工资差距通常在工资分布的低端更大（Card，1996；Dinardo等，1996；Card等，2003）。随着我国农民工内部异质性和群体内工资差异问题凸显，探讨哪些农民工从工会中受益更大，具有重要的政策价值。同时，由于我国的法律要求工会不仅要保护会员的利益，而且要保护非会员的权利，因此，通过对工会组织中非会员和非工会组织中非会员的比较，探讨工会覆盖的工资效应在中国情景下也具有重要意义。

本研究试图回答的主要问题包括：在其他条件控制的前提下，农民工中的工会会员是否比非工会会员获得更高的工资水平？工会企业的非会员农民工是否也能享受到工会覆盖下的福利？工会的工资效应在农民工整体工资分布的差异如何？换言之，哪些农民工在工会效应中获益更大？以及，工会工资差异在多大程度上分别是由特征差异和工资结构差异引起的？

利用项目组在2015年开展的苏州市外来农民工的抽样调查数据，采用基于无条件分位数回归的分解方法，我们对样本农民工工资分布中工会会员和工会覆盖的工资效应进行了估计。为了捕捉工会对工资的真实影响，我们将不同分位数中工会与非工会农民工的工资总差异分解为三个部分，即"结构"效应（由特征差异引起）、"工资结构"效应（由工资回报率的差异引起），以及残差效应（由不可观察的特征差异引起）。我们发现，农民工加入工会所产生的效应已经超出了保护其工作场所基本权利的范围。相对于未建立工会企业的农民工,成为工会会员或工会企业的非会员均可显著提高农民工的工资水平。工会会员效应和覆盖效应均主要源于工会化企业有别于非工会化企业的工资激励体系。与非工会企业相比,工会企业对人力资本和政治资本的奖励更大。然而,在工会企业内部,工会会员与非工会会员之间的工资差距主要来源于工会会员在人力资本方面的相对优势,这表明加入工会时存在农民工的正向选择。

一、模型的设定

要探究在整个工资分布区间的工会工资效应,仅将工会会员作为虚拟变量计入工资方程是不恰当的。国外已有研究充分表明,工会工资溢价的大小在工资分布的不同区间,以及在不同技能水平的工人当中有所不同(Card,1996;Firpo 等,2009)。要全面了解工会在工资分布区间的作用变化,分位数回归是最有效的方法。进一步地,我们更感兴趣的是工会对整个异质性农民工样本的工资影响(无条件效应),而不是工会对具有特定特征的农民工子样本的效应(条件效应)。因此,我们采用了 Melly(2005)开发的无条件分位数回归方法。

研究工会在整个工资分布区间的工资效应,标准方法是 Koenker 和 Bassett(1978)的条件分位数回归模型,表示为:

$$q_\tau(w_i \mid x_i) = U_i\delta(\tau) + X_i\beta(\tau) + \varepsilon_i(\tau), \quad (7-8)$$

其中,w_i 表示农民工个体 i 的小时工资对数,$q_\tau(\cdot)$ 是 w_i 在 τ 分位上的条件分位数,X_i 是样本个体的可观测特征向量,U_i 表示个体 i 的工会状态,其中,$U_i = 1$ 表示个体为工会会员,反之 $U_i = 0$。$\delta(\tau)$ 表示在分位数 τ 处的工会会员的工资回报。

估计量可以通过定义下式最小化的解得出:

$$[\widehat{\delta(\tau)}, \widehat{\beta(\tau)}] = argmin \frac{1}{N} \sum_{i=1}^{N} \rho_\tau(w_i - U_i\delta - X_i\beta) \quad (7-9)$$

其中,对于每个 τ 来说都分别估算 $\widehat{\delta(\tau)}$ 和 $\widehat{\beta(\tau)}$;$\rho_\tau(z) = z[\tau - 1(z \leq 0)]$。

上述模型检验了 w_i 的条件分位数。然而,在某些特殊情况下,使用条件分位数回归来估计工会对工资的总体影响会产生误导性的答案。例如，工会可能对条件 90 分位数产生正面影响，而对非条件 90 分位数产生负面影响（Firpo 等，2009）。

一般来说，在任何分位数 τ 上，$Q_\tau(w_i | X_i) \neq Q_\tau(w_i)$。我们更感兴趣的是无条件分位数回归，它可以估计工会对整个工资分布上边际工资的影响。因此，我们采用 Melly（2005）开发的无条件分位数函数，它通过在解释变量的整个分布范围内积分，来获得无条件分位数估计。w_i 在工资分布的 θ 分位数上可以表示为：

$$\hat{q} = inf\left\{q : \frac{1}{N} \sum_{i=1}^{N} \sum_{j=1}^{J} (\tau_j - \tau_{j-1}) 1\{[U_i \hat{\delta}(\tau_j) + X_i \hat{\beta}(\tau_j) \leq q] \geq \theta\}\right\}$$

（7 - 10）

其中，$\hat{\delta}(\tau_j)$ 和 $\hat{\beta}(\tau_j)$ 是条件分位数回归的估计值。

如果工会地位影响解释变量与工资之间的关系，那么工会地位与解释变量 $[U_i X_i \gamma(\tau)]$ 的交互作用项也必须加入到模型中。或者，需要分别估计每个子样本的工资公式。我们验证了交互项在本研究中的重要性，并估计了工会会员、工会企业非会员和非工会企业的非会员三个独立子样本的工资方程。

进一步地，我们基于无条件分位数估计，对三类工会身份的农民工之间的工资差距进行了分解。这里我们采用了 Melly（2005）开发的分解方法，该方法对原有的分解法进行了拓展，将系数效应分解成了两部分：中位系数效应和残差效应。这种拓展的优势在于，它在分解中充分地考虑了异方差性问题。以中值作为工资分布中心趋势的测度，工会农民工与非工会农民工在无条件分布的 θ 分位数上的工资差距可以分解为以下三个部分：

$$\hat{q}(\hat{\beta}^{UM}, X^{UM}) - \hat{q}(\hat{\beta}^{NU}, X^{NU}) = [\hat{q}(\hat{\beta}^{UM}, X^{UM}) - \hat{q}(\hat{\beta}^{mUM,rNU}, X^{UM})] + [\hat{q}(\hat{\beta}^{mUM,rNU}, X^{UM}) - \hat{q}(\hat{\beta}^{NU}, X^{UM})] + [\hat{q}(\hat{\beta}^{NU}, X^{UM}) - \hat{q}(\hat{\beta}^{NU}, X^{NU})],$$

（7 - 11）

其中，X^{UM} 和 X^{NU} 分别表示工会会员和非会员的可观测特征向量；$\hat{\beta}^{UM}$ 和 $\hat{\beta}^{NU}$

分别是工会会员和非会员的条件分位数回归估计。因此，$\hat{q}(\hat{\beta}^{UM}, X^{UM})$ 和 $\hat{q}(\hat{\beta}^{NU}, X^{NU})$ 分别表示会员农民工和非会员农民工工资的无条件分位数估计。$\hat{q}(\hat{\beta}^{NU}, X^{UM}) - \hat{q}(\hat{\beta}^{NU}, X^{NU})$ 为特征差异引起的工资差距；$\hat{\beta}^{mUM,rNU}(\theta_j) = [\hat{\beta}^{UM}(0.5) + \hat{\beta}^{NU}(\theta_j) - \hat{\beta}^{NU}(0.5)]$，$\hat{q}(\hat{\beta}^{mUM,rNU}, X^{UM})$ 观测的是在对可观测特征的中值回报与工会农民工相同，但残差按照非工会农民工的分布的条件下，工会会员潜在的工资分布。$\hat{q}(\hat{\beta}^{UM}, X^{UM}) - \hat{q}(\hat{\beta}^{mUM,rNU}, X^{UM})$ 为系数差异引起的工资差距；$\hat{q}(\hat{\beta}^{mUM,rNU}, X^{UM}) - \hat{q}(\hat{\beta}^{NU}, X^{UM})$ 为残差效应。

二、数据及描述性统计

本节的数据来源于 2015 年 5—8 月对苏州市农民工的抽样调查。苏州是长三角地区工业经济最发达的城市之一。苏州因其得天独厚的地理和经济条件，一直是吸引外商投资的重点地区。在过去的 20 年里，苏州的经济增长速度超过了中国其他地区，其国内生产总值也超过了除上海以外的邻近城市。苏州也是外来务农民工的主要接收地之一。到 2013 年，苏州市外来务农民工达到 654 万人，与当地人口相当。其中，80% 的人从事第二、第三产业（苏州日报，2014），表 7-13 描述了本研究各个变量的定义和测量。

表 7-13 变量的定义和测量

变量名称	定义与测量
个体特征	
性别	虚拟变量；男性 =1，女性 = 0。
年龄	年数
婚姻状况	虚拟变量；已婚 =1，未婚 =0
教育水平	年数
党员身份	虚拟变量；具有党员身份 =1，否则 =0
非农工作经验	非农工作经验年数
司龄	在当前公司的工作经验

续表

变量名称	定义与测量
工作特征	
工会会员	虚拟变量；工会会员=1，否则=0
工会企业的非会员	虚拟变量；工会企业的非会员=1，否则=0
非工会企业的非会员	虚拟变量；非工会企业的非会员=1，否则=0
职业资格证书	虚拟变量；拥有职业资格证书=1，否则=0
管理人员	虚拟变量；管理人员=1，否则=0
专业技术人员	虚拟变量；专业技术人员=1，否则=0
办事人员	虚拟变量；办事人员=1，否则=0
技术型农民工	虚拟变量；技术型农民工=1，否则=0
非技术型农民工	虚拟变量；非技术型农民工=1；否则=0
是否签订劳动合同	虚拟变量；是=1，否则=0
是否签订一年期以上的劳动合同	虚拟变量；是=1，否则=0
是否日工作时长超过8小时	虚拟变量；是=1，否则=0
过去三年是否获得职位晋升	虚拟变量；是=1，否则=0
小时工资	元/小时
企业特征	
国有企业	虚拟变量；是=1，否则=0
外资企业	虚拟变量；是=1，否则=0
港澳台资企业	虚拟变量；是=1，否则=0
内资私营企业	虚拟变量；是=1，否则=0
其他所有制企业	虚拟变量；是=1，否则=0
大规模企业	虚拟变量；是=1，否则=0
中等规模企业	虚拟变量；是=1，否则=0
小规模企业	虚拟变量；是=1，否则=0
微型企业	虚拟变量；是=1，否则=0
行业类型1（制造业）	虚拟变量；是=1，否则=0
行业类型2（建筑业）	虚拟变量；是=1，否则=0
行业类型3（批发零售业）	虚拟变量；是=1，否则=0
行业类型4（住宿餐饮业）	虚拟变量；是=1，否则=0
其他行业	虚拟变量；是=1，否则=0

续表

变量名称	定义与测量
区域特征	
区域1	虚拟变量；是=1，否则=0
区域2	虚拟变量；是=1，否则=0
区域3	虚拟变量；是=1，否则=0

我们分别抽取了农民工集中的苏州工业园区、苏州国家高新技术产业开发区、昆山经济技术开发区作为样本区域。它们代表着中国发展最快、最具国际竞争力的开发区。在企业层面，我们根据苏州市企业在行业、规模和所有制结构上的分布配额抽取了75家企业。在每家企业内，采用分层随机抽样的方法，基于性别、年龄、务工年限、职位层级选出20~30名农民工。最后获取到的16~60岁并汇报了工资信息的有效样本量为1376，样本的描述性统计如表7-14所示。

表7-14 描述性统计

变量	样本总体		工会会员		工会企业的非会员		非工会企业的非会员	
	均值	标准差	均值	标准差	均值	标准差	均值	标准差
个体特征								
性别	0.62	0.49	0.58	0.49	0.60	0.49	0.68	0.47
年龄	28.84	6.34	31.77	6.89	28.95	6.36	26.18	4.40
婚姻状况	0.61	0.49	0.79	0.41	0.61	0.49	0.44	0.50
教育	11.87	2.52	12.24	2.41	11.85	2.70	11.59	2.33
党员身份	0.07	0.26	0.11	0.32	0.06	0.24	0.05	0.22
非农工作经验	8.44	5.47	10.75	5.56	8.03	5.68	6.98	4.41
司龄	3.33	3.69	5.38	4.48	2.85	3.37	2.06	2.14
职业资格证书	0.30	0.46	0.37	0.48	0.28	0.45	0.28	0.45
工作特征								
管理人员	0.06	0.24	0.10	0.29	0.06	0.24	0.03	0.16
专业技术人员	0.13	0.33	0.15	0.36	0.15	0.36	0.08	0.27
办事人员	0.10	0.30	0.12	0.33	0.10	0.30	0.07	0.26

续表

变量	样本总体		工会会员		工会企业的非会员		非工会企业的非会员	
	均值	标准差	均值	标准差	均值	标准差	均值	标准差
工作特征								
技术型农民工	0.17	0.38	0.20	0.40	0.18	0.39	0.14	0.35
非技术型农民工	0.51	0.50	0.43	0.50	0.51	0.50	0.59	0.49
劳动合同	0.86	0.35	0.96	0.20	0.95	0.21	0.63	0.48
1年期以上的劳动合同	0.63	0.48	0.81	0.39	0.73	0.45	0.36	0.48
日工作时长超过8小时	0.53	0.50	0.44	0.50	0.54	0.50	0.61	0.49
过去三年获得职位晋升	0.74	0.44	0.85	0.36	0.73	0.44	0.61	0.49
小时工资	20.45	16.76	22.83	11.68	19.37	13.55	19.68	23.39
企业特征								
国有企业	0.07	0.26	0.05	0.22	0.08	0.28	0.09	0.28
外资企业	0.38	0.49	0.58	0.49	0.44	0.50	0.14	0.35
港澳台资企业	0.15	0.36	0.22	0.42	0.16	0.37	0.08	0.27
内资私营企业	0.33	0.47	0.14	0.35	0.31	0.46	0.51	0.50
其他所有制企业	0.06	0.24	0.01	0.07	0.01	0.06	0.19	0.40
大规模企业	0.34	0.47	0.39	0.49	0.42	0.49	0.20	0.40
中等规模企业	0.23	0.42	0.23	0.42	0.32	0.47	0.13	0.34
小规模企业	0.32	0.47	0.38	0.49	0.26	0.44	0.33	0.47
微型企业	0.11	0.31	0.00	0.05	0.00	0.04	0.33	0.47
行业1	0.75	0.42	0.85	0.35	0.91	0.28	0.46	0.50
行业2	0.02	0.16	0.04	0.20	0.01	0.10	0.03	0.16
行业3	0.11	0.31	0.08	0.28	0.07	0.26	0.18	0.38
行业4	0.12	0.35	0.02	0.15	0.01	0.12	0.33	0.49

续表

变量	样本总体		工会会员		工会企业的非会员		非工会企业的非会员	
	均值	标准差	均值	标准差	均值	标准差	均值	标准差
区域特征								
区域1	0.48	0.49	0.32	0.47	0.47	0.50	0.75	0.43
区域2	0.29	0.45	0.27	0.45	0.22	0.42	0.11	0.31
区域3	0.23	0.42	0.40	0.49	0.30	0.46	0.13	0.34
样本数	1365		377		555		433	

在行业分布方面,处于制造业、批发零售业、建筑业的农民工样本分别占75%、11%和2%,与第六次全国人口调查[①]显示的苏州市农民工总体分布相似。苏州经济发展的特点是外商投资和国内民营经济的繁荣。正如数据所反映的,大多数样本农民工受雇于非国有企业。在外资企业和国内私营企业就业的分别占全部样本的38%和33%;在国有企业就业的仅占7%。

在个体特征上,苏州农民工较全国农民工整体水平年轻、文化程度高、技术水平高。样本的平均年龄为28.84岁,平均受教育水平为11.87岁,相当于高中水平。职业资格证书是农民工在当地市场上的一个重要信号,30%的样本在从事当前工作之前至少获得了一个职业资格证书。就职业分布而言,非熟练工人(51%)比重最高,其次是熟练工人(17%)。白领(管理人员和专业技术人员)是一个相对较小的群体(19%)。样本的平均非农工作经验为8.44年,司龄为3.3年。绝大多数农民工(86%)签订了劳动合同,其中63%签订了一年以上的长期劳动合同。2014年,样本的小时平均工资为20.45元,比苏州市最低工资标准高出8.95元。

整体来看,苏州市企业层面的工会密度相对较高,但会员率较低。67.69%的样本农民工在有工会的公司工作,但只有27.62%的样本是工会会员。样本的工会会员率低于全国42.8%的水平。

---

① 根据2010年第六次全国人口调查,苏州市外来务农民工员的前三大产业是制造业(占外来务农民工口的67.7%)、批发零售业(11.5%)和建筑业(6.4%)(苏南外来务农民工员待遇研究项目组,2013年)。

在本节中，我们将农民工的总样本分为三组：工会会员（UN）、工会企业非会员（NM）和非工会企业非会员（NU）。通常情况下，工会覆盖效应用来估计被集体谈判协议覆盖，但不是工会会员的工资效应（Schumacher，1999）。由于集体谈判在中国的工会组织中并不普遍，此处所指的工会企业非会员是指在工会组织中工作但不是工会会员的个体。有研究认为，由于工会边界的模糊性，中国工会对非工会会员具有显著的覆盖效应（孙中伟、贺霞旭，2012）。本研究的目的之一是探讨农民工群体中是否存在工会覆盖的工资效应。

如表7-14所示，这三类群体在许多方面特征不尽相同。与其他两个群体相比，工会会员年龄更大，已婚的可能性更大。在人力资本禀赋方面，工会会员在许多方面都优于其他群体。首先，工会会员受教育程度略高。其次，工会会员拥有更高的职业资格证书的比例。在政治地位方面，工会会员中党员所占比例较高，为11%，工会企业非会员中的党员占6%，非工会企业非会员中的党员占5%。工会会员在一般的非农工作和目前的职位上都更有经验。就企业特征而言，工会会员更倾向于在外资企业工作（58%），然后是港澳台资企业（22%），而非会员主要来自内资私营企业（51%）。被工会覆盖的农民工和非工会覆盖的农民工之间最大的区别出现在他们在公司规模上的分布。工会会员和工会覆盖的非会员都更倾向于在大中型企业工作（两者都在70%左右），而66%的非工会企业的非会员受雇于小微企业。这表明，外资企业和大中型企业的工会覆盖率较高，这可能是由于2003年以来全国总工会在外资企业中实施了扩张战略。

与此同时，工会覆盖的农民工比非工会企业的同行有更高的就业质量。工会会员和工会企业的非会员都更有可能签署劳动合同，合同签订率分别为96%和95%，而非工会企业农民工的合同签订率则为63%。这一差距在中长期劳动合同签订方面更大。工会覆盖的农民工工作时间也较短，44%的工会会员和54%的工会企业的非会员农民工每天工作时间超过8小时，而这一比例在非工会企业的农民工中则为61%。研究还发现，在过去3年中，工会会员的工资增长率比非工会企业的农民工高出24%。最后，工会会员在这三个群体中工资水平最高（每小时22.83元）。工会企业的非会员的小时工资（19.68元/小时）略高于非工会企业的非会员（19.37元/小时）。

图7-3显示了三类群体小时工资对数的核密度估计值。由图7-3可见，工会会员的工资分配比其他两组更明显地向右倾斜。这表明在工资分布的中上端，工会会员的工资要比其他两个群体高得多。同时，工会会员的工资分布区间相比其他两个群体较为集中。对于两个非会员组，上尾翼和下尾翼向两端的延伸比工会会员要远得多，这表明非会员在工资分布的两端出现的可能性更大。正如Freeman（1980）所述，工会部门的工资标准差总是小于非工会部门。值得注意的是，与非工会企业中的同行相比，工会覆盖的非会员的工资分配的特征更接近于工会会员的工资分配特征，且延伸范围更小，这表明工会覆盖可能对工会企业中的农民工产生了工资影响。

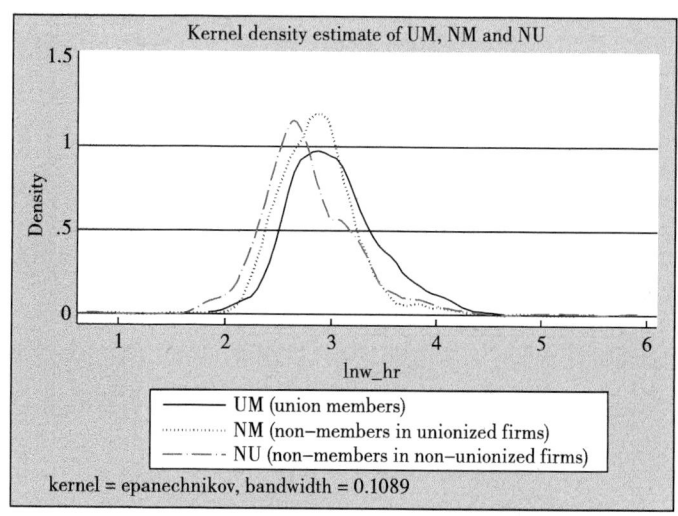

图7-3 三种群体的核密度估计

三、实证分析

我们的实证分析按以下步骤进行。首先，检验是否存在内生性和样本选择偏差问题，因为加入工会更可能是一个自我选择的过程。其次，对整个样本的小时工资对数进行无条件分位数回归。再次，分别估计工会会员、工会企业非会员和非工会企业非会员的无条件分位数方程。最后，采用 Melly（2005）的分解方法对工会—非工会工资差异进行分解。为了捕捉工会的覆盖效应，我们进行了三个分解，首先，是工会企业中会员与非工会企业的非会员的工资差距分解，其次，工会企业的非会员与非工会企业的非会员之间的分解；最后，工会企业内部工会会员与非会员之间的分解。

（一）样本选择偏差的估计

从描述统计来看，工会会员比非工会会员受教育程度高、经验丰富。因此，必须认真考虑样本的自我选择问题。当工会选择方程中的不可观测项与工资方程中的不可观测项相关时，工会地位会成为工资方程中的内生变量。工会会员和非工会会员之间工资结构的差异，不仅代表工会的影响，而且可能是工会会员非随机选择的结果。在这里，我们采用由 Lee（1982）发展的 Heckman（1979）两步法以纠正样本选择偏差，获得工会工资效应的一致估计。

第一步，应用 Probit 模型对全部样本加入工会的概率进行预测。

$$\text{Prob}(UM_i = 1) = \text{Prob}(X_i\gamma + u_i \geq 0) \quad (7-12)$$

其中，如果个体为工会会员，则 UM_i 等于1；反之则等于0。X_i 是影响农民工小时工资的特征向量；u_i 是标准的正态随机变量。第二步，为了得到一致的估计，我们将第一步产生的广义残差（λ_i）作为解释变量计入工资方程。选择方程的广义残差具有以下形式：

$$\lambda_i = \frac{\phi(\cdot)}{\Phi(\cdot)[1-\Phi(\cdot)]}[d_i - \Phi(\cdot)] =$$

$$\begin{cases} \dfrac{\phi(\cdot)}{\Phi(\cdot)}, \text{ for union members}; d_i = 1; \\ \dfrac{-\phi(\cdot)}{[1-\Phi(\cdot)]}, \text{ for non-union members}; d_i = 0, \end{cases} \quad (7-13)$$

其中，$\phi(\cdot)$ 和 $\Phi(\cdot)$ 分别代表标准正态随机分布的概率密度和累积分布函数（Lee，1982）。如果工资方程中广义残差的系数在统计上不显著，则可得出结论：工会工资效应不受未观测到的农民工特征的影响。在此，我们以农民工"是否信任工会"作为工具变量，"信任工会"被认为会对农民工加入工会的决定产生重大影响，但不太可能影响其工资水平。正如我们的预期，"工会信任"系数在选择方程中在1%的水平上显著，但在工资方程中则不显著。

接下来，我们采用邹至庄检验来衡量工会与非工会会员的工资函数是否需要独立进行估计。我们得到的卡方值为34.36，在5%的水平上显著，证实了工会会员和非工会会员的工资估计结果是不同的，我们需要分别估计每个子样本。

最后，我们对每个子样本进行选择偏差校正。选择模型的广义残差在工会会员和非工会会员的工资方程中均不显著。Wald检验的卡方值分别为：工会会员0.93（$p=0.3357$），非工会会员0.43（$p=0.5145$）。因此，在本研究中，不存在样本自选择造成的偏差问题，即不需要在接下来的分位数回归中包含样本选择性调整[①]。文末的附表展示了样本选择偏差的检验结果。

（二）工资的无条件分位数回归

表7-15给出了全样本的固定效应模型和无条件分位数回归的估计结果。虚拟变量"工会会员"和"工会企业非会员"分别被用来检验工会会员和工会覆盖的工资效应，而"非工会企业的非会员"被视为参考组。

[①] 结果表明,选择方程中的误差项与工资方程中的误差项是不相关的。在正态性假设下,两个误差项是随机独立的。因此,在分位数回归中不需要选择偏差调整。对于一般情况,Arellano和Bonhomme(2015)提出了分位数回归模型中样本选择偏差的校正方法。此外,请参见Arellano和Bonhomme(2017)的综述。

表7-15　全样本小时工资的固定效应模型与无条件分位数回归

变量	总样本的固定效应模型	总样本的无条件分位数估计		
		q25	q50	q75
工会会员	0.1131 * (0.0367)	0.1078 * (0.0443)	0.1641 *** (0.0460)	0.0934 (0.0554)
工会企业的非会员	0.0340 ** (0.0073)	0.0791 (0.0455)	0.1138 * (0.0452)	-0.0562 (0.0519)
性别	0.1458 * (0.0342)	0.1363 *** (0.0278)	0.1452 *** (0.0321)	0.1813 *** (0.0348)
年龄	0.0367 * (0.0092)	0.0098 (0.0184)	0.0202 (0.0184)	0.0444 * (0.0209)
年龄平方	-0.0005 * (0.0001)	-0.0001 (0.0003)	-0.0003 (0.0003)	-0.0007 * (0.0003)
婚姻状况	0.0168 (0.0177)	-0.0296 (0.0305)	0.0197 (0.0412)	0.0374 (0.0419)
教育	0.0324 (0.0129)	0.0289 *** (0.0060)	0.0373 *** (0.0066)	0.0352 *** (0.0077)
党员身份	0.1613 * (0.0539)	0.0535 (0.0369)	0.1408 ** (0.0463)	0.2016 ** (0.0755)
非农工作经验	0.0173 *** (0.0017)	0.0083 (0.0089)	0.0148 (0.0078)	0.0196 * (0.0082)
非农工作经验平方	-0.0004 ** (0.0001)	-0.0003 (0.0003)	-0.0004 (0.0003)	-0.0005 (0.0003)
司龄	0.0236 ** (0.0035)	0.0329 *** (0.0097)	0.0336 *** (0.0099)	0.0202 (0.0113)
司龄平方	-0.0010 (0.0004)	-0.0016 * (0.0006)	-0.0018 ** (0.0007)	-0.0005 (0.0007)
职业资格证书	0.0969 *** (0.0111)	0.0593 * (0.0250)	0.0909 ** (0.0335)	0.1305 ** (0.0415)
国有企业	0.2829 * (0.0830)	0.2884 ** (0.1063)	0.0842 (0.0951)	0.0029 (0.0975)
外资企业	0.1629 (0.0828)	0.2210 * (0.0900)	0.0204 (0.0891)	-0.0013 (0.0942)

续表

变量	总样本的固定效应模型	总样本的无条件分位数估计		
		q25	q50	q75
港澳台资企业	0.1574	0.1761	0.0243	0.0225
	(0.0915)	(0.0962)	(0.0976)	(0.0934)
内资私营企业	0.1954*	0.1782*	0.1190	0.0842
	(0.0700)	(0.0853)	(0.0845)	(0.0891)
大规模企业	-0.0540	-0.1240	-0.0535	0.0349
	(0.0868)	(0.0735)	(0.0820)	(0.0865)
中等规模企业	-0.0707	-0.1227	-0.0314	0.0430
	(0.1068)	(0.0728)	(0.0840)	(0.0865)
小规模企业	-0.0422	-0.0454	0.0231	0.0418
	(0.0586)	(0.0683)	(0.0737)	(0.0800)
行业-1	-0.3366**	-0.0285	-0.1221	-0.2727**
	(0.0474)	(0.0659)	(0.0750)	(0.0949)
行业-2	-0.3734**	0.0020	-0.1080	-0.2509
	(0.0602)	(0.0969)	(0.1187)	(0.1501)
行业-3	-0.4962***	-0.1428	-0.2781**	-0.4241***
	(0.0351)	(0.0769)	(0.0885)	(0.1021)
行业-4	-0.4696**	-0.2478**	-0.2742**	-0.2695**
	(0.0919)	(0.0852)	(0.0929)	(0.0963)
截距项	1.7507**	1.7533***	1.7814***	1.8307***
	(0.3245)	(0.2732)	(0.2730)	(0.3171)
sigma_u	0.0703	0.1130	0.0851	0.0917
sigma_e	0.3869	0.3992	0.4493	0.5184
rho	0.0320	0.0742	0.0346	0.0303
R-Square: within group	0.2506	0.1615	0.1842	0.1891
R-Square: between groups	0.7105	0.4199	0.7060	0.5259
R-Square: overall	0.2537	0.1673	0.1935	0.1915
样本数	1365		1365	

注：括号内为标准误。*表示在10%的水平上显著；**表示在5%的水平上显著；***表示在1%的水平上显著。

我们的估计结果显示，加入工会对农民工的工资有显著的正向影响。

在其他因素保持不变的前提下，作为工会会员，农民工的小时工资可以提高11.31%。此结果与其他发展中国家的经验证据相当接近。具体而言，在巴西、墨西哥和马来西亚等国家的工会工资溢价估计在10%～20%（World Bank，1995）。即使没有工会会员资格，那些在工会企业工作的农民工平均比在非工会企业工作的农民工多得到3.4%的工资回报。

无条件分位数回归的结果表明，在工资分布的低端，农民工的工会会员效应大于在工资分布高端的农民工。工会会员的工资效应在25分位到50分位之间显著，但在分布的高端不显著。与固定效应模型的结果相比，无条件分位数回归结果显示的工会覆盖的工资效应更大。具体来说，在50分位上，工会企业的非会员比非工会企业的同行多挣11.38%。

性别工资差距在整个工资分布区间逐渐增加，这表明女性在高收入的农民工群体中处于更不利的地位。教育对整个分布区间中的收入产生显著的积极影响。党员身份、司龄和技能证书在整个工资分布区间中都有积极影响，表明人力资本和政治资本都对农民工工资产生了积极影响。

在比较三个群体的分位数回归时，我们发现了重要的区别（见表7-16）。教育的工资效应在工会会员和工会企业非会员的整工资分布区间都是显著的。对工会会员来说，受教育的回报率在工资分布上逐渐增加，这表明工会企业的工资结构对教育有递增的回报。相比之下，教育程度对非工会企业的非会员的工资没有显著影响。党员身份对工会会员的影响比对其他两个群体的影响更大。具体来说，在工资分布的第25、50、75个百分点，党员身份使工会会员的工资分别提高了10.01%、18.49%和47.38%。但是，无论是在工会企业还是非工会企业中，党员身份对非会员的工资均无显著影响。当前岗位的工作经验对非工会企业的工资体系呈现倒"U"形的重要影响。随着司龄的延长，工资先上升，4～5年后开始下降。

表7-16 不同工会身份的农民工无条件分位数回归的比较

变量	工会会员 q25	工会会员 q50	工会会员 q75	工会企业非会员 q25	工会企业非会员 q50	工会企业非会员 q75	非工会企业非会员 q25	非工会企业非会员 q50	非工会企业非会员 q75
性别	0.0779	0.1966**	0.1800*	0.1616***	0.1367**	0.2643***	0.1047	0.1344*	0.1870*
	(0.0652)	(0.0689)	(0.0847)	(0.0444)	(0.0418)	(0.0517)	(0.0573)	(0.0574)	(0.0880)
年龄	0.0115	0.0716	0.1045*	0.0070	-0.0314	-0.0009	0.1248*	0.0585	0.1046
	(0.0367)	(0.0374)	(0.0462)	(0.0321)	(0.0337)	(0.0253)	(0.0566)	(0.0572)	(0.1037)
年龄平方	-0.0001	-0.0010	-0.0014*	-0.0001	0.0004	0.0000	-0.0021*	-0.0008	-0.0014
	(0.0005)	(0.0005)	(0.0006)	(0.0005)	(0.0005)	(0.0004)	(0.0010)	(0.0011)	(0.0020)
婚姻状况	-0.0828	-0.0729	-0.0443	0.0017	0.0887	0.0883	-0.0339	-0.0067	0.0069
	(0.0695)	(0.0829)	(0.1269)	(0.0536)	(0.0534)	(0.0493)	(0.0532)	(0.0612)	(0.1030)
教育	0.0384**	0.0451***	0.0538**	0.0386***	0.0312***	0.0267**	0.0125	0.0260	0.0264
	(0.0137)	(0.0132)	(0.0204)	(0.0109)	(0.0085)	(0.0098)	(0.0110)	(0.0137)	(0.0263)
党员身份	0.1001*	0.1849*	0.4738**	-0.0568	0.0359	0.0760	0.0975	-0.0084	0.3856
	(0.0478)	(0.0794)	(0.1431)	(0.0849)	(0.0796)	(0.0901)	(0.0759)	(0.1510)	(0.2668)
非农工作经验	0.0055	0.0316	0.0338	0.0133	0.0253*	0.0201*	0.0055	0.0097	-0.0056
	(0.0200)	(0.0205)	(0.0261)	(0.0142)	(0.0114)	(0.0083)	(0.0205)	(0.0198)	(0.0396)
非农工作经验平方	-0.0001	-0.0009	-0.0011	-0.0006	-0.0007	-0.0005	-0.0001	-0.0003	-0.0000
	(0.0007)	(0.0008)	(0.0010)	(0.0006)	(0.0004)	(0.0003)	(0.0011)	(0.0013)	(0.0023)
司龄	0.0158	0.0253	0.0230	0.0425**	0.0259	0.0188	0.0597*	0.0799**	0.1188*
	(0.0168)	(0.0174)	(0.0220)	(0.0161)	(0.0148)	(0.0153)	(0.0303)	(0.0289)	(0.0470)

续表

变量	工会会员			工会企业非会员			非工会企业非会员		
	q25	q50	q75	q25	q50	q75	q25	q50	q75
司龄平方	-0.0006 (0.0010)	-0.0009 (0.0009)	-0.0001 (0.0014)	-0.0018 (0.0011)	-0.0016 (0.0011)	-0.0009 (0.0011)	-0.0067 (0.0036)	-0.0077* (0.0034)	-0.0114* (0.0054)
职业资格证书	0.0386 (0.0449)	0.1095 (0.0608)	0.2079* (0.1024)	0.0849* (0.0406)	0.1096* (0.0443)	0.0915 (0.0476)	0.0696 (0.0434)	0.0852 (0.0565)	0.1124 (0.1092)
国有企业	0.5260* (0.2564)	0.5348* (0.2686)	1.6641* (0.8012)	0.1592 (0.4240)	0.1886 (0.2459)	0.0713 (0.1998)	0.3505** (0.1158)	0.1433 (0.1192)	0.1475 (0.1982)
外资企业	0.5684* (0.2591)	0.5417* (0.2717)	1.5129 (0.7936)	-0.0288 (0.4339)	-0.0016 (0.2574)	0.0589 (0.1894)	0.0210 (0.1092)	-0.0156 (0.1035)	0.0494 (0.1994)
港澳合资	0.5825* (0.2573)	0.5656* (0.2707)	1.6659* (0.8145)	-0.1116 (0.4403)	—	—	0.0491 (0.1395)	-0.1118 (0.1270)	-0.0615 (0.2119)
内资私营企业	0.6246* (0.2716)	0.6172* (0.2762)	1.4178 (0.8128)	0.5957 (0.4210)	0.0701 (0.2560)	0.0498 (0.1960)	0.1353 (0.0868)	0.1026 (0.0747)	0.1344 (0.1410)
大规模企业	0.0461 (0.2759)	-0.0002 (0.2440)	-0.2795 (0.7420)	0.7168 (0.4208)	0.2877 (0.2539)	0.2432 (0.1669)	-0.0439 (0.0734)	0.0078 (0.0792)	0.0161 (0.1729)
中等规模企业	—	—	—	0.8244 (0.4206)	0.3348 (0.2527)	0.3051 (0.1640)	-0.0496 (0.0898)	0.0142 (0.1001)	0.0007 (0.1881)
小规模企业	0.1704 (0.2999)	-0.0477 (0.2527)	-0.1881 (0.7289)		0.4332 (0.2620)	0.3545* (0.1623)	-0.0130 (0.0613)	0.0496 (0.0639)	0.0152 (0.1306)

第七章 农民工的工资差距研究

续表

变量	工会会员			工会企业非会员			非工会企业非会员		
	q25	q50	q75	q25	q50	q75	q25	q50	q75
行业-1	0.0725 (0.2938)	-0.0369 (0.2616)	-0.3561 (0.3638)	-0.3001** (0.1095)	-0.2904* (0.1209)	-0.5714*** (0.1589)	0.0478 (0.0640)	-0.0123 (0.0809)	-0.1810 (0.1457)
行业-2	0.0458 (0.3120)	0.1739 (0.2738)	-0.1414 (0.3677)	-0.2402 (0.3294)	-0.3887 (0.3110)	-0.5486 (0.3277)	-0.0104 (0.1502)	-0.0067 (0.1721)	-0.0291 (0.3801)
行业-3	-0.0771 (0.3203)	-0.3779 (0.2679)	-0.7468 (0.3958)	-0.4389** (0.1357)	-0.4187** (0.1391)	-0.5186** (0.1738)	-0.1101 (0.1045)	-0.1642 (0.1185)	-0.3290 (0.2269)
行业-4	-0.1351 (0.5056)	-0.0445 (0.3633)	-0.3844 (0.4454)	—	—	—	-0.0833 (0.0806)	-0.0778 (0.1009)	-0.2781 (0.1601)
Constant	1.2079 (0.6706)	0.3266 (0.6800)	-0.6828 (1.2614)	1.4419* (0.6767)	2.5816*** (0.6038)	2.5804*** (0.4398)	0.3289 (0.7468)	1.1859 (0.7151)	0.8297 (1.3239)
sigma_u	0.1341	0.2221	0.6280	0.1852	0.2453	0.2364	0.0987	0.0940	0.1373
sigma_e	0.3798	0.4445	0.6570	0.4126	0.3896	0.3975	0.3801	0.4093	0.7637
rho	0.1108	0.1997	0.4774	0.1676	0.2839	0.2612	0.0632	0.0501	0.0313
R-Square: within group	0.1785	0.2718	0.2446	0.2142	0.1719	0.2053	0.1618	0.1647	0.1178
R-Square: between groups	0.1230	0.0105	0.5775	0.5136	0.2549	0.8292	0.1350	0.2277	0.7187
R-Square: overall	0.1719	0.2725	0.2170	0.1861	0.1402	0.1972	0.1501	0.1571	0.1304
样本数	367			479			433		

注：括号内为标准误。*表示在10%的水平上显著；**表示在5%的水平上显著；***表示在1%的水平上显著。

(三) 基于无条件分位数回归的工会工资差异分解

以上结果为我们提供了工会工资效应的重要信息。然而，工会会员和非工会会员之间工资差异的主要来源是什么？工资差异在多大程度上是由不同群体之间的特征差异造成的，还是由工会和非工会企业的不同工资结构造成的？为了回答这些问题，我们采用 Melly (2005) 的工资差别分解方法，该方法将不同分位数中总体工资差异分解为三个组成部分，即"特征效应""工资结构效应"和"残差效应"（由不可观察的特征差异引起）。表 7-17 报告了三个子样本之间的工资差异分解结果。

表 7-17 基于无条件分位数回归的工资差异分解

工会会员 (UM) 与非工会企业的非会员 (NU)					
	10th	25th	50th	75th	90th
总差异	0.244*** (0.040)	0.243*** (0.035)	0.259*** (0.038)	0.240*** (0.050)	0.196** (0.080)
残差效应	0.238 (0.152)	0.097 (0.084)	0.030 (0.060)	-0.017 (0.085)	-0.037 (0.165)
系数效应	0.368 (0.260)	0.270* (0.141)	0.257** (0.102)	0.280** (0.113)	0.230* (0.156)
特征效应	-0.363 (0.231)	-0.123 (0.116)	-0.028 (0.073)	-0.023 (0.074)	-0.066 (0.097)
工会企业的非会员 (NM) 与非工会企业的非会员 (NU)					
	10th	25th	50th	75th	90th
总差异	0.135*** (0.035)	0.103*** (0.027)	0.094*** (0.026)	0.028 (0.038)	-0.095 (0.070)
残差效应	0.097 (0.071)	0.031 (0.044)	0.009 (0.028)	-0.064 (0.042)	-0.168* (0.063)
系数效应	0.165 (0.099)	0.123* (0.064)	0.087* (0.050)	0.119 (0.061)	0.123 (0.080)
特征效应	-0.128 (0.077)	-0.051 (0.048)	-0.022 (0.037)	-0.027 (0.045)	-0.051 (0.060)

续表

工会会员（UM）与工会企业的非会员（NM)					
	10th	25th	50th	75th	90th
总差异	0.106 *** (0.027)	0.136 *** (0.025)	0.158 *** (0.031)	0.219 *** (0.040)	0.322 *** (0.052)
残差效应	0.003 (0.037)	-0.008 (0.028)	-0.020 (0.024)	0.019 (0.032)	0.087 (0.060)
系数效应	0.017 (0.046)	0.047 (0.037)	0.073 (0.039)	0.087 (0.048)	0.087 (0.058)
特征效应	0.086 ** (0.028)	0.098 *** (0.021)	0.106 *** (0.020)	0.112 *** (0.024)	0.148 *** (0.041)

注：括号内为标准误。*表示在10%的水平上显著；**表示在5%的水平上显著；***表示在1%的水平上显著。

下面三张图（见图7-4）分别以0.10、0.25、0.50、0.75和0.90的工资分位数绘制了分解结果。

首先，比较工会会员和非工会企业的非会员时，我们发现在整个分布上两者的工资差异在19.6%~25.9%之间，而且均是显著的。这一结果与全样本分位数回归的结果不同，在后者我们只观察到在工资分布低端的工资溢价。此外，从25分位到90分位我们观察到显著的系数效应。由于特征差异对工资差异没有显著贡献，可以得出结论：工会会员与非工会企业的非会员之间的工资差异主要是由系数效应引起的，即工会和非工会企业的工资激励制度不同。

其次，工会覆盖在第10、25和50个百分位上产生了正的工资效应，主要是由系数效应引起的。换言之，其余情况保持不变，与非工会企业的非会员相比，工会企业的非会员在工资分布的较低端获得了更高的工资回报。但随着工资分布的上升，两者之间的总体工资差异逐渐缩小。工资差异的下降主要是由于系数效应的下降。

最后，当分析工会企业内部会员和非会员之间的分解结果时，我们得到了更有趣的结论。分解结果表明，两者之间的总工资差异在整个分布范围内持续增加，这主要是由于工会会员在可观测特征上的优势所致。这表明工会企业内部的工会会员存在基于可观测特征的正向选择，即在工会企业中，具有教育和经验等人力资本优势的农民工更有可能成为工会会员。

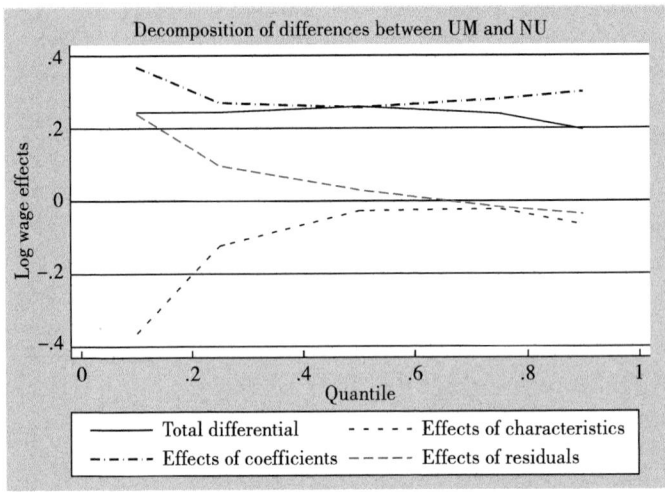

图 7-4　工会会员与非工会企业非会员的工资差距分解（1）

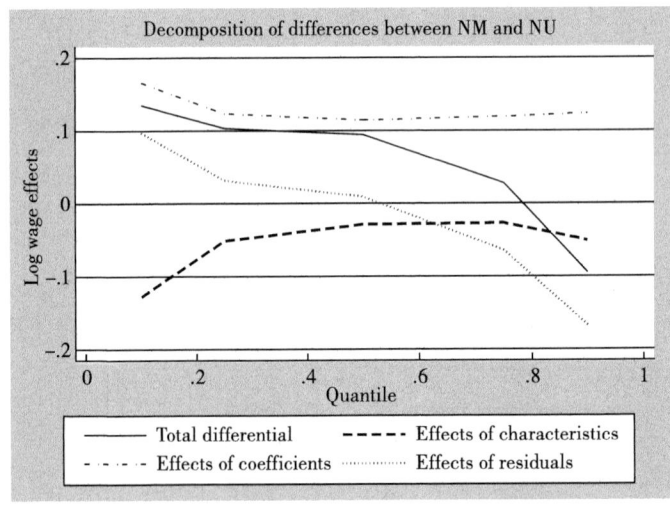

图 7-4　工会企业非会员与非工会企业非会员的工资差距分解（2）

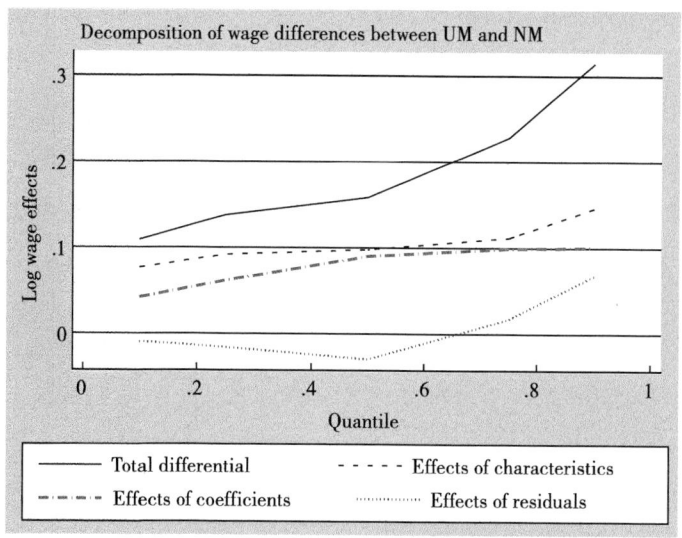

图 7-4　工会会员与工会企业非会员的工资差距分解 (3)

总体来看，分位数分解的结果证实了工会在整个工资分布区间对农民工的工资产生了实质性的正向影响。除显著的会员效应外，工会在工资分布的中低端也产生了覆盖效应，即在其余情况均保持不变的情况下，在工资分布的较底端，工会企业的非会员农民工的收入高于非工会企业的农民工。工会覆盖效应可能源自全国总工会采用的"自由雇佣"规则。根据我国的劳动立法和实践，集体合同和大多数人事政策对本单位的所有职工都具有法律约束力，无论其工会地位如何。除工资溢价外，我们样本中工会企业中的非会员平均也比非工会企业中的同行拥有更高的就业质量。

会员效应和覆盖效应主要是由工会企业和非工会企业不同的工资奖励制度引起的。与非工会企业相比，工会企业的会员和非会员因其教育禀赋而获得的奖励更为显著。相比之下，教育程度对非工会企业的非会员的工资没有显著影响。与其他两个非会员群体相比，政治资本在工会会员工资体系中的贡献更为重要。工会会员因其党员身份会获得更大的奖励，而且这种影响在整个工资分布中是不断增加的。

工会企业的工资制度强调了对教育和党员身份的回报，而非工会企业则更注重对企业专有工作经验的回报。这表明，非工会企业看重的是农民工在当前职位的熟练程度，而不是学历。与此同时，非工会企业的司龄与工资呈倒"U"形关系。这表明，在非工会企业中工作的初期，农民工工资首先随着司龄的延长而增加，但达到一定的工作年限后，农民工不再从特定的工作经验中受益。

（四）工会工资效应机制的进一步探讨

工会工资效应的深层原因是什么？换言之，工会增加农民工工资的具体渠道是什么？集体谈判被认为是西方国家工会创造工资溢价的最重要途径之一（Leontief, 1946；Blair 和 Crawford, 1984）。在中国，2008 年《劳动合同法》的实施是通过赋予工会权力来保护劳动权益的里程碑。劳动合同法明确确认了工会在集体谈判中的领导作用，工会被赋予了与雇主协商工资、工作时间和福利的关键职责（Cheng 等，2014）。工会还负责协助农民工签署个体劳动合同，为农民工个体提供工资、福利和其他工作条件方面的法律保护。在实践中，近年来全国总工会的核心任务之一是推进劳动合同的签订，构建集体谈判和集体合同制度，落实劳资双方在工资水平、工资结构和工资增长等方面的集体协议。

关于中国工会如何影响农民工工资的实证研究非常有限。现有的研究对于工会能否通过集体合同和劳动合同来影响劳动权益的结论并不一致。Yao 和 Zhong（2013）发现，工会的存在显著增加了公司向员工提供个体和集体合同的可能性，进而提高了员工福利。此外，与集体合同相比，个体合同更有可能提高农民工的工资和其他福利，因为它们考虑到了农民工个体在教育、经验和技能方面的异质性。Cheng 等（2014）发现，参与工会有效地增加了农民工签订劳动合同的可能性，但同时拥有劳动合同和工会会员资格显著限制了对农民工月工资的影响。

由于我们的数据中并未收集非工会企业集体合同方面的信息，因此我们无法研究工会、集体合同和工资之间的关系。然而，我们的数据尚支持对劳动合同、工会状况和工资之间的关系进行估计。首先,我们运用 Probit 模型探讨了劳动合同与工会状况的关系。结果显示,与非工会企业的农民工相比,工会企业的工会会员和非会员签署书面劳动合同的可能性更大。其次,我们对小时工资对数进行了回归。与预期一样,劳动合同显著提高了农民工的工资水平。为了检验独立于工会地位的劳动合同是否对工资有影响,我们将工会相关的虚拟变量与个体劳动合同同时放入工资方程中,并发现个体合同对工资的显著影响得以保留(见表7-18)。

表7-18 个体劳动合同、工会和工资

Variables	劳动合同	工资方程 (无工会虚拟变量)	工资方程 (包括工会虚拟变量)
	Probit	Log (hourly wage)	Log (hourly wage)
工会会员	0.774*** (0.220)		0.099* (0.038)
工会企业的非会员	0.657*** (0.176)		0.018* (0.006)
劳动合同		0.089*** (0.022)	0.080** (0.017)
Pseudo R square or Adjusted R square	0.405	0.255	0.259
样本数	1365	1365	1365

注:括号内为标准误。*表示在10%的水平上显著;**表示在5%的水平上显著;***表示在1%的水平上显著。

四、主要结论与讨论

利用2015年苏州市外来务工农民工调查的原始数据,我们估计了整个工资分布区间的工会工资效应,并对工资差异进行了分解,以检验工会工资差异在多大程度上是由特征差异造成的,或者是由工资结构的差异造成的。我们采用基于 Melly(2005)开发的无条件分位数回归的分解方法,将工资总差异分解为三个部分,即特征效应引起的差异、系数效应引起的差异和残差效应引起的差异。为了捕捉工会的覆盖效应,我们将总样本分为工会会员、工会企业非会员和非工会企业非会员三组,并对三组进行工资差异的两两分解。

研究结果显示,工会会员身份,以及工会覆盖(工会企业的非会员)均对农民工的工资水平和工资差异产生了显著影响。从总工资差异来看,农民工群体中的工会会员在整个工资分布区间的工资收入都显著地高于无工会企业的农民工。与此同时,在工资分布的底端区域,工会企业的非会员的工资也高于无工会企业员工,这表明工会的工资效应也溢出到了工会企业的非会员群体。从工资差异的分解结果来看,工会会员与无工会企业的员工之间的工资差异大部分源于工资结构效应,即工会企业与无工会企业采取的不同的工资激励机制。在这两个群体之间,并未发现可观测能力和不可观测能力差异引起的工资差异。与之相反,工会会员高出工会企业的非会员的工资差异主要由构成效应引起,换言之,在工会企业内部,会员比非会员在可观测的能力特征上更具优势。这充分表明工会会员在企业中存在正向选择,即可观测能力特征强的农民工更有可能加入工会。值得注意的是,在工资分布的中高端区域(50分位到90分位),工资结构效应,即工资制度的差异对两类群体的工资差异也产生了显著影响。这表明对于中高收入的员工,在可观测特征相同的情况下,工会企业对于会员的工资激励力度比非会员更大。当比较工会企业非会员和无工会企业非会员之间的工资差别时,我们得出了更令人感兴趣的发现:有工会企业的非会员农民工的确获得了工会的工资溢出效应,但这种效应在工资分布区间呈递减趋势。递减的原因一方面在于,工资结构效应在整个工资分布区间逐渐缩小;另一方面在于,无工会企业员工在工资分布的高端区间表现出了在不可观测能力上的优势。

上述结果表明,工会企业和非工会企业农民工的工资差异主要是由不同的工资方案造成的。与非工会企业相比,工会企业对人力资本和政治资本的回报更为显著。教育的工资效应在工会会员和工会企业的非会员中都是显著的。然而,教育程度和党员身份在非工会企业的工资体系中都不起重要作用。这些企业更注重对企业特定工作经验的奖励,这表明非工会企业看重的是农民工在当前职位的熟练程度，而不是学历。对于工会影响农民工工资背后的机制，我们发现签订劳动合同是可能的途径之一。与非工会企业相比，工会企业与员工签订劳动合同的可能性要大得多，进而提高了农民工的工资水平。可以说，劳动合同是工会组织提高工资的有效工具。

总之，我们的研究结果强调了工会会员身份和工会覆盖对农民工工资水平的重要作用。近年来，在市场化和全球化进程中，中国的劳资关系发生了根本性变化，劳资矛盾加剧，中国工会在积极进行职能的转型。特别是在产业集聚区，工会在促进劳动者权益方面取得了显著的成效。农民工工会的作用已经超出了对工作场所基本权利（如最低工资、劳动合同签订、社会保险等）的保障。工会大大提高了工会会员和工会企业非会员的工资水平。工会会员效应和工会覆盖效应主要是由工会企业的工资制度引起的，与非工会企业相比，工会企业对人力资本和政治资本的奖励更为显著。然而，在工会化的企业中，工会会员在人力资本方面存在正向选择。因此，工会会员资格对工资的积极影响仅限于某些农民工群体。

本研究是对异质性视角下中国农民工工会效应的实证研究的重要补充。然而，由于数据的局限性，我们的研究只能揭示以产业集群为特征的苏州地区农民工工资与工会的关系。为了得到更一般的结论，需要补充以国家层面数据为基础的研究。

附　表　样本选择偏差检验

变量	工会会员的 Probit 决策模型	基于样本自选择校正的工资方程	
		工会会员	非工会会员
性别	0.1022	0.1648***	0.1512***
	(0.1004)	(0.0460)	(0.0316)
年龄	-0.1204	0.0645*	0.0368
	(0.0662)	(0.0305)	(0.0213)
年龄平方	0.0020*	-0.0009*	-0.0005
	(0.0010)	(0.0004)	(0.0003)
婚姻状况	0.1679	-0.0891	0.0332
	(0.1214)	(0.0681)	(0.0352)

续表

变量	工会会员的 Probit 决策模型	基于样本自选择校正的工资方程	
		工会会员	非工会会员
教育	0.0677**	0.0329**	0.0288***
	(0.0209)	(0.0115)	(0.0072)
党员身份	0.1783	0.2944***	0.0651
	(0.1675)	(0.0694)	(0.0637)
非农工作经验	0.1087***	0.0178	0.0124
	(0.0298)	(0.0166)	(0.0083)
非农工作经验平方	-0.0032**	-0.0003	-0.0003
	(0.0011)	(0.0006)	(0.0003)
司龄	0.1206***	0.0108	0.0250*
	(0.0292)	(0.0149)	(0.0120)
司龄平方	-0.0044*	-0.0002	-0.0019*
	(0.0019)	(0.0008)	(0.0008)
职业资格证书	0.2284*	0.0426	0.1042**
	(0.0981)	(0.0466)	(0.0325)
国有企业	0.2107	0.0104	0.3124***
	(0.5774)	(0.1183)	(0.0886)
外资企业	0.3135	0.0162	0.1663*
	(0.5642)	(0.0590)	(0.0840)
港澳台资企业	0.3552	—	0.1410
	(0.5754)		(0.0909)
内资私营企业	-0.4460	0.0678	0.2147**
	(0.5593)	(0.1048)	(0.0742)
大规模企业	1.1768*	0.0137	-0.0553
	(0.5234)	(0.4160)	(0.0651)
中等规模企业	1.3012*	-0.0019	-0.0887
	(0.5256)	(0.4211)	(0.0676)
小规模企业	1.1802*	-0.0623	-0.0544
	(0.5157)	(0.4184)	(0.0594)
行业-1	0.0633	-0.2025	-0.3270***
	(0.3008)	(0.2033)	(0.0626)

续表

变量	工会会员的 Probit 决策模型	基于样本自选择校正的工资方程	
		工会会员	非工会会员
行业-2	1.1725** (0.3972)	-0.2168 (0.2432)	-0.4389*** (0.1310)
行业-3	0.0268 (0.3302)	-0.4022 (0.2137)	-0.4354*** (0.0717)
行业-4	-0.1858 (0.4478)	-0.5624 (0.2916)	-0.4450*** (0.0779)
区域1	-0.2329 (0.1315)	-0.0371 (0.0648)	-0.0539 (0.0499)
区域2	0.2239 (0.1288)	-0.1015 (0.0546)	0.0038 (0.0492)
工具变量			
工会信任程度	0.6836*** (0.1013)		
广义残差（选择方程）		-0.1110 (0.0961)	-0.0933 (0.0944)
截距项	1.6373* (0.6955)	1.6373* (0.6955)	1.8117*** (0.2880)
pseudo R-Square for Probit and adjusted R-Square for OLS	0.2815	0.2409	0.2008
样本数	1365	367	988

注：括号内为标准误。*表示在10%的水平上显著；**表示在5%的水平上显著；***表示在1%的水平上显著。

第八章 主要结论与政策建议

第一节 主要研究结论

一、农民工职业选择的研究结论

农村劳动力外出的职业长期以来主要集中在一些低技术含量、低收入、缺乏福利保障、缺乏劳动安全的低端职业。而这种职业分布特点又进而导致农民工在城市劳动力市场上长期处于不利地位。在此背景下,研究农民工进行非农职业选择时的决定因素,掌握阻碍其进入高层次职业的因素,将有助于找到改善农民工在劳动力市场上整体绩效的举措,从宏观来看,也有助于实现就业的结构性均衡。在这一部分的研究中,基于北京市外来农民工抽样调查数据,采用 Greene(2007)开发的多项 Logit 职业选择模型,我们从两个比较视角出发,分别探讨了新生代和老一代农民工的职业选择机制差异,以及本地农民工和外出农民工的职业选择机制差异。

(一)关于代际比较视角下的农民工职业选择研究

1. 代际因素对农民工的职业选择有显著影响

代际因素对农民工的职业选择确实产生了影响。相对于老一代农民工,新生代农民工选择成为商业服务业人员和技术型工人的概率更大,而不太倾向于成为无雇员的个体工商户。新生代农民工因其生长环境、接受知识的程度、对培训内容的理解能力以及精力体力上优于老一代农民工,因此在这三个职业选择倾向上产生了较为显著的差别。

技术型工人在技能和知识方面的职业门槛相对较高。由于新生代农民工的成长环境优于老一代农民工，并且由于其年龄方面的优势，该群体对于新知识和技能的学习与吸收能力都要优于老一代农民工，因此，获得了进入该类职业更高的概率。而老一代农民工随着年龄的逐渐增长，体力和学习能力都日益下降，便不再具备进入此类职业的资格。商业服务业是一个较为趋于年轻化的职业，并且作为第三产业，具有良好的发展前景与上升趋势，门槛较低，收入水平中等，对新生代农民工有着较大的吸引力。而对于无雇员个体工商户，进入该职业的门槛较低，同时工作时间比较灵活。因此，年龄较大，人力资本存量较低老一代农民工更倾向于从事该职业。

2. 人力资本对职业选择的显著影响表现在教育、培训及掌握的技能方面

我们的结果验证了人力资本对农民工职业选择显著的正向影响。其中，教育水平、培训情况、职业资格证以及对计算机、普通话等技能的掌握影响最为显著。研究发现，受教育水平比较高、受过培训，有着较强计算机操作水平、普通话较为标准的农民工更易于获得相对较高层次、工资水平较高的职业。受教育年限较长的农民工更倾向于选择收入水平、职业地位、去体力化程度及准入门槛相对较高的职业。来京年限较久的农民工有着更高的概率从事职业层次较高的管理或专业技术人员以及办事员，也有着更多的机会去学习一门技能并积累丰富的经验，从而更有可能成为技术型工人。

有培训经历的农民工在培训过程中所掌握的技能与知识与所寻职业相匹配，有助于其成为商业服务业人员和技术型工人，而培训经历对于农民工选择自雇佣这种就业方式有负面影响。职业资格证书的获取印证了信号理论，有助于农民工成为专业性要求较高的技术型工人。计算机的掌握有助于农民工成为管理或专业技术人员、办事员和商业服务业人员，标准的普通话有助于农民工选择沟通性较强的商业服务业人员和技术型工人这两类职业。

值得注意的是，正规教育和技能培训对非农职业选择具有不同的影响。正规教育有助于农村劳动力从事白领职业，而学徒式的岗前培训则有助于人们从事技能型的蓝领职业和自雇职业。另外，未能接受正规高等教育的农村劳动力仍然可以通过学校后的技能培训从事技术型蓝领职业或进行个体经营。但是，技能培训并不能增加他们进入白领职业的概率。

3. 社会资本对职业选择的显著影响主要表现在家庭环境方面

研究结果显示，社会资本对职业选择的影响主要来自家庭方面，即母亲的教育水平和父亲的非农就业情况。在传统的农村家庭中，父亲所承担的往往是外出务工的角色，而对子女的教育以及照顾主要由母亲的角色来承担，母亲的受教育水平越高，其子女获得较高水平人力资本的可能性就越大，更易于获得较高层次及专业技术性较强的职业。而父辈有非农就业经历的农民工更倾向于选择经商的方式，成为无雇员个体工商户或者有雇员个体经营者，这体现了家庭商业资本和社会资本积累在代际的传递。

4. 人口统计学因素对职业选择有显著影响

农民工的职业选择存在显著的性别差异，男性农民工的职业选择层次要优于女性。年龄较小的农民工更倾向于选择成为商业服务业人员和对技能水平具有一定要求的技术型工人，而年长农民工在积累了一定的经验和资源的基础上，更倾向于成为有雇员的个体经营主，实现从受雇到自雇的身份转变。

（二）本地农民工与外出农民工的职业选择比较研究

近年来，农村劳动力在当地非农就业的人数大幅增加。与此同时，研究界出现了对农村当地劳动力危机的担忧。如果选择留在农村当地就业者是因缺乏能力而无法外出，势必会影响当地的发展。因此，有必要在分析农村劳动力的非农职业选择时，纠正基于不可观测的特征而形成的自我选择偏差。如果更多有能力的农村劳动力选择迁移并获得更高社会地位的非农职业，那么，不纠正这类自选择问题将造成对非农职业选择的估计偏差。

第八章 主要结论与政策建议

基于2010年陕西省六个县的农户抽样调查数据,采用职业选择的多元逻辑回归模型、Lee(1982)开发的Heckman两步法和反事实构建方法,我们在控制样本自选择偏差的基础上,尝试回答了以下问题:当地劳动力市场(县域内)和外出地(县域外)的劳动力市场哪一个吸引了更有能力的农村劳动力?如果外出者选择不移民,他们的职业选择与那些留在当地从事非农工作的劳动力会有何不同?通过详细的职业划分,本书更为清晰地探索了农民工逐渐分化的职业分布和进入机制,同时,通过对农民工在当地和外出地非农职业选择的比较分析,本书扩展了我们对不同层次劳动力市场状况的认识,有助于针对性地提出改善地方劳动力市场的举措。

1. 本地农民工和外出农民工在职业选择机制上的差异

我们采用Lee(1982)的两步法对样本选择偏差进行了校正,以得到对职业选择模型的一致估计。我们发现,相对于本地农民工,外出农民工并没有基于不可观测能力的自选择。这减轻了我们对农村劳动力向城市迁移可能阻碍中国农村当地发展的担忧。

但是,这两个群体的职业选择机制存在明显差异。正规教育和技能培训等人力资本因素对外出农民工进入白领职业、技术型职业和自雇职业所产生的积极影响远大于其对本地农民工的影响。在当地劳动力市场,非农职业选择受到党员身份、"家庭成员担任村干部"为代表的社会资本的重要影响,而社会资本在外出地劳动力市场上的影响非常有限。

2. 反事实评估结果揭示了非市场性因素在地方劳动力市场上的重要性

反事实评估的结果显示,外出农民工如果选择留在当地就业,更有可能从事对人力资本要求较高的职业,而不太可能从事个体经营活动,其原因可能是他们在地方政治资本禀赋上的劣势。上述结果表明,外出农民工所面临的劳动力市场主要由市场力量驱动,人力资本对于外出者进入具有较高社会经济地位的职业至关重要。相对而言,当地劳动力市场则处于欠发达水平,非市场因素如政治身份、家庭社会资本等对农村劳动力进入特定的非农职业发挥着关键影响。

二、农民工工作搜寻与职业流动机制的研究结论

（一）农民工工作搜寻行为研究

作为农村劳动力进入城市劳动力市场的首要经济行为，工作搜寻行为对于农民工的职业选择、职业流动，甚至工资水平具有重要影响。工作搜寻渠道的选择直接关系到农民工掌握用工方工资出价的数量，工作搜寻时间长短常常作为雇主判断农民工劳动生产率高低的标志，二者对未来工作的工资性收入也有着直接影响。本书基于我们在2015年开展的"苏州市外来务工人员就业调查"数据，采用多元逻辑回归和工作搜寻模型，分析了农民工选择不同工作搜寻渠道的影响因素，以及农民工工作搜寻渠道对其搜寻时间的影响，主要结论如下：

1. 教育水平越高者选择社会关系或职业介绍机构求职的概率越低

受教育年限对样本选择职业介绍机构、亲戚介绍、朋友或同乡介绍以及直接的雇员招用有显著的负向影响。也就是说，农民工的受教育年限越长，选择以上四种搜寻渠道的可能性越低。可能的原因是：受教育水平越高的农民工对劳动力市场的了解程度越深，他们可能有明确的生涯规划，能够根据职业需求完成工作搜寻过程；二是受教育水平较高的农民工对劳动力市场信息比较敏感，能够依靠自己的力量收集到比较全面的就业信息和工资出价分布情况，如通过求职网站或人才招聘会等渠道，通过职业介绍机构或社会关系求职的可能性也就相对较低。

2. 农民工通过社会关系求职获得的效率更高

总体来看，相对于安置就业，职业介绍机构、网络渠道、人才招聘会、直接的雇员招用、朋友或同乡介绍以及亲戚介绍都对工作搜寻时间有显著影响。按照搜寻时间由短到长对搜寻渠道进行排序，依次是朋友或同乡介绍工作、直接的雇员招用、亲戚介绍工作、职业介绍机构、互联网、人才招聘会。

我们将亲戚介绍和朋友或同乡介绍归纳为"社会关系求职渠道"，将

人才招聘会、职业介绍机构归纳为"市场化求职渠道",研究结果显示,社会关系求职比市场化求职渠道的效率更高,工作搜寻时间更短。原因可能在于,第一,在农民工的社会关系网络中,亲戚朋友和同乡大多拥有相似的职业需求,他们互相之间的推荐容易形成农民工与工作之间的信息匹配,节省了求职者工作搜寻的成本和时间,进而使农民工拥有更多的就业选择和就业机会,从而提高了找工作的速度。第二,农民工对就业信息真实性的判断主要是基于对信息提供者的信任程度。由于对自己、亲戚、朋友的信任程度高,农民工普遍认为通过社会关系获取的就业信息更加可靠。第三,市场化求职渠道的信息成本高于社会网络渠道,难度也较大。因此,农民工还是更多依靠亲友推荐的就业信息进行工作搜寻。

3. 不同渠道的搜寻效率具有性别异质性

首先,相对于女性而言,男性农民工的工作搜寻时间平均较长;随着社会结构转型和产业结构升级,特别是服务业的迅速发展,对女性劳动力的需求有所增加,加之女性农民工在进入城市劳动力市场之前的社会经济地位普遍低于男性,导致其保留工资设定比男性农民工低,因此,女性会比男性更快地找到工作。

其次,采用同样的搜寻渠道,男性比女性的工作搜寻时间更少;无论选择何种搜寻渠道,在固定时间内,男性农民工求职成功率均大于女性农民工,在同样的求职渠道情境下,男性农民工比女性农民工效率更高。这就意味着,女性选择职业介绍机构、亲戚介绍、朋友或同乡介绍、直接的雇员招用求职虽然能够显著缩短工作搜寻时间,然而与男性农民工相比,搜寻效率还存在较大的差距。可见,农民工在城市劳动力市场中的工作搜寻存在性别差异现象。

(二)农民工职业流动和职业上升机制研究

进入新常态发展阶段,我国经济增长速度放缓、产业结构不断升级,农民工的职业发展也伴随着新的挑战。由于职业技能和社会资本的水平较低,农民工在其职业流动的方向上都处于劣势,容易经历频繁和向下的职业流动,而职业流动的状况又进一步影响着其市民化的进程。受微观数据缺乏的限制,现有关于农民工职业流动的实证研究主要集中在对于农民工职业流动频次的研究,而对于影响农民工职业流动方向的实证研究比较匮乏。本书采用2013年"北京市外来务工人员就业状况数据",对农民工职业流动频次和职业流动方向的影响因素进行了实证分析,重点探讨了影响农民工职业向上流动的因素,并得出了关于合理引导农民工的职业流动,帮助农民工进行向上的职业流动的政策建议。

本书参考了国际劳工组织的ISOC职业编码体系以及国内研究界对农民工的职业分类,最终确定了管理与专业技术人员、办事人员、技术工人、商业服务人员、有雇员的个体工商户、无雇员的个体工商户、初级职业七种职业类型。我们关注的两大变量分别为:农民工的职业流动频次和职业流动方向。其中,职业流动频次的测量为样本农民工过去三年职业流动的次数。职业流动方向则参考职业的相对社会经济地位进行测量。以农民工当前职业与上一份职业相对地位的改变来衡量其职业流动方向,得出向下或平行流动和向上流动两种方向,进而采用二元逻辑回归模型来检验农民工职业流动方向的影响因素,主要结论如下:

1. 适当的职业流动会促进农民工实现职业上升

近三年职业流动频次对职业上升有倒"U"形影响,即随着流动频次的增加,农民工职业上升的概率先增加后减小。当近3年职业流动次数为6次时,农民工实现职业上升的概率最大。可能的解释是,职业流动可能发挥了一定的在职培训功能,通过职业流动,农民工的人力资本得到提升,进而增加了向更高地位职业流动的机会。然而,频繁更换工作的农民工多集中于非技术型或低技术型的低端职业,虽然多次更换职业,但对其人力资本的提升作用并不明显,因此,也无法实现职业的上升。此外,农民工职业流动次数过多,雇主往往会对其劳动生产率和忠诚度作出较差的判断,从而降低了雇主对其进行培训投资的意愿,进一步阻碍了农民工职业的向上发展。

2. 工作经验对农民工职业上升有倒"U"形影响，培训的作用并不显著

随着工作经验的不断积累，农民工职业上升的概率先增大后减小。可能的解释是，随着农民工工作年限和经验的增加，其技能水平等人力资本存量提升，实现职业上升的可能性会显著提高；但达到峰值之后，工作经验的增加又不利于职业上升，可能是因为多数农民工的工作经验积累主要集中在低端职业，缺乏在职学习机会，不利于其人力资本的提升。其次，培训对职业上升的影响作用不显著。这与农民工参与培训的类型有关，我们在调研过程中了解到，农民工接受的日常培训大多是岗前培训，目标主要是帮助农民工达到岗位的门槛性要求，对于职业上升的作用较小。

3. 亲友介绍工作有利于农民工的职业地位上升

亲友介绍工作有助于提升农民工职业上升的概率。这说明社会关系在农民工职业流动的过程中起着非常重要的影响，亲友介绍工作不仅给农民工提供了便利，也扩大了农民工选择的机会，提高了农民工实现职业地位提升的可能性。

4. 新生代和老一代农民工职业上升机制的差异

对于新生代农民工，近三年的职业流动次数及其平方项对职业上升概率的影响不显著，但是否发生职业流动对职业上升有显著的正向影响。而老一代农民工近三年的职业流动行为对职业上升的影响作用显著，并且，老一代农民工近三年的职业流动次数与职业上升呈倒"U"形关系。进一步计算得出，当近三年职业流动次数为5次时，老一代农民工的职业上升概率最大，流动次数超过五次后，职业上升的概率逐渐降低。

从人力资本特征来看，工作经验对两代农民工职业上升都有倒"U"型影响，这说明随着工作经验的逐年积累，两代农民工职业上升的概率都是先增加后减小。但是影响程度存在区别，每增加一年工作经验，对新生代农民工职业上升概率的提升影响更大。从社会资本特征看，亲友介绍工作可以提高老一代农民工职业上升的概率，但对新一代农民工没有影响，这可能是因为新生代农民工求职渠道更加多样化，而老一代农民工的工作

搜寻大多依靠社会关系网络。

从个人特征来看，老一代农民工身体健康状况越好，职业上升的概率越大；党员身份能够显著提高老一代农民工职业上升的概率。但这些特征对新生代农民工的影响都不显著。可能的原因是，新一代农民工由于年龄小，身体健康状况普遍较好，特征差异性不明显。

三、农民工工资决定机制的研究结论

（一）不同技能培训模式对农民工工资影响的比较分析

21世纪以来，为适应农村劳动力转移就业的需要，我国政府开展了一系列针对农民工技能提升的培训计划，除了政府举办的技能培训，外出务工的农民工可获得的培训渠道还包括企业培训、学徒式培训、职业技术学校或社会培训机构开展的技能培训。不同的培训项目在付费机制、内容和时间设计上存在较大差异。例如，政府培训、企业培训和学徒式培训的参与者基本无需付费，或者付费较少；而后两类则主要由个人自费。从培训内容上来看，企业培训强调针对性和实操性，同时，可以充分利用"边干边学"的培训模式；政府主办的培训则主要针对农村劳动力外出务工的基础技能，培训形式多以讲授为主，需要脱产开展。

那么，不同的培训模式对受训者收入的影响有哪些差异呢？长期以来，国内针对农民工培训效果的研究多将培训作为一个整体，缺乏在校正样本自选择偏差之后，比较分析不同的培训主体和培训模式对非农收入的影响差异；其次，已有研究的数据多基于农村入户调查，非农就业和收入等信息的准确性不高；同时，外出务工者职业和收入的分布也会受到当地劳动力流动特点的影响，制约了其代表性。在此背景下，我们基于北京市614名农民工问卷调查的一手数据，在校正培训决策的样本自选择偏差之后，比较分析了企业培训、政府培训、个人自费培训等不同主体开展的培训，以及不同的培训设计对农民工工资收入的影响。

为了校正基于样本的不可观测特征所导致的自选择偏差问题，得到培训对收入影响的无偏估计，本书采用了 Lee（1982）发展后的 Heckman（1979）的两阶段法。在第一阶段，采用 Probit 模型估计个体参与培训的概率。第二阶段，在 Probit 模型的基础上，分别估计出培训参加者和不参加者的逆米尔斯比，最后，将逆米尔斯比代入工资函数中，纠正不可观测的样本特征导致的选择性偏差，从而得出培训效果的无偏估计。

实证研究发现：在不考虑样本自选择问题的情况下，普通 OLS 的估计显示：参加培训可以使农民工的平均小时工资水平提高 14.62%。而且，培训所产生的收入影响远大于正规教育对收入的影响。采用处理效应模型和两阶段法校正了样本自选择偏差之后，接受过技能培训对小时工资的提高由校正前的 14.62% 降低为 14.42%。这说明培训参加者与未参加者之间可能存在不可观测能力的正向选择，即培训参加者的不可观测能力高于未参加者。如果不考虑样本自选择影响，培训的平均处理效应会被高估。

为了深入分析培训不同模式的影响，我们比较了不同的培训主办方、培训内容、培训时长对农民工小时工资的影响。研究结果显示，在不同的出资主体中，企业培训的收入效应最为显著。而政府培训对农民工收入的影响不显著，这可能与政府培训项目在内容、时长、与职业认证的关联等方面的设计存在缺陷有关。就样本所接受的政府技能培训而言，培训内容多集中在低端职业的上岗培训，对劳动者生产率提升效果有限，培训结束后只发给结业证书，劳动力市场信号功能不强。研究还发现，内容为"建筑和工业制造类"的培训，以及时长在 15~60 天的"短期培训"对农民工收入的提升效应最明显。较之其他内容的培训，"建筑和工业制造类"培训的专业性和可操作性较强，从而能有效提高受训者的劳动生产率。此外，此类培训提高了从事技术工人的概率，这类职业的工资也高于平均水平。较之超过 90 天以上的长期培训，参加 15~60 天的"短期培训"能使农民工的小时工资提高 13.26%。设计为 15~90 天的短期培训能避免和农民工的工作时间形成较大冲突，同时，其专业性又强于 15 天以下的简单培训。

上述结论的政策启示包括：第一，完善培训的准入和目标定位机制，在吸引更多的农村劳动力参与培训的同时，有效甄别那些能从培训中获益最大的人，使培训项目和参与者的劳动力类型之间形成有效匹配。第二，促进以企业为主体，政府推动和社会支持相结合的农民工技能培训合作机制。政府在继续开展农民工职业培训经费补贴的基础上，可以重点依托用工企业、行业组织等在确定培训需求、设计培训内容、实施培训上的优势，建立更为有效的培训合作机制。第三，在设计培训内容和时长时，应充分考虑农民工职业分布和工作方式特点，在内容安排上突出专业性和操作性技能培训，在时间安排上突出灵活性，避免和现有工作时间的冲突，但又不限于时间过短的基础性培训。

（二）普通话对农民工工资水平的影响研究

语言人力资本一直是国际移民研究的焦点，语言可被看作一种人力资本。针对英语国家的实证研究发现，移民的英语流利程度对其工资收入有着重要影响，流利程度越高，收入也越高。同时，听、读、写等单项语言技能也对收入有一定的影响。就中国而言，农村劳动力的流动可以被视为一种迁移。那么，普通话作为中国城市劳动力市场中最基本的人力资本形式，是否会对农村移民的收入产生积极影响呢？与此同时，在当今的信息时代，计算机技能也成为许多工作的必备技能。因此，熟练掌握普通话与计算机可以提高农民工的生产力。从国内研究现状来看，以往研究大多聚焦于教育、培训、经验等相关人力资本因素对非农收入的影响，较少关注语言和计算机水平对农民工工资收入的影响。

本书在"甘肃省农村劳动力外出就业调查数据"的基础上，采用Mincer工资函数和Heckman两步修正法，在控制了样本自选择偏差的前提下，考察了普通话与计算机水平对农民工非农收入的影响。主要研究结论如下：

1. *普通话水平对非农收入有积极影响*

研究表明，标准的普通话是增加非农收入的关键因素。回归分析显示，标准的普通话的非农收入回报率为17.7%，考虑样本选择性偏差后普通话的工资回报为 20.6%，说明普通话对农村劳动力具有重要的收入提升作用。

2. 两项技能对非农收入影响有性别差异，同时掌握则收入更高

我们发现，普通话水平对女性非农收入影响比男性更大，而计算机水平对男性非农收入提高有较大影响，这样的结果与男女工作地点和职业选择的差异有关。此外，同时具有高水平的普通话与计算机技能，样本群体的平均非农收入较其他群体更高。

3. 有职业资格等级与参加培训对非农收入有积极影响

回归分析结果显示，职业资格等级与参与培训对提高农村劳动力非农收入有较大的帮助，尤其是拥有资格等级证书，考虑选择性样本偏差后其回报率为 17.6%。由于甘肃省农村劳动力从事技术类工作的较多，所以有职业资格等级对提高非农收入有显著影响。

（三）市民化背景下社会资本对农民工资水平的影响研究

与人力资本相比，社会资本是一种来源于社会网络与社会关系的特殊资本，直接关系到农民工在城市立足以及在城市的谋生。较之城市居民，农民工在城市拥有的社会资本较少，甚至比城市中下岗职工的社会资本水平也低。同时，农民工在务工地所拥有的社会资本多以血缘、地缘、亲缘等为基础形成的原始型社会资本为主，其对农民工融入城市的影响具有一定的局限性。

基于 2015 年调查形成的苏州市外来务工农村劳动力就业与收入数据库，本书分别采用明瑟工资方程和多元离散选择 Logistic 模型，重点考察了社会资本对农民工的市民化水平的影响。借鉴已有文献，本书对市民化的界定综合考虑到市民化能力与市民化意愿两个方面，与市民化能力有关的因素包括收入水平、居住方式，与市民化意愿有关的变量包括农民工的留城意愿。其中，收入用小时工资来表示；居住方式包括自有房、独立租房、与人合租、单位宿舍与其他等；留城意愿则包括愿意留城与不愿意留城。借鉴国内学者的测量方式，本书将社会资本划分为原始型社会资本与

新型社会资本，原始型社会资本的测量指标包括在务工当地有无亲戚、有无老乡、亲戚聚餐占月支出的比例、是否亲朋介绍工作；新型社会资本的测量指标包括在外出地是否随礼、是否认识党政机关人员、是否认识企业管理人员、有无苏州本地朋友、是否去苏州本地人家里做过客等。

实证结果显示，与原始型社会资本相比，在务工地建立起来的新型社会资本对农民工的市民化能力和意愿有更为显著的正向影响。首先，与原始型社会资本相比较，新型社会资本显著影响着农民工经济收入的水平。新型社会资本中，在当地随礼、认识党政机关人员、认识企业管理人员对农民工收入均有显著正向影响。其次，新型社会资本对农民工在城市定居的影响较为显著，且提升了农民工在城市定居意愿。其中，在当地随礼、认识当地企业管理人员、有苏州本地的朋友三个变量对农民工留城意愿具有显著的正向作用。最后，新型社会资本对农民工选择自有房居住形式具有显著的正向影响。由此可见，这些新型社会资本的积累有助于农民工社会经济地位的提升，较快融入苏州本地生活。总体而言，与原始型社会资本相比，与务工地居民、同事等建立起的新型社会资本有利于农民工更快地熟悉务工地的工作与生活环境，可以拓宽农民工的视野，获得更多的工作信息，从而在一定程度上有利于职业流动、增加工作收入，并增强农民工在城市定居的能力。

四、农民工工资差距的研究结论

（一）农民工的职业工资差距研究

经历改革开放以来 40 多年的发展和变迁，农民工在其职业分布上开始呈现多元化的趋势，已经涵盖了从非技术型蓝领、技术型蓝领到普通白领职业，再到私营业主、专业技术人员、职业经理的各种类型。在劳动力市场上，职业在很大程度上决定了人们获得的工资收入，进而决定了人们相对的社会经济地位。本节所关注的问题在于，在城市农民工的规模不断扩大的过程中，农民工内部基于不同职业的工资差距有多大？其决定机制是什么？

我们的数据来源于1989—2011年的中国健康与营养调查数据（CHNS）。实证结果显示，从总工资差异来看，调查期内高技能职业和低技能职业之间的工资差距在逐渐扩大。工资差别分解的结果显示，两类职业之间的工资差别大部分源于特征差异，即从事两类职业的农民工在个体特征上的差异。特征差异解释了两类职业工资差距的96.5%，系数差异仅仅解释了全部工资差异的3%。这反映出，较之于从事低技能职业的农民工，从事高技能职业的农民工拥有更有利的个人特征或劳动生产率特征，这也是其获取高收入的主要原因。且从1997年到2011年，特征差异对全部工资差距的贡献是逐渐增大的，由55.9%上升为98.2%。

不同解释变量对两类职业农民工工资差异的贡献各不相同，教育对职业工资差距的影响既体现在特征差异，又体现在系数差异，表明高技能职业比低技能职业中的农民工的受教育程度更高，且教育的工资回报率更高。性别对职业工资差距的影响主要体现在显著为正的系数差异，这可能表明，低技能职业中工资的性别歧视要比高技能职业中更为严重。部门变量对工资差异中的特征差异和系数差异均有显著的负向贡献，这印证了非国有部门中农民工从事高技能职业的比重较低，同时也表明非国有部门对高技能职业的回报也低于国有部门。

以上结论进一步验证了人力资本对农民工职业地位提升和工资增长的关键作用，强调了持续对农村地区进行人力资本投资的重要性。同时，在低技能职业中应更关注和改善女性农民工的收入状况。在非国有部门则要通过改变工资激励策略以吸引高技能的农民工。

（二）受雇与自雇农民工的工资差距

20世纪90年代以来，我国农民自我雇佣的规模越来越大，自我雇佣已经成为我国农民工就业的一种重要途径和形式。农民工自我雇佣行为是中国城乡二元劳动力市场分割尚未彻底打破背景下的无奈之举？还是基于个人能力和社会资本的积极选择？对此研究界仍存在争议。部分研究认为，自雇者的收入要显著地高于受雇者，而这种收入差距恰恰是推动外来务工人员选择自我雇佣的重要原因（刘云平、王翠娥，2013）。而且，从事自雇为农民工带来的收入回报率随着收入分位点的上升而相应逐步提高（朱志胜，2018）。但也有研究认为，尽管自雇者的收入高于受雇者，但从事自我雇佣的人力资本回报率却要低于受雇者。同时，自雇者更高的收入是以牺牲劳动保护、延长劳动时间为代价的，农民工选择自我雇佣的就业形式是在遭到工资部门歧视后的被动选择（黄志岭，2014；曹永福，2013）。整体而言，目前国内对于农民工自雇和受雇的工资差距的研究并不多，且大多没有深入探究农民工自雇和受雇存在工资差距的原因。

我们采用2016年中国劳动力动态调查（CLDS）数据，基于分位数回归和Oaxaca-Blinder分解方法，分析了我国农民工自雇群体和受雇群体之间的工资差异。我们发现，首先，受雇农民工与自雇农民工之间明显存在工资差异，且该差异主要是由系数差异，或言之是由工资回报率差异导致的。随着分位点的提高，两者的工资差异越来越大，但回报率的差异对工资差异的贡献越来越低。其次，在不同的工资分布区间，受雇与自雇农民工的工资差距方向不同。在工资分布的低端，受雇农民工的工资显著高于自雇农民工。这说明在低收入群体中，由于劳动力市场分割，自雇农民工处于劳动力市场中的二级市场，而受雇农民工处于劳动力市场的一级市场，所以自雇农民工的工资回报率低于受雇农民工的工资回报率。在中高收入群体中，自雇农民工的收入显著高于受雇农民工，这说明农民工选择自雇就业并不是迫于资源约束或制度障碍而无奈进入次级低效的劳动力市场，而是农民工出于自身或家庭效用最大化的目的灵活安排就业。由于自雇农民工收入的高度不确定性与受雇农民工的工资限制，所以在中高收入群体中，自雇农民工的收入回报率高于受雇农民工。

上述研究结论也说明，中国劳动力市场上仍存在分割现象。受雇与自雇农民工之间工资差异分解的结果表明，工资回报率的不同是造成两类就业群体工资差异的主要原因。在低端劳动力市场，相对于受雇者，市场对自雇农民工的歧视较大，在中高端劳动力市场，相对于自雇者，市场对受雇农民工的歧视较大，但这种歧视随着分位数的提高而减弱。

（三）工会会员身份、工会覆盖与农民工的工资差距

伴随着经济体制改革的逐步深化，中国劳动力市场中的雇佣关系发生了深刻的变化，传统企业与职工间的关系被新的劳资模式所取代。在此期间，中国基层工会也取得了巨大的发展，尤其体现在私营企业和外资企业工会的覆盖率与员工入会率的显著提升。然而，针对中国工会在维护劳工权益中所发挥的实际功能，研究界尚存在争议和质疑。对于长期处在收入分配不利地位的农民工群体，考察工会对其工资收入的效应，更具有迫切的现实价值。

基于2015年针对苏州工业企业农民工的抽样调查数据，采用基于无条件分位数回归的工资差别分解法，我们对农民工群体中的工会会员、工会企业的非会员，以及无工会企业员工这三类群体的工资差异进行了分解，分析了由个人可观测特征引起的差异；由系数差异引起的差异和残差效应（不可观测的特征引起的差异）对工资差异的不同贡献，得出了具有一定开创性的结论，对工会的工资效应这一研究领域形成了重要的补充。

从样本的工会分布情况来看，苏州工业企业工会密度较高，但会员比率较低。67.69%的样本受雇于有工会企业，但只有27.62%的样本是工会成员。就三个群体的差异而言，工会会员在人力资本和政治资本禀赋方面均优于其他群体。首先，工会会员受过较多的教育。其次，工会会员具有较高的职业资格证书比例。在政治资本方面，工会会员的党员比例高达11%，而工会企业的非会员的党员比例为6%，无工会企业的员工为5%。工会会员在一般的非农工作和现职上都更有经验。与此同时，工会企业员工的就业质量优于无工会企业的员工。首先，工会企业的会员和非会员签署劳动合同的比例远高于无工会企业员工。签订一年以上劳动合同的工会成员比例是非工会会员的2.25倍。工会企业的员工的平均工作时间也较少，每天工作时间超过8小时的工会企业员工比例为50%左右，而这一比例在无工会企业为61%。工会会员在三个群体中工资收入最高（22.83元/

小时），其次是工会企业的非会员（19.68元/小时），最后是无工会企业的员工（19.37元/小时）。

实证研究发现，工会会员身份，以及工会覆盖（工会企业的非会员）均对农民工的工资水平和工资差异产生了显著的影响。从总工资差异来看，农民工群体中的工会会员在整个工资分布区间的工资收入都显著地高于无工会企业的员工。与此同时，在工资分布的低端区域，工会企业的非会员的工资也高于无工会企业员工，这表明工会的工资效应也溢出到了工会企业的非会员群体。从工资差别的分解结果来看，工会会员与无工会企业的员工之间的工资差别大部分源于工资结构效应，即工会企业与无工会企业采取了不同的工资激励机制。在这两个群体之间，并未发现可观测能力和不可观测能力差异引起的工资差异。与之相反，工会会员高出工会企业的非会员的工资差别主要由构成效应引起，换言之，在工会企业内部，会员比非会员在可观测的能力特征上更具优势。这充分表明工会会员在企业中存在正向选择，即可观测能力特征较强的农民工更有可能加入工会。值得注意的是，在工资分布的中高端区域（50分位到90分位），工资结构效应，即工资制度的差异对两类群体的工资差异也产生了显著影响。这表明对于中高收入的员工，在可观测特征相同的情况下，工会企业对于会员的工资激励力度比非会员更大。当比较工会企业非会员和无工会企业员工之间的工资差别时，得出了更令人感兴趣的发现：有工会企业的非会员农民工的确获得了工会的工资溢出效应，但这种效应在工资分布区间呈递减趋势。递减的原因一方面在于，工资结构效应在整个工资分布区间逐渐缩小；另一方面在于，无工会企业员工在工资分布的高端区间表现出了在不可观测能力上的优势。

第二节　相关政策建议

总体而言，我们的研究结论突出了持续投资农村劳动力人力资本的重要性，尤其是进一步增加农村家庭获得高等正规教育机会的重要性，因为其直接关系到农村劳动力进入具有较高社会经济地位职业的机会，教育人力资本禀赋的差异也是造成农民工内部工资差距的主要原因。同时，作为学校后人力资本投资的重要途径，技能培训制度和职业资格证书制度的完善也有利于提高农民工进入技术型职业的概率，并实现农民工收入的增长。与此同时，我们的结论强调了协助构建农民工社会资本的必要性。在提升农民工工作搜寻效率、提高其非农收入以及推进农民工市民化的进程中，社会资本，尤其是在外出地形成的新型社会资本扮演着至关重要的角色。此外，本研究还得出了推进地方劳动力市场改革，加强工会对农民工中弱势群体的组织工作等方面的政策建议。

一、持续强化农村劳动力的人力资本投资

我们的研究结果发现，教育、培训、职业资格证书等人力资本变量是影响农民工职业地位与收入的重要因素，也关系到农民工在城市的稳定生活和市民化进程。因此，可以通过加强上述领域的人力资本投资来提高农民工的收入，增加他们在城市稳定生活的能力。

（一）持续加强农村基础教育和职业教育的质量

研究表明，正规学历教育仍旧是劳动力步入高端职业的主要通道，因此，要持续加强农村义务教育的质量，优化职业教育的办学模式，并促进高等教育机会在城乡之间的平等。这不但有助于农村劳动力未来进入高层次职业，也有助于其适应不断加快的产业升级对技能提升的要求，在对培训机构的访谈中，我们发现，越是专业性的技能培训，对农民工参与者的基础理解能力要求越高，由于大多数农民工仅具有初中或以下的文化程度，完全掌握培训内容存在很大的难度。因此，提高农村基础教育质量，也关系到农村劳动力未来接受的技能培训体系的效果。

（二）在培训体系中引入多元化市场机制，综合提升培训效果

调查表明，不同主体在举办农民工技能培训上效果各异，因此，有必要综合利用政府、企业、社会培训机构，以及工会等不同主体各自的优势

综合提升培训项目的效果。政府培训虽然可以部分解决农民工技能培训作为公共物品供给不充分的问题,但其局限性在于,政府对市场上劳动力技能需求变化的掌握存在信息滞后,其设计的培训内容无法及时反映市场需求的变化。正因如此,在很多国家,政府已经逐渐不再充当培训的直接提供者,而是将更多的注意力放在培训信息和培训资金等市场失灵方面,并将提供培训的任务转移给私人培训机构。

虽然,中国很多地方政府已经实施了针对社会培训机构的农民工培训经费补贴,但目前的问题在于培训补贴涉及的项目有限,大多为低端职业的基础性培训或者准入类培训,对收入提升效果不明显,也不能满足农民工日益多元化的培训需求;同时,培训需求方(企业和农民工)和提供方(政府和社会培训机构)在培训内容、课程设计、时间安排等方面信息沟通渠道不畅,也加剧了培训与企业和农民工现实需求的脱节。

我们建议,政府在继续开展农民工技能培训经费补贴工作的基础上,除了依托社会培训机构的力量,还可以充分利用多元化的培训主体资源,提升培训的效果。例如,利用企业、工会、行业协会等不同主体在掌握培训需求、设计培训内容、实施培训上的各自优势,开发针对不同行业、不同工种的专业性培训体系,并由政府、企业、工会等合作建立培训经费保障机制。

(三) 完善农民工培训的目标定位机制,设计差别化培训方案

研究发现,相对于未参与培训者,参加培训的农民工多为年轻、教育水平更高、普通话和计算机能力更强的群体,在后续实证分析中,研究也发现了培训的择优效应,由于培训参加者比未参加者具有较高的不可观测能力,导致培训的收入效应被高估。因此,农村劳动力的技能培训项目在设计时需要关注目标定位,错误的目标定位会造成培训高能力的劳动者从而导致资源浪费。在进行培训目标群体定位时,政府应该重点关注那些不参加培训难以提高工资收入的农民工,如年龄偏大、文化程度偏低,通过给予这些农民工中的弱势群体更多的关注和帮助,更合理地利用培训资

源，充分发挥培训的作用。

在培训的差别化设计上，一方面，对不同个人特征的农民工需要开展不同培训。如受教育程度较低的农民工，以学习难度较小、易在较短时间内掌握的基础培训为主，如普通话培训，协助其实现有效沟通，减小就业中的歧视；而对受教育程度较高的新生代农民工，加强技能性培训，如建筑业和工业制造类的培训和计算机培训，通过提升专业技能，获得更好的就业机会和收入。另一方面，针对农民工所在行业和岗位的特点，分析所需的技能和操作规范，有针对性地设计和开展培训，做到有的放矢，如在技术工人中可多使用学徒制的培训方式，实施以实操性为主的培训。

（四）完善农民工职业资格认证制度，发挥职业认证的信号功能

本书和国内外大量研究表明，职业资格认证具有非常有效的劳动力市场信号功能，农民工通过获取职业资格，能形成对雇主有效的信号，进而实现职业层次和收入水平的提升。政府要进一步完善现有的职业资格认证制度，针对农民工常见职业的特点和发展趋势，规范资格评定标准，在培训后统一组织务工者参加具有公信力的职业认证考试尤为重要，要从制度和政策上促进农民工培训效果向职业资格的转化，最大化地降低信息不对称所带来的职业晋升阻力。

（五）提升农民工的普通话和计算机水平，提高其就业能力

第一，流出地当地的政府应组织开展普通话水平与计算机水平方面的培训，尤其是对新生代农民工的培训，以提升农民工在产业升级和信息经济时代背景下的就业适应性与自身竞争力，促进其尽快融入城市，普通话水平的提升也有益于农民工与城市中居民的社会交往，增加农民工的新型社会资本。第二，流入地政府或企业可为入职农民工提供普通话培训或本地方言方面的培训，并为农民工提供参与各种形式的文化教育交流的平台，一方面可以提高其语言能力，另一方面也有益于农民工了解当地文化。第三，新生代农民工教育水平高于老一代农民工，对语言、计算机等学习能力也较高，因此可区分新生代与老一代分别进行有针对性的培训，效果可能会更加显著。

二、拓宽农民工社会关系网络，构建新型社会资本

根据我们的研究结论，社会资本对农民工的职业地位提升和工资增长都产生了显著的正向影响。尤其是与原始型社会资本相比，新型社会资本对农民工的工资收入、居住方式与留城意愿有更为显著的影响，能够更显著地促进农民工市民化。

（一）拓宽农民工社会关系网络，提高工作搜寻效率

农民工通过朋友或同乡介绍工作不仅能够缩短工作搜寻时间，还有助于职业地位的上升，这说明农民工在外打工过程中认识的朋友和由于地缘关系形成的同乡关系网络对于其顺利实现非农就业并获得高质量工作具有一定的帮助作用。因此，政府相关部门应积极帮助农民工搭建互动交流平台，协助农民工拓宽社会关系网络，丰富就业信息来源渠道，从而提高其找到更好的工作的可能，获得更高的就业匹配质量。此外，农民工自身也应该加强交际能力，积极扩张人脉关系，构建更高质量的社会网络。

（二）增进农民工与当地居民的社会交往，构建新型社会资本

原始型社会资本有利于农民工进入城市，而新型社会资本更有利于农民工在务工地收入的提高，也有利于提升其在城市的定居意愿。建立并维护在务工地拥有的新型社会资本，能够使农民工在城市扩大人际交往面，在城市中获得更多的社会认同感，这不仅有助于其职业发展和收入水平的提升，而且有助于提升农民工自身在城市定居的意愿，综合地促进农民工的市民化。

为此，在输入地农民工集中居住的社区、街道或者居委会等可开展社区文化活动、比赛等来加强邻里之间的交流，加强农民工与当地居民之间的沟通与了解，建立起和谐的社区氛围与人际关系。对于居住在单位宿舍

的农民工，企业可组织开展企业与企业之间、企业与社区之间等的联谊活动，以增进农民工更大范围的社会交往，拓展其社交网络。在日常生活中，多给予农民工一些人文关怀，对于他们生活中遇到的困难进行阶段性的了解与帮扶，如此不仅有利于农民工更好地融入城市，也有利于企业营造和谐氛围，调动农民工工作的积极性。

三、推进地方劳动力市场化改革，促进农民工就近和返乡就业

2006年以来，中央和地方政府在战略上都转向地方经济发展，尤其是乡村经济振兴，并把鼓励农民工在本地就业和创业作为推动乡村和县域经济发展的重要落点。近些年来，农民工在流向区域上确实也体现出显著的本地化趋势，在本地从事非农就业的人数大幅增加，增幅甚至超过了外出农民工（国家统计局，2018）。我们的研究显示，虽然与外出农民工相比，本地农民工并不存在基于不可观测的生产率特征的劣势，但是，基于反事实法得出的结论显示，相对于外出农民工所面临的劳动力市场环境，县域地区的劳动力市场处于欠发达水平，非市场因素如政治身份、家庭社会资本等对农村劳动力进入特定的非农职业有着关键影响。因此，地方劳动力市场不利于拥有人力资本优势的农民工的职业发展，尤其是创业。真正的"孔雀"还是需要在外出地劳动力市场上才能获得更有利的职业发展和创业机会。

乡村振兴的关键是人才振兴，如果地方劳动力市场化程度不提升，那么，其对那些具有可观测的劳动生产率优势的农村劳动力的吸引力就会受限，进而制约地方经济的发展。因此，我们建议政府多关注农村当地劳动力市场的发育，弱化非市场因素，同时强化市场因素在非农职业选择中的作用，以此为当地发展吸引更多高能力水平的劳动力，促进那些农民工群体中的精英就近或者返乡就业和创业。

四、加强工会对农民工的组织工作，提升其集体博弈能力

基于对农民工内部在劳动关系上的分化视角，我们的研究结果强调了工会会员和工会覆盖对农民工工资水平，以及其他劳动权益的重要保障作用。近年来，在市场经济和全球化进程中，中国的劳资关系发生了根本性变化，劳资矛盾加剧，中国工会在积极进行职能的转型。特别是在产业集聚区，工会在促进劳动者权益方面取得了显著的成效。农民工工会的作用已经超出了对工作场所基本权利（如最低工资、劳动合同签订、社会保险等）的保障。工会大大提高了工会会员和工会化企业非会员的工资。工会的会员效应和覆盖效应主要是由工会化企业的工资制度引起的，与未建工会的企业相比，工会化企业对人力资本和政治资本的奖励更为显著。然而，在工会化的企业中，工会会员在人力资本方面存在正向选择。因此，工会会员资格对工资的积极影响仅限于某些农民工群体。

我们建议，除了继续推进企业层面的工会建设，尤其是小型企业和国内私营企业的工会建设，政府还应通过组织宣传和培训工作，提高农民工对工会作用的了解，提升其工会组织能力和集体谈判能力，同时，重点促进工会企业中最弱势群体的会员发展，如在低技能水平、高流动性的行业或职业就业的农民工中的会员发展。从研究结论来看，这些弱势群体常常游离在工会会员范围之外，无法获得工会所带来的福利增加。此外，我们还建议工会继续推动劳动合同和集体合同的签订，我们在实证中发现，无论是个体劳动合同，还是集体合同都是工会促进农民工的工资增长的有效途径。

第三节　未来研究展望

改革开放 40 多年来，渐进式的经济转型背景为我国农民工领域的研究提供了持续的推动，取得了丰硕的研究成果。伴随着我国经济体制改革的推进，研究方向在不断更新。从早期对农民工与城镇职工之间的比较，发

展到当今对农民工内部分化和异质性的关注。随着农民工微观抽样调查数据的丰富，越来越多的研究开始采用职业选择模型、工作搜寻模型、分位数回归、工资差别分解等前沿的计量模型，为全面掌握农民工的职业选择和流动机制，以及工资决定和工资差距的形成机制提供了崭新的思路。当然，该领域还存在很多值得进一步探讨的问题，未来的研究方向需要重点关注以下领域：

一、对农民工内部样本自选择偏差和异质性的控制

在研究农民工的职业选择和工资决定时，样本自选择问题是不容忽视的。因为进入不同职业、不同就业形式的农民工样本并不是随机分布的，例如，人们有可能因为具备某些不可观测的能力如风险承担能力、创业天赋等，进入了某种特定职业。而研究者只能观测到样本所从事的职业和相应的工资收入，观测不到样本未选择进入的职业和其相应的收入。因此，如果不考虑样本自选择问题，对工资决定所进行的估计就是有偏的。教育、工作经验等可观测变量的回报率将会被高估（Dolton 等，1989；Polachek，1981），从而产生对旨在改善农民工职业和收入境况的政策的误导。随着农民工群体内部异质性特征的加强，农民工不可观测的生产率特征对于其在劳动力市场绩效的影响还将更加突出。未来有关农民工职业和工资决定领域的研究需要更加高度重视对样本自选择偏差等内生性问题的处理。结合对以往研究的回顾和本项目的研究经验，我们建议可以采用由 Lee（1982）发展的 Heckman（1979）两步法来克服样本选择偏差问题，以获得对工资决定机制的一致估计。在数据允许的情况下，还可以采用倾向得分匹配法、反事实估计等方法。

与此同时，伴随着农民工规模的扩大，农民工在人力资本和社会资本禀赋以及不可观测的生产率特征方面的异质性不断增加，农民工内部在职业、就业形式、工资收入方面的分化也逐步凸显（Wang et al.，2016）。因此，相关的实证研究必须基于异质性的视角。例如，本书在开展工会参与对农民工工资差距的影响时，通过分位数回归分析，全面考察了在整个工

资分布上工会对农民工工资的异质性影响,换言之,就是回答到底哪些农民工在工会化中获益更大(Wang and Lien,2018)。可以预见,农民工的内部差异将成为未来的学术创新源泉。

二、基于不同研究目标对农民工抽样策略的选择

如前所述,农民工抽样策略可以分为流入地和流出地抽样两种类型,两者各有利弊,需要根据不同研究主题权衡选择。流出地抽样更适用于农民工整体分布的研究,如性别分布、年龄分布、受教育水平分布、职业分布和收入分布、流动趋势等,有助于把握农民工的结构特征和群体内部的分化。同时,还可以全面掌握农民工来源地的区域特征、家庭特征等影响农民工的外出决策、职业选择和收入的因素,这些区域、家庭层面的信息也可以充当内生性控制中有效的工具变量。但如果调查期间外出农民工不在家,由其他家庭成员代为回答,则会使相关信息的真实性、可靠性大打折扣。

相比之下,流入地抽样最大的优势在于能全面收集农民工在城市非农就业和工资收入的详细信息,并且能实现雇主和雇员信息的匹配。因此,流入地抽样更适用于农民工与城市劳动力市场和企业的互动研究,如农民工的工作搜寻、职业流动、工资差距、劳动关系、农民工的社会融入和市民化等。流入地抽样的样本结构具有明显的"区域特征"。在一定程度上反映了抽样地区的产业结构、工资水平等特征,对流入该地的农民工具有一定的代表性,但现有的流入地调查通常以发达地区城市为调查区域,那些流向县城、乡镇和农村的农民工则会被遗漏,导致样本对农民工总体缺乏代表性。

在当前产业升级转型和乡村振兴战略的推动下,农民工流向表现出较强的就近就业和返乡就业的趋势。为了全面掌握农民工整体的结构特征和内部分化,尤其是掌握在中小城镇就近务工和返乡就业创业的农民工的分布,未来的研究更适合流出地抽样策略,最好是在全国范围内的抽样。这就需要雄厚的经费支持、严密的组织保障以及全局性的研究方

案。可以预见，一旦以农民工整体结构及其细致分类为主题的研究项目受到重视，流出地抽样策略将得到更广泛的关注和运用，并推动该领域的学术创新。

根据我们的抽样调查经验，在流出地的可行调查方案是：在综合考虑农业资源、经济发展水平、市场机会、劳务外出规模和地理位置分布等因素的条件下，以人均纯收入为指标，使用分层随机抽样，依次选取县、乡镇和村；在村一级建议根据户口簿进行系统随机抽样，抽取农户。具体的调查开展采用由调查员直接入户调查，现场填报农户问卷的方式。调研工作需要由经过专业培训的调查人员承担。除农户问卷外，还需要设计行政村问卷，由村干部回答本村的经济社会发展、外出务工情况、所在村的乡镇企业数量、附近是否有工业园区等信息。在流入地可行的调查方案是：根据被调查区域在行业、规模和所有制的分布情况，通过分层随机抽取样本企业。在每个企业内，根据年龄、性别、工作经验、职业层级等因素采用分层随机抽样一定量的农民工样本。调查的具体开展可以结合调查人员一对一访谈和被调查人员自行填写问卷进行。同时，需要设计企业层面的问卷，调查企业规模、所有制性质、利润水平、管理状况等信息。

三、继续推进农民工内部工资差别的变动机制等问题的研究

由于数据和经费的局限性，我们的研究结果只能揭示样本地区内农民工就业和工资领域的规律。为了得到更一般的结论，需要基于全国层面数据的研究。尤其是针对职业间工资差距的变动分析，以及工会影响农民工工资的机制等问题，值得未来研究在更大范围的面板或时间序列数据的基础上予以更多的关注。例如，基于面板数据考察农民工内部工资差异的变动及趋势，并分析变动背后的成因，重点考察农民工技能构成的变化、工会覆盖率的变化、就业形态的变化以及产业结构调整对农民工工资差异变化的影响。在我国经济发展进入新常态的背景下，这些基于动态视角的研究将为如何使农民工适应新经济形势带来的挑战，获得职业和收入的提升，推进市民化和城镇化的进程提供重要的政策建议。

参考文献

[1] Addition J. T., Portugal P. Job Search Methods and Outcomes[J]. Oxford Economic Papers. 2002, 54(3): 505-533.

[2] Aguilera M. B. The Impact of Social Capital on Labor Force Participation: Evidence from the 2000 Social Capital Benchmark Survey[J]. Social Science Quarterly, 2002, 83: 854-874.

[3] Akerlof G. A. Labor Contracts as Partial Gift Exchange[J]. Quarterly Journal of Economics, 1982, 97: 543-569.

[4] Bai R. The Role of the All China Federation of Trade Unions: Implications for Chinese workers today[J]. The Journal of Labor and Society, 2011, 14(1):19-39.

[5] Barkley A. P. The determinants of the migration of labor out of agriculture in the US, 1940-1985[J]. American Journal of Agricultural Economics, 1990, 72 (3):567-574.

[6] Barron J., Mellow W. Search Effort in the Labor Market [J]. Journal of Human Resources. 1979(14): 389-404.

[7] Becker G. S. Human Capital: A Theoretical and Empirical Analysis [M]. National Bureau of Economic Research, 1964.

[8] Becker G. S. Human Capital and the Personal Distribution of Income: an Analytical Approach [M]. Ann Arbor, MI: Institute of Public Administration, 1967.

[9] Becker G. S. Human Capital: A Theoretical and Empirical Analysis,

with Special Reference to Education[M]. Chicago: University of Chicago Press, 1975.

[10] Beugelsdijk S. , Smulders S. Bridging and Bonding Social Capital: Which Type is Good for Economic Growth? [M]// Arts W, Hagenaars J, Halman L. The Cultural Diversity of European Unity. Leiden: Brill, 2003: 147-184.

[11] Bian Y. Bringing Strong Ties Back In: Indirect Connection, Bridge, and Job Search in China [J]. American Sociological Review. 1997,62(3): 366-385.

[12] Blair D. H. , Crawford D. L. Labor Union Objectives and Collective Bargaining[J]. The Quarterly Journal of Economics,1984,99(3),547-566.

[13] Bordieu P. The Forms of Capital[M]// Richardson J. G. Handbook of Theory and Research for the Sociology of Education. New York: Greenwood, 1986:241-258.

[14] Borjas G. Self-selection and the Earnings of Immigrants[J]. The American Economic Review,1987,77(4):531-553.

[15] Boskin M. J. A Conditional Logit Model of Occupational Choice[J]. Journal of Political Economy, 1974,82(2):389-398.

[16] Bourguignon F. , Fournier M. , Gurgand M. Selection bias corrections based on the multinomial logit model: Monte-Carlo comparisons[J]. Journal of Economic Surveys,2007(21):174-205.

[17] Briggs X. S. Brown Kids in White Suburbs: Housing Mobility and the Many Faces of Social Capital[J]. Housing Policy Debate, 1998, 9: 177-221.

[18] Budd J. W. , Chi W. , Wang Y. , Xie Q. What Do Unions in China Do? Provincial-Level Evidence on Wages, Employment, Productivity, and Economic Output[J]. Journal of Labor Research,2014, 35(2):185-204.

[19] Bulow J. I. , Summers L. H. A Theory of Dual Labor Markets with Application to Industrial Policy[J]. Journal of Labor Economics, 1986,4(3):

376 - 414.

[20] Burt R. S. Brokerage and Closure: An Introduction to Social Capital [M]. Oxford: Oxford University Press, 2005.

[21] Cai F., Du Y. Wage Increases, Wage Convergence, and the Lewis Turning Point in China[J]. China Economic Review, 2011, 22(4): 601 - 610.

[22] Card D. The Effect of Unions on the Structure of Wages: A Longitudinal Analysis[J]. Econometrica, 1996, 64(4): 957 - 979.

[23] Card D. The Effect of Unions on Wage Inequality in the U.S. Labor Market[J]. Industrial & Labor Relations Review, 2001, 54(2): 296 - 315.

[24] Card D., Lemieux T., Riddell W. C. Unionization and Wage Inequality: A Comparative Study of the U.S, the U.K., and Canada. NBER working paper[J]. Retrieved from http://www.nber.org/papers/w9473, 2003.

[25] Chan A. Chinese Trade Unions and Workplace Relations in State - owned and Joint - venture Enterprises. In M. Warner (Ed.), Changing workplace relations in the Chinese economy[M]. London: Palgrave Macmillan UK., 2000: 564 - 564.

[26] Chen F. Between the State and Labour: The Conflict of Chinese Trade Unions' Double Identity in Market Reform[J]. China Quarterly, 2003, 176(176): 1006 - 1028.

[27] Chen Y., Wang L., Zhang M. Informal Search, Bad Search?: the Effects of Job Search Method on Wages Among Rural Migrants in Urban China[J]. Journal of Population Economics. 2018, 31(3): 837 - 876.

[28] Cheng Z., Wang H., Chen Y. Labor Contract, Trade Union Membership, and Workplace Relations: A Study of Migrant Workers in Guangdong Province, China[J]. New York: Springer, In Z. Hao, S. Chen (Series Ed.), Social Issues in China: 2014(01): 183 - 206.

[29] Chen Z., Lu M., Xu L. Returns to Dialect: Identity Exposure through Language in the Chinese Labor Market[J]. China Agricultural Economic

Review, 2014, 30: 27 - 43.

[30] Chiswick B. R. Speaking, Reading and Earnings among Low - skilled Immigrants[J]. Journal of Labor Economics, 1991, 9(2): 149 - 170.

[31] Chiswick B. R. Hebrew Language Usage: Determinants and Effects on Earnings among Immigrants in Israel[J]. Journal of Population Economics, 1998 (11): 253 - 271.

[32] Chiswick B. R., Miller P. W. Language Skills and Earnings among Legalized Aliens[J]. Journal of Population Economics, 1999, 12(1): 63 - 89.

[33] Chiswick B. R., Miller P. W. The Complementarity of Language and Other Human Capital: Immigrant Earnings in Canada[J]. Economics of Education Review, 2003, 22(5): 469 - 480.

[34] Chiswick B. R., Miller P. W. The Economics of Languages: International Analysis[M]. New York: Routledge, 2007.

[35] Chiswick B. R., Wang Z. Social contacts, Dutch language proficiency and immigrant economic performance in the Netherlands: A longitudinal study [J]. IZA discussion paper no. 9760, 2016.

[36] Coleman J. S. Social Capital in the Creation of the Human Capital[J]. American Journal of Sociology, 1988(94): 94 - 120.

[37] Coleman J. S. Foundations of Social Theory[M]. Cambridge: Harvard University Press, 1990.

[38] Cui Y., Nahm D., Tani M. Self - Employment in China: Are Rural Migrant Workers and Urban Residents Alike? [J]. IZA Discussion Papers, 2013.

[39] Dar A., Tzannatos Z. Active labor market programs: A review of the evidence from evaluations [J]. Social Protection Discussion Paper, 1999, No. 9901, Washington DC: The World Bank.

[40] De Brauw A., Huang J., Rozelle S., Zhang L., Zhang Y. The Evolution of China's Rural Labor Markets During the Reforms[J]. Journal of Com-

parative Economics, 2002, 30(2): 329 -353.

[41] Diamond P. A. Wage Determination and Efficiency in Search Equilibrium[J]. Review of Economic, 1982a, 49(2): 217-227.

[42] Diamond P. A. Aggregate Demand Management in Search Equilibrium [J]. Journal of Political Economic, 1982b, 90(5): 881-894.

[43] Dickens W. T., Katz L. F. Inter-Industry Wage Differences and Theories of Wage Determination[R]. NBER Working Paper, No. 2271, 1997.

[44] Dinardo J., Fortin N. M., Lemieux T. Labor Market Institutions and the Distribution of Wages, 1973-1992: A Semiparametric Approach [J]. Econometrica, 1996, 64(5): 1001-1044.

[45] Doeringer P., Piore M. Internal Labor Markets and Manpower Analysis[M]. Lexington, MA: Heath Publishing, 1971.

[46] Dolton P. J., Klaauw W. H. V. D., Makepeace G. H. Occupational Choice and Earnings Determination: The Role of Sample Selection and Non-pecuniary Factors[J]. Oxford Economic Papers, 1989, 41(3): 573-594.

[47] Dubin J. A., McFadden D. L. An Econometric Analysis of Residential Electric Appliance Holdings and Consumption[J]. Econometrica, 1984(52): 345-62.

[48] Dunlop J. T. The Task of Contemporary Wage Theory [M]//Dunlop J. T. The Theory of Wage Determination. New York: McGraw-Hill, 1957: 3-27.

[49] Dustmann C., Fabbri F. Language Proficiency and Labor Market Performance of Immigrants in the UK[J]. Economic Journal, 2003, 113(489): 695-717.

[50] Farber H. S. Job Loss in the United States (1981-2001) [R]. NBER Working Paper. No. 9707, 2003.

[51] Farber H. S. What Do We Know about Job Loss in the United States? Evidence from the Displaced Workers Survey (1984-2004) [R]. Princeton U-

niversity Working Papers. No. 877, 2005.

［52］Fernandez R. M. , Castilla E. J, Moore P. Social Capital at Work: Networks and Employment at a Phone Center[J]. American Journal of Sociology, 2000,105(5):1288 –1356.

［53］Firpo S. , Fortin N. M. , Lemieux T. Unconditional Quantile Regressions [J]. Econometrica,2009, 77(3):953 –973.

［54］Freeman R. B. Unionism and the Dispersion of Wages[M]. Social Science Electronic Publishing, 1980,8(4):395 –405.

［55］Freeman R. B. , Medoff J. L. What Do Unions Do? [M]. New York: Basic Books,1984.

［56］Freeman R. B. How Much has De – unionization Contributed to the Rise in Male Earnings Inequality? [M]. In S. Danziger and P. Gottschalk, eds. , Uneven Tides: Rising Inequality in America. New York: Russell Sage Foundation,1993.

［57］Gao W. Smyth R. Economic Returns to Speaking 'Standard Mandarin' among Migrants in China's Urban Labour Market[J]. Economics of Education Review,2011,30(2):342 –352.

［58］Ge Y. Do Chinese Unions have "Real" Effects on Employee Compensation? [J]. Contemporary Economic Policy,2014,32(1):187 –202.

［59］Gibbons R, Katz L. Layoffs and Lemons. Journal of Labor Economics [J]. 1991, 9(4):351 –380.

［60］Giulietti C. , Ning G. , Zimmermann K. F. Self – employment of Rural – to – urban Migrants in China [J]. Bonn, Germany: IZA Working Paper. No. 5805, 2011.

［61］Gourieroux C. , Monfort A. , Renault E. , Trognon A. Generalized residuals[J]. Journal of Econometrics, 1987, 34 (1 – 2):5 –32.

［62］Granovetter M. S. The Strength of Weak Ties[J]. American Journal of Sociology, 1973, 78(6):1360 –1380.

[63] Granovetter M. S. Getting a Job: A Study of Contacts and Careers [M]. Chicago: University Of Chicago Press, 1995.

[64] Greene W. H. Econometric Analysis (6th ed) [M]. New Jersey: Prentice Hall, 2007.

[65] Grin F. English as Economic Value: Facts and Fallacies [J]. World Englishes, 2001, 20(1):65-78.

[66] Harry J. H. Search Method Use by Unemployed Y7outh [J]. Journal of Labor Economics. 1988(14): 389-404.

[67] Heckman J. J. Sample Bias as A Specification Error [J]. Econometrica, 1979, 47(1):153-161.

[68] Heckman J. J., Li X. Selection Bias, Comparative Advantage and Heterogeneous Returns to Education: Evidence from China in 2000 [J]. Pacific Economic Review, 2004, 9(3):155-171.

[69] Huang Q. Comparison Study on Wage Differentials between Rural Migrant Workers of Two Employment Types [J]. Research on Financial and Economic Issues, 2009, 307(6):118-124.

[70] Hui S., Smith J. The Labor Market Impacts of Adult Education and Training in Canada, Human Resources Development Canada [EB-OL]. http://www-personal.umich.edu/~econjeff/Papers/aets_impacts_finaldraft_revised.pdf, 2002.

[71] ILO (International Labor Organization). Resolution Concerning the International Classification of Status in Employment [EB/OL]. (1993-01-01) [2019-10-02]. https://www.ilo.org/wcmsp5/groups/public/-dgreports/-stat/documents/normativeinstrument/wcms_087562.pdf

[72] James C. Social Capital in the Creation of Human Capital [J]. American Journal of Sociology. 1988, 94:595-5120.

[73] Johnson W. R. A Theory of Job Shopping [J]. The Quarterly Journal of Economics. 1978, 92(2):261-278.

[74] Jovanovic B. Job Matching and the Theory of Turnover[J]. Journal of Political Economy, 1979, 87 (5): 972-90.

[75] Jovanovic B. Firm-specific Capital and Turnover. Journal of Political Economy [J]. 1979, 87(6):1246-1260.

[76] Katz L. F., Summers L. H. Industry Rents: Evidence and Implications[J]. Brookings Papers on Economic Activity, 1989, 20:209-290.

[77] Kerr, C. The Balkanization of Labor Markets[M]// Labor Mobility and Economic Opportunity, Cambridge, Mass: MIT Press, 1954.

[78] Knight J., Yueh L. Job Mobility of Residents and Migrants in Urban China[J]. Journal of Comparative Economics, 2004, 32(4):637-660.

[79] Knight J., Yueh L. The Role of Social Capital in the Labor Market in China, Economics of Transition, 2008. 16(3):389-414.

[80] Koenker R., Bassett G. Regression Quantiles[J]. Econometrica, 1978, 46(1):33-50.

[81] Krueger A. B., Summers L. H. Efficiency Wages and the Inter-industry Wage Structure[J]. Econometrica, 1988, 56(2):259-293.

[82] Layard R., Nickell S., Jackman R. Unemployment: Macroeconomic Performance and the Labour Market[M]. OUP Catalogue, Oxford University Press, No. 9780198284345, 1991.

[83] Lee L. F. Some Approaches to the Correction of Selectivity Bias[J]. Review of Economics Studies, 1982, 49 (3):355-372.

[84] Lemieux T. Increasing Residual Wage Inequality: Composition Effects, Noisy Data, or Rising Demand for Skill? [J]. The American Economic Review, 2006, 96(3), 461-498.

[85] Leontief W. The Pure Theory of the Guaranteed Annual Wage Contract [J]. Journal of Political Economy, 1946, 54(1):76-79.

[86] Li K., Zhao C. Determinants of Self-employment in China: Evidence from Cross-regional Data [J]. China & World Economy, 2011, 19(03):

49 – 67.

[87] Li M. , Xu J. Who Benefits from China's Trade Union? [J]. Economic Research Journal, 2014(5): 49 – 62.

[88] Li S. The Economic Situation of Rural Migrant Workers in China[J]. China Perspective, 2010, (4):4 – 15.

[89] Lin N. , Dumin M. Access to Occupations through Social Ties[M]. Social Networks, 1986, 8: 365 – 385.

[90] Lin N. Social Networks and Status Attainment[J]. Annual Review of Sociology, 1999, 25:467 – 487.

[91] Lin N. Social Capital: A Theory of Social Structure and Action[M]. Cambridge: Cambridge University Press, 2001.

[92] Lin N. Social Capital and the Labor Market: Transforming Urban China [M]. Cambridge: Cambridge University Press, 2007.

[93] Lombe M. , Ssewamala F. M. The Role of Informal Social Networks in Micro – savings Mobilization[J]. Journal of Sociology and Social Welfare, 2007, 34(3): 37 – 51.

[94] Long C. , Yang J. How Do Firms Respond to Minimum Wage Regulation in China? Evidence from Chinese Private Firms[J]. China Economic Review, 2016, 38(Supplement C):267 – 284.

[95] Loury G. C. A Dynamic Theory of Racial Income Differences[M]// Wallace P. A. , LeMund A. Women, Minorities, and Employment Discrimination. Lexington MA: Health Publishing, 1976: 153 – 186.

[96] Lu J. , Zhang Y. The Outsider's Control of the Unions of Rural Migrant Workers[J]. Chinese Rural Economy, 2011(11):74 – 81.

[97] Lu Y. , Tao Z. Wang Y. Union Effects on Performance and Employment Relations: Evidence from China[J]. China Economic Review, 2010, 21 (1):202 – 210.

[98] Machado J. A. F. , Mata J. Counterfactual Decomposition of Changes

in Wage Distributions Using Quantile Regression[J]. Journal of Applied Econometrics, 2005, 20(4), 445 - 465.

[99] Maddala G. S. Limited - dependent and Qualitative Variables in Econometrics[M]. Cambridge, UK: Cambridge University Press, 1983:257 - 290.

[100] Massey D. S., Espinosa K. E. What's Driving Mexico - U. S. Migration? A Theoretical, Empirical, and Policy Analysis[J]. American Journal of Sociology, 1997, 102(4):939 - 999.

[101] McCall J. J. The Economics of Information and Optimal Stopping Rules[J]. Journal of Business, 1965, 38(3):300 - 317.

[102] Melly B. Decomposition of Differences in Distribution Using Quantile Regression[J]. Labour Economics, 2005, 12(4):577 - 590.

[103] Metcalf D. Union and the Dispersion of Earnings[J]. British Journal of Industrial Relations, 1982, 20(2):163 - 169.

[104] Michael J. B. A Conditional Logit Model of Occupational Choice[J]. The Journal of Political Economy, 1974, 82(2):389 - 398.

[105] Mincer J. The Distribution of Labor Incomes: A Survey with Special Reference to the Human Capital Approach[J]. Journal of Economic Literature, 1970(8):1 - 26.

[106] Mincer J. Schooling, Experience and Earnings[M]. New York: Columbia University Press for National Bureau of Economic Research, 1974.

[107] Mohapatra S., Rozelle S., Goodhue R. The Rise of Self - Employment in Rural China Development or Distress[J]. World Development, 2007, 35(1):163 - 181.

[108] Morgan R. L. Job Matching: Development and Evaluation of A Web - Based Instrument to Assess Degree of Match among Employment Preferences[J]. Journal of Vocational Rehabilitation, 2008, 29(1):29 - 38.

[109] Mortensen D. T. Job Search, The Duration of Unemployment and The Philips Curve[J]. The American Economic Review, 1970:847 - 862.

[110]Mortensen D. T. Job Search and Labor Market Analysis[J]. Handbook of Labor Economics,1986,12(2):849-919.

[111]Mortensen D. T, Pissarides C. A. New Developments in Models of Search in the Labor Market[J]. Handbook of Labor Economics. 1999, 3: 2567-2627.

[112]Munshi K. Networks in the Modern Economy: Mexican Migrants in the U. S. Labor Market[J]. Quarterly Journal of Economics, 2003, 118(2): 549-599.

[113]Nee V. A Theory of Market Transition: from Redistribution to Markets in State Socialism[J]. American Sociological Review,1989,54(5):663-681.

[114]Nicholas M. K. Employment Contracts, Job Search Theory, and Labor Turnover: Preliminary Empirical Results[J]. Journal of Applied Econometrics,1988,3(3):169-186.

[115]Nickell S. , Jones P. , Quintini G. A Picture of Job Insecurity Facing British Men[J]. Economic Journal,2002,112(476):1-27.

[116]Odland J. Migration and Occupational Choice among Young Labor Force Entrants: A Human Capital Model[J]. Geographical Analysis. 1988,20(4):281-296.

[117]Oaxaca R. Male female Wage Differentials in Urban Labor Markets[J]. International Economic Review,1973, 4(3):693-709.

[118]Osberg L. Fishing in Different Pools: Job-Search Strategies and Job-Finding Success in Canada in the Early 1980s[J]. Journal of Labor Economics. 1993, 11(2): 348-386.

[119]Phelps E. S. The New Microeconomics in Inflation and Employment Theory[J]. American Economic Review,1969, 59:147~160.

[120]Pi J. , Zhang P. Hukou System Reforms and Skilled-unskilled Wage Inequality in China[J]. China Economic Review,2016, 41(Supplement C): 90-103.

[121] Pierre G. A Framework for Active Labor Market Policy Evaluation [J], Working Papers from Employment and Training Department, 1999, No. 49, International Labor Office (Geneva).

[122] Piracha M., Vadean F. Return Migration and Occupational Choice: Evidence from Albania[J]. World Development, 2010, 38 (8):1141 – 1155.

[123] Pissarides C. A. Job Matchings with State Employment Agencies and Random Search[J]. Economic Journal, 1979, 89(356):818 – 833.

[124] Polachek S. Occupational Self – selection: A Human Capital Approach to Sex Differences in Occupational Structure[J]. The Review of Economics and Statistics, 1981, 63(1):60 – 9.

[125] Portes A. Social Capital: The Origins and Application in Modem Sociology [T]. Annual Review of Socioloy, 1990, 1(24):193 – 211.

[126] Portes A. Economic Sociology and The Sociology of Immigration: A Conceptual Overview[M]// Portes A. The Economic Sociology of Immigration. New York: Russell Sage Foundation, 1995:1 – 41.

[127] Prey H. Evaluation of Training Programs in St Gallen, Switzerland [J], Swiss Journal of Economics and Statistics, 2000, 136(3): 417 – 32.

[128] Putnam R. D. The Prosperous Community: Social Capital and Public Life[J]. The American Prospect, 1993, 4(13):35 – 42.

[129] Roy A. D. Some Thoughts on the Distribution of Earnings [J]. Oxford Economic Papers. 1951, 3(2):135 – 146.

[130] Sabatini F. Social Capital and the Quality of Economic Development [J]. Kyklos, 2008, 61:466 – 499.

[131] Salop S. A Model of the Natural Rate of Unemployment. American Economic Review, 1979, 69: 117 – 125.

[132] Schmidt P., Strauss R. P. The Prediction of Occupations Using Multiple Logit Models[J]. International Economic Review, 1975, 16(2):471 – 486.

[133] Schultz T. W. Investment in Human Captial [J]. The American Eco-

nomic Review. 1961,51(1): 1 - 17.

[134] Schmieder J. F. , Wachter T. V. , Bender S. The Long - Term Effects of UI Extensions on Employment[J]. American Economic Review. 2012, 102(3): 514 - 519.

[135] Schumacher E. J. What Explains Wage Differences between Union Members and Covered Nonmembers? [J]. Southern Economic Journal,1999,65(3):493 - 512.

[136] Shapiro C. , Stiglitz J. Equilibrium Unemployment as a Worker Discipline Device[J]. American Economic Review,1984, 72:433 - 444.

[137] Smith J. A Critical Survey of Empirical Methods for Evaluating Active Labor Market Policies [J], Swiss Journal of Economics and Statistics, 2000, 136(3): 247 - 268.

[138] Song Y. , Yang J. , Yang Q. Do Firms' Political Connections Depress the Union Wage Effect? Evidence from China[J]. China Economic Review, 2016,38(Supplement C):183 - 198.

[139] Stigler G. J. The Economics of Information[J]. Journal of Political Economy,1961,69(3):213 - 225.

[140] Stiglitz J. E. The Wage - Productivity Hypothesis: Its Economic Consequences and Policy Implications[J]. NBER Working Paper, No. 1976, 1986.

[141] Stiglitz J. E. Formal and Informal Institution [M] //Dasgupta, P , Serageldin I. Social Capital: A Multifaceted Perspective. Washington DC: The World Bank, 2000.

[142] Tainer E. English Language Proficiency and The Determination of Earnings among Foreign - born Men [J]. The Journal of Human Resources, 1988,23(1):108 - 122.

[143] Von W. T. , Bender S. In the Right Place at the Wrong Time: the Role of Firms and Luck in Young Workers Careers[J]. American Economic Review. 2006, 96(5):1679 - 1705.

[144] Wang D., Cai F., Zhang G. Factors Influencing Migrant Workers' Employment and Earnings—The Role of Education and Training[J]. Social Sciences in China, 2010, 31(3):123 – 145.

[145] Wang W., Li Q., Lien D. Human Capital, Political Capital, and Off-farm Occupational Choices in Rural China[J]. International Review of Economics & Finance, 2016, 42:412 – 422.

[146] Wang W., Lien D. Union Membership, Union Coverage and Wage Dispersion of Rural Migrants: Evidence from Suzhou Industrial Sector[J]. China Economic Review. 2018, 49:96 – 113.

[147] Weiss A. Job Queues and Layoffs in Labor Markets with Flexible Wages[J]. Journal of Political Economy, 1980, 88: 526 – 538.

[148] World Bank. Workers in an Integrating World[M]. New York: Oxford University Press, 1995.

[149] Wu X., Yu X. Does the Market Pay off? Earnings Returns to Education in Urban China [J]. American Sociological Review, 2003, 68 (3): 425 – 442.

[150] Wu Z. Self-selection and Earnings of Migrants: Evidence from Rural China[J]. Asian Economic Journal, 2010, 24 (1), 23 – 44.

[151] Wu Z., Zhang H. The Characteristics of Migrant Workers' Employment and Its Changes[M] //Cai F. Report on China's Population and Labor. Beijing: Social Sciences Academic Press, 2010:12 – 20.

[152] Xia Q., Simmons C. Employment and Earnings of Off-farm Activities in Rural China (in Chinese)[J]. China Labor Economics, 2007, 42 (2): 57 – 87.

[153] Yamada G. Urban Informal Employment and Self-Employment in Developing Countries: Theory and Evidence [J]. Economic Development and Culture Change. 1996, 44:289 – 314.

[154] Yao Y., Zhong N. Unions and Workers' Welfare in Chinese Firms

[J]. Journal of Labor Economics,2013,31(3):633-667.

[155]Zhang J., Giles J., Rozelle S. Does it Pay to Be a Cadre? Estimating the Returns to Being a Local Official in Rural China[J]. Journal of Comparative Economics,2012,40(3):337-356.

[156]Zhang L., Huang J., Rozelle S. Employment, Emerging Labor Markets, and the Role of Education in Rural[J]. China Economic Review, 200213(3),313-328.

[157]Zhang X., Li G. Does Guanxi Matter to Nonfarm Employment[J]. Journal of Comparative Economics,2003,31(2):315-331.

[158]Zhang Y., Chen J., Wong P. Effect of Trade Unions on Industrial Labor Income in China[J]. Asian Politics & Policy,2011,3(1):95-114.

[159]Zhao Y. Labor Migration and Earnings Differences: The Case of Rural China[J]. Economic Development and Cultural Change, 1999, 47(4): 767-782.

[160]Zhao Y. Labor Migration and Returns to Rural Education in China[J]. American Journal of Agricultural Economics, 1997, 79: 1278-1287.

[161]Zhou X. Economic Transformation and Income Inequality in Urban China: Evidence from Panel Data[J]. American Journal of Sociology, 2000, 105(4):1135-1174.

[162]Zhu Y., Warner M., Feng T. Employment Relations "With Chinese Characteristics": The Role of Trade Unions in China[J]. International Labor Review,2011,150(1-2):127-143.

[163]白南生,李靖.农民工就业流动性研究[J],管理世界,2008(7):70-76.

[164]边燕杰,张文宏.经济体制、社会网络与职业流动[J].中国社会科学.2001(02):77-89.

[165][ ]布尔迪厄.文化资本与社会炼金术[M].上海人民出版社,1997:244.

[166]曹子玮.农民工的再建构社会网与网内资源流向[J].社会学研究,2003(03):99-110.

[167]曹永福,杨梦婕,宋月萍.农民工自我雇佣与收入:基于倾向得分的实证分析[J].中国农村经济,2013(10):30-41+52.

[168]陈敏,李启明.我国工人职业资格的收入效应分析——以江苏南通建筑工人为例[J].调研世界,2014(05):57-60.

[169]陈明.农民工职业选择行为分析——从职业性质与职业类型的角度[J].当代经济管理,2013(11):31-36.

[170]陈延秋,金晓彤.新生代农民工市民化意愿影响因素的实证研究——基于人力资本、社会资本和心理资本的考察[J].西北人口,2014(04):105-111.

[171]陈耀波.培训前工资、劳动者能力自我筛选与农村劳动力培训结果:浙江农村劳动力培训计划的一项试点调查研究[J].世界经济文汇,2009(3):1-19.

[172]陈云松.农民工收入与村庄网络:基于多重模型识别策略的因果效应分析[J].社会,2012(04):68-92.

[173]程丽香.沿海农村的社会流动——来自福建省福清市18个村庄的调查[J].福建省社会主义学院学报,2003(3):67-72.

[174]迟书君.深圳人职业声望评价的特点[J].社会学研究,2003(4):74-82.

[175]董占奎,黄登仕.社会网络环境下工作搜寻行为实验研究[J].管理科学学报,2013(07):1-12.

[176]董占奎,黄登仕,韩正婷.工作搜寻行为研究—基于中国被试的实验检验[J].系统管理学报,2014(04):565-571.

[177]范丹,李文川,吴俊.农民工职业流动和选择影响因素实证研究——以浙江省制造业为例[J].农村经济,2013(12):102-106.

[178]符平,唐有财.倒"U"型轨迹与新生代农民工的社会流动——新生代农民工的流动史研究[J].浙江社会科学,2009(12):41-47.

[179]符平,唐有财,江立华.农民工的职业分割与向上流动[J].中国人口科学,2012(06):77-84+114.

[180]高文书.人力资本与进城农民工职业选择的实证分析[J].人口与发展,2009(03):38-43.

[181]格兰诺维特.找工作——关系人与职业生涯的研究[M].上海:格致出版社,2008.

[182]国家统计局.中国统计年鉴[M].北京:中国统计出版社,2017.

[183]国家统计局.2009年全国农民工监测调查报告[DB].http://www.stats.gov.cn/ztjc/ztfx/fxbg/201003/t2010031916135.html

[184]国家统计局.2011年全国农民工监测调查报告[DB].http://www.stats.gov.cn/ztjc/ztfx/fxbg/201204/t2012042716154.html

[185]国家统计局.2012年全国农民工监测调查报告[DB].http://www.stats.gov.cn/tjsj/zxfb/201305/t20130527_12978.html

[186]国家统计局.2013年全国农民工监测调查报告[DB].http://www.stats.gov.cn/tjsj/zxfb/201405/t20140512551585.html

[187]国家统计局.2014年全国农民工监测调查报告[DB].http://www.stats.gov.cn/tjsj/zxfb/201504/t20150429797821.html

[188]国家统计局.2015年全国农民工监测调查报告[DB].http://www.stats.gov.cn/tjsj/zxfb/201604/t201604281349713.html

[189]国家统计局.2016年全国农民工监测调查报告[DB].http://www.stats.gov.cn/tjsj/zxfb/201704/t201704281489334.html

[190]国家统计局.2017年全国农民工监测调查报告[DB].http://www.stats.gov.cn/tjsj/zxfb/201804/t201804271596389.html

[191]国家统计局.2018年全国农民工监测调查报告[DB].http://www.stats.gov.cn/tjsj/zxfb/201804/t201804271596389.html

[192]何国俊,徐冲,祝成才.人力资本、社会资本与农村迁移劳动力的工资决定[J].农业技术经济,2008(01):57-66.

[193]侯风云.中国农村人力资本收益率研究[J].经济研究,2004

(12):75-84.

[194]侯风云. 农村外出劳动力收益与人力资本状况相关性研究[J]. 财经研究,2004(4):88-100.

[195]胡斌. 人力资本、社会资本对农民工进城就业行业选择影响的实证分析——以南京市为例[D]. 南京农业大学,2007.

[196]胡凤霞. 农民工自雇佣就业选择研究[J]. 宁夏社会科学. 2014(02):50-56.

[197]胡金华,应瑞瑶. 社会网络对农民工职业类别影响机制及多元Logistic验证[J]. 求索. 2010(10):60-62.

[198]黄昊舒,何军. 新媒体、社会资本与农民工的工作搜寻——基于长三角四市的调查分析[J]. 南京农业大学学报(社会科学版),2018(01):54-63.

[199]黄进. 本土性与再生性社会资本对农民工市民化的影响研究[J]. 中国劳动,2015(22):4-8.

[200]黄乾. 两种就业类型农民工工资收入差距的比较研究[J]. 财经问题研究,2009(6):118-124.

[201]黄乾. 工作转换对城市农民工收入增长的影响[J]. 中国农村经济,2010(09):28-37.

[202]黄志岭. 农村迁移劳动力性别工资差异研究[J]. 农业经济问题,2010,32(08):44-51+110-111.

[203]黄志岭. 人力资本、收入差距与农民工自我雇佣行为[J]. 农业经济问题,2014,35(06):39-45+111.

[204]黄志岭. 农民自我雇佣行为的决策因素及其特征分析[J]. 农业经济问题,2016,37(01):103-109+112.

[205]纪琴. 新生代农民工就业信息渠道研究[D]. 长安大学,2014.

[206]纪韶,刘德建. 农民工职业层次分化与就业身份选择——基于2013年北京市流动人口动态监测数据[J]. 调研世界,2015(11):32-35.

[207]纪韶,王珊娜. 农民工职业流动轨迹和职业向上发展调研报告

[J].调研世界,2015(4):31-34.

[208]纪韶,朱志胜.外出农民工职业流动轨迹与向上发展促进机制研究——基于北京市的调研数据[J].北京社会科学,2015(1):4-10.

[209]贾伟,秦富.人力资本对农民工工作搜寻的影响分析[J].江汉论坛,2016(08):31-36.

[210]金晓彤,杨潇.差异化就业的新生代农民工收入影响因素分析——基于全国31省(市)4268个样本的实证研究[J].青年研究,2015(03):20-29.

[211]坎贝尔·R·麦克南,斯坦利·L·布鲁,大卫·A·麦克菲逊.当代劳动经济学(第七版)[M].

[212]科尔曼 詹姆斯·s.社会理论的基础(上、下册)[M].社会科学文献出版社,1999:1140.

[213]寇恩惠,刘柏惠.城镇化进程中农民工就业稳定性及工资差距——基于分位数回归的分析[J].数量经济技术经济研究,2013,30(07):3-19.

[214]李超海.农民工工资结构的地区差异——以珠三角、长三角地区企业农民工为例[J].南方经济,2015(11):110-120.

[215]李长安.农民工职业流动歧视及对收入影响的实证分析[J].人口与经济,2010(06):29-34+48.

[216]李春玲.当代中国社会的声望分层——职业声望与社会经济地位指数测量[J].社会学研究,2005(2):74-102.

[217]李春玲,李实.市场竞争还是性别歧视——收入性别差异扩大趋势及其原因解释[J].社会学研究,2008(02):94-117+244.

[218]李俊.职业培训与新生代农民工的职业发展[J].中国青年研究,2014(12):52-58.

[219]李黎明.职业流动的性别差异与收入不平等——基于2008年CGSS数据的分析[J].东南大学学报(哲学社会科学版),2014(s2):26-29.

[220]李练军.新生代农民工融入中小城镇的市民化能力研究——基于

人力资本、社会资本与制度因素的考察[J].农业经济问题,2015(09):46-53.

[221]李萌.劳动力市场分割下乡城流动人口的就业分布与收入的实证分析——以武汉市为例[J].人口研究,2004(6):70-75.

[222]李培林.社会生活支持网络:从单位到社区的转变[J].江苏社会科学,2001(01):53-55.

[223]李培林,田丰.中国新生代农民工:社会态度和行为选择[J].社会.2011(03):1-23.

[224]李琴,孙良媛.外来务工人员工作搜寻时间代际差异分析——兼论对收入的影响[J].南方人口,2012(05):71-80.

[225]李强.中国大陆城市农民工的职业流动[J].社会学研究,1999(3):95-103.

[226]李强.农民工与中国社会分层[M].社会科学文献出版社,2004.

[227]李石新,彭候武.农民工人力资本对农村非农就业的影响分析[J].江西财经大学学报,2010(01):72-76.

[228]李树茁,王维博,悦中山.自雇与受雇农民工城市居留意愿差异研究[J].人口与经济,2014(02):12-21.

[229]李树茁,杨绪松,任义科,等.农民工的社会网络与职业阶层和收入:来自深圳调查的发现[J].当代经济科学,2007(01):25-33.

[230]李雪,钱晓烨,迟巍.职业资格认证能提高就业者的工资收入吗?——对职业资格认证收入效应的实证分析[J].管理世界,2012(09):100-109+119+188.

[231]李炜.社会流动的影响因素[J].中国党政干部论坛,2004(08):25-27.

[232]李明艳,武岩,马贤磊.农民工工资决定机制及性别差异研究[J].浙江学刊,2017(03):41-49.

[233]李实,马欣欣.中国城镇农民工的性别工资差异与职业分割的经验分析[J].中国人口科学,2006(05):2-13+95.

[234]李实,杨修娜.农民工工资的性别差异及其影响因素[J].经济社会体制比较,2010(05):82-89.

[235]李旻,王秋兵.已婚女性农民工的职业流动与收入效应——基于辽宁省的实证分析[J].华中农业大学学报(社会科学版),2017(05):79-86,147.

[236]李永杰,魏下海,蓝嘉俊.工会存在"工资溢价"吗?——来自中国的经验证据[J].华南师范大学学报(社会科学版),2013(05):127-133,209.

[237]李玉梅,程聪.劳动力市场工作搜寻理论及其启示[J].首都经济贸易大学学报,2007(02):98-102.

[238]梁海兵.农民工城市就业:搜寻渠道与匹配路径[D].浙江大学,2015.

[239]梁海兵.在职搜寻与农民工收入增长:议价视角及市场引申[J].中国经济问题,2018(04):51-61.

[240]梁辉.农民工职业搜寻过程及其对职业向上流动的影响——基于搜寻与匹配理论[J].农业技术经济,2016(02):63-72.

[241]林娣.新生代农民工市民化的社会资本困境与出路[J].社会科学战线,2014(06):179-182.

[242]林南.社会资本[M].上海人民出版社,2005:274.

[243]林南,俞弘强.社会网络与地位获得[J].马克思主义与现实.2003(02):46-59.

[244]林善浪,李龙新,林玉妹等.人力资本对农户兼业行为的影响研究——基于山东省临沂10个村的问卷调查[J].农村经济,2012(9):113-117.

[245]林善浪,张丽华.社会资本、人力资本与农民工就业搜寻时间的关系——基于福建省农村地区的问卷调查[J].农村经济,2010(06):101-104.

[246]刘斌,李磊.寻职中的社交网络"强连接"、"弱连接"与劳动者工

资水平[J].管理世界.2012(08):115-128.

[247]刘林平,万向东,张永宏.制度短缺与劳工短缺——"民工荒"问题研究[J].中国工业经济,2006(8):114-137.

[248]刘林平,张春泥.农民工工资:人力资本、社会资本、企业制度还是社会环境?——珠江三角洲农民工工资的决定模型[J].社会学研究,2007(06):114-137.

[249]刘庆宝,陈杭,吴海涛,等.农村外出务工劳动力就业行业选择行为分析[J].农业技术经济,2013(08):52-60.

[250]刘绍斌.农民教育统筹协调发展的研究[J].安徽农业科学,2006(17):44-45.

[251]刘士杰.人力资本,职业搜寻渠道,职业流动对农民工工资的影响——基于分位数回归和OLS回归的实证分析[J].人口学刊,2011(5):16-24.

[252]刘祖云.论社会流动的基本类型及其社会意义[J].社会科学研究,1991(02):48-53.

[253]柳延恒.从再次流动看新生代农民工职业流动方向:水平,向下抑或向上——基于主动流动方式视角[J].农业技术经济,2014(10):98.

[254]刘艺,宋波.农民工职业技能证书的工资效应研究[J].南京工程学院学报(社会科学版),2018,18(01):43-49.

[255]刘云平,王翠娥.外来务工人员自我雇佣决定机制的性别差异[J].人口与经济,2013(04):96-102.

[256]陆学艺.当代中国社会十大阶层分析[J].学习与实践,2002(3):55-63.

[257]罗冰.工作搜寻视角下的劳动力供给研究[M].北京:中国经济出版社,2016.

[258]罗俊峰.农民工职业选择的人力资本约束研究——基于无序多分类Logistic模型分析[J].调研世界,2014(06):41-44.

[259]罗俊峰.农民工行业分布对性别工资差异的影响[J].人口与经

济,2017(06):105-115.

[260]罗忠勇.农民工及其各职业群体工资性别差异之比较分析——基于珠三角农民工的追踪数据:2006~2008年[J].中国农村经济,2010(9):59-67,75.

[261]马瑞,仇焕广,吴伟光,徐志刚.农村进城就业人员的职业流动与收入变化[J].经济社会体制比较,2012(6):36-46.

[262]明娟,张建武.人力资本积累,搜寻渠道与农民工工资水平——基于微观调查数据的区间回归分析[J].西北人口,2011(3):48-52.

[263]宁光杰.自我雇佣还是成为工资获得者?——中国农村外出劳动力的就业选择和收入差异[J].管理世界,2012(07):54-66.

[264]宁光杰,尹迪.自选择,培训与农村居民工资性收入提高[J].中国农村经济,2012(10):49-57.

[265][法]皮埃尔·卡赫克,安德烈·吉尔贝尔伯格.劳动经济学[M].上海:上海财经大学出版社,2007.

[266]秦广强.进京农民工的语言能力与城市融入——基于适应性区群抽样数据的分析[J].语言文字应用,2014(3):20-28.

[267]钱文荣,姜励卿.农民工性别工资差距的分位数回归分析——基于浙江农民工调查的经验研究[J].财经论丛,2011(3):19-24.

[268]钱正武.青年农民工的市民化问题分析[J].青年探索,2006(1):3-8.

[269]秦秀.基于工作搜寻理论的农民工求职问题研究[D].安徽农业大学,2011.

[270]沈渝.城市交往与农民工的社会资本[J].生产力研究.2010(4):65-66.

[271]宋月萍.社会融合中的性别差异:流动人口工作搜寻时间的实证分析[J].人口研究,2010(6):10-18.

[272]"苏南外来农民工待遇研究"课题组.论苏州外来人口的和谐流动——基于第六次全国人口普查数据的分析[J].苏州科技学院学报(社会

科学版),2013,30(5):6-12.

[273]苏中兴,曾湘泉. 国家职业资格证书,工人技能水平和收入效应——来自5家制造型企业21个生产车间的经验证据[J]. 经济理论与经济管理,2011(06):94-102.

[274]孙中伟,贺霞旭. 工会建设与外来工劳动权益保护——兼论一种"稻草人机制"[J]. 管理世界,2012(12):46-60,81.

[275]苏州日报. 2013年苏州市流动人口数量与城镇户籍人口数量持平[J/OL]. https://jiangsu.sina.com.cn/suzhou/m/2014-01-17/09007812.html,2014-01-16.

[276]唐灿,冯小双. "河南村"流动农民的分化[J]. 社会学研究,2000(4):72-85.

[277]田北海,雷华,佘洪毅,等. 人力资本与社会资本孰重孰轻:对农民工职业流动影响因素的再探讨——基于地位结构观与网络结构观的综合视角[J]. 中国农村观察,2013(1):34-47.

[278]万向东. 农民工非正式就业的进入条件与效果[J]. 管理世界,2008(1):63-74.

[279]王傲蕾. 社会资本:农民工市民化的重要影响因素[J]. 许昌学院学报,2009(3):134-136.

[280]王超恩,符平. 农民工的职业流动及其影响因素——基于职业分层与代际差异视角的考察[J]. 人口与经济,2013(5):89-97.

[281]王超恩,符平,敬志勇. 农民工职业流动的代际差异及其影响因素[J]. 中国农村观察,2013(5):2-9.

[282]王春超,何意銮. 社会资本与农民工群体的收入分化[J]. 经济社会体制比较,2014(4):26-45.

[283]王春超,张呈磊. 社会网的教育溢出,个体教育回报与农民工工资——基于代际的比较研究[J]. 产经评论,2014(3):115-132.

[284]王春超,周先波. 社会资本能影响农民工收入吗?——基于有序响应收入模型的估计和检验[J]. 管理世界,2013(9):55-68.

[285] 王德文,蔡昉,张国庆. 农村迁移劳动力就业与工资决定:教育与培训的重要性[J]. 经济学(季刊),2008(4)1131-1148.

[286] 王德文. 农村迁移劳动力就业与工资决定_教育与培训的重要性[J]. 经济学(季刊),2008(4):1132-1147.

[287] 王海港,黄少安,李琴,罗凤金. 职业技能培训对农村居民非农收入的影响[J]. 经济研究,2009(9):128-139.

[288] 王慧. 中国农村人力资本影响农民收入的实证研究[D]. 西北工业大学,2007.

[289] 王建. 正规教育与技能培训:何种人力资本更有利于农民工正规就业?[J]. 中国农村观察,2017(1):113-126,143-144.

[290] 汪君. 自雇与受雇农民工的特征及其代际差异——基于 CFPS 数据的分析[J]. 新疆农垦经济,2016(9):15-22.

[291] 王美艳. 城市劳动力市场上的就业机会与工资差异——外来劳动力就业与报酬研究[J]. 中国社会科学,2005(5):36-46.

[292] 王美艳. 中国城市劳动力市场上的性别工资差异[J]. 经济研究,2005(12):35-44.

[293] 王铭. 人力资本对新生代农民工失业持续时间的影响研究[D]. 云南财经大学,2017.

[294] 王竹林. 农民工市民化的资本困境及其缓解出路[J]. 农业经济问题,2010(2):28-32.

[295] 王震. 基于分位数回归分解的农民工性别工资差异研究[J]. 世界经济文汇,2010(4):51-63.

[296] 吴伟东. 新生代农民工的收入影响因素:基于社会交换理论的实证研究[J]. 城市观察,2015(1):155-165.

[297] 吴愈晓. 劳动力市场分割、职业流动与城市劳动者经济地位获得的二元路径模式[J]. 中国社会科学,2011 (1):119-223.

[298] 夏庆杰,Colin Simmons. 农村劳动力从业多元化及收入非农化[J]. 中国劳动经济学,2007,4(2):57-87.

[299]肖日葵.人力资本,社会资本对农民工市民化的影响——以 X 市农民工为个案研究[J].西北人口,2008(4):93-97.

[300]谢嗣胜,姚先国.农民工工资歧视的计量分析[J].中国农村经济,2006(4):51-57.

[301]谢勇.基于就业主体视角的农民工就业质量的影响因素研究——以南京市为例[J].财贸研究,2009:34-38.

[302]谢勇.基于人力资本和社会资本视角的农民工就业境况研究——以南京市为例[J].中国农村观察,2009(5):49-55.

[303]徐小玲.关系强度与农民工的职业流动[J].东方企业文化,2010(14):122.

[304]杨怀印,鞠志红.我国灵活就业的雇佣关系[J]经济管理,2008(Z3):159-164.

[305]杨金风,史江涛.外出劳动力工资及收入决定的实证分析——基于山西省的调查[J].中国农业大学学报(社会科学版),2005(4):20-25.

[306]杨鹏,张广胜.农民工性别工资差异的实证分析——基于改进的 Brown 分解方法[J].广东商学院学报,2012,27(4):74-83.

[307]杨玉梅,曾湘泉.农民工培训与就业能力提升——基于河南省阳光工程培训效果的实证研究[J].中国劳动经济学,2011(1):83-110.

[308]姚先国,俞玲.农民工职业分层与人力资本约束[J].浙江大学学报(人文社科版),2006(5):16-22.

[309]姚缘,张广胜.信息获取与新生代农民工职业流动——基于对大中小城市新生代农民工的调研[J].农业技术经济,2013(9):52-60.

[310]杨晓军,陈浩.农民工就业的职业选择,工资差异与人力资本约束[J].改革,2008(5):95-100.

[311]叶静怡,薄诗雨,刘丛等.社会网络层次与农民工工资水平——基于身份定位模型的分析[J].经济评论,2012(4):31-42.

[312]叶静怡,王琼.农民工的自雇佣选择及其收入[J].财经研究,2013,39(1):93-102.

[313] 叶静怡,衣光春. 农民工社会资本与经济地位之获得——基于北京市农民工样本的研究[J]. 学习与探索,2010(1):143-147.

[314] 叶静怡,周晔馨. 社会资本转换与农民工收入——来自北京农民工调查的证据[J]. 管理世界,2010(10):34-46.

[315] 易定红,袁青川. 中国工会存在工资溢价吗——基于控制样本选择性偏差的 Blinder-Oaxaca 回归分解[J]. 经济理论与经济管理,2015(2):31-39.

[316] 易君健,姚先国. 中国农村劳动力的流动与就业——基于工作搜寻理论的一个实证研究[J]. 新政治经济学评论. 2007,3(1):8-17.

[317] 喻开志,李俊峰,邹红. 中国职业类别选择研究——基于多类别职业选择模型[J]. 统计与信息论坛,2014(11):91-98.

[318] 余洋. 我国农村人口职业选择影响因素研究[D]. 复旦大学,2012.

[319] 张丹丹. 市场化与性别工资差异研究[J]. 中国人口科学,2004(1):34-43,81.

[320] 张洪霞. 人力资本,社会资本对新生代农民工市民化的影响——基于797位农民工的实证调查[J]. 江苏农业科学, 2014(2):372-375.

[321] 张抗私,刘翠花,丁述磊. 正规就业与非正规就业工资差异研究[J]. 中国人口科学, 2018(1):83-94,128.

[322] 张琼. 农民工工资性别差异的实证研究——基于珠江三角洲和长江三角洲的问卷调查[J]. 广东社会科学,2013(3):213-220.

[323] 张文宏,刘琳. 职业流动的性别差异研究———一种社会网络的分析视角[J]. 社会学研究, 2013(5):53-75.

[324] 张艳华,李秉龙. 人力资本对农民非农收入影响的实证分析[J]. 中国农村观察,2006(6):9-16.

[325] 张延吉,秦波. 城镇正规就业与非正规就业的收入差异研究[J]. 人口学刊,2015,37(4):92-103.

[326] 章莉. 自我雇佣的收入效应、发展特征及其群体差异[J]. 北京工

商大学学报(社会科学版),2018,33(6):32-42.

[327]章元,李锐,王后等. 社会网络与工资水平——基于农民工样本的实证分析[J]. 世界经济文汇,2008(6):73-84.

[328]章元,陆铭. 社会网络是否有助于提高农民工的工资水平?[J]. 管理世界,2009(3):45-54.

[329]章元,Mouhoud E. M.,范英. 异质的社会网络与民工工资:来自中国的证据[J]. 南方经济,2012(2):3-14.

[330]赵立新. 城市农民工市民化问题研究[J]. 人口学刊,2006(4):40-45.

[331]赵延东,王奋宇. 城乡流动人口的经济地位获得及决定因素[J]. 中国人口科学,2002(4):10-17.

[332]郑英隆. 中国农民工弱信息能力初探[J]. 经济学家,2005(5):52-59.

[333]钟甫宁,徐志刚,栾敬东. 经济发达农村地区外来劳动力的性别差异研究[J]. 人口与经济,2001(2):31-37.

[334]中华全国总工会. 关于切实做好维护进城务工人员合法权益工作的通知[J/OL]. http://www.people.com.cn/GB/guandian/8213/8309/28296/2084152.html,2003-09-11.

[335]中华全国总工会. 全国工会实现农民工入会数量和服务质量的双提升[J/OL]. http://acftu.people.com.cn/n1/2016/0114/c67560-28053496.html,2016-01-14.

[336]中华全国总工会. 中国工会统计年鉴[M]. 北京:中国统计出版社,2012.

[337]周先波,刘建广,郑馨. 信息不完全,搜寻成本和均衡工资——对广东省外来农民工劳动力市场信息不完全程度的测度[J]. 经济学(季刊). 2016(1):149-172.

[338]周文良,应琦,谌新民. 农业转移人口地域歧视的工资效应分析[J]. 南方经济,2018(3):55-67.

[339]周晔馨.社会资本是穷人的资本吗?——基于中国农户收入的经验证据[J].管理世界.2012(7):83-95.

[340]周运清,刘莫鲜.社会资本在农村劳动力流动中的负面效应分析[J].江汉大学学报(人文科学版),2004(3):5-8.

[341]朱晨.农民工外出务工对就业渠道选择的影响研究[J].农业科技与装备.2014(11):85-88.

[342]朱磊.流入地抽样抑或流出地抽样?——对当前农民工研究中抽样方法的评析[J].青年研究,2014(1):87-93.

[343]朱明宝,杨云彦.近年来农民工的就业结构及其变化趋势[J].人口研究,2017,41(5):89-100.

[344]朱志胜.农民工的自我雇佣选择与市场回报——基于2014年全国流动人口动态监测调查数据的实证检验[J].人口与经济,2018(5):100-112.

[345]朱志仙,张广胜.人力资本,社会资本与农民工职业分层[J].沈阳农业大学学报(社会科学版),2014(4):385-390.

[346]卢继宏,农村流动人口就业的趋势及公共政策选择——以四川省为例[J].农村经济,2011(8):111-113.

[347]王志浩,农民工流动就业的区域选择:模型与实证[J].统计与决策,2007(8):122-124.

索 引

B

本地农民工　3
比较优势　28
Blinder–Oaxaca 分解方法　271
补偿性工资差别理论　40
不可观测特征　9

C

残差效应　9
持续时间模型　8
抽样策略　8
Cox 比例风险模型　12

D

怠工模型　41
倒"U"形曲线　269
代际比较　94
党员身份　18
地方劳动力市场改革　335
对数概率比　140
多元逻辑回归模型　7

E

二级劳动力市场　282

F

发生比　171
反事实估计　341
反事实分布函数　276
非农收入　8
非农职业选择　4
非工会化企业　291
非国有部门　264
FFL 分解法　12

G

概率密度函数　134
概率比　107
工会的工资效应　59
工会覆盖效应　298
工会工资溢价　59
工会化企业　59
工会会员效应　291

工会密度　59

工资差别理论　38

工资差别分解　7

工资分布　5

工资结构效应　308

工资函数　7

工作时间　20

工作搜寻理论　11

工作搜寻渠道　8

工作搜寻时间　8

工作搜寻效率　12

广义残差　133

国际职业编码体系　9

国有部门　264

固定效应模型　301

H

Heckman 两阶段法　12

核密度分布　280

核密度估计　299

J

技能培训　3

计算机水平　18

集体博弈能力　340

集体合同　311

集体谈判　46

就业质量　20

居住方式　240

K

跨越型社会资本　37

L

劳动合同　18

劳动力市场分割理论　42

老一代农民工　3

劳资关系　59

累积分布函数　134

留城意愿　240

流出地抽样　10

流入地抽样　10

离职成本模型　41

M

马太效应　59

Melly 分解法　12

明瑟收入方程　12

目标定位机制　328

N

农民工　1

逆米尔斯比　172

O

OLS 回归　235

P

培训体系　335

培训效果　51

培训需求　20

Probit 模型　133

普通话水平　18

Q

全国农民工监测调查数据　13

企业培训　51

R

人力资本　1

人力资本投资　9

RIF 回归　276

S

社会保障　8

社会分层理论　30

社会流动理论　30

社会资本　1

社会学模型　41

生命周期理论　281

市民化　1

受雇农民工　13

随机扰动项　107

T

特征差异　9

特征效应　9

条件分位数回归　8

W

外出农民工　3

无条件分位数回归　8

X

系数效应　13

效率工资理论　24

乡村振兴　4

相对概率　107

新生代农民工　3

新型社会资本　8

性别工资差距　57

性别工资歧视　57

薪酬体系　285

信号理论　121

信号功能　121

新型城镇化　239

序列寻访模型　33

Y

样本自选择　6

一级劳动力市场　179

异质性　1

原始型社会资本　188

语言人力资本　53

Z

再集中影响函数　276

整合型社会资本　37

政府技能培训　327

政治资本　2

职业分化　61

职业分布　1

职业分类　9

职业工资差距　260

职业流动机制　149

职业流动理论　30

职业流动频次　5

职业上升机制　10

职业选择理论　10

职业选择机制　6

职业资格证书　18

自雇农民工　27

中国家庭收入调查数据　13

中国健康与营养调查数据　13

中国劳动力动态调查数据　13

中华全国总工会　20

中位系数差异　13

邹至庄似然比检验　140

后 记

本书是我所主持的国家自然科学基金青年项目"市民化进程中新生代农民工职业选择与收入差距研究"（批准号：71403023）的最终研究成果。本书还得到了北京市哲学社会科学规划项目"北京市外来务工农村劳动力职业技能培训政策评估"（批准号：12JYC019），以及中央高校基本科研业务经费的支持。

关注农民工问题，源起于我对身边服务于各行各业，已经和城市居民的生活密不可分的农民工们的职业选择和职业流动现象的观察和思考，尤其是与那些工作在高校的农民工群体的近距离接触。他们中有许多和我的学生们年纪相仿，虽然境遇和机会与同龄大学生们截然不同，但他们也在用自己的奋斗期待着在陌生又熟悉的都市中获得立足和发展。他们当中有超市的收银员、餐厅的服务生、门卫保安，也不乏从事个体经营和创业的老板。令我印象最深刻的是一位长期在高校周边经营打印复印店的老板。这位精明能干的湖南青年将打印复印业务做得炉火纯青，不仅在北京成了有房一族，还接来了老家的媳妇、孩子，一家人日子过得虽不宽裕，但充满期望。他的职业选择和发展定位与他的父辈们"阶段性、高流动、抛家弃子"的迁移模式相比，已经发生了明显的改变。历经改革开放40年的发展和变迁，农民工内部开始呈现出的职业分化、就业形式分化，以及工资分化正在被越来越多的研究者觉察和关注。在此背景下，到底是哪些因素在影响着农民工进入不同层次的职业？其中，人力资本、社会资本以及政治资本等非市场性因素分别扮演什么角色？在新生代农民工和老一代农民工之间、本地农民工和外出农民工之间、受雇型农民工和自雇型农民工之间存在什么样的职业选择和职业流动机制的差异，以及工资决定机制的差异？对这些问题的剖析成为我从 2009 年起至今的重点研究领域。

对农民工问题的关注，另一方面也受到我所执教的北京林业大学经济管理学院的学术氛围和学术平台的影响。2009 年，在共同的研究兴趣的驱使之下，我和我的同事李强、王刚、王忠平、杨玉梅组成了农村劳动力非农就业的研究团队，我们的成员集结了劳动经济学、农业经济学、发展经济学和人力资源管理的专业背景。2009 至 2017 年之间，我们的团队在学校人文社会科学振兴计划的持续资助下，分别以农民工的非农就业促进、就业质量提升视角下非农就业研究、外出务工、汇款与农村留守成员劳动供给为选题开展了项目研究。在这些研究基础上，我本人也分别于 2013 年和 2014 年获得北京市哲学社会科学规划项目和国家自然科学青年基金的资助，得以重点关注农民工职业技能培训的效果评估，以及新生代农民工的职业选择和收入差距问题。经过近 10 年的项目研究，我和我的研究团队积累了独立组织和实施较大规模数据调研的研究经验，增强了微观计量领域的理论功底，同时，收获了大量的数据资料和研究成果。本书可以说是 10 年来我和我的团队集体智慧的结晶。

在成书之际，我对每一位团队成员表示诚挚的感谢，本书的完成离不开诸位对农民工问题热切的关注、持续的投入，以及我们之间齐心协力、轻松愉悦的合作。与此同时，在实地调研的实施、数据的录入和校对、文献的整理综述，和数据的分析中，各位团队成员所指导的研究生们付出了大量的时间和精力，确保了后续研究的顺利开展。在此，特别感谢栾江、隋帆、方宜亮、高铭蔚、郝月、钱海燕、平育瑾、孙铭含、毛宇飞、刘文博、刘强、何卓然、姜杉、赵娜、熊美、任英杰、刘霞婷、姜培源、谢雅如、欧季维、史鸿毓，以及参与历次实地调研的经济管理学院的研究生和本科生们。除了合著者李强与我一起完成本书的撰稿和定稿工作之外，部分研究生所做的一些具体分析工作在本书中也得到了采用和体现。他们中相当一部分人已经踏入职场，还有几位也加入我们高校教师队伍，期待大家能够将在项目调研中所展现出的热情、执着、严谨和高效继续发扬在自己的事业之中，也期待未来有更多共同研究的机会。

我们要特别鸣谢美国得克萨斯州立大学圣安东尼奥分校商学院的连大祥教授对本书中理论模型和实证方法的指导，连老师和我们共同开展的研究成果也体现在了第四章的职业选择和第七章的工资差距部分。此外，在历次的抽样策略制定和问卷调研的开展中，中华全国总工会农民工工作部、陕西省妇联、甘肃省林业厅、苏州市总工会、苏州工业园区人力资源服务中心、北京市人力资源和社会保障局的相关领导和专家为我们提供了协助和便利，中国人民大学劳动人事学院的杨伟国院长在苏州市调查区域的选择和与当地人力资源服务中心的接洽中给予了热情的支持，在此，我们予以由衷的感谢。

最后，也是最重要的，我要感谢我的家人，是他们长期以来不变的支持和包容，给予了我更大的研究空间和不竭的学术动力。

汪　雯

于 2019 年感恩节